Toronto Medieval Texts and Translations 3

LE TURPIN FRANÇAIS, DIT LE TURPIN I

Vers le milieu du douzième siècle un clerc inconnu se faisant appeler Turpin, archevêque de Reims, écrivit une 'histoire' de 'Charlemagne et Roland' en latin. L'inconnu s'identifia à Turpin, guerrier saint et aimé de la Chanson de Roland; à son personnage inspiré d'un Charlemagne déjà monarque légendaire et emblème vivant de cet idéal tant envié du roi bon et fort, il donna pour compagnons Roland et ses pairs et, ayant traversé avec ceux-ci et avec l'armée des croisés les épreuves des guerres d'Espagne, il écrivit la vérité sur tout ce qu'ils avaient fait et enduré ensemble. Cependant, l'invention majeure du pseudo-Turpin est d'avoir fait de St Jacques le génie tutélaire de la croisade de Charlemagne en Espagne, le bon ange qui arrive miraculeusement au bon moment et enfin, l'intercesseur qui obtient le salut ultime de Charlemagne. La matière de laquelle le pseudo-Turpin puisa son récit est cette tradition épique française dont une partie nous est esquissée aujourd'hui, seulement dans son oeuvre. Les épisodes de cette croisade, qui dura quatorze ans, furent empruntés à l'épopée; ici, on pense surtout à la Chanson de Roland et à sa grande tragédie de Roncevaux transformée, de poésie qu'elle était, en histoire contrefaite et en fausse piété.

Nous avons dans Turpin 1 cette histoire-là. Elle fut traduite vers 1210–20 en français, en prose, celle-ci devenant de plus en plus le véhicule privilégié par les raconteurs. La traduction n'existe plus dans sa forme originale, mais le manuscrit qui a servi de base au présent ouvrage reste fidèle au texte latin, en plus d'être rédigé en prose claire et incisive. Les copies du manuscrit, neuf en tout, montrent avec quelle liberté les scribes manipulaient la langue de l'original. Dans une rédaction de notre Turpin 1 – une rédaction représentée par six manuscrits et reproduite intégralement en appendice dans cette édition – la préméditation associée à l'intervention des scribes revêt plus d'importance. Vers la fin de la chronique, cette fois, on introduit St Denis, que l'on pose en rival à St Jacques en lui confiant le rôle qui non seulement assure le salut de l'Empereur, mais accroît l'importance de l'Abbaye de St-Denis à la fois comme siège politique et comme véritable coeur de la France.

RONALD N. WALPOLE est professeur de français honoraire à l'University of California, à Berkeley.

St Jacques montre à Charlemagne endormi le chemin d'étoiles. Les murs de Pampelune s'écroulent miraculeusement. Musée Condé à Chantilly, MS 869 (522), f. 177v°

ÉDITÉ PAR RONALD N. WALPOLE

Le Turpin français,
dit le Turpin I

UNIVERSITY OF TORONTO PRESS
Toronto Buffalo London

© University of Toronto Press 1985
Toronto Buffalo London
Printed in Canada
Reprinted in 2018
ISBN 0-8020-2536-6
ISBN 978-1-4875-8556-3 (paper)

Canadian Cataloguing in Publication Data

Pseudo-Turpin
 [Historia Karoli Magni et Rotholandi.
 Français (ancien français)]
 (Toronto medieval texts and translations,
 ISSN 0821-4344; 3)
 Traduction en ancien français de: Historia Karoli
 Magni et Rotholandi.
 Comprend un index.
 Bibliographie: p.
 ISBN: 0-8020-2536-6
 1. Charlemagne, empereur, 742–814 – Romans.
 I. Walpole, Ronald N. (Ronald Noel), 1903–
 II. Titre. III. Titre: Historia Karoli Magni
 et Rotholandi. Français (ancien français).
 IV. Collection.
 PQ1501.P84 1985   873'.03   c84-099241-6

Publication of this edition is made possible by grants from the School of Graduate Studies of the University of California, Berkeley, and from the Publications Fund of the University of Toronto Press.

ET SEMPER EIDEM

Table des matières

INTRODUCTION ix
DESCRIPTION DES MANUSCRITS, CLASSEMENT DES MANUSCRITS,
PLAN DE L'EDITION xvii

Le Turpin français
   Texte 3
   Notes au texte 54
   Variantes 80

Appendice: La fin de la chronique d'après les mss D E F F1 H
   Avant-propos 187
   Notes à l'avant-propos 193
   Texte 196
   Variantes F F1 H 206

GLOSSAIRE 213
TABLE DES NOMS PROPRES 234

Introduction

Le Turpin français dit le Turpin I est l'une des nombreuses traductions de l'*Historia Karoli Magni et Rotholandi* dont l'auteur inconnu se nomme 'Turpinus, archiepiscopus remensis.' C'est un pseudo-Turpin, et sa chronique est une pseudo-chronique, acceptée pourtant comme véridique, malgré l'expression de quelques réserves restées sans effet, pendant tout le Moyen Âge.

Pour nous autres, fils de tant de siècles de lumières, le mensonge transparaît dès le prologue même où l'auteur présente son oeuvre au public. Ce prologue prend la forme d'une lettre adressée par Turpin à un certain Léoprand, doyen de la cathédrale d'Aix-la-Chapelle. *Turpinus*, écrit-il, *Domini gratia archiepiscopus remensis ac sedulus Karoli Magni imperatoris in Yspania consocius, Leoprando decano aquisgranensi salutem in Christo.* Par ces voeux très chrétiens, Turpin envoie à Léoprand sa chronique. 'Puisque vous m'avez récemment demandé,' lui rappelle-t-il, 'de vous raconter dans le détail comment notre empereur Charles le Grand a conquis sur les Sarrasins la terre d'Espagne et de Galice, je me hâte de vous en communiquer la véritable histoire que je viens d'achever, vous assurant que mon récit est celui d'un témoin oculaire, digne donc de votre complète confiance. Pendant quatorze ans, en effet, j'ai été le compagnon inséparable de l'Empereur dans ses campagnes et j'ai vu, de mes propres yeux vu (*propriis occulis intuitus sum*), les grands faits et les hauts exploits qu'il a accomplis pendant cette longue lutte contre les Sarrasins. Et pourtant, me dites-vous, le récit de ces grands événements n'a pas, que vous sachiez, été consigné comme il faudrait dans les chroniques royales de St-Denis. C'est là un fait surprenant, dû sans doute soit à la difficulté de contrôler une si abondante matière, ou bien au fait que l'auteur, n'ayant pas été en Espagne, ne se croyait pas suffisamment informé. Je tiens donc à combler pour vous cette lacune ... *Vivas et valeas et Domino placeas! Amen.*'

Ce Turpin, s'absentant de son diocèse et s'exposant pendant quatorze ans aux rigueurs et aux dangers d'une croisade acharnée menée contre les Sarrasins d'Espagne, qu'a-t-il à faire avec ce Tilpinus, Tylpinus, Turpinus historique, contemporain de Charlemagne, d'abord moine et trésorier de St-Denis, ensuite archevêque de Reims? Comment a-t-il pu voir toutes les péripéties d'une croisade dont l'histoire ne dit rien? Il n'y a plus lieu, en effet, de s'arrêter à la fausseté de sa chronique. Demandons-nous plutôt si, pour lui et pour ses lecteurs du Moyen Âge, il y avait, comme le voulait Dante, 'una verità ascosa sotto bella menzogna.'

Le titre de la chronique que nous lisons le plus souvent dans les manuscrits est *Turpini Historia Karoli Magni et Rotholandi. Et Rotholandi!* – encore une preuve que, comme le héros de la comédie de Corneille, notre Turpin mentait toujours même en disant la vérité. Notre soi-disant compagnon de Charlemagne connaissait donc la *Chanson de Roland*. Il la connaissait en effet assez bien pour en intégrer dans sa chronique une version complète, plus que complète même et confite en mépris de bien des données du poème. En dehors de son cloître il avait dû entendre résonner dans la place publique les vers bien connus et bien aimés de la Chanson:

> Carles li reis, nostre empereres magnes
> Set anz tuz pleins ad estet en Espaigne.

Rassemblant les diverses matières de la chronique qu'il projetait de faire, il s'empara de la légende rolandienne et – *qui variare cupit rem prodigaliter unam* – il se crut obligé, au bénéfice de l'histoire, de raconter non pas seulement la dernière bataille où se déroule le grand drame du poème, non pas seulement les sept ans tout 'pleins' que le poète laissa dans l'ombre, mais bien aussi quatorze ans de campagnes successives dont il se proposait d'étoffer sa nouvelle et originale histoire de Charlemagne. Nous voyons désormais que ce n'est pas seulement du Tilpinus historique obscur qu'il s'est approprié le nom et la personnalité, mais bien aussi le nom et la personnalité du Turpin de la Chanson, 'le chevalier debonaire,' 'le guerreier Charlun,' 'l'arcevesque que Deus mist en sun num.' C'est par cette identification impudente et astucieuse qu'il put se présenter comme le témoin oculaire des événements qu'il raconta, garantissant ainsi la véracité de son histoire et s'appropriant en même temps le renom et la tendre estime que le public ressentait pour ce prélat pieux, sage et héroïque:

> Tel coronet ne chantat unches messe
> ki de sun cors feïst tantes proëces.

xi Introduction

L'imposture était hardie, car la contradiction avec la *Chanson de Roland* était flagrante. Dans le *Roland* de la chronique, Turpin n'est pas mort à Roncevaux, il a survécu et, de retour en France, le voici qui s'improvise biographe de l'Empereur. Il n'était pourtant pas trop aventuré en donnant tort au poète. Horace était connu dans les écoles du douzième siècle. Alcuin commentait déjà dans ses cours l'*Art Poétique*, et l'on savait parfaitement quelles transformations les poètes étaient en droit de faire subir à la réalité:

> Pictoribus atque poetis
> quodlibet audendi semper fuit aequa potestas.

Au douzième siècle d'ailleurs, la prose française littéraire s'établissait comme véhicule littéraire dans des oeuvres ecclésiastiques et morales et s'imposait de plus en plus dans le courant du siècle, bientôt en rivalité explicite avec la rime, considérée comme la forme propre aux fictions des romanciers. Récrire donc l'histoire poétisée en en modifiant les faits, et la récrire en prose latine, forme et langue de l'historiographie autorisée, cela pourrait passer pour un essai légitime et désirable de corriger les inexactitudes d'une tradition poétique que l'imagination populaire avait falsifiée en l'embellissant.

La lettre que notre Turpin a envoyée à Léoprand se révèle donc être une première démarche dans une grande oeuvre de propagande. La lettre est envoyée à Léoprand, mais la chronique est destinée aux Archives Nationales de St-Denis. Le grand problème posé par la chronique de Turpin et qui subsiste après tant de recherches, tant de travaux, tant de théories, est celui de savoir où elle fut écrite, par qui et pourquoi. On sait qu'elle n'existe que sous une forme qui trahit son association avec le Livre de St-Jacques de Compostelle. Eut-elle à l'origine une existence indépendante? A cette question j'ai provisoirement répondu que oui ('Sur la Chronique du Pseudo-Turpin,' *Travaux de linguistique et de littérature publiés par le Centre de Philologie et de Littératures Romanes de l'Université de Strasbourg* III, 2 (Strasbourg 1965). C'est, me semble-t-il, un document qui s'insère dans le grand mouvement historique centré à St-Denis et dont l'objet était de s'approprier au nom de l'abbaye la légende carolingienne.

La chronique du Pseudo-Turpin ne fut pas accueillie d'emblée par les historiographes de St-Denis. Pour eux, c'était toujours la *Vita Karoli Magni* d'Einhard qui faisait foi, et il fallut quelque temps pour que l'Historia Turpini pût trouver une place parmi les chroniques dionysiennes accréditées. (Voir mon *Philippe Mouskés and the Pseudo-Turpin Chronicle*, University of California Publications in Modern Philology, XXVI, 4, pp 366 ss.) Mais elle y fut enfin admise; nous savons qu'une copie du

Turpin était à St-Denis dès avant 1160. La lettre annonciatrice envoyée par Turpin à son correspondant Léoprand eut donc cette première réussite; par la suite, la chronique, largement répandue et vivement appréciée, garantie authentique, explicitement dans les assertions du prologue, implicitement dans sa forme, connut une immense popularité. Copiée en latin dans des centaines de manuscrits, admise dans des compilations historiographiques nationales et universelles, traduite en français, en catalan, en vieille langue de Galice, en allemand, en norois, en gallois et en irlandais, elle devint l'un des livres les plus en vogue du Moyen Âge.

Cette popularité, notre Turpin eut l'adresse de se l'attirer, non pas seulement par les supercheries magistrales que nous décelons dans son prologue, mais aussi par le sens de l'actualité qui détermina le choix des matières qu'il agença pour élaborer son histoire. Il devait en effet inventer quatorze années d'histoire extrêmement mouvementées. Bien entendu, la légende poétique de Charlemagne s'étalait dans toute sa richesse autour de lui. Il y a puisé à pleines mains, rassemblant des éléments épars, suppléant les lacunes par ses propres inventions, ordonnant le tout dans une narration suivie avec l'assurance que, comme un bon raconteur, il redisait des histoires qui faisaient depuis longtemps la joie des foules. Il a pillé aussi les pages d'Einhard dont l'oeuvre dans cet alliage de composantes pouvait rassurer des esprits délicats. C'est Einhard en effet qui lui fournit le portrait physique de l'Empereur, portrait déjà rehaussé par la légende. Mais la plus abondante et la plus alléchante matière, il la trouvait dans les chansons épiques du cycle royal, dont certaines sont pour nous perdues ou à peine connues: une série de campagnes contre le roi sarrasin Agolant, un duel héroïque entre Roland et Fernagu, le géant de Nájara, la révolte d'Ebraïns, roi de Séville, et de l'aumaçor de Cordoue, Roncevaux. A tout cela il ajouta une grande, pour ne pas dire une énorme, invention: il s'empara de la légende de St Jacques, patron d'Espagne, et en la déformant avec une effronterie audacieuse, la fondit avec la légende de Charlemagne.

La légende de St Jacques, évangélisateur de l'Espagne, dont le corps était censé reposer dans l'église de St-Jacques de Compostelle en Galice et dont l'appui miraculeux ne cessait de favoriser la cause de la Reconquête et de la croisade contre les Sarrasins d'Espagne, s'était au douzième siècle répandue parmi tous les peuples de l'Europe occidentale. Sous la protection de St Jacques, les armées des croisées traversaient les Pyrénées pour porter la guerre contre les musulmans de la péninsule, et les fidèles affluaient le long des routes de pèlerinage pour aller adorer à St-Jacques les reliques du saint. Sa châsse était devenue l'objet d'une vénération à l'égal de celle du Saint Sépulcre à Jérusalem et à celle du tombeau de St Pierre à Rome.

De cette légende espagnole, notre Turpin fit une légende française; son public s'accrut d'emblée de la foule des croisés et des pèlerins, tous fervents de l'apôtre. St Jacques fait son entrée dans la légende carolingienne dès le premier chapitre de la chronique. Ce chapitre s'intitule en effet: *De hoc quod Apostolus Karolo apparuit*. Cette apparition constitue le premier des nombreux miracles dont, par l'intercession du saint, Dieu favorise Charlemagne. Dans cette vision, St Jacques fait connaître à Charles l'état piteux de l'Espagne soumise au joug des Sarrasins, la rechute dans l'incroyance des Espagnols qu'il avait le premier convertis, l'oubli où étaient tombés son nom et le lieu de sa sépulture et le devoir qui incombait au grand Empereur de refaire de l'Espagne un pays chrétien, de relever son église et d'ouvrir les chemins qui conduiraient à sa châsse les foules innombrables de pèlerins futurs. St Jacques devient ainsi l'instigateur auprès de Charlemagne de la croisade d'Espagne, l'intermédiaire qui obtient l'aide de Dieu en faveur des armées chrétiennes et, à la fin, le sauveur de l'âme du roi qui est en danger d'être emporté aux enfers par un démon. C'était pour Charlemagne comme l'apparition de la croix pour Constantin, la promesse divine de la victoire: *In hoc signo vinces*.

Et on peut croire que le même signe valut pour notre Turpin le grand succès de son oeuvre. Si la légende et l'histoire avaient déjà fait de Charlemagne l'incarnation du bon roi chrétien, du roi fort et juste qui par sa puissance et par sa piété accorda dans le gouvernement de son empire les exigences du trône et de l'autel, la présence de St Jacques dans la chronique de Turpin, et le rôle qu'on lui a donné, paraissent avoir été inventés pour confirmer dans les esprits l'image de Charlemagne comme roi-prêtre, c'est-à-dire comme le roi idéal, un nouveau Moïse, Josué, David. Dans la chronique, Charlemagne est en effet transformé en saint, et les héros épiques souffrent et meurent en martyrs: *Dum beati Rotholandi martyris anima exiret a corpore...* C'est là, assurément, la moelle que nous trouvons en cassant l'os du Turpin. Notre auteur rêvait l'unité nationale, la paix à l'intérieur, le respect de la part des puissances étrangères, l'héroïsme et le dévouement mis au service du roi souverain et de la foi chrétienne, en un mot la grandeur et la sainteté de l'ancienne France dont la vision idéalisée l'obsédait en même temps qu'il voyait autour de lui la France contemporaine, féodale, fragmentée, querelleuse, objet de l'inimitié du Pape et du mépris des Ottoniens, essuyant dans la croisade un échec honteux. Pour répandre son idée, il fabriqua dans sa chronique la légende ecclésiastique de Charlemagne, laquelle, malgré sa substance corrompue et son élaboration artificielle, eut le succès qu'il escompta.

Nous voici en effet qui le lisons aujourd'hui. Ses fictions nous intéressent toujours et il ne se plaindrait pas que, venus très tardivement à son contact, nous ne soyons plus ses dupes. Nous sommes en effet attirés par un intérêt qui veut sonder et évaluer les sources qu'il utilisa, apprécier la méthode et le style avec lesquels il compila tant d'éléments disparates, fouiller un peu la psychologie des protagonistes épiques et historiques qu'il recréa, et connaître par là la mentalité de son public. Il faut en effet prendre place dans le réfectoire de quelque monastère, s'asseoir auprès du feu dans une auberge des Landes parmi les pèlerins, ou même monter dans la salle d'un château féodal d'où, après dîner, on se retire pour parler de problèmes de morale dans les chambres des dames, de questions de politique et de prouesses guerrières de tous les temps. J'ai mentionné plus haut la popularité qu'acquit la chronique de Turpin lorsque du latin on la traduisit en langues vernaculaires. Les traductions françaises du Turpin nous permettent de vivre un peu à côté des Français des premières décennies du treizième siècle, d'écouter avec eux le récit familier des exploits de leurs ancêtres, de méditer avec eux les rivalités incessantes et meurtrières qui mettaient aux prises les peuples et les religions, d'admirer avec eux les souffrances et les triomphes des héros nationaux, et de sentir avec eux que Dieu veut bien par ses saints leur venir en aide quand ils se mettent au service des causes justes. Qu'est-ce qu'ils savaient? qu'est-ce qu'ils voulaient? qu'est-ce qu'ils faisaient? quand, de leurs occupations graves ou humbles, ils levaient la tête et trouvaient le loisir de s'occuper des choses dont Turpin tenait tant à les entretenir. Son oeuvre de propagande grossière jette un rayon de lumière sur leurs croyances et sur leur mentalité et nous permet ainsi de sauter les siècles qui les séparent de nous.

Le Turpin I est l'une des nombreuses traductions françaises de l'*Historia* qui apparurent l'une après l'autre dès le commencement du treizième siècle. On trouvera un relevé assez complet de ces traductions dans la *Bibliographie des romans et nouvelles en prose française antérieurs à 1500* du Professeur Brian Woledge, *Supplément* (Genève 1975). Gaston Paris qui, le premier parmi les modernes, étudia l'*Historia Karoli Magni* du Pseudo-Turpin, signale parmi les traductions françaises qu'il connaissait deux auxquelles il ne pouvait donner d'autre nom qu''Anonyme' (*De Pseudo Turpino*, Paris 1865, p 59). En 1880, Fredrik Wulff publia dans les *Acta Universitatis Lundensis* (XVI, 1879–80), ces deux traductions anonymes. Il les dénomma *La Chronique de Turpin I* et *La Chronique de Turpin II*. Il n'y a pas lieu de changer ces dénominations si peu révélatrices qu'elles soient;* l'étude de tous les manuscrits connus de ces traditions ne découvre aucun nom d'auteur ni de mécène. Ces deux éditions nous ont bien servi jusqu'ici, mais il n'entrait pas dans le dessein de Wulff d'en faire des études critiques. Il n'a édité dans chaque cas que le seul manuscrit qu'il connaissait, le reproduisant tel quel et sans commentaire. J'ai essayé dans *An Anonymous Old French Translation of the Pseudo-Turpin Chronicle: A Critical Edition...* (Cambridge, MA: Mediaeval Academy of America 1979) de publier de façon plus satisfaisante le texte du Turpin II. Voici maintenant une édition critique du Turpin I qui sera, j'espère, plus conforme que celle de Wulff à l'intérêt et aux exigences du sujet. Elle est basée sur le manuscrit français de la Bibliothèque Nationale 1850, le manuscrit imprimé par Wulff. En 1976, M. Claude Buridant, dans un livre qu'il intitula *La Traduction du Pseudo-Turpin du MS Vatican Regina 624* (Droz 1976, PRF CXLII), publia une édition d'un Turpin français qu'il croyait jusque là inconnu; il voyait dans le manuscrit du Vatican l'unique témoin de ce texte. J'ai démontré dans un article de la *Romania* XCIX, (1978, pp 484-514), que ce manuscrit du Vatican n'est en effet qu'un seul manuscrit parmi neuf qui constituent la tradition existante du Turpin I. Il fallait donc donner aussitôt que possible une suite à cet article, et présenter à ceux qui s'intéressent à l'oeuvre du Pseudo-Turpin une édition critique qui puisse remédier aux insuffisances des travaux de Wulff et de Buridant.

Nous avons vu que le Turpin est une oeuvre de propagande qui, dès sa confection, s'avérait d'un très haut intérêt pour St-Denis. Le faux-Turpin

---

*Certains critiques, toujours bienveillants, se sont plaints du fait que, dans mon *Philip Mouskés and the 'Pseudo-Turpin Chronicle'* (University of California Publications in Modern Philology 1947), où j'ai étudié la présence de différentes traductions du Turpin dans la *Chronique française des rois de France* et dans la Chronique normande de l'Anonyme de Béthune, j'ai choisi (p 348) pour désigner ces traductions les désignations Turpin I, Turpin II, Turpin III. Or, ces dénominations étaient purement arbitraires, adoptées seulement pour faciliter dans ce travail mes références fréquentes à ces textes. Je ne pensais pas alors aux travaux que je devais entreprendre par la suite. Donc quand j'ai procédé à l'édition de ces différentes versions du Pseudo-Turpin, et averti par un mot gentil du regretté Adalbert Hamel, qui voyait dans ma terminologie adventice une source possible de confusion future, j'ai repris les dénominations originales adoptées par Gaston Paris et reprises par Wulff. Dans ma série d'éditions, le Turpin I de mon *Philippe Mouskés* est donc redevenu le Turpin II, le Turpin II est redevenu le Turpin I et le Turpin III est redevenu la traduction Johannes. 'Tant qu'on est jeune,' disait le Chevalier de Méré, 'on ne juge sainement de rien.'

donna à l'abbaye un rôle presque aussi important que celui de St-Jacques de Compostelle, qui était devenu la métropole d'Espagne. C'était déjà pour lui le St-Denis des chansons de geste du cycle royal, tête et coeur de la douce France. En étudiant l'histoire subséquente du livre, et en notant les lignes de sa diffusion, on voit que St-Denis devint pour l'*Historia* un centre de diffusion et la garantie d'une autorité qui s'imposa de plus en plus aux esprits. Dans la tradition manuscrite de notre Turpin I, l'intérêt de St-Denis se voit encore plus explicitement confirmé. Un rédacteur, inconnu mais de toute évidence un moine de St-Denis, donne au saint patron de son abbaye un rôle jusque là inédit, où le saint partage avec St-Jacques celui de sauveur de l'âme de Charlemagne. Dans le Turpin original, à la mort de l'Empereur, au moment de la pesée de son âme, St Jacques intervient pour faire descendre le plateau des vertus, assurant ainsi la montée de Charles au ciel. Notre rédacteur fait entrer St Denis à côté de St Jacques pour qu'ils opèrent ensemble cette oeuvre de salut. Dans l'appendice de mon édition, je donne avec l'étude qui convient le texte de cette rédaction.

Le faux Turpin, siégeant sans doute au ciel auprès de l'Empereur sanctifié, se réincarna dans la personne de ce jeune moine dionysien et, reprenant sa plume, enleva à St Jacques et à Compostelle le surplus de renom qui menaçait d'offusquer celui de St-Denis, réintégrant ainsi St Denis et la grande abbaye dans la place suprême qu'ils devaient occuper dans les esprits et dans les coeurs des Français.

> Qui legis hoc carmen, Turpino posce iuvamen,
>   Ut pietate Dei subveniatur ei.

Description des manuscrits
Classement des manuscrits
Plan de l'édition

Pour alléger cette édition, lourde de notes et de variantes, on m'a accordé la facilité de publier dans la *Revue d'Histoire des Textes* un premier chapitre contenant la description des neuf manuscrits en présence, et un deuxième où j'en fais la collation qui détermine leur classement. Il suffit donc de présenter ici la liste des manuscrits avec les dates qu'il semble permis de leur attribuer, et le stemma qui résume en forme de tableau les rapports qui existent entre eux.

MS A: Bibliothèque Nationale, manuscrit français 1850, ff. 52–106. Date: 1225–50

MS B: Bibliothèque du Vatican, Ms Regina 624, ff. 14 v°, a – 31 v°, a. Le Turpin y est intégré dans une chronique française, incomplète au commencement et qui va de l'avènement de Charlemagne à la mort de Philippe-Auguste. Dans notre MS C, cette même chronique commence à la chute de Troie. Le texte du Turpin dans B a fait l'objet d'une édition procurée par M. Claude Buridant intitulée *La Traduction du Pseudo-Turpin du MS Vatican Régina 624* (Genève: Droz 1976, PRF CXLII); j'en ai montré l'insuffisance dans un article de la *Romania*, XCIX (1978) 484–514. Date du MS B: fin du XIIIe siècle

MS C: Bibliothèque du Musée Condé à Chantilly, MS 869 (522), ff. 177 v°, b–197 b. Le Turpin fait ici partie de la chronique française transcrite aussi dans B. Fin du XVe siècle

MS D: Bibliothèque Nationale, MS nouv. acq. fr. 6295, ff. viii, a–xxxiii, a. Le Turpin est inséré ici dans la Chronique française de l'Anonyme de Béthune. C 1275

MS E: Bibliothèque du Vatican, MS Regina 610, ff. 9 v°, a – 33, b. Comme dans le MS D, le Turpin de E est intégré dans la Chronique française de l'Anonyme de Béthune. C 1370

MS F: Bibliothèque Nationale, manuscrit français 17177, ff. 262 v°, a–274, b. C1278

MS F 1: Bibliothèque Nationale, manuscrit français 24431, ff. 39 v°, b – 53 v°, b. Copié par le même scribe qui a écrit F et sur le même modèle. C1278

MS G: Florence, Bibliothèque Laurentienne, MS Ashburnham 54 (Catalogue Ashburnham – Libri 126). Le Turpin commence au f. 61 v° et se termine incomplet au f. 80 v° à l'endroit qui correspond à la fin de notre chapitre XXIII. Fin du XVe siècle

MS H: Bibliothèque de l'Université de Cambridge, Ii.6.24, ff. 69 v°–94 v°. Peu après 1256

Comme je l'ai indiqué dans mon article de la *Romania* XCIX (1978), 489, 496 ss., 506 ss., et dans la collation plus minutieuse que j'ai faite des manuscrits qui représentent la tradition existante du Turpin I (*RHT* XI [1981] 325–70), ces manuscrits se divisent en deux groupes très distincts: d'un côté, A B C qui nous transmettent le Turpin I copié plus ou moins fidèlement depuis le commencement jusqu'à la fin; de l'autre, les MSS D E F F1 G H qui, à partir de notre chapitre XIV, l. 82, se détournent du Turpin I pour copier la traduction de Johannes et, à partir du commencement du chapitre XXX, puisent leur matière dans d'autres sources encore. Entre ces deux groupes, le scribe de D a joué un rôle individuel. A partir du chapitre XIV, l. 82, il s'aligne avec les MSS E F F1 G H en nous transmettant un texte de Johannes et, à partir du commencement du chapitre XXX, les matières adventices qui caractérisent le texte de ces manuscrits; mais, ce faisant, il n'abandonne pas son modèle du Turpin I; il le reprend quand il juge bon de le faire et en fait un amalgame avec le texte que lui offrait son modèle du type E F F1 G H. Les manuscrits de la tradition montrent bien entendu entre eux d'autres rapports particuliers. Le stemma ci-joint permettra d'éclaircir cette complexité, d'expliquer aussi et de justifier la méthode de présentation du texte critique.

C'est, on le voit, une tradition un peu compliquée. On verra, dans le corpus des variantes présenté ci-dessous, combien les rédacteurs et même les copistes ont refait le Turpin de notre traduction d'après leurs connaissances, d'après leurs moyens de se renseigner et d'après leurs intérêts et leurs loyautés particulières. L'on en peut dire autant au sujet des chroniques françaises et normandes dans lesquelles le Turpin est parfois inséré ou avec lesquelles il est associé dans les manuscrits. Rédacteurs ou copistes, ils nous avouent parfois avec une engageante franchise leur indépendance par rapport à leur modèle. Ainsi, le scribe de C, arrivé à la fin de la série de chapitres où sont décrites les représentations

xix Description, classement, plan

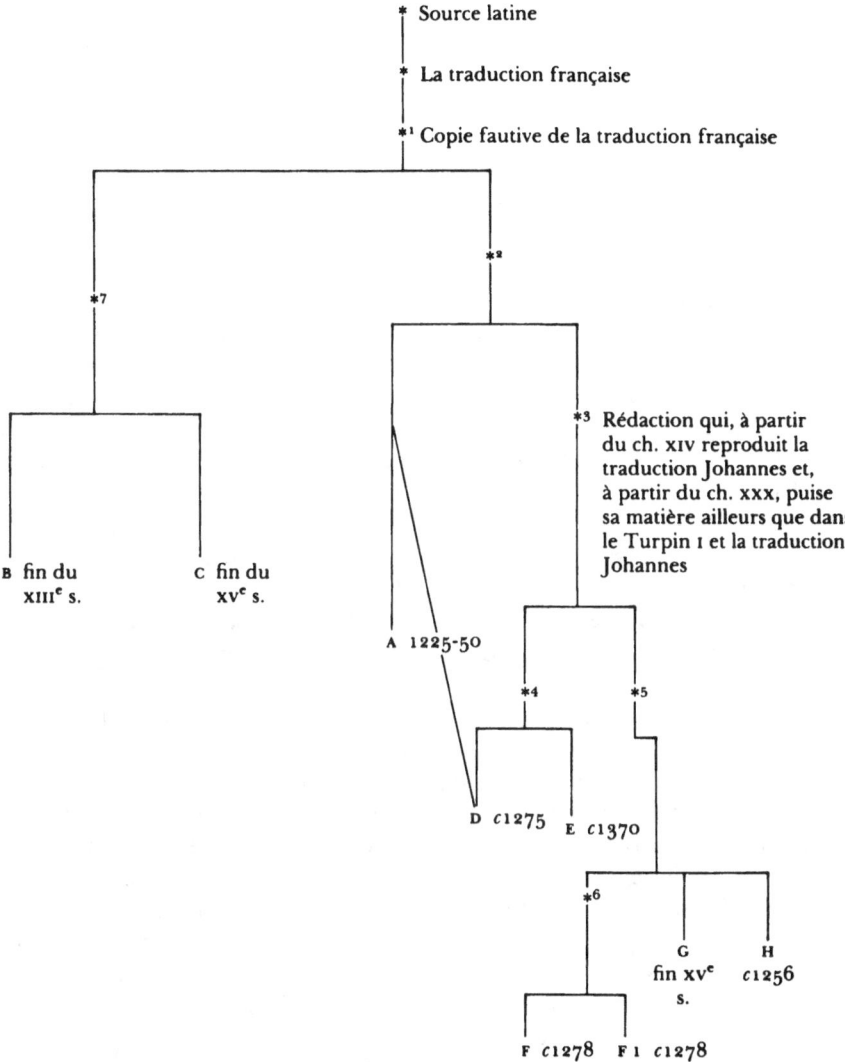

des sept arts peintes dans le palais royal à Aix (XXXI–XXXVII), tient à nous dire combien il sentait que c'était là une longue digression à partir de laquelle il nous reconduit volontiers à ce qu'il considérait comme son véritable sujet: *Atant vous souffise ores avoir dit de ce, et parachevons nostre hystoire et disons comment l'empereur Charlemaigne, qui tant fist de vaillances, de biens et de prouesces en son temps dont il sera a jamais parlez et a bon droit car oncques nul roy, ne Julius Cesar, ne Alixandre dont il est si grant renommee, ne le valurent, car Charlemaigne fut droit Crestien, et a son povoir il exaulsa la foy crestienne comme celui qui en souffrit maintes grans poines; car ilz estoient maints Sarrazins et mescreants qui oncques n'amerent Dieu ne ne crurent ne ne suivirent. Or escoutez la fin de Charlemaigne!* Ce n'est pas là le Pseudo-Turpin, c'est le scribe de C dont nous pouvons apprécier dans cette petite démonstration l'esprit et le style. On verra aussi dans les variantes D, avec quelles maladresses, parfois franchement avouées, le rédacteur de ce texte composite essaie de mettre de l'ordre et de la suite dans un récit qu'il rédige d'après ses deux modèles différents. Il se répète, et il s'en excuse en intercalant la formule: *si com je voz ai autre fois dit* (eg, XXX, 44); il s'explique: *Mais ainçois que je plus de lui* (sc. de Louis le Pieux) *voz die, voz voudroie je dire entre les autres choses une aventure qui avint Rolant au tans que il vivoit, que je voz avoie obliee a dire* (XXXIX, 2). Primat, rédigeant ses *Grandes Chroniques*, s'est trouvé en face de difficultés pareilles: *Ci endroit fait l'estoire mencion des mors et de la quantité Karlemaine et de sa maniere de vivre. Voirs est qu'ele a lassus parlé de ce meismes, et se l'on demandoit pourquoi ele en parole en .ii. lieus, l'on pourroit respondre que ce est selonc divers actors* (éd. Viard, III, 256). Et l'auteur de la chronique française transcrite dans nos manuscrits C et B, racontant d'après des sources variées les expéditions conduites par Charlemagne en Espagne, s'enlise dans de semblables détails: *car ennuy seroit et charge de redire ce que d'autres foys ay dit, et j'ay autre chose a dire, car je suis encores molt loign de port* (MS C, f. 197 v°, b, ll. 13 ss.).

Le texte intégral de notre traduction n'est conservé que dans nos MSS A B C, le plus fidèlement dans A, dans B avec quelques modifications dans l'ordonnance du récit, avec certains emprunts de matières puisées ailleurs que dans le Turpin, et avec une forte indépendance pour ce qui est du langage. Le scribe de C, plus fidèle, est pourtant expansif, se délectant surtout à développer la description des batailles et à insister sur les prouesses de ses héros préférés. Lui aussi, clerc travaillant vers la fin du XVe siècle, refait souvent le langage et le style de son modèle. Parfois le Turpin I n'apparaît plus chez lui que comme un détritus à moitié submergé sous l'alluvion de ses apports matériels et de ses interventions stylistiques. Ce que nous cherchons surtout dans C B, c'est la bonne leçon que le scribe de *² semble avoir faussée en la transmettant à A et à *³. Jusqu'au chapitre XIV, l. 82, le scribe de D ne s'écarte pas trop de son modèle du type A. A partir de là, il transcrit de préférence son modèle *³, toujours en ayant parfois recours à son modèle A lorsqu'il trouve opportun d'étoffer *³ avec des détails offerts par A. Parmi les autres

xxi Description, classement, plan

manuscrits du groupe E F F1 G H, E, oeuvre d'un scribe servile et peu intelligent, semble nous transmettre une copie qui se voulait fidèle au modèle du type *3 et qui ne s'en écarte guère que par incompréhension ou par négligence. Les manuscrits perdus qui figurent dans le stemma sous les sigles *5, *6, ont transmis à F F1 G H un texte très altéré. Il serait inutile de les citer dans les variantes; je les appelle à l'aide lorsqu'il s'agit de leçons problématiques; leur temoignage, quand il est opportun, est présentée dans les notes.

Le texte imprimé est donc celui de A. Jusqu'au chapitre XIV, j'ai recours pour le contrôler aux textes de C D E, parfois à celui de B, dont le texte tout entier est disponible dans l'édition de M. Buridant. Les leçons de A rejetées sont imprimées sous le texte en bas de la page. Quand il s'agit d'une erreur dont la correction est évidente, je n'indique pas les manuscrits qui sont les sources de la correction. Ailleurs, je mets après la leçon rejetée un crochet droit suivi du sigle du manuscrit, ou des manuscrits, dont j'adopte la leçon. Cette leçon est imprimée dans le texte en italique. Lorsque le problème textuel ne se résout pas facilement, je renvoie à la discussion présentée dans les notes.

Dans la table des variantes des manuscrits de contrôle, j'imprime donc jusqu'au chapitre XIV, l. 82 les variantes C D E et parfois celle de B lorsqu'elle semble procéder du modèle *7 et non pas du caprice du scribe. A partir de XIV, 82 et jusqu'à la fin de ce chapitre, le texte de D et de E est emprunté à Johannes. J'imprime donc d'abord les variantes C, ensuite le texte de D avec les variantes E, texte qui constitue en effet deux copies jusqu'ici inconnues de Johannes; ce sont d'ailleurs des copies fort altérées. A partir du commencement du chapitre XV, le scribe de E continue à copier Johannes, mais celui de D commence à en faire l'amalgame avec son modèle A. Je continue donc à imprimer *in toto* dans une colonne à gauche le texte Johannes de E et, en face, dans la colonne droite, pour mettre au clair le procédé du copiste de D, j'imprime son texte *in toto*, mettant en italique ses emprunts au modèle A. C'est ainsi que je procède jusqu'à la fin du chapitre XXIX. Là où commence notre chapitre XXX, la source *3 de nos MSS D E F F1 H (le texte de G s'est interrompu à la fin de notre chapitre XXIV), ne présente plus, 'si com je voz ai autre fois dit,' une traduction turpinienne. Je donne dans l'appendice ci-dessous (pp 187–210) un texte critique de la fin de notre chronique établie d'après ces manuscrits. Mais le scribe de D, ici comme auparavant, a continué à insérer dans ce texte des passages, quelquefois des chapitres tout entiers, copiés sur son modèle A. Son texte comporte donc ici des variantes à notre texte du Turpin I; je les imprime à part après les variantes C, pour les chapitres XXX–XLI.

xxii Description, classement, plan

L'établissement du texte requiert la résolution de quelques petits problèmes de présentation et de transcription. Le scribe divise la chronique en chapitres clairement marqués par un alinéa, une rubrique et une initiale ornée. J'y ajoute la numérotation des chapitres et des lignes. Pour ce qui est de la séparation des mots, il montre une grande inconsistance. Dans des cas tels que *missires, mi sires*; *monseignor, mon seignor*; *encontre, en contre*; *au derreain, auderreain* où l'usage était alors flottant, je garde telles quelles ses formes. Mais lorsqu'il y a de toute évidence erreur, je le corrige. Il écrit *l'en seigne*, je transcris *l'enseigne*; il écrit *et les sauçons*, je transcris *et l'essauçons*; il écrit *il orent sui*, je transcrits *i l'orent sui*. En fin de ligne il écrit *je / ne venche*, qu'il faut transcrire *j'en é venché*. Je régularise selon les normes conventionnelles l'usage des majuscules, des signes diacritiques, de l'emploi de *i, j, u, v* et de la ponctuation. Le point d'exclamation ressemble à notre point d'interrogation, mais incliné en descendant de droite à gauche: "*Ha?*" Le scribe emploie le même signe comme point d'interrogation. Si la résolution des abréviations n'est pas toujours aisée, la plupart des expansions sont régulières: p représente *par* dans *p̄tit, p̄doner, p̄donerres, p̄menanz*, etc. et *per* dans *p̄sones, p̄dent, p̄ches, tresp̄ca*, etc. La préposition *por* est toujours écrite en toutes lettres; *pro* s'abrège en p: *p̄iere, p̄ier, p̄mis* etc. sont transcris *proiere, proier, promis*, etc. La voyelle *i* suscrite représente *ri* dans *p^{i}er, p^{i}ent* – *prier, prient*. Le signe ^{s} peut noter *re*: *rep^{s}sure, p^{s}schier*, ou l'inverse *er*: *h^{s}begiez, ent^{s}ras, m^s* etc. – *herbegiez, enterras, mer* etc. Parfois il semble également être à la place de *ui*: *Aq^{s}taine, coq^{s}st* – *Aquitaine, conquist*. La barre au-dessus de *q* se transcrit *ue*: *q̄, desq̄, desq̄ a, jusq̄a, sarq̄u* – *que, desque, desque a, jusque a, sarqueu*, etc.; *q̄n* et *jusq̄n* sont donc transcrits *qu'en* et *jusqu'en*. Les préfixes *con-, com-* ainsi que les conjonctions / prépositions *com* et *comme* sont abrégés en ꝯ et *cō*: *cō, ꝯ, cōme, ꝯme, comandement, ꝯmendemenz, cōquist, ꝯquis*, etc. Les nasales écrites en toutes lettres ne semblent pas conformer à aucun système: *combatre – conbatre, emperere – enperere, emporte – enporte*, etc. A côté de *nō*, le scribe écrit en toutes lettres *non, nons* (nomen). Je transcris donc toujours *non, nons*. A côté de *coment* en toutes lettres, il écrit *cōmēt. cōte* écrit en toutes lettres est toujours *conte* (*cŏmitem*). *biem* (*bĕne*) est écrit une fois ainsi en totutes lettres; je le conserve. Devant cette diversité je me permets, en cas de doute, de développer les formes abrégées selon l'orthographe moderne. La forme issue du latin *multum* est écrite en toutes lettres *molt* ou *mout*, en abrégé, *młt*; je transcris la forme abrégé par *molt*.

Le système des déclinaisons chez notre scribe n'est pas exempt de confusion, surtout pour ce qui est des noms de personnes. *Charle, Rollant,*

Guane se trouvent souvent au cas sujet à côté des formes en -*s* ou -*z*. Au cas sujet nous rencontrons parfois aussi *Charlon* et au cas régime *Charles*. Mais *Fernagu* ne paraît jamais que sous les bonnes formes: *Fernaguz – Fernagu*. Le nom propre Charlemagne est le plus souvent écrit en abrégé *Charłm* ou *Chałm*; écrite en toutes lettres la forme est *Charlemaine(s)* ou *Chalemaine(s)*. Pour les cas douteux, je transcris tout arbitrairement selon l'ancienne règle déclensionnelle.

Encore un petit détail: parfois le scribe intervertit par mégarde l'ordre de deux membres de phrase; il signale la correction nécessaire par un *b, a* suscrits.

Voici donc encore une traduction française de l'*Historia Karoli Magni et Rotholandi* du Pseudo-Turpin qui vient prendre sa place tout individuelle parmi les autres versions françaises qui ont essaimé au nord de la France pendant les premières décennies du treizième siècle. Elle reste, nous l'avons vu, anonyme; nous ne connaissons pour elle aucun mécénat. Rien donc ici, pas même dans la tradition manuscrite envisagée dans sa totalité, qui puisse nous permettre de localiser la traduction originale. Le manuscrit le plus ancien et le meilleur, notre MS A, peut être daté de la période même qui s'étend entre 1225 et 1250, mais il nous rapporte un texte déjà altéré, étant passé par les mains d'au moins trois scribes antérieurs. Le texte du MS B se trouve incorporé dans la *Chronique française* du MS Vatican Regina 624, chronique qui, selon Monsieur P. Botineau, fut achevée entre 1229 et 1237. Mais notre Turpin I a été emprunté aussi par l'Anonyme de Béthune pour sa *Chronique française des rois de France* telle que nous la lisons dans nos MSS D et E, chronique attribuée par P. Meyer à une date un peu antérieure à 1223. Notre Turpin I vient donc se ranger parmi cette série de traductions françaises qui s'étalent tout le long des premières décennies du treizième siècle. On se rappellera que la première de ces versions françaises est sortie de la plume de Nicolas de Senlis entre 1195 et 1205; que Johannes et ses rédacteurs ont travaillé vers 1206 et 1207; que William de Briane a fait sa traduction anglo-normande au cours de la seconde décennie du treizième siècle. Pour le Turpin II, on s'est trouvé devant un anonymat aussi difficile à percer que celui de notre Turpin I, ce qui n'a permis de dater cette version qu'assez vaguement 'avant 1240.' Mais là aussi les manuscrits existants sont tardifs et corrompus, de sorte que la traduction elle-même doit sans doute remonter vers les années signalées ci-dessus où la vogue populaire du Turpin était à son apogée.

Et maintenant il reste à poser certaines questions que les éditions récentes des textes permettront de bien envisager. Est-ce que les localisations établies des textes et des copies de ces traductions, et l'identification des mécènes qui se sont intéressés à leur diffusion, pourront nous permettre de répondre aux questions de savoir pour qui et pourquoi la Chronique du Pseudo-Turpin s'est répandue si loin et si profondément dans la société française de ce commencement du treizième siècle? On aura vu, dans le grand livre de Monsieur de Mandach, quels étaient les grands centres de diffusion du Turpin latin. Pourra-t-on désormais discerner et définir plus clairement les intérêts des promoteurs de la chronique traduite au moment où l'historiographie érudite et populaire devenait le grand véhicule des idées politiques, religieuses et morales, favorisait des intérêts naturels, locaux et particuliers, rivalisait avec les oeuvres d'imagination pour mettre le public tant soit peu lettré au courant des faits si instructifs à tous les points de vue de l'histoire nationale? Et quel domaine, à la fois si solide, si varié, si naturel, que ces traductions pour étudier les formes de la prose française à ce moment-là et sa véritable naissance et son premier développement! Il faut en effet une étude comparative et générale des traductions françaises du Pseudo-Turpin, étude que depuis longtemps j'envisageais de faire, mais que les rigueurs du travail d'édition m'on fait remettre et remettre et remettre jusqu'au moment où ... *ingrediens templum refero ad sublimia vultum.*

La publication de ce livre n'aurait pas été possible sans l'appui d'agences au plus haut point bienveillantes et auxquelles je tiens à exprimer ma très vive reconnaissance: à Monsieur le Professeur Brian Merrilees qui a bien voulu accueillir le *Turpin I* dans la série de ses Toronto Medieval Texts and Translations et dont les soins et les conseils experts m'ont été à tout moment d'un précieux secours, à Monsieur le Professeur William A. Shack, Dean of Graduates à l'University of California à Berkeley, à l'University of Toronto Press qui en a bien voulu assumer la publication, à Ms Prudence Tracy, Editeur de l'University of Toronto Press, qui m'a tant aidé de ses conseils toujours efficaces et amicaux, et à Ms Jean Wilson, dont la compétence patiente a permis de réaliser la mise au point définitive de cette édition du *Turpin I*.

LE TURPIN FRANÇAIS, DIT LE TURPIN I

L'Estoire d'Espaigne*

I

Quant Nostre Sire envoia ses apostres preeschier par le [52r°] monde, missires sainz Jaques vint en Galice, si preescha par la terre et converti les genz a la loi crestiene. Aprés, il s'en rala en Jerusalem, et Herodes le fist ocierre, et puis fu li cors de lui aportez par mer arriere en Galice. L'une partie des paiens qui Deu ne voloient croire ne ses commandemenz *tenir*, aprés la mort saint Jaque firent par lor force les Crestiens revenir a la loi paiene, et si la tindrent desque Charles l'enperere de Romme et rois de France par sa force les fist revenir a la loi des Crestiens

II **Ci conte coment Charles ala en Espaigne**

Icil Charles, puis qu'il ot conquis Engleterre et Tiescheterre et Baiviere et Loherraine et Borgoigne et Lombardie et Bretaigne et plusors autres contrees qu'il avoit ostees de la main as Sarrazins, et qu'il avoit par sa force et par son grant travaill mis a la loi des Crestiens, il devisa qu'il se voloit reposer ne ne voloit mes aler en bataille. Aprés li vint en avision qu'il veoit el ciel un chemin d'estoiles qui commençoit des la mer de Frise

---

*Ce titre est tiré de l'explicit qui se trouve à la fin de la Chronique, en bas du f. 77v°: *Ci fenist l'estoire d'Espaigne*. Le texte commence en haut du f. 52 sans incipit et sans tire.
I, 7 tenir *manque*] C B D E

et s'estendoit entre Tiescheterre et Lombardie et entre France
et Aquitaine, et passoit droit par Gascoigne et par Bascle et par
Navarre et par Espaigne jusqu'en Galice ou li cors mon
12 seignor saint Jaque estoit, ne les genz ne savoient en quel leu.
Quant Charles ot veu par plusors nuiz cel chemin des estoiles,
il commença a penser que ce senefioit. La ou il pensoit en tel
maniere, uns sires qui plus ert beaus qu'en ne peust dire, li
16 aparut par nuit et si li dist: 'Que fez tu, mes filz?' Charles
respondi: 'Qui es tu, Sire?' Il respondi: 'Je sui Jaques, li
apostre Jhesu Crist, filz Zebedee, frere Johan l'evange / listre [52v°]
lequel missires Jhesu Crist deigna eslire par la soe grace sor
20 la mer de Galilee a preescher ses pueples et lequel Herodes
ocist d'une espee, et li cui cors gist en Galice, ne l'en nel set
pas, laquele terre est ledement demenee par les Sarrazins. Si
me merveill mout que tu n'as ma terre delivree qui tantes
24 cités et tantes terres as conquises. Por ce si te faz certain qu'ausi
com Deus t'a fet plus poissant de toz les terriens rois, t'a il
eslit a delivrer ma terre de la main as Sarrazins, et que tu soies
coronez de sor toz en la vie qui toz jorz durera sanz fin. Le
28 chemin des estoiles que tu veis el ciel senefie ce que tu iras de
cest païs en Galice o molt grant ost par combatre as Sarra-
zins et por aquiter ma voie et ma terre et por visiter mon
sarqueu et m'eglise, et aprés toi iront la totes les genz de
32 l'une mer jusqu'a l'autre en pelerinage por requierre Nostre
Seignor Jhesu Crist pardon de lor pechiez, et cil raconteront
les loenges Deu et ses vertuz et les merveilles qu'il a fetes, et
ces genz iront la jusque a la fin de cest siecle. Et tu va plus tost
36 que tu porras, car je t'aideré partot, et si requerré Nostre
Seignor por tes travaz que tu avras corone el ciel et li tuens
nons sera loez desque en la fin del siecle.' Ensi misires sainz
Jaques aparut .iii. foiz au roi Charlon. Quant Charles ot oï ce
40 que li sainz apostres li avoit promis, si assembla ses granz oz
por combatre a la gent mescreant et si entra en Espaigne.

III Coment Charles assist Pampelune

La premiere cité qu'il asist, ce fu Panpelune. Si sist .iii. mois
entor qu'il ne la pot prendre, quar ele estoit molt bien
4 garnie de murs qui ne cremoient nul assaut. Lors si fist sa

proiere a Nostre Seignor, si dist: 'Beaus Sire Jhesu Crist,
por la cui foi je sui venuz en ceste terre por combatre a la gent
mescreant, donez moi que je puisse prendre ceste cité a
8 l'anor de vostre non. Et vos, misires sainz Jaques, se ce est voirs
que vos apareustes a moi, otroiez moi que je la puisse prendre.
Adonc / par la volenté de Dieu et par la proiere mon   [53r°]
seignor saint Jaque, li mur de la cité chaïrent jus par pieces.
12 Li Sarrazin qui se voldrent torner a la loi crestiene fist baptizier; les autres qui ne voldrent Deu croire fist ocirre. Quant
li Sarrazin oïrent la merveille qu'il fesoit, si vindrent a merci, si
envoierent encontre lui treu de totes lor terres, si li rendirent
16 lor citez et mistrent totes lor terres en sa volenté. Li Sarrazin,
quant il virent les genz de France qu'il estoient tant bel et
tant bien vestu, si s'en merveillerent molt, si les reçurent o grant
honor et em pes sanz bataille. Lors vint Charlemaines
20 jusqu'au sarqueu mon seignor saint Jaque sanz arest et sans
contraire, et si ala jusqu'*au Perron et vint a* la mer ou il ficha
sa lance, puis rendi graces a Deu et a monseignor saint Jaque
qui desque la l'avoit amené *disant qu'il* ne *poeit* aler avant.
24 Les genz qui par la force des paiens estoient converti puis le
preeschement mon seignor saint Jaque et ses deciples, qui a
la foi de creance voldrent repairier, il les fist baptizier a Torpin l'arcevesque de Rains. Ceus qui Deu ne voldrent croire,
28 il les fist ocirre ou il les mist en cheitiveison. Aprés il ala par
tote Espaigne des l'une mer jusqu'a l'autre delivrement.

IV **Les nons des citez**

Ci nome les citez et les chasteaus et les granz viles que Charles
conquist en Galice: Visine, Lamege, Duine, Corimbre, Luge,
4 Araines, Hyratude, Medoine, Crine, Compostele qui donc ert
petite. En Espaigne conquist Aucale, Gasdalefrige, Talemake,
Taleriere qui molt ert plenteive, Uzede, Ulme, Canale,
Madret, Alequede, Medinecelin qui ert haute cité, Karlege,
8 Osme, Segonce, *Segoive* qui ert grant, Anile, Salemanque,

III, 15 envoirent – 21–3. Voir les leçons fautives de tous les manuscrits citées
dans 'Le Classement des manuscrits,' *RHT* XI (1981) 326.
IV, 8 Segoive *manque*] C B D; *voir la note.*

Sepulnege, Tolete, Caletrane, Badaie, Trugel, Talevere,
Godine, Emerite, Altemore, Palence, Luiserne, Ventose qui
est apelee Carcese qui siet en *Valvert*, Capre, Austorge,
12 Onetum, Legio, Carrion, / Auque, Nares, Galetravee,   [53v°]
Urence qui est apelee Ars, L'Estoile, Caleteaus, Miracle, Tudele,
Sarragoce qui est apelee Cesaire, Panpelune, Baione, Jaque,
Oche ou il soloit avoir nonante tors, Tarracione, Barbastre,
16 Rothes, Urgele, Elve, Geronde, Barcione, Tarragoce, Lede,
Tortose, Barbegale, Carmone, Aurele; cist .iiii. estoient fort
chastel, Alagalete, Hispalide, Eschalone, Urriane, Cotande,
Citez, Ubede, Becie, Betroisse ou l'en fesoit le bon argent,
20 Valence, Denise, Sative, Granande, Sebile, Cordres, Abule,
Accentine ou saint Toroquins li confessors gist qui sergent
fu monseignor saint Jaque sor la cui tombe il a un arbre d'olive
qui par la volenté de Deu porte fruit chascun an au jor de sa
24 feste es ydes de *may*, la cité de Besaire ou il soloit avoir molt
bons chevaliers qui estoient apelé Arabite. Si prist la cité de
Burge ou il avoit roi par costume, Agaibe, *si est une isle*,
Goborre, Melorde, Enice, Frementaire, Alcores, Almake,
28 Aloveque, Gibaltarie, Cartage, Septe, qui est *es destroiz*
d'Espaigne ou li cors de la mer *vient* et dui braz de mer s'i
assemblent. Si prist Gesir et Gavint. Tote la terre d'Espaigne:
la terre d'Almandaluz, la terre de Portigal, la terre des Sarrazins,
32 la terre des Turs, la terre des Chastelains, la terre dé Mors,
la terre de Navarre, la terre d'Alevaire, la terre de Biscaire, la
terre de Baasche, la terre de Palake, totes furent el com-
mandement Charlemaine. Totes que j'ai ci nommees prist
36 Charles, les unes sanz bataille, les autres par bataille et par
grant art; mes Luiserne, qui molt estoit forz citez bien gar-
nie, ne pout il prendre jusqu'au derrean. Auderrean si sist
entor la vile .iiii. mois et puis si fist sa proiere a Deu et a mon
40 saignor saint Jaque, et par sa proiere chaïrent li mur et fondi
la citez, et encor est la vile sanz abiteors et toz jorz sera mes.
En mi la vile leva lors un flueve ou il avoit grant poisons noirs.
Autre roi de France et autre empereor conquistrent devant
44 Charlemaine une partie des citez qui ci devant sont nommees /,   [54r°]

11 Valiert] Valee Verte C, un val vert D, Vauvert B E
24 de marz] C; *voir la note* – 26 si est une isle *manque*; *voir la note* – 28 est es
droiz leus d'Esp.] B E – 29 vient *manque*] C B D – 31 la t. d'Almandaluz
manque; *voir la note*.

7 Le texte: L'Estoire d'Espaigne

si furent demenees a la loi des paiens *jusques a la venue Charles an Espaigne*. Et aprés sa mort, plusor roi et plusor prince alerent en Espaigne combatre as Sarrazins: Clodeveus li filz
48 Dagobert, *Lohiers, Dagobers*, Pepins, *Charles Martels*, Charles li Chauz. Cist conquistrent une partie d'Espaigne et une partie en lesserent a conquerre. Mes cil Charlemaines conquist en son tens tote Espaigne et tote fu en son commandement. Ci
52 sont les citez que Charles maudist puis qu'i les ot conquises, et por ce sont eles encores sanz habiteors et seront toz jorz: Luiserne, Ventose, Capre, Adavie. Et les ymages qu'il trova en Espaigne, il les destruist totes fors une qui estoit apelee
56 Salancadis. Cadis, si estoit li propres leus o ele estoit; Salan si est en arraba lange *Deus*. Si dient li Sarrazin que cele ymage fist fere Mahomet en son non endementres qu'il vivoit et si seesla dedenz par art de deable une *legion de dyables* qui en tel
60 force la tenoit qu'ele ne pooit depecier en nule maniere. Quant aucuns Crestiens aprochoit cele part, si cheoit isnelement morz. Et quant aucuns Sarrazin l'aprechoit por orer ou por deproier Mahomez, si s'en raloit arriere delivres et
64 haitiez, et se aucuns oisiaus s'aseoit par aventure sor l'image, il moroit isnelement. Si avoit en l'orle de la mer une grant pierre molt bien ovree d'oevre sarradine qui de soz ert lee et quarree et desus estroite, si ert si haute com uns oisiaus vole. Si
68 estoit cele ymage sor cele pierre assise, fete de molt bon arcal en samblance d'ome en estant sor ses piez, si avoit son vis torné vers medi et si tenoit en sa main destre une clef, et li Sarrazin disoient que cele clef li devoit cheïr de la main quant
72 aucuns rois de France vendra qui tote la terre d'Espaigne metra a la loi des Crestiens, et si tost com il verront la clef cheoir, il s'en fuirront et voideront tote la terre.

v Ci conte coment Charles fist fere la chapele saint Jaque

De l'or que li roi et li prince d'Espaigne donerent Charlemaine
4 en Espaigne / fist il fere par .iii. anz qu'il demora en la terre, [54v°]

45 jusques a la v. c. en e. *manque*] C B; *voir aussi la variante dans* D *citée RHT* XI (1981) 358 – 47 *Clodeveus li filz Dagobert, Pepins, Charle li Chauz; voir la note* – 57 Deus *manque*] C D – 60 compaignie de gent] C B

la chapele mon seignor saint Jaque. S'i assist evesque et s'i assist cenoines qui tindrent la reule saint Ysidoire le beneot confessor, si l'atorna honorablement de cloches, de pailes, de
8 vestemenz, de livres et de totes choses qu'il covient a haute iglise. Del remenant de l'or et de l'argent qui li remest quant il issi d'Espaigne si estora plusors iglises: la chapele madame sainte Marie a Aiz, et la chapele saint Jaque qui est *en* cele vile
12 meismes, et la chapele monseignor sainz Jaque a Biterne, et l'iglise saint *Jaque* a Tolose, *et l'iglise qui est en Gascoigne entre la cité qui est apelee Aix et Saint Johan de* Sorges en la voie mon seignor saint Jaque, et l'eglise mon seignor saint Jaque qui est a
16 Paris entre Saine et Monmartre, et plusors abaïes qu'il fist par le monde que je ne puis totes nommer.

VI Ci reconte coment li paien reconquistrent Espaigne et Charles remena ses genz

Quant Charles fu repairiez en France, uns paiens rois d'Aufri-
4 que qui avoit non Agolanz entra en la terre d'Espaigne si la conquist et ocist toz cels que Charles avoit lessiez en la terre por garder les citez et les chasteaus. Quant Charles oï ce, si assembla ses oz et si ala de rechief en Espaigne, *et ala avec lui*
8 *Miles d'Angliers qui conduit les osts.*

VII Ici reconte un merveilleus essamples que Nostre Seignor demostra de cels qui retiennent les aumosnes a tort

4 Quant Charles fu venuz o totes ses genz a Baione, *une cité de Bascle*, et il fu herbegiez en la vile, uns chevaliers qui aveit non *Romery* fu molt malades et prochiens a la mort. Lors si prist sa penitance et se fist commenier a un provoire. Puis
8 commande a un suen cosin qu'il vendist un soen cheval et si en

---

v, 11 en manque – 13 Jaque manque – (Tolose), et un (sic) autre eglise monseignor saint Johan a (Sorges); voir dans 'Le Classement des manuscrits,' RHT XI (1981) 327-8, les leçons confuses de tous les manuscrits.
vi, 7 et ala ... les osts manque] C B; voir la note.
vii, 4 une cité de Bascle manque] C B – 6 Rommains] C B

9 Le texte: L'Estoire d'Espaigne

donast les deniers por Deu et por la sauveté de s'ame as clers et
as povres genz. Quant il fu morz, ses cosins vendi son cheval
.c. sous et si despendi isnelement toz les deniers en vestemenz
12 et en boivres et en mengiers. Mes la vengance Nostre Seignor
*qui est tousjours prochaine a ceulx qui font mal, n'esloigna pas de
cestui si comme il apparut prouchainement.* Quar, quant li .xxx. / [55r°]
jor furent passé, li morz aparut a celui en dormant et si li dist:
16 'Saches que Deu m'a pardoné mes pechiez crimineus por ce
que je te commandé mes choses a doner por la redemption de
m'ame. Mes por ce que tu as retenu mes aumosnes a tort,
saches que j'é .xxx. jorz jeu es paines d'enfer, et saches que tu
20 enterras tot de voir demain es paines d'enfer et el liu dont
ge sui issuz, et je seré assis en paradis.' Quant li morz ot ce dit,
si s'en ala, et li vis s'esveilla et fu molt peoreus. Quant il se
leva, si conta as genz ce qu'il avoit oï. Si com les genz de l'ost
24 parloient de ce qu'i lor avoit conté, il oïrent de sor els en l'air
les deables qui crioient ausi comme lion et comme torel et
comme leu. Si pristrent celui en mi els toz vis et tot sain, si
l'enporterent. Que diroie je plus? L'en le quist .iiii. jorz par
28 monz et par vaus, a pié et a cheval, si ne le pot en trover. As
darriens, .xii. jorz apré[s], si comme li rois s'en aloit o tote s'ost
par les deserz de la terre de Navarre, l'en trova celui mort et
tot depecié de sor une roche qui prés ert de la mer a .iii. liues,
32 loinz de la cité ou il fu raviz .iiii. jornees. Li deables avoient
le cors de celui jeté ilec et l'ame en avoient portee en enffer.
Por ce si sachent cil qui les aumones des morz qu'en lor a com-
mandees a doner retiennent, *qu'i* seront dampné pardurable-
36 ment.

VIII Ci conte comme Charles et Miles d'Angles quierent Agolant par Espaigne por combatre

4 Aprés, Charles et Miles commencerent a querre Agolant o
totes lor oz par Espaigne. Si com i l'orent sui grant piece, si le
troverent en la terre qui est apelee terre de Chanz sor un

13 (N.S.) soloit estre plus prochaine a cels qui le mal fesoient qu'ele n'est ore]
C B –
35 quis

flueve qui ot non Ceia en un plain leu en uns beaus prez ou il
8 ot puis fet une chapele par le commandement et par l'aïde
Charle. S'i gesent li cors de .ii. benoez martirs, saint Fagon et
saint Primitis. S'i establi une abaïe de moines et s'i fist fere
une vile grant et plenteive. Quant Charles vint o tote s'ost prés
12 del leu ou Agolant ert, Agolant li manda bataille / selonc son [55v°]
voloir, .xx. contre vint, ou .xl. contre .xl., ou .c. contre cent, ou
.m. contre .m., ou .cc. contre .cc. ou .i. contre .i. Quant
Charles oï ce, il envoia .c. chevaliers contre .c., et si furent ocis
16 li .c. Sarrazin. Aprés i renvoia Agolant .cc. en contre .cc.; si
furent ocis li paien. Puis en i envoia .ii. .m. encontre .ii. .m.,
s'en fu ocise une partie des paiens et l'autre s'en foï. El tierz jor
aprés, gita Agolanz ses sorz, si vit que Charles avroit domache.
20 Si li manda qu'il feissent l'endemain pleniere bataille, et ele
fu ensint otroiee d'une part et d'autre. La nuit devant le jor de
la bataille, l'une partie des Crestiens qui molt desierroient la
bataille, fichierent lor lances droites en terre devant lor
24 herberges es prez de coste le flueve que j'ai devant nomé.
L'endemain, si les troverent totes chargiees d'escorces et de
fuelles, et ce furent les lances de cels qui devoient recevoir
martire en la bataille. Si s'en merveillerent plus que je ne
28 poroie dire del miracle Nostre Seignor qu'il virent si grant, et il
les trencherent pres de terre. Mes des racines qui remes-
trent vindrent granz perches, et crut grant bois qui encor est
en cel leu meismes; si ot grant partie de cez lances de fresne.
32 Ce fu mervelleuse chose et grant joie et profetable chose as
ames et domache as cors. Et que plus? Cel jor fu fete la bataille
des uns et des autres, si furent ocis .xl. mile Crestien; et li
dux Miles d'Angles, li peres Rollant, recut martire ovec icels
36 cui hantes estoient foillues, et li cheval Chalemaine i fu ocis.
Quant Charles fu a pié enmi la bataille des Sarrazins ovec
.ii. .m. Crestien qui estoient remés a pié, il trest s'espee qui
avoit non Joieuse, si trencha plusors Sarrazins par mi. A la
40 vespree, li Crestien et li Sarrazin tornerent as herberges.
L'autre jor aprés, vindrent .iiii. marchis de la contre[e] de
Lombardie por aidier Chalemaine, si amenerent .iiii.m. d'omes
bien aidanz en bataille. Quant Agolant l'oï dire il s'en rala
44 arieres en sa contree, et Charles / repera o tote s'ost en [56r°]

25 L'endemain *manque*] D E; *voir la note.*
41 contré. *Cf.* contree, l. 44 *ci-dessous*

11 Le texte: L'Estoire d'Espaigne

France. En la bataille que je ai devant dite devez vos entendre le salu des ames de cels qui se combatent por Nostre Seignor Jhesu Crist. Ausi com li chevalier Charlemaine lor armes apa-
48 reillierent *por aler en la bataille, aussi devons nous appareillier noz armes,* c'est a dire noz bones vertuz, encontre les vices. Qar sachiez! qui metra foi encontre malvese iresie, ou charité encontre haine, ou largece encontre avarice, ou humilité
52 encontre orguel, ou chasteé en contre luxure, ou assiduel oroison encontre les tentations dou deable, ou povretez encontre beneurtez, ou pes encontre tençon, ou obedience encontre la volenté de la char, sa hante sera florie et *veinque-*
56 *resse* devant Deu au jor del joïse. Ha! comme l'ame del vencheor sera beneuree et florie el raigne del ciel qui lealment set combatre en terre encontre les vices, que li apostres dist: 'Cil ne sera mie coronez el ciel *qui* ne se combatra loialment
60 *en terre*,' et ausi comme li home Charlemaine *moururent* en la bataille por la foi Nostre Seignor, ausi devons nos *morir es vices et* vivre en cest monde es saintes vertuz que nos deservons a avoir parmenable gloire el raigne del ciel.

IX **Ci reconte coment Agolant vint a Gienne et amena plusors rois o lui**

Aprés Agolant assembla plusors genz, les Sarrazins, les Mors,
4 les Moabitains, les Ethiopiens, les Turs, les Aufriquans, les Persiens; Gerafin, le roi d'Arrabe; Barrabel, le roi d'Alixandre; Avice, le roi de Bogie; Hospin, le roi de Gaibe; Femur, le roi de Barbarie, *Alier*, le roi de Marroc; Afinorc, le roi de
8 Maioire; Meimon, le roi de Meque; Ebraïn, le roi de Sebile; l'aumaçor de Cordres. Si s'en vint ovec toz cez desque a Genne en Gascoigne, si la prist. Puis si manda Chalemaine qu'il venist a lui en boene pes, si amenast poi de chevaliers,
12 *et lui promist .xl. chevaulx chargez d'or et d'argent et d'autres riches-*

48 por aler en la b., aussi devons nous ap. noz armes manque] D E; *voir la note.*
55 vengeresse] C B; *voir la note* – 59 quil – 60 en terre manque C B D – alerent en la b.] C B D – 61 morir es vices et manque; *voir la note.*
IX, 7 Alier *manque*] C B; *voir 'Le Classement des manuscrits' RHT* XI (1981) 331, no. 7.
11 chevaliers. Aprés si dist a ses homes: 'Ge li trametré .xl. chevaux chargiez d'or et d'argent s'il velt fere mon commandement] C B; *voir 'Le Classement des manuscrits,' RHT* XI (1981) 331, no. 8.

ses seulement s'il se mectoit a son commandement. Mes ce disoit il por ce qu'i le voloit *connaistre por l'ocirre emprés* en bataille. Et Charles pensa bien qu'i li voloit mal fere. Si prist .ii.m. de ses meillors chevaliers et vint pres / de la cité de Giene a *iiii*. [56v°] leues. Puis fist illec repondre ses chevaliers, si en eslut .lx. des meillors. Si vint jusque a un mont qui estoit pres de la cité si qu'i la pot veoir. Si lessa cels sor le mont et mua ses riches vestemenz et prist .i. de ses chevaliers si ala a la cité sanz lance, son escu derieres son dos si com il estoit costume a cel tens de cels qui aloient en message de bataille. Lors issirent genz de la cité si demanderent cels qu'il queroient, et cil respondirent: 'Nos somes mesage Charle, si nos envoie a Agolant vostre roi,' et cil les menerent en la cité devant Agolant, si distrent lor message: 'Charles nos envoie a toi, si te mande qu'il vient ensi com tu li comandas o solement .lx. chevaliers, si velt parler a toi et velt devenir tes hom se tu li dones ce que tu li as *en* covenant. Por ce si vieng *parler* a lui ausinc o .lx. chevaliers en boene pes.' Adonc s'arma Agolant, si lor dist qu'il ralassent a Charlemaine et si li deissent qu'il l'atendist. Encor ne cuidot mie Agolant que ce fust Chales qui avoit a lui parlé. Mes Charles conut bien Agolant, si vit les rois qui estoient o lui, si esgarda la cité de quel part ele estoit plus legiere a prendre. Puis vin[t] as .lx. chevaliers qu'il avoit lessiez sor le mont et si repera o els jusque aus .ii. milliers, et Agolant les sivi plus tost qu'il pot, si mena .vii. m. chevaliers por ce qu'il voloit ocierre Charlemaine. Mes Charles, qui bien pensa qu'i li voloit mal fere, s'en foï o totes ses genz.

Aprés, Charles repera en France, si assembla molt grant ost, si vint a la cité de Genne, si sist entor la vile .*vi*. mois. Au setiesme mois, quant il ot apareillié de coste le mur ses perrieres et ses mangoniaus et ses truies et ses moutons et ses chasteaus de fust et ses engins por prendre la cité, Agolant s'en issi par nuit o ses rois *et* o ses plus hauz homes par les chambres privees et passa le flueve de Garanne qui est decoste la cité, et ensi eschapa dé mains Charlemaine. L'endemain entra Charles en la cité a grant joie. Si ot ocis une partie dé

14 le voloit ocirre en b.] C B; *voir RHT* XI (1981) 331, no. 9. – 16 une leue] C B D E – 17 .xl.] C B; *voir la note.*
29 en *manque* – si vieng a lui ausinc o .xl. chevaliers en b. p., si parlera a toi; *voir les variantes et la note* – 41 .vii; *voir la note* – 45 et *manque*

13 Le texte: L'Estoire d'Espaigne

Sarrazins et autre partie s'en eschapa / par l'eve de Garanne. [57r°] Mes nequedent si i ot ocis .x. mile Sarrazins.

x Ci reconte coment Agolanz fu chaciez de Charle jusqu'a Saintes

Puis vint Agolant a Saintes qui estoit el commandement as
4 Sarrazins. Si demora la o ses homes, et Charles le suivi si li manda qu'i li rendist la terre et la cité. Mes il ne li vout rendre, ainz issi a bataille contre lui par tel covenant que la cité fust celui qui vaintroit. La nuit devant que la bataille dut
8 estre, l'une partie des Crestiens fichierent lor lances droites en terre devant lor herberges es prez entre le chastel de Tailleborc et la cité qui estoit sor le flueve de Quarante. L'endemain les troverent chargiees d'escorces et de foille, et ce furent les
12 hantes de cels qui en la bataille devoient recevoir martire por la foi Nostre Seignor. Quant il virent le grant miracle, si s'en merveillierent molt, si les trencherent pres de terre, si s'asemblerent et alerent premerain en la bataille, si ocistrent molt de
16 Sarrazins; mes en la fin i furent ocis et furent coroné es cels. Si ot de cels qui furent ocis .iiii. milliers, et li chevaus Charle i fu ocis, si fu a pié entre les genz, et reprist force si ocist par lui molt de Sarrazins. Et cil ne porent soffrir la bataille qui
20 estoient lassez de ceus qu'il avoient ocis. Si s'en foïrent en la cité, et Charles ala tantost après si assist la vile et l'avirona de totes parz de ses genz fors que devers l'eve. La nuit aprés, Agolanz s'en foï par mi l'eve o tote s'ost, et Charles qui bien
24 s'en aparçut ala aprés, si ocist le roi de Gaibe et le roi de Bogie et autres paiens jusqu'a .iiii. milliers.

xi Ci reconte coment Charles rala en France et assembla tote s'ost por aler en Espaigne

Adonc Agolant passa les porz de Sizere, si vint a Panpelune,
4 si manda Charlemaine qu'i l'atendroit la por combatre. Quant Charles oï ce, si repaira en France, si manda toz ses contes et ses dux et les hauz barons de sa terre et loinz et pres, que tuit venissent a sa cort. Et fist crier son ban par tote France que

14 Le Turpin français

8   tuit cil qui estoient / de soz mauveses costumes as seignors, si [57v°]
com ser de chief, ou en quel que maniere que il fussent serf,
tuit cil qui avec lui ireient en Espaigne por combatre as Sarra-
zins, il les franchiroit, et els et lors ers a toz jorz. Que diroie
12 je plus? Toz cels que Charles trova en prison, il les delivra; cels
qu'il trova povres, il les enrichi; cels qu'il trova nuz, il les
revesti. Toz les anemis, il les rapaisa. Cels qui erent mis hors de
lor païs, il lor rendi lor enors et lor terres. Toz cels qui
16 armes porent porter, et uns et autres, il lor dona armes et apa-
reilla honorablement, et tuit cil qui estoient si mal voillant,
et privez et estranges, il les mist a s'amor par la volenté de Deu.
Et toz cels que Charles mena en Espaigne por destruire les
20 malveses genz, *je* Torpi[n]s li arcevesque de Rains les beneï et
assost de toz lé pechiez. Quant Charles ot assemblé s'ost, si
ot .c. et .xlii. milliers d'omes, si s'en ala en Espaigne contre
Agolant. Ce sont li non des hauz homes qui alerent o Charle-
24 maine. Je, Torpins, arcevesque de Rains, i alé, qui chascun jor
enseignoie les biens a fere et les assoloie de lor pechiez, et
qui ocis de mes mains maint Sarrazin. Et s'i ala Rollanz, li niés
Charlemaine, qui estoit cuens deu Mans et sire de Blaives,
28 filz Milon d'Angles, nez de Bertain la seror Charlemaine; si
amena .iiii. m. homes a armes. Si ot un autre Rollant de qoi
ge ne vuel plus parler. Et s'i ala Oliviers qui molt estoit bons
chevaliers et sages en bataille et puissanz as armes; si est
32 cuens de Genne, filz le conte Renier; si mena .iii. m. homes.
S'i ala Estout de Langres, filz le conte Hodon o .iii.m.
homes. S'i ala Arestans li roi de Bretaigne o .vii.m. homes. Uns
autres rois estoit en Bretaigne de quo[i] je ne vuel plus par-
36 ler. S'i ala Engeliers, dux d'Aquitaine, o .iiii. m. homes. Adonc
estoit uns autres cuens en Aquitaine de qoi je ne vuel plus
parler. Cist Engeliers estoit nez de Gascoigne de la cité d'Aqui-
taine. Cele citez est entre Limoges et Boorges et Poitiers. Si
40 la fist Augustus Cesar, si la noma Aquitaine et a cele cité soz-
mist / il Limoges et Boorges et Poitiers et Saintes et Engo- [58r°]
lesme o totes lor contrees, si nomma le païs tot Aquitaine. Cele
cité fu degastee enprés la mort Engelier, car li home de la cité
44 furent ocis en Rencesvaus. Gaifiers, roi de Bordele o .iiii.m.
homes; si ala *Gelier et Gelin* et Salemont, le conpainz Estouz;

20 (je *manque*) T. li a.] C B D E; *voir la note.*
45 Gales (et Gelin *manque*)] C B

Baudoin, le frere Rollant; Gondebues, le roi de Frise, o tot
.vii.m. homes; Hoiaus, li cuens de Nantes o .ii.m. homes;
48 Hernauz de Beaulande o .ii.m. homes; Naimmes li dux de
Baiviere o .x.m. homes; Ogier de Danemarche, donc en
chante et chantera toz jorz des granz proeces que il fist, o .x.
mile homes; Lamberz, li prince de Boorges, o .ii. mile
52 homes; Sanses, li dux de Borgoigne, o .x. m. homes; Costanz,
li prevoz de Romme o .xx. m. homes; Renauz d'Aubespin;
Gautier de Termes; *Guillin*; Guerins de Loherraine o .iiii. m.
d'omes; *Begues*; Auberi de Borgoigne; Berart de *Nubles*;
56 *Guinar*; Estormiz, Tierriz; Yvoires; Berengiers; Ates; Guenes,
qui puis fist la traïson. Et s'i ot de la propre terre Charle-
maine *.xl.* mile homes a cheval, et tant i ot de gent a pié que
nus nes peust nonbrer. Et ensi Charles li rois de France et
60 empereres de Romme o ses gens conquist Espaigne en l'enor
Nostre Seignor. Adonc tote l'ost s'asembla es landes de
Bordeaus, si covroit tote cele terre de lonc et de lé .ii. granz
jornees, et poeit l'en bien oïr la noise des boisines et des
64 chevaus et des genz de .xii. leues.

XII Coment il passerent les porz

Adonc Hernaut de Beaulande passa premerains les porz, si
vint a Panpelune. Aprés vint Estouz de Langres; aprés, Ares-
4 tains li rois et li dux Engeliers et puis li rois Gondelboeues.
Aprés vint Ogiers li Danois et Costentins. Au darrain vint
Charlemaine o totes ses autres genz, si covrirent tote la terre
des le flueve de Rune tres qu'au mont qui est loinz de la cité
8 trois liues en la voie saint Jaque; si mistrent .viii. jorz a passer
les porz. Lors manda Charles a Agolant qu'i li rendist la cité ou
il issist contre lui a bataille. Agolant vit qu'il ne / la porroit   [58v°]
pas tenir, si ama melz oissir a bataille contre *lui* que laide-
12 ment morir en la cité. Adonc manda Agolant a Charlemaine
qu'il li donast seurté tant que ses genz fussent fors de la cité
et qu'il fussent apareillie por combatre et tant qu'il eust a lui
parlé, qu'il le desiroit molt a veoir.

54 Guillin *manque*] C B – 55 Begues *manque*] C B – Meilli] C B
56 Guinar *manque*] C B – 58 .l.] C B
XII, 11 lui *manque*] C D E

XIII Coment il donerent treves de parler ensemble

Ensinc donerent trives d'une part et d'autre, et Agolanz issi fors de la cité o tote s'ost. Si eslut .lx. de ses plus hauz homes
4 et vint devant Charlemaine qui estoit o tote s'ost une leue loinz de la cité, et l'ost Agolant et la Charlemaine estoit en un plain leu de coste la cité. Si departoit la voie saint Jaque l'une partie de l'autre. Lors dist Charles a Agolant: 'Tu es Agolant
8 qui ma terre m'as tolue en larrecin, la terre d'Espaigne et de Gascoigne que je ai conquise par la puissance de Deu et que j'ai mise a la loi crestiene. Quant je reperai en France, tu oceis les Crestiens que je oi lessiez, si degastas mes citez et mes
12 chasteaus, et tote la terre as destruite et arse; si m'en plaig molt et molt en sui dolenz.' Quant Agolanz oï Charle qui si parloit sarrazinois, si s'en merveilla molt et molt s'en esjoï; et Charles l'avoit apris a parler a Tolete ou il avoit demoré
16 grant piece quant il fu *enfés*. Lors dist Agolant a Charlemaine: 'Je te pri que tu me dies por quoi tu as tolue a nostre gent lor terre que tis peres et tes aieus ne tindrent onques ni ne te vient d'eritage.' 'Por ce,' dist Charles, 'que Nostre Seignor
20 Jhesu Crist, li crierres del ciel et de la terre, eslut nostre gent crestiene devant totes les autres, et commanda qu'il fussent seignor sor totes les genz del monde, et por ce ai je convertie ta gent sarrazine a nostre loi tant com je poi.' 'N'est pas resons,'
24 dist Agolant, 'que noz genz soient au commandement des voz genz, car nostre loi vaut melz que la vostre. Nos avons Mahomet qui fu li mesages Deu, et que Deu nos envoia; si tenons ses comandemenz. Si avons autres deus molt puissanz / qui [59r°]
28 par le commandement Mahomet nos demostrent et dient les choses qui avenir sont. Si les aorons et vivons par els.' 'He! Agolanz!,' dist Charles, 'en ce meserres tu, que nos tenons les commandemez de Deu, et vos tenez vains commandemenz
32 de vains homes. Si creons et orons Deu le Pere et le Filz et le Saint Esperit, et vos creez et aorez les deables qui sont dedenz vos ymages, et nos ames iront après noz morz en paradis *par la foy et la creance que nos tenons* et les voz seront tormentees es
36 paines d'enfer. Por ce si pert bien que nostre lois vaut melz

XIII, 16 enpés] C D E
34 par la foy et la creance que nos t. *manque*] C B; *voir la note*.

17 Le texte: L'Estoire d'Espaigne

que la vostre, et por ce te pri je que tu et ta gent reçoivent
baptesme, si vivras et remaindras en bone pes, ou tu vieng
en bataille en contre moi.' 'Ce ne ferai je ga,' dist Agolanz, 'que
40 je prengne baptesme ne que je relenquisse Mahomet mon
deu; mes je me combatrai et mes genz encontre toi et encontre
ta gent par tel covenant que se nostre lois est plus plesant a
Deu que la vostre, que nos vos vaincons, et se vostre lois vaut
44 melz que la nostre, que nos soion vaincu si que cil qui seront
vaincu en aient reproche a toz jorz et cil qui vaintront en aient
joie et en soient loé pardurablement.' Et aprés dist Agolanz
que 'Se ma gent est vaincue, je prendré baptesme se je remaig
48 vif.' Ensi fu ceste parole otroie d'une part et d'autre. Tantost
envoia Charles .xx. chevaliers crestiens encontre vint Sarrazins
el chanp de la bataille, si furent isnelement ocis li vint Sarra-
zin. Aprés envoia .xl. contre .xl., si furent ocis li Sarrazin. Puis
52 envoia .c. contre .c., *si furent ocis li Sarrasin. De rechief en
envoia .c. encontre .c.,* si s'en foïrent li Crestien si furent ocis en
fuiant. Et cil portent l'enseigne de cels qui se combatent por
la foi Nostre Seignor. Qar qui se doit conbatre por la foi Jhesu
56 Crist, il ne doit mie en nule maniere aler arrieres; et ensi
furent cil ocis por ce qu'il s'en foïrent. Qar li Crestien qui se
doivent combatre contre les vices, c'est as maus, s'il retor-
nent ariers, il muerent ledement es vices, c'est en lor pechiez.
60 Mes cil qui bien se combatent en contre les vices, il ocient
legierement / lor enemis, ce sont li deable qui lor enseignent [59v°]
les maus a fere. Qar li apostre dist: 'Cil ne sera mie coronez qui
ne se combatra loialment.' Aprés, Charles envoia .cc. Cres-
64 tiens contre .cc. Sarrazins, si furent ocis li Sarrazin. Puis envoia
mil contre mil, si furent ocis li Sarrazin. Tantost pristrent
trives d'une part et d'autre, si vint Agolanz parler a Charle-
maine et dist que la loi des Crestiens valoit melz que la loi des
68 Sarrazins. Si dist qu'il prendroit l'endemain, il et tote sa
gent, baptesme. Lors repera Agolanz a sa gent et si dist a sa
gent et a ses rois et a ses princes qu'il se voloit baptizier. Si
lor manda a toz qu'il se baptizassent; si l'otroi[e]rent li un et li
72 autre le refuserent.

---

52 si furent ... .c. encontre .c. *manque*] D; *voir la note.*

xiv **Coment Charles et Agolant desputerent de lor loi**

L'endemain endroit ore de tierce, si com il orent doné trives d'aler et de venir li uns as autres, si vint Agolanz a Charlemaine por baptizier. Tantost com il le vit seant a la table la ou il menjoit, et il vit molt de tables entor lui et plusors genz vestuz de diverse maniere, les uns si comme chevaliers, les autres de noirs dras vestuz si comme moine, les autres de blans dras vestuz si comme chanoine, les autres vestuz si comme clerc, et plusorz genz vestuz de diverse maniere, lors demanda a Charlemaine de chascune maniere de genz queles genz c'estoient. Et Charles respondi: 'Cels que tu voiz vestuz d'une color, ce sont evesque et provoire de nostre loi qui nos ensaignent les commandemenz de nostre loi et qui nos assolent de noz pechiez et nos donent la beneïçon Nostre Seignor. Cels que tu voiz vestuz de noirs *dras*, ce sunt abé et moine, plus sainz homes, qui ne cessent de proier Deu Nostre Seignor por nos. Cels que tu voiz vestuz de blans dras, ce sont chanoine regulier, qui tienent et ensevent la vie des sainz homes et chantent messes et matines et hores et prient ausi por nos.' Au derroien, Agolant vit seoir d'une part .xiii. povres povrement vestuz, si se seoient a terre et menjoient sanz table et sanz nape et avoi / ent pou a boivre et pou a [60r°] mengier. Si demanda a Charlemaine queus genz c'estoient. Et Charles respondi: 'Ce sont message Nostre Seignor Jhesu Crist qui chascun jor sont ceanz el non de Deu et dé .xii. apostres, et lor donons a mengier par costume.' Lors li dist Agolanz: 'Cil qui sieent entor toi sont beneuré et ont assez a boivre et a mengier et bien sont vestu, et cil que tu diz qui sont home Deu et si message, por quoi *muerent ilz de fain? et pour quoy sont ilz si mauvaisement vestuz? et pour quoy* sont il si loinz de toi et si ledement sont demené? Malement sert son seignor qui si ledement reçoit ses messages, et grant honte li fet qui issi sert ses sergenz. Ta loi que tu disoies qu'estoit boene, or mostres tu que ele est fause et mauvese.' Tantost prist Agolant congié, si vint a ses homes ne ne se vout baptizier, ainz manda bataille a Charlemaine a l'endemain. Quant

16 dras *manque*] C D E – 30 muerent ilz ... pour quoy *manque*] C B D; *voir la note.*

19 Le texte: L'Estoire d'Espaigne

Charles vit que Agolant refusa sa loi et baptesme por les
povres qu'il vit povrement vestuz et ledement apareilliez,
40 tretoz cels qu'i trova en l'ost, il les vesti bien et apareilla
honorablement. Ci devez vos entendre com grant colpe
chascuns Crestiens aquiert qui bien ne sert les povres Nostre
Seignor. Ensi perdi Charles Agolant et sa gent qu'il ne
44 furent baptizié por ce qu'il vit les povres en tel maniere
demener. Et que ert il de cels au jor del juise qui en cest
ciecle servent malvesement les povres Nostre Seignor? Coment
orront il l'espoëntable voiz de Deu qui dira: 'Alez ensus de
48 moi, li maloiet! Alez el parmenable feu es paines d'enfer!
Quant je oi fain, vos ne me donastes a mengier. Quant je oi
seif, vos ne me donastes a boivre. Je fui nuz: vos ne me
recovristes mie; en chartre: vos ne me visitastes mie,' et plusors
52 autres paroles que il dira? Si sachoiz que la loi Deu et la foi
vaut pou el Crestien s'il ne la amplist en boenes ovres. Dont li
apostres dist: 'Ausinc com li *cors* mort sont sanz ame, ausi la
foi est morte en lui meismes sanz boenes ovres.' Et ausi com li
56 rois paiens refusa le baptesme por ce qu'il ne trova / les   [60v°]
droites voies et les droites oevres del baptesme en Chalemaine,
ausi crien je que Deus ne refuse en nos la foi deu baptesme
au jor dou jouise, por ce que il ne trovera pas en nos les droites
60 oevres ne le bienfet. L'endemain il vindrent tuit armé d'une
part et d'autre el chanp de la bataille por combatre par le
covent qui devant fu devisez des .ii. *lois*. Si avoit en l'ost
Charle .c. et .xxxiiii. mile homes, *en l'ost de Agoulant cent mil*
64 *homes.* Donc fist Charlemaine quatre batailles de ses homes
et li Sarrazin .v. batalle[s]. La premiere qui ala assembler si fu
vai[n]cue. Aprés, la segonde bataille ala assembler, si fu
vaincue. Quant li Sarrazin virent lor martire, si s'asemblerent
68 tuit, et Agolant fu enmi eus. Mes quant li Crestien les virent,
il les assistrent de totes parz. *D'une part les assaillit Harnault de*
Bellande avec son ost, d'autre part Estort le conte de Langres avec
son ost, et d'autre part le roy Arestes avec ses gens, et d'autre part le roy
72 *Gondrebues aves ses* [lire *avec ses*] *gens, et d'autre part Ogier le*
Denois o ses gens et d'autre part Constantin de Romme o ses gens, et
d'autre part Charlemaigne o tout le demeurant. Et Hernauz de

54 cors *manque; voir la note.*
62 rois] B D E; *voir la note* – 63 en l'ost de Ag. cent mil h. *manque*] C D E –
69 D'une part ... demeurant (*l. 74*) *manque*] C; *voir la note.*

Beaulande se feri toz premerains o ses genz en els, s'en ocist
76 molt a destre et a senestre tant qu'il vint a Agolant qui estoit
e[n]mi ses homes, si l'ocist il meismes de s'espee. Adonc il ot si
grant cri et si grant noise que nus nel porroit dire, et li
Crestien ferirent d'une part et d'autre sor les Sarrazins si les
80 ocistrent. La ot si grant ocision de paiens que nus n'en
eschapa fors solement li rois de Sebile et l'aumaçor de
Cordres. Cil s'en foïrent o molt pou de Sarrazins. Si ot si grant
plenté del sanc des ocis que li vainqueor i estoient jusqu'as
84 jarrez, et li Sarrazin qui furent trové en la cité furent tuit ocis.
Ensi Charles tença contre Agolant por la crestienne foi, por
quoi il apert que la loi crestiene trespasse totes les lois par sa
bonté et si sormonte totes choses, nis par sus les angres. O
88 vos seignor Crestien! sachoiz veroiement, se vos tenez bien par
boen cuer la foi crestiene et vos la amplisez bien par bones
ovres tant com vos porroiz, vos monteroiz *sor toz* les anges et
seroiz eslevé o vostre chief qui est Jhesu Crist cui membre
92 vos estes. Et se vos la volez monter, creez fermement, que Deus
dist: 'Totes choses sont poissanz a celui qui bien croit.' Lors
assembla Charles / totes ses oz et ot molt grant joie de la   [61r°]
vitoire qu'il ot eue. Si vint au Pont de l'Arche qui est en la
96 voie saint Jaque, si se herberga.

XV **Coment une partie des Crestiens fu ocise par coveitise**

La nuit meismes, une partie des Crestiens qui furent coveiteus
4 de l'avoir des Sarrazins, alerent la ou cil se gesoient mort si
que Charles n'en sot mot, si se chargierent de l'or et de l'argent
et d'autres avoirs qu'il troverent et reperierent arriers. Tan-
tost li aumaçor de Cordres qui estoit repoz entre montaignes
8 ovec autres Sarrazins qui estoient eschapé de la bataille, les
encontra chargiez, si les ocist toz que nus n'en eschapa. Si ot de
cels qui furent ocis pres de mil. Et cil portent l'ensaigne des
combatanz Notre Seignor Jhesu Crist. Et ausint com cil qui
12 orent veincu lor ennemis reperierent *puis* as morz por ache-
son de coveitise et il furent ocis, ausint chascuns hom qui a

90 soz toz
11 qui puis orent v. lor e. r. as morz –

vai[n]cu ses vices, c'est ses pechiez, et il *a prise* sa penitance, il
ne doit mie reperier as morz, c'est as vices, derechief, qu'il ne
soit par aventure pris et ocis en male fin de ses ennemis,
c'est des deables. Et ausint com cil *qui* reperierent as estranges
avoirs perdirent la vie, ausint cil qui por l'amor de Deu
entre[nt] es mesons de religion et lessent cest siecle por sauver
lor ames, sachiez de voir que se il issent de lor religion por
reperier as terriennes besoignes, il perdent la celestiel vie et
sont dampné parmenablement qu'i seront tormenté es paines
d'enfer.

XVI Un miracle des martirs qui ne furent pas ocis

Un autre jor nonça l'en Charlemaine que a Montjardin avoit
un prince de Navarre venu qui avoit non Forre, si se voloit
combatre contre lui. Quant Charles l'oï dire, si vint a Montjar-
din, et li princes li manda qu'il vendroit l'endemain a bataille
contre lui. Mes Charles, la nuit devant que la bataille dut estre,
proia Nostre Seignor qu'i li demostrast toz cels de ses homes
qui en la bataille devoient morir. L'endemain, quant les genz
Charle furent armees, / si aparut une roge croiz sor les   [61v°]
espaules de cels qui devoient morir sor lor haubers. Et quant
Charles les vit, si les mist toz en un soen oratoire por ce qu'il
ne morussent en bataille. Ha! com sont sanz represure et com
sont bon li jugement de Deu le soverain pere, et com sont
boenes ses voies a ensevre! Et qu'en diroie je plus? Quant la
bataille fu fete et Forre fu ocis o .iii. m. de cels de Navare et
d'autres Sarrazins, trestoz cels que Charles avoit enclos en son
oratoire, il les trova morz; si ot d'icez morz cent et quarante.
Ha! com est sainte la compaignie des combatanz Nostre
Seignor Jhesu Crist! Encor n'alassent cil en la bataille por
destruire lor anemis, ne perdirent il pas la merite del martire,
ençois furent coroné es ceus o les martirs. Lors prist Charles
le chastel de Montjardin, et tote la terre de Navarre fu en son
commandement.

14 il aprés sa] C D; *voir la note* –
17 qui *manque*

XVII Come Rollant et Fernaguz se combatirent

Aprés nonça l'en Charle que a Nadres avoit venu .i. jaiant qui avoit non Fernaguz, si venoit de la contree de Sire, si estoit de la lignee Goliath, et l'amirant de Babiloine l'i avoit envoiié o. .xx. mile Turs por combatre contre Charlemaine. Cil si estoit si granz et si forz qu'il ne dotoit lance ne espee ne seiete. Si avoit bien la force de .xl. forz homes. Quant Charles l'oï dire, si ala a Nadres. *Et quant Fernagus sceut la venue de l'empereur, il* essi de la cité si manda bataille d'un chevalier encontre autre. Et Charles li envoia Ogier le Denois. Si com cil le vit venir sol, il l'esgarda et ala tot soef encontre lui, puis l'enbraça de son braz destre o totes ses armes, si l'enporta devant trestoz cels de l'ost en son chastel ausi legierement com il feist une brebiz. Cist Fernaguz avoit .xx. cotes de lonc, et sa face un cote, et ses nés une grant paume mesuree, et ses fronz .ii. granz paumes, et ses braz et ses cuisses .iiii. cotes, et ses doiz .iii. paumes granz. Aprés i envoia Charles por combatre contre lui Renaut d'Aubespin, et il l'enporta isnelement a un braz en son chastel. Puis i envoia / Charles Costentin de [62r°] Romme et Hoël de Nantes, et il les prist l'un a destre et l'autre a senestre si les enporta en sa chartre et enclost toz. *Aprés ceulx la, Charlemaigne y envoia .xx. chevaliers .ii. a .ii. les ungs emprés les autres, qu'il emporta tous en la chartre.* Quant Charles et cil de l'ost virent ceste aventure, si s'en mervellerent molt, ne il n'i osa puis nului envoier por combatre contre lui. Mes Rollant, qui estoit o le roi son oncle et ot grant fiance en Deu, si prist congié del roi et ala combatre au jaiant, et li jaiant le prist tantost a une sole main, si le mist devant soi sor son cheval. Ensint com il l'enportoit, Rollant ot grant vergoigne, si reprist force en lui meismes, si ot grant fiance en Deu, si prist le jaiant par le menton, si le torna sor son cheval si qu'il chaïrent andui a terre. Puis se leverent plus tost qu'il porent et remonterent en lor chevaus. Et Rollanz trest s'espee, si cuida le jaiant ocirre, si atains[t] son cheval si qu'i le trencha par me a un sol cop; et Fernaguz fu a pié, si tint s'espee en sa main nue, si meneça molt Rollant. Mes Rollanz, le feri de s'espee el braz

---

XVII, 5 o *manque* – 8 (Et quant ... empereur *manque*) et Fernaguz essi] C
21 Aprés ceulx ... chartre *manque*] C

destre si qu'i li fist l'espee voler del poing, mes poi le bleça.
Quant Fernaguz ot perdue s'espee, si cuida ferir Rollant del
poing clos, si feri si son cheval el front qu'il chaï morz de soz
40 lui. Lors se combatirent a pié et sanz espees de ci qu'a none,
si se combatirent des poinz et de pierres dont entor els avoit
grant plenté. A l'avesprer, prist Fernaguz trives a Rollant
desqu'a l'endemain, si deviserent entr'eus deus qu'il reven-
44 droient l'endemain a la bataille sanz chevaus et sanz lances.
Et quant il orent ensi devisé d'une part et d'autre, chascuns
repera a ses genz. L'endemain matin revindrent a pié el
champ por combatre si com il avoient devisé. Fernaguz porta o
48 lui s'espee, mes ele ne li valut riens. Mes Rollant porta o lui
un grant baston retort de quoi il le feri tote jor, mes poi le
bleça, et si le feri plusors foiz de granz pierres et reondes
dont il avoit el chanp grant plenté, et cil le consentoit. Si dura
52 la bataille jusque a midi ne onques Rollant nel pot blecier.
Adonc fu Ferna / guz molt agrevez de dormir, si prist trives [62v°]
a Rollant, si commença a dormir. Et Rollant, qui estoit juenes
et isneus, mist une pierre *a son* chief por ce qu'il dormist a ese.
56 Lors ne l'osa nus Crestiens ocirre, ne Rollant meismes, que
teus covenances estoient entre les Crestiens et les Sarrazins
que se uns Crestiens donoit trives au Sarrazin, ou li Sarrazin
au Crestien, nus ne li puet mal fere, et si aucuns enfraignoit la
60 trive sanz deffiance, il estoit erranment ocis. Quant Fernaguz
ot assez dormi, si s'esveilla, et Rollant s'asist de coste lui si li
demanda por quoi il estoit si fort et si durs que il ne dotoit
espee ne pierre ne baston ne nule arme. Et Fernaguz li dist: 'Je
64 ne puis estre plaiez en nule maniere fors que par le nombril.'
Si parloit espaignol que Rollanz entendoit bien. Lors com-
mença Fernaguz a regarder Rollant et si li dist: 'Coment as tu
non?' Et il li dist: 'J'ai non Rollant.' 'De quel lignee es tu, qui si
68 te combaz contre moi?' Rollant li dist: 'Je sui de la lignee des
Frans.' Et Fernaguz dist: 'De quele loi sont li Franc?' Et Rollant
dist: 'Nos sommes par la grace de Deu de la loi crestiene et si
somes as commandemenz Jhesu Crist, et por sa foi nos com-
72 batons nos et l'essauçons tant com nos poons.' Quant Fer-
naguz oï la parole de Jhesu Crist, si dist: 'Qui est cil Jhesu Crist
en cui tu crois?' Et Rollant li dist: 'Il est filz Deu le Pere, qui

49 un *manque* – 55 asson

24 Le Turpin français

fu nez de la Virge, et fu morz en la croiz et enseveliz el sepulcre,
76 et resuscita au tierz jor, si monta es cels a la destre de Deu le
Pere.' Et lors li dist Fernaguz: 'Nos creons que li crierres del
ciel et de la terre est uns deus, ne il n'ot ne filz ne pere, et ausi
com il ne fu de nului engendrez, ausi n'engendra il nului, et
80 por c'est il uns deus et non pas en trois persones.' 'Tu diz voir,'
fet Rollant, 'que il est uns Deus; mes quant tu diz qu'il n'est pas
en trois persones, tu cloches en la foi. Se tu croiz / el Pere,   [63r°]
donc croiz el Fil et Sainz Esperit, que Deus est Peres et Filz
84 et Sainz Esperiz et uns Deus mananz en trois persones.' Lors
dist Fernaguz: 'Se tu diz le Pere estre Deu, et le Fil Deu, et le
Saint Esperit Deu, donc sont il troi Deu, qui ne puet estre, et si
n'est mie un sol Deu.' *'Tu ne diz pas bien,'* fait Roland, 'mes un
88 Deu en trois persones te mostre je. Il est uns et en trois per-
sones. Totes les trois persones sont parmenanz en un sol Deu
et iveus. Teus com est li Peres, teus est li Filz et li Sainz Esperiz.
Es persones est propriietz, en l'essance unitez, et en la maesté
92 est aoree equalitez. Un Deu en trois persones aorent li ange es
ciels. Et Abraham vit trois et un aora.' 'Ce mostre,' fe[t] li
gaianz, 'coment les trois persones soient un Deu et une chose.'
'Je le te mosterrai,' fet Rollant, 'par humaines criatures.
96 Ausi com il a en la harpe .iii. choses quant ele sone, le fust et les
cordes et le son et si est une sole harpe, ensi li Peres et li Filz
et li Sainz Esperiz est uns Deus. Et ausi com en l'amande sont
.iii. choses, l'escorce et li tez et li noiaux et si est une sole
100 amande, ausint sont les trois persones en Deu et si est uns Deus.
Et el sollel sont .iii. choses, la blanchor et la clartez et la chalor
et si est uns soleuz. En la roe del char sont trois choses, li
moieus et li rai et les gentes, et si est une sole roe. En toi
104 meismes sont *trois choses*, li cors et li membre et l'ame et si es
tu uns seus ho*me*; ausint te di je que en Deu est l'unitez en .iii.
persones.' 'Or e*n*tent je,' dist Fernaguz, 'estre un Deu en .iii.
persones, m*es* ensi com tu diz, je ne sai comment li Peres
108 engendra le Fils.' 'Croiz tu,' dist Rollant, 'que Deus fist Adam?'
'Bien le croi je,' dist li jaiant. 'Ausint,' fet Rollant, 'com Adam
ne fu de nului engendrez et nequedent si *engendra* il filz, ausi

87 Tu ... Roland manque] C; *voir la note.*
104–7 *La marge du f. 63 est déchirée ici; elle le fut en partie déjà quand le scribe travaillait. Les mots et les lettres que j'ai dû suppléer se devinent aisément d'après le contexte et avec l'aide du MS C. Il reste une seule petite difficulté: après* engendra le Fils *à la l. 108, il y a un point suivi d'un a minuscule que je ne saurais expliquer.*
110 engendre

25 Le texte: L'Estoire d'Espaigne

le Pere ne fu de nului engendrez et nequedent la devinitez
112 engendra le fill si qu'en ne le porroit dire, ensi com ele le vout
devant toz tens de li meismes.' / Et li jaianz dist: 'Il me plest [63v°]
bien ce que tu diz, mes je ne sai comment il fu nez hom qui
Deus estoit.' 'Cil,' fet Rollant, 'qui le ciel et la terre et totes
116 choses cria de noient, il fist prendre humanité son Fill en la
Virge sanz semence d'ome par sa sainte parole si com il vost'
'En ce,' fet li jaianz, 'labore je, coment Deus nasqui del ventre
de la Virge sanz humaine semence.' Rollant respondi: 'Deus,
120 qui Adam forma sanz semence d'autre home, il fist nestre son
fill de la Virge sanz semence d'ome. Et ausi com il nasqui de
Deu le Pere sanz mere ausint nasqui il de mere sanz pere; ensi
covenoit il que Nostre Sire Deus nasquist.' 'Je me mervuel
124 molt,' fet li jaianz, 'comment la Virge enfanta sanz home.' 'Cil,'
fet Rollant, 'qui l'arbre et *feve* fet porter *verm* et qui fet les
voutoirs et les serpenz et les es et les poisons et plusors bestes
et plusors oisiaux nestre sanz semence de masle, il fist la
128 Virge noient atochie enfanter Deu et home sanz semence
d'ome. Qui le premier home fist, ensi com je te di, sanz autrui
semence, il pot legierement fere que ses filz fust fez hom et
qu'il nasquist de la Virge sanz atochement de masle.' 'Bien
132 puet estre,' dist Fernaguz, 'qu'il fu *nez* de la Virge, mes se il
fu filz Deu il ne pot mie en nule *fin mo*rir en la croiz ensi com tu
diz. *Il pot bien naistre, si come tu dis, mais il ne peut mourir*, que
Deu ne morut onques.' 'Tu diz *bien*,' fet Rollant, qu'il put
136 *nais*tre de la Virge. Donc voiz tu qu'il fu nez come homs. S'i
fu si nez comme hom, donc fu il morz comme hom, que qui
nest, il muert. Se tu croiz en la nessance, donc croiz tu la
passion et la surrection.' 'Coment,' dist Fernaguz, 'est il a croire
140 a la surrection?' 'Por ce,' fet Rollant, 'que cil qui nest, si muert,
et por ce que cil qui muert vivefie au tierz jor.' Quant li
gaiant oï ce, si se mervella moult et si dist: 'Rollant, por quoi
me diz tu tantes vaines paroles? Ce / ne puet estre que li [64r°]
144 hom qui morz est revieigne de rechief a vie.' 'Li filz Deu,' dist
Rollant, 'ne resuscita mie tant solement de mort a vie, que

125 qui l'arbre et faïne fet porter fruit; *voir la note* – 127 (masle) mostre
estre filz Deu; *voir la note* – 132 nez, 133 fin mo, 136 nais: *la marge déchirée a
emporté ces lettres* que je rétablis d'après C D – 133 (ensi com tu diz) mes s'il
ne pot mie en nule [fin] morir en la croiz ensi com tu diz. Mes s'il ne pot mie
onques [morir] (que Deu ne morut onques) C D; *voir la note* – 135 bien
manque C; *voir la note*.

tuit cil qui furent des le commencement des qu'en la fin resusciteront au jor dou juise devant lui, et chascuns prendra merite
148 de ses fez, soit biens ou maus. Cil qui le petit arbre fet croistre en haut et le grain de forment enterré qui muert et porrist fet revivre et croistre et fructifier, cil fera toz en propre char et en esperit au darrain jor resusciter de mort a
152 vie. Or pren *garde* a la nature deu lion; se il trove ses foons morz, il les fet revivre au tiers jor par le sofflement de s'alaine. Queus merveille fu ce, se Deus resuscita au tierz jor son Fil de mort a vie? Ne t'en doiz mie merveillier se le Filz repaira a
156 vie, que plusors morz repairerent a vie devant sa resurrection. Se Helyas et Heliseus resuscitassent les morz, plus legierement resuscita Deus li Peres son Fill, et il qui plusors morz resuscita devant sa passion, resuscita legierement de
160 mort. Et cil ne pot en nule maniere estre tenuz de la mort devant cui esgart meismes la mort fuit, et a la cui voiz la compaignie des morz relieve.' Lors dist Fernaguz: 'Je entent assez bien que tu diz, mes je ne sai coment il trespeça les
164 cels ensi com tu diz.' Et Rollant dist: 'Qui legierement resuscita par lui meismes, legierement trespeça les cels. Or pren essample de plusors choses. Esgarde la roe del molin, tant com ele descent de haut en bas, autant monte ele de bas en haut.
168 Li oiseaus qui vole en l'air, tant com il descent de haut en bas, tant monte il de bas en haut. Tu meismes, se tu estoies descenduz dou mont, tu porroies monter la donc tu seroies descenduz. Li soleuz leva ier d'orient et se coucha en occi-
172 dent et hui leva ausi en cel meismes leu. De la ou li Filz Deu vint, la repera il.' 'Par tel covenant,' dist Fernaguz, 'me combatrai je a toi, que se cele foi que tu diz est meudre, que je soie veincuz, *et s'elle est faulse, que tu soies vaincu*, et soit a celui / [64v°]
176 qui sera vaincuz reprochez a toz jorz, et joie et enors a celui qui vaintra parmenablement.' 'Ensi soit,' fet Rollant. Lors revienent a la bataille entr'eus deus. *Lors assailli Rollans le paien*, et Fernaguz geta un cop de s'espee sor Rollant. Mes Rollant
180 salli a senestre, si reçut le cop sor son baston. Quant ses bastons fu trenchiez, li jaianz ala sor lui, si le prist et si le mist legierement de soz lui a terre. Quant Rollant vit qu'il ne porroit en

152 garde *manque*
175 et s'elle ... vaincu *manque*] c – 178 Lors ... paien *manque; voir la note* –

nule maniere eschaper de lui, il commença a apeler en aide
184 Deu, le Filz la beneote Virge Marie, si se leva un poi par la
volenté de Deu, si le torna de soz soi, si mist main a l'espee *le
jayant*, si le point el nombril; ensi s'eschapa de lui. Lors com-
mença a apeler a grant voiz et si dist: 'Mahomet, et mi deu en
188 cui je croi et aor, secorez moi et aidiez, que je muir.' Tan-
tost li Sarrazin, quant il oïrent la voiz de celui, si corurent cele
part, si l'en porterent entre mains vers le chastel. Et Rollant
vint sains et haitiez a ses genz. Isnelement li Crestien entrerent
192 communement el chastel ovec les Sarrazins qui enportoient
Fernagu. Ensi fu il ocis, la cité fu prise et li chasteaus, et Ogier
et li autre compaignon furent mis hors de prison.

XVIII **Coment Charles se combati a .ii. rois a
Cordres si les vainqui**

Aprés ce ne tarda gueres qu'en nonça a Charle qu'a Cordres
4 l'atendoient por combatre a lui Ebraïns le rois de Sebile et
l'aumaçor qui de la bataille de Panpelune erent eschapé. Si
lor estoient venu aidier li haut home de .vii. citez: de Sebile, de
Graine, de Sative, de Denie, d'Ubede, d'Abule, de Belse.
8 Lors devisa Charles qu'il iroient encontre els por combatre. Si
com il vint vers Cordres o tote s'ost, li roi qui j'ai nommé
vindrent encontre lui tuit armé o tote lor gent loinz de la cité
.iii. liues, si avoient biem .x. milliers de Sarrazins, et des noz
12 i avoit prés de .vi. milliers. Dont devisa Charles / s'ost en .iii. [65r°]
eschieles, si fu la premiere de molt bons chevaliers, et l'autre
de gent a pié, et la tierce de chevaliers. Et li Sarrazin firent
ausi. Si com la premiere eschele ne noz chevaliers aprocha
16 la premiere eschele des Sarrazins, tuit cil avoient barboeres
cornues semblanz a deables, et si tenoient timbres qu'il fe-
roient de lor mains durement et fesoient grant noise. Quant li
cheval as nos chevaliers oïrent la noise et les voiz et les sons,
20 et il virent lor semblances si laides, il commencerent a foïr de
la peor qu'il orent ausi comme desvé, si que li chevalier nes
pooient en nule maniere retenir. Si com *les autres virent la
premiere eschele de noz chevaliers foïr*, si tornerent en fuie, et li

185 le jayant *manque; voir la note.*
22 Si com la premiere eschiele de noz chevaliers en virent les autres foïr –

24 Sarrazin orent grant joie; si les sivierent *jusques a ung mont prés
   de la cité a deux lieues, ou les Françoys pristrent conseil ensemble
   qu'ilz les actendroient* [MS. actendirent] *illec en bataille. Et si com-
   me les Sarrazins virent que les Crestiens prenoient terre a chascun*
28 *pour soy logier et illec arrester, si se retrairent ung petit arriere, et les
   Crestiens, si comme je vous ay dit, drescierent illec leurs tantes et
   geurent illec ce jour.* A l'endemain matin, semont Charles son
   conseil, si commanda que tuit cil a cheval de son ost covris-
32 sent les chiés de lor chevaus de dras si qu'il ne poïssent voir les
   barboeres des Sarrazins, et si lor clostrent les oreilles qu'il
   n'oïssent la noise des timbres et le son. *Or oez quel merveilleux
   engin!* Donc se combatirent li nostre as Sarrazins des le
36 matin desci qu'a midi, si en ocistrent molt; mes il ne porent
   mie del tot vaintre. Li Sarrazin estoient assemblé en un mont,
   et en mi els avoit .i. char, si le menoient .viii. bues, si avoit de
   sore une roge ensaigne, et lor costume estoit teus que nus
40 d'els toz ne fuirroit de la bataille tant com l'enseigne seroit
   droite. Quant Charles vit ce, qui estoit arm[e]z d'aberc et de
   heaume et d'espee et ot grant fiance en Deu, il ala enmi la
   torbe des Sarrazins, si les ocioit a destre et a senestre tant
44 que il vint au char, si trencha de s'espee la perche qui sostenoit
   l'enseigne, et li Sarrazin s'en commencerent a foïr tantost de
   ça et de la. Lors i ot molt noise d'une part et d'autre, s'i ot ocis
   .viii. mile Sarrazins, / et li rois de Sebile fu ocis et l'aumaçor   [65v°]
48 s'en ala o .ii. m. Sarrazins en sa cité. L'endemain, si com il vit
   qu'il estoit veincuz, si rendi Charle par tel covenant sa cité
   qu'il prendroit baptesme et qu'il seroit au comandement Charle-
   maine et qu'il tendroit sa cité de lui. Quant ce fu fet, Charles
52 totes les contrees d'Espaigne dona a cels qui el païs voldrent
   demorer. Si dona la terre de Bascle et de Navarre as Bretons,
   la terre de Castele aus François, la terre de Nazre et de
   Sarragoce as Greus et as Puillois qui estoient en s'ost, la terre
56 d'Arragon as Poitevins, la terre de l'Andalus qui est de
   joste la marine as Tiois, la terre de Portigal as Flamens et as
   Danois; mes en la terre de Galice ne voldrent li François

24 (sivierent) de ci que il vindrent a un mont qui estoit pres de la cité a .ii.
liues. Lors si pristrent conseil ensemble qu'il feroient. Lors retornerent en-
tr'eus arrieres et fichierent illec lor tentes et demorerent des qu'a l'ende-
main C; *voir la note.*
34 or oez ... engin *manque; voir la note.*

demorer por ce qu'ele lor sembloit estre trop petite et trop
60 aspre. Et aprés ce ne fu nus qui osast aler en contre Charle-
maine de nule rien.

XIX Coment Charles ala a monseignor saint Jaque

Donc lessa Charles la plus grant partie de s'ost en Espaigne,
si ala a monseignor saint Jaque, et les Crestiens qu'il trova el
4 païs, il les enora, et cels qui se tindrent as Sarrazins, il les
ocist toz ou il les envoia en France por fere son pleisir. Donc
establi il par totes les citez evesques et provoires. Si assembla
son concile en la cité de Compostele, si devisa por l'enor seint
8 Jaque que tuit li evesque et li roi et li prince crestien d'Espaigne
et de Galice qui estoient et qui avenir estoient obeïssent al
evesque mon seignor seint Jaque. Mes a Yre ne mist il pas
evesque qu'el[e] li sembloit que trop fust petite cité, si la com-
12 manda a estre au commandement l'evesque de Compostele.
Et lors en cel meismes concile je, Torpins, arcevesque de Rains,
dedié honorablement ovec .l. evesques la chapele et l'autel
mon seignor seint Jaque es chalendes de juing par le comman-
16 dement Charlemaine. Et li rois sozmist a cele iglise tote la terre
d'Espaigne et de Galice *et commanda que chascun homme qui
avroit maison propre en toute la terre d'Espaigne et de Galice* li donast
chascun an .iiii. deniers de rente, et cil qui li doneroient /   [66r°]
20 seroient quites de toz servages. Et si establi que cele eglise
fust apelee siege d'apostoile por ce que missire sainz Jaques i
repose, et si devisa que tuit li conceles des evesques d'Espaigne
i ffussent *tenuz* et les eveschiez et les corones des rois fussent
24 donees par la main de l'evesque de la cité por l'enor del benoet
apostre. Et se la foiz ou li commandement Nostre Seignor par
les pechiez des genz deffalloient es autres citez, il fussent
reconcilié par le conseil de l'evesque. Et par droit doit estre
28 reconciliee et establie la foi en cele iglise, car ausi com la foiz
Jhesu Crist et siege d'apostoile est establiz par mon seignor
saint Johan l'evangeliste, le frere mon seignor saint Jaques,
en la partie d'oriant a Ephesum, ausint cele meisme foiz et

14 les evesques; *voir la note.*
17 et commanda ... de Galice *manque*; *voir la note* – 23 tenuz *manque*] C B

sieges d'apostoile est establiz par mon seignor saint Jaque en
Galice en la partie d'occident. Cist siege sont sanz dotance
Ephesum qui est a destre el terrien raigne Jhesu Crist, et
Compostele qui est a senestre, li siege qui estoient devisé a cez
.ii. freres, les filz Zebedee. Que lor mere rova a Deu que li
uns seïst a sa destre en son raigne et li autres a senestre. Trois
principaus sieges doivent Crestien essaucier et ennorer en
cest siecle par droit devant toz les autres: Rome et Galice et
Ephesum. Ausi com Deus establi .iii. apostres devant toz les
autres, et il lor mostra plus plainement ses segrez si com il dist
en l'evangile, ausi establi il par els cez .iii. sieges devant toz
les autres. Et par merite sunt apelé cist troi siege principal, car
ausint com ci[l] troi sormonterent par la grace de Deu les
autres apostres, ausint li saint leu ou il preeschierent et ou il
furent enseveli doivent par droit sormonter toz les sieges de
cest siecle et doivent estre essaucié et enoré. Par droit est apelee
Romme *devant* les autres sieges d'apostoile por ce que missires
saint Pierres, li prince des apostres, la dedia par son preesche-
ment et par son sanc et par sa sepolture; Compostele est par
droit apelee sieges d'apostoile quant saint Jaques, qui entre
les autres apostres fu graindres de dignité et d'anor aprés seint
Pere et qui fu coronez premerains el ciel / par martire, la   [66v°]
garni de son preeschement et la sacra de sa sainte sepolture et
des sainz miracles que il fist et fera toz [jorz]; Ephesus qui est
li tierz si est par droit apelez sieges d'apostoile, que mi sires
saint Johans l'evangeliste i fist son evangile: 'In principio erat
verbum,' et que il sacra de son preeschement et de ses miracles
et de sa sepolture la chapele que il i edefia. Et se li jugement de
crestienté ou jug[em]ent del siecle *ne peuent estre discernez ne*
cogneuz es autres eglises de crestienté, l'en les doit reconcilier et
prendre lealment et droiturierement en cez .iii. sieges. Ensi
Galice fu ostee en cel tens de la main as Sarrazins par *la vertu*
de Deu et par la proiere monseignor saint Jaque, et par
l'aide Charlemaine fu essauciee et enoree et sera toz jorz mes
en la foi crestiene des qu'au darrien jor.

48 devant *manque*
60 ne peuent .—. crestientez *manque*] C D – 63 par l'aventure

xx Ci devise queus Charlemaines estoit

Li rois Charlemaines estoit bruns de cheveus, si avoit rovelent le vis, si estoit avenanz de cors, si avoit molt fier regart, si avoit .viii. piez de lonc a la mesure de ses piez que il avoit granz et lons, s'estoit larges par les espaules et avenanz de rains; auques gros par le ventre, si avoit grosses cuisses et gros braz *et si estoit molt sain et molt vertueux de tous ses membres, et si fut merveilleusement sage en bataille et seur en guerre comme celui qui fut merveillement bon chevalier et hardy et aigre*, et sa face si avoit une paume et demie de lonc, *et sa barbe estoit d'une paume et son né[f]s pres d'une paume*, et ses frons une paume. Si ot les ielz auteus com un lions *qui reluisoient comme escharboucles*, si sorcil une demie paume. Toz cels qu'il esgardoit a els overz quant il ert corociez avoient grant peor. *Nul, tant fust hardy, n'estoit asseur devant lui qui il regardoit de ses yeulx ouvers.* La coroie de quoi il se ceignoit avoit .viii. paumes estendues sanz ce qui devant pendoit. Si menjoit *poi de* pain, et menjoit bien la quarte part d'un mouton, ou .ii. gelines, ou une oee, ou une espaule de porc, ou un poün, ou une grue, ou un lievre tot entier. Si bevoit poi de vin mes il bevoit assez eve. Si estoit molt bons chevaliers et molt forz plus c'uns autres; il estoit si forz qu'il trenchast un chevalier tot armé a un sol cop et lui et son cheval de s'espee. Et si estendoit molt legierement / .iiii. fers [67r°] de cheval entre ses mains, et se uns chevaliers toz armez fust en estant sor sa paume, il le levast legierement de terre des ci a son chief a une sole main. Si estoit molt larges de doner granz dons. Si estoit molt droituriers jugierres et molt sages de parole et de doner un bon conseil. Si tenoit as .iiii. solempnitez de l'en cort *haute* et pleniere, si portoit roial corone et ceptre le jor de Noël, le jor de Pasque, le jor de Pentecoste, le jor de monseignor saint Jaque, si portoit en devant lui une espee nue si com en doit fere devant empereor. Chascune

xx, 7 et si ... aigre *manque*; *voir la note*.]
10 et sa barbe ... pres d'une paume *manque* C – 12 qui r. comme e. *manque*] C B – 14 Nul ... ouvers *manque*] C B – 17 poit pain; *voir la note* – pain, mes il bevoit assez eve, et menjoit; *voir la note à la l. 7* – 20 *Je ramène à sa bonne place la phrase transposée plus haut; voir la note aux ll. 7 ss., et la var. l. 17 ci-dessus.*
29 haute *manque*] C B

32 Le Turpin français

nuit avoit devant son lit .vi. vint chevaliers por le garder dont les
.xl. veilloient et faisoient le gué la première vigille de la nuyt, si'n
avoit .x. a son chevez et .x. a ses piez, et .x. a destre et .x. a
36 senestre, si tenoit chascuns en sa main destre nue s'espee et
en la senestre une chandele ardant. *En cette maniere veilloient les
autres .xl. a la seconde vigille de la nuyt, et les autres .xl. a la tierce
vigille, et tous les autres se dormoient.* Mes qui or voldroit raconter
40 les granz fez et les oevres que Charles fist, molt li pleroit a
oïr, mes trop i avroit a raconter: ensi com Galaffres, l'amiranz
de Tolete, le norri en s'enfance, et il le fist chevalier el palés
de Tolete, et comment il ocist por l'amor de Galafre, Brai-
44 mant, le roi des Sarrazins qui estoit ses anemis, et comment
il conquist plusors terres et plusors citez et si les mist por l'amor
de Deu a la loi crestiene, et coment il establi plusors abaïes et
plusors eglises par le monde, et coment il mist plusors cor[s]
48 sainz par la terre en or et en argent, et comment il fu em-
pereres de Rome, et comment il requist le sepulcre Nostre
Seignor, et coment il aporta o lui la veraie croiz dont il mist en
plusors eglises par le monde, ce ne puis je pas tot raconter
52 que trop i avroit a dire et trop seroit grant l'estoire, *et plus tost
fauldroit la main de l'escriprre et la bouche a deviser que ses grans
faitz ne feroyent a retraire.* Mes or vos dirai je coment il repaira
en France quant il ot delivree la terre de Galice.

XXI La traïson Ganelons

Puis que Charlemaines, l'emperere de Rome et rois de France,
ot conquise Espaigne en l'enor de Deu et de mon / seignor [67v°]
4 saint Jaque, il repaira arriere des ci a Panpelune o totes se[s]
oz et la se herberga. A cel tens estoient manant a Cesaire dui
roi sarrazin, Marsiles et Baligans ses freres. L'amirant de
Babiloine les avoit envoiez de Perse en Espaigne. Si estoient il
8 dui molt au commandement Charlemaine et volentiers le
servoient; mes c'estoit faintement et en traïson. Et Charle lor
manda par Guanelon qu'il preissent baptesme ou il li envoias-
sent treu. Dont li envoierent cil .xxx. somiers chargiez d'or et

33 .xl. chevaliers qui le gardoient (dont ... la nuyt *manque*)] C B —
37 En cette ... se dormoient *manque*] C B
52 et plus tost ... retraire *manque*] C B; *voir la note.*

33 Le texte: L'Estoire d'Espaigne

12 d'argent et de dras de soie et si envoierent as chevaliers de
l'ost .lx. chevaus de molt bon vin et mil sarrazines beles por
fere lor volentez. Si donerent Guanelon .xx. chevaus chargiez
d'or et d'argent por ce qu'i lor livrast cels de l'ost a ocirre. Et
16 cil lor otroia, si prist l'avoir qu'il li donerent. Quant li covenz
de la malvese traïson fu affermez entr'eus, Guanes repaira a
Chalemaine et si li dona l'avoir que li roi li envoierent, et si li
dist que *Marsiles* voloit estre crestien et qu'il apareillot sa
20 voie por aler aprés lui en France et la prendroit baptesme et si
tendroit de lui des lors en avant tote la terre d'Espaigne. Li
haut baron de l'ost pristrent tant solement le vin qu'en lor
envoiot, et les *menues* genz pristrent les fames. Charles si
24 crut ce que Guanes li dist, si devisa a passer les porz et a repairer
en France. Quant il ot pris conseil a Guanelon, il commanda
a ses plus chiers amis, Rolland son nevou qui estoit cuens deu
Mans et de Blaive, et Olivier le conte de Genne, et as hauz
28 barons de l'ost qu'il feissent l'ariere garde en Rencesvaus o tot
.xx. mile homes bien aidanz en bataille de ci que il eust o totes
ses autres genz passé les porz. Ensi fu fet. Mes une partie des
Crestiens qui furent ivre del vin que li Sarrazin lor avoient envoié,
32 si pechierent as fames sarrazines et as crestienes / qu'il   [68r°]
avoit amenees de France; si en furent mort. Et que plus? Si
com Charles passoit les porz o .xx. mile Crestiens, et Torpins
l'arcevesque et Guane o lui, Marsiles et Baligans oissirent la
36 matinee o tot .l. mile Sarrazins des bois et des valees ou il
estoient repoz deus jorz et .ii. nuiz par le conseil Guanelon.
Lors firent .ii. batailles, l'une de .xx. mile Sarrazins, l'autre de
.xxx. mile. La bataille qui fu de .xx. mile commença tantost
40 les *noz a fferir* as dos derieres, et li nostre tornerent arrieres
encontrer, si se combatirent des le matin des ci a tierce, si les
ocistrent toz si que nus n'en eschapa des .xx. mile. Quant li
nostre furent si lassé de la bataille que il avoient vaincue et
44 ocise, li autre .xxx. m. Sarrazin s'aprismerent et se ferirent en
eles de totes parz. Neïs uns toz seus des .xx. mile Crestien
n'en eschapa. Li uns furent ocis de lances, li autre d'espees, li
autre de coigniees, li autre de saietes et de darz, li autre de
48 bastons, li autre tot vis escorchiez de coutiaus; li uns furent

19 M. et Baliganz; *voir la note* – 23 les maveses g.] C B D; *voir la note*.
28 ost commanda qu'il] C B – 40 noz afferir

pendu, li autre furent ars. La furent tuit cil de l'ost ocis fors
Rollant et Baudoin et Tierri. Baudoins et Tierris s'en entrerent
el bois si se tapirent et ensi s'en eschaperent. Lors repairerent
52 li Sarrasin arrieres une leue. Or doit l'en demander por
quoi Deus nostre Sires leissa ceus morir qui ne pecherent mie
as fames o cels qui furent ivre deu vin et qui se couchierent
et qui pechierent o les fames. Il les soffri et leissa morir por ce
56 qu'il ne voloit mie qu'il repairassent en France n'en lor païs
qu'il n'encheïssent en aucuns pechiez. Et por ce qu'i lor vout
par mort doner por lor travaus la corone des cels, cels qui
pechierent et furent ivre soffri Deus a morir por ce qu'il lor
60 volt pardoner lor pechiez par angoisse de mort. Ne l'en ne
doit mie dire que nostre Sire Deus, li soverains Peres, ne guerre-
dont les travaus et les paines qu'en sueffre por lui, et *qu'il ne
pardoint* les pechiez a cels qui en la fin sont confés et verai
64 repentanz de lor pechiez. Encor pechassent cil, nequedant il
furent ocis en la fin por l'enor Jhesu Crist. Por ce ne doit
nus fame mener o lui en bataille. Daires et Antoines / alerent [68v°]
ja en bataille o grant compaignie de fames, si furent andui
68 mort en vaincu. Daires si fu vaincut d'Alixandre et Antoines
d'Otovien de Rome. Et por ce ne doit nus fame mener en
ost que ce est grant encombrement au cors et a l'ame. Cil qui
furent ivre et qui pechierent es fames senefient les pro-
72 voires et relegieus homes qui se combatent contre les vices, qui
ne se doivent mie enivrer ne en nule maniere couchier o les
fames. Que sachiez! se il le font, il seront pris de lor anemis, ce
est de deables, si morrunt en male fin et seront mis pardurable-
76 ment es paines d'enfer.

XXII

Quant la bataille fu fete, si com Rollant reperoit seus et il estoit
loinz des Sarrazins, il en trova un molt noir et lassé de la
4 bataille qui estoit repoz el bois; si le prist et si le lia de .iiii.
reortes a un arbre, si le lessa la tot vif. Quant Rollant ot ce
fet, si monta sor un mont, si esgarda les Sarrazins et si vit qu'il

62 qu'il ne pardoint *manque*

en i avoit molt. Si repeira arrieres en la voie de Rencesvaus
8 ou cil estoient alé qui avoient ja passé les porz. Lors si sona son
cor d'ivoire; si repererent a lui cent Crestien quant il oïrent le
son deu cor. Et donc repaira Rollanz o cels des ci au Sarrazin
que il avoit lié a l'arbre, si le deslia et trest s'espee tote nue si
12 la mist sor le chief celui et si li dist: 'Se tu viens o moi et tu me
mostres Marsile, je te lerré vivre, et se tu ne le fes, je t'ocierré.'
Rollanz ne cognoissoit encore pas Marsile. Tantost ala li Sar-
razins o lui, si li mostra de loig Marsile enmi les autres Sarra-
16 zins o tot un ros cheval et un escu reont. Donc lessa Rollant
celui, si prist force et hardement en lui et ot grant fiance en
Deu, si se feri o cels que il avoit o lui entre les Sarrasins, si en
vit un qui li sembloit estre graindre de toz les autres, si le
20 trencha par mi a un tot sol cop de s'espee, et lui et le cheval,
que l'une moitiez del Sarrazin et del cheval jut a destre et
l'autre a senestre. Quant li autre Sarrazin virent ce, il les /   [69r°]
sierent Marsile o molt poi de compaignie el chanp, si commence-
24 rent a foïr de ça et de la. Tantost Rollanz, qui fu plains de la
vertu de Deu, se mist entre les autres Sarrasins et si les
commença a ocirre a destre et a senestre, si en sevi Marsile qui
s'en fuioit, si l'ocist entre les autres par la volenté de Deu.
28 En cele bataille que je vos di, furent ocis li cent compaignon
Rollant que il avoit o lui menez, et il meismes fu navrez de
.iiii. lances et si ot plusors cops d'espees et de pierres, si s'en
eschapa ensi navrez com il estoit. Mes quant Baliganz sot la
32 mort de Marsile, si s'en ala o les autres Sarrasins hors de cele
terre. Tierris et Baudoins, si com nos avon devant dit, et
autre Crestien, s'estoient espars ça et la par le bois, si s'estoient
repoz por la peor, et li autre avoient passé les porz; mes il ne
36 savoient pas ce que fet estoit arrieres els. Rollanz, qui molt fu
lassez de la bataille et qui molt fu dolanz de la mort as Cres-
tiens et qui molt fu angoissos de cops et de plaies que il avoit
eues, s'en vint lores tot seus par mi le bois de ci au pié del
40 mont de Ciseret, si descendi la de son cheval de soz un arbre
de coste un grant perron qui la estoit en un pré de soz en
Rencesvaus. Il avoit o lui encore une soe espee molt bele et
molt bien fete et molt fort si qu'ele ne puet ploier, et molt
44 clere et molt resplendissanz; si avoit non Durendart. Duren-
dart, c'est a dire: 'donant dur cop,' ou 'durement en fiert
Sarrazin,' qu'ele ne puet en nule maniere peçoier car ençois

faudroit li braz que l'espee. Lors si la trest Rollanz del fuerre,
48 si la tint en sa main, si l'esgarda, si commença a plorer et si dist:
'O! très bele espee! qui onques ne fus lede *ne forbie* mes toz
jors clere et resplendissanz! Tres bone espee! qui estoies lon-
gue a mesure et qui avoies si grant force! Bone espee! donc
52 la croiz est d'or et li pomeaus de bericle! Anoree espee! ou li
granz nons Nostre Seignor est escriz et qui *es* avironee de la
vertu Nostre Seignor! Qui usera mes ta force? Qui te tendra
mes? Qui t'a / vra, il ne sera mie vaincuz, ne il ne sera mie [69v°]
56 espoantez par art ne par ovre de deable, ne il ne sera mes
enfantosmez, ainz sera mes toz jors avironez de la Deu aide.
Bone espee! Par toi sont ocis plusor Sarrazin. Par toi est
destruite la gent mescreant. Par toi est essaucie la gent crestiene.
60 Par toi est aquise la loenge de Deu et la gloire et la renonmee
de Nostre Seignor Jhesu Crist. Mainz anemis de Deu ai ocis
de toi. Maint Sarrazin ai de toi par mi trenchiez. Quanz Gieus
et quanz autres mescreanz je ai de toi destruiz por essaucier
64 la crestiene foi! Par toi est aamplie la justise Deu. Quanz piez et
quantes mains je ai de toi dessevrez de cors! Quantes fois
j'en e venché le sanc Nostre Seignor! O beneuree espee! a cui
nule ne fu onques semblanz ne jamés ne sera! *Et celui qui te*
68 *forgea n'en fist onques nulle si bonne ne depuis ne devant.* Cil qui de
toi estoit ploiez ne poeit en nule maniere vivre. O! boene
espee! Se mauvés chevalier t'a en *baillie*, g'en serai molt dolanz.
Se Sarrazins ou autres mescreanz te tient ne atoche, je m'en
72 doudré molt.' Quant Rollanz ot ce dit, por ce que il dota que
aucuns Sarrazins ne la preist, il la feri .iii. cops en un perron
molt grant qui estoit de coste lui por ce qu'i la voloit peçoier. Et
que plus? Li perrons fendi en .ii. moitiez et l'espee remest
76 saine et entiere si qu'il n'i parut qu'ele i eust tochiee.

XXIII Coment Rollanz muert et il se confesse a lui

Aprés ce, Rollant commença a soner son cor por ce que se
4 aucuns Crestiens fust repoz par le bois por la peor des Sarra-

XXII, 49 ne forbie *manque*] C B; *voir la note* – 53 est] C B; *le mot est dans A est écrit en signe abréviatif.*
67 Et celui ... ne devant *manque*] C B; *voir la note* – 70 en bataille] C B D

37 Le texte: L'Estoire d'Espaigne

zins, qu'il venissent a lui, et por ce que cil qui avoient passé
les porz l'oïssent par aventure et qu'i venissent a lui ençois qu'il
morust, et qu'il preissent s'espee et son cheval et si ensevis-
8 sent les Sarrazins, et qu'il venchassent lui et les autres qui morz
estoient en la bataille. Lors sona derechief son cor de si grant
force et de si grant vertu que de s'alaine fendi le cor par mi et
que les vaines et li nerf de son col rompirent. Dont ala la
12 voiz del cor de si a Charlemaine qui estoit herbergiez o tote
s'ost en la Val Charlun, loinz del leu ou Rollanz estoit quatre
leues ensi com li anges l'amena par la volenté Deu. Quant / [70r°]
Charles oï le son del cor, il vot retorner arrrieres por Rollant
16 aidier. Mes Guanes, qui bien savoit sa mort et qui la traïson
avoit fete, li dist: 'Biaux Sire, ne retornez mie, que Rollanz
sone tote jor son cor por petit de chose. Et sachiez de voir qu'il
n'a ore mie mestier d'aide, ainz cuit qu'il a aucune beste
20 trouvee par cel bois, si cort aprés et se deduit au corner.' Or
poez oïr grant traïson! *O! traystre Guennes! quel mauvais conseil
tu donnes! et comme a bon droit doit estre acomparagee ta trahyson a
la trahyson de Judas le larron qui trahy Nostre Seigneur!* Si com
24 Rollanz, qui si avoit grant soif qu'en nel porroit dire, et por le
grant desierrer que il avoit de boivre s'estoit couchiez sor
l'erbe por estanchier sa soif, Baudoins i vint; si li pria qu'il li
aportast a boivre. Donc commença Baudoins a querre eve
28 ça et la, si n'en pot point trover, si repaira la ou Rollant jesoit,
et quant il vit que il se moroit, il le benoï, si le commanda a
Deu. Aprés ce, il monta sor son cheval por ce qu'il dota que
aucuns Sarrazin ne le preist, si lessa Rolant tot sol, si sivi
32 Charlemaine qui devant s'en aloit o tote s'ost. Quant Baudoins
s'en fu alez, si vint Tierris la ou Rollant gesoit, si commença
durement a plorer *sor* lui, si li dist qu'i se confessast. Cel jor
meismes avoit Rollant pris corpus domini, si s'estoit confessez
36 a un provoire. Il estoit donc costume que tuit cil qui aloient en
bataille se comenioient et se fesoient confés as provoires qui
estoient o els le jor qu'il savoient qu'il se devoient combatre.
Donc leva Rollant ses els et ses mains vers le ciel et si dist:

21 O! traystre G. ... Nostre Seigneur *manque*] C; *voir la note*.
34 por] C B

XXIV La proiere Rollant

'Beau sire Jhesu Crist, por la cui foi j'ai leissié mon païs, si vig en cez estranges terres por essaucier ta crestienté, et par la
4 cui aide je ai plusors batailles de mescreanz vaincues, et por la cui amor je ai soffert plusors plaies et plusors angoisses et plusors chalors et plusors froidures, et fain et soif, et plusors nuiz veillé, a toi commant je m'ame biau Sire, hui en cest
8 jor. Ausi, beaus Sire, com tu daignas por moi et por les autres pecheors nestre de la Virge et morir en la croiz et *sevelir el sepulcre et resusciter* au tierz jor / et geter tes amis d'enfer, [70v°] et montas es ceus *qu'en ta deïté ne lessas onques*, si veroiement
12 com ce fu voirs, et je le croi, ensi deignes tu m'ame deffendre de la pardurable mort. Beaus Sire, a toi me regehis estre confés copable et pecheor plus que je ne puis dire. Mes tu, qui es pardonerres de toz les pechiez, et qui as merci de totes cho-
16 ses, et qui ne hes pas chose que tu aies fete, et qui mez arrieres les pechiez des homes qui a toi volent repairier, et qui oblies les mesfez del pecheor en quel que hore il se voille a toi convertir, *et qui pardonnas a ceulx de la cité de Ninive*, et qui la fame
20 qui fu prise en avoltire delivras, et qui Marie Magdalaine, qui tes piez lava de ses lermes et essuia de ses cheveus en la meson Symon, pardonastes ses pechiez, et qui relessas saint Pere l'apostre quant il plora, qui trois foiz t'avoit renoié, et
24 qui le larron qui te cria merci ovris la porte de paradis, tu me faces pardon de mes pechiez et si met m'ame en pardurable repos. Tu es cil qui *fez* departir l'ame del cors et qui la fez vivre en meillor vie, et si deis que tu aimes melz del pecheor la vie
28 que la mort. Beau Sire Deus, je croi de bon cuer et regehis de boche que por ce ves tu m'ame mener de ceste vie que tu la faces vivre aprés ma mort en meillor vie *et en meilleur sens et avra lors meilleur entendement qu'elle n'a en l'eure autant mielx*
32 *comme il a entre l'ombre et l'omme.*' Aprés ce, il prist a ses mains sa char *entor ses mammeles et son cuer* si com Tierris qui le vit raconta puis, et si dist *en plorant*: 'Beau Sire Jhesu Crist, li Filz

---

XXIV, 9 seveliz – 12 resuscitez – 11 que ta; *voir la note* – 19 et qui ... Ninive *manque*] C B

26 fet – 30 et en m. sens ... et l'home *manque*] C B; *voir la note* – 33 et ses m. entre son cuer; *voir la note* – 34 en plorant *manque*] C B; *voir la note.*

Deu le soverain Pere et madame sainte Marie la beneote
36 Virge, je croi de fin cuer que tu qui es mes rachetierres vis et
que je au darrain jor resusciterai et en ceste char verrai je
Deu, mon sauveor.' Et puis mist ses mains sor ses euz, si dist
.iii. foiz: 'Et ci[l] oill le verront.' Aprés, il ovri ses elz, si
40 commença a esgarder le ciel et commença a seignier son piz
et toz ses menbres et si dist: 'Je tieng vius totes terrienes
choses et totes me desplesent. Or vell esgarder par la volenté de
Deu ce que elz ne puet voir, n'oreille ne puet oïr, ne en cuer
44 d'ome ne puet monter et que Deux apareille a ses amis.' A la
fin, il tendi ses mains vers le ciel / si commença a proier por [71r°]
ceus qui [mort] estoient en la bataille que je ai devant nommee,
et si dist: 'Beaus Sire Deus, ta grant misericorde soit espandue
48 sor tes feeus amis qui hui sont mort en la bataille por l'amor
de toi, et qui vindrent de loingteignes terres en cez estranges
contrees por combatre a la gent mescreante, por essaucier
ton saint non, et por venchier ton saint sanc precieus, et por
52 acroistre ta foi et ta sainte creance. Or les ont li Sarrazin ocis
por l'amor de toi; mes tu, beaus Sire Deus, les delivre des
paines d'enfer et si envoie sor els tes sainz anges que il puis-
sent delivrer lor ames des parmenables paines et les puissent
56 mener en ton saint raigne ou il puissent vivre o toi et o *tes*
sainz martirs en la parmenable gloire des cels, tu qui vis et
raignes o Deu le Pere et o le Saint Esperit parmenablement
sanz fin. Amen.'
60   En ceste confession et en ceste proiere que Rollant fesoit,
Tierri s'en ala, et la beneote ame oissi del cors Rollanz le
benoit martir, et li ange l'emporterent el pardurable repos ou
ele est mise par droit et par merite o la sainte compaignie
64 des martirs.

xxv L'avision Torpin de la mort Rollant le nevou Charles

Quant l'ame issi del cors Rollant, le beneot martir, je, Torpins,
4 arcevesque de Rains, estoie en la Val Charlon que je ai de-
vant dite o le roi Charlemaine. Si chantoie messe des feeus

56 toz] C B

Deu, si fu es *sesiesmes* kalendes de juig. Je oï chanter les anges de sor moi ne ne *soi* que ce fu. Ensi com il passoient et il s'en aloient es cieus, une compaignie de noirs chevaliers passa devant moi si venoient molt durement ausi com il repairassent de proie, et je lors dis isnelement: 'Que portez voz?' Cil respondirent: 'Nos portons Marsile es paines d'enfer, et Micheus li anges enporte vostre mestre *et vostre corneor* o grant compaignie d'anges es soverains ceus en la parmenable joie.' Quant la messe fu chantee, je dis isnelement au roi: 'Roi, saches veraiement que sainz Micheus / li anges emporte es [71v°] cels l'ame Rollant o grant conpaignie d'ames d'autres Crestiens, mes je ne sai de quel mort il est morz. Et li deable *enportent* l'ame je ne sai de quel Marsile es paines d'enfer.' Si com je, Torpins, disoie ce au roi, Baudoins vint sor le cheval Rollant, si nos conta ce qu'avenu estoit et coment il avoit leissié Rollant sor le mont de coste le perron ou il se moroit. Lors commencerent tuit a crier par l'ost, si retornerent arriers. Si trova Charles premierement Rollanz morz qui gesoit envers, si avoit ses bras mis sor son piz en maniere de croiz. Si se lessa sor lui choir et commença molt durement a crier et a sospirer et a ferir son vis de ses mains et se desciroit tot as ongles et derompoit sa barbe et ses cheveus, ne ne poeit dire une sole parole. 'Ha! las!,' dist il tot en plorant, 'O! li braz destre de mon cors! Ennors des François! Espee de justise! Hante qui ne *poeit* plaier! Hauberc qui ne poeit fausser! Heaume de salu! Semblant a Judas Machabeu de proece! Semblant a Sanson de force! Semblant Absalon de beauté! *Semblant a Saül et a Jonatas de meschance de mort!* Tres bons chevaliers! Tres sages en bataille! *Le fort des fors!* Roiaux lignee! Destruierres de Sarrazins! Desfenderres de Crestiens! Murs de clers! *Bastons d'orfelins et de vueves! Viande* et rasaziement ausint des povres comme des riches. Releverres d'iglises! Langue droituriere! Langue sanz mençonge! Droituriers en toz jugemenz! Compains des François! Menerres des amis Deu en bataille! Essaucierres de la foi crestiene! Vengierres del sanc Nostre Seignor!

6 sistes] c; voir la note – 7 sai – 12 et vostre corneor *manque*; voir la note – 17 enporterent; *voir la note*.
30 puet – 32 Semblant a Saül ... de mort *manque*] c b; *voir la note* – 34 le f. des f. *manque*] c b; *voir la note* – 35 Bastons d'orfelins et de vueves et r.; *voir la note*.

41 Le texte: L'Estoire d'Espaigne

Bons en toz biens! Amez de totes boenes genz! Por quoi
t'amené je en cez estranges contrees? Por quoi te voi je mort?
Por quoi ne muir je o toi? Por quoi me lesses tu tristres et
44 noir et dolant? Hé! las! Chaitif! que ferai je? Las! Dolent! que
devendrai je? Las! ou irai je? Amis douz! tu puisses vivre o les
sainz anges! Tu soies essauciez en la compaignie des martirs!
Tu aies joie o toz les sains parmenablement! Tu es toz jorz a
48 moi a plorer, et toz jorz mes me doudrai / de toi ausi com   [72r°]
David plora et mena son duel *sor Saül et* sor Jonathan et sor
Absalon. Tu t'en vas en la parmenable joie, et tu me lesses en
cest siecle dolant. Tu es en la clere meson de paradis, et je
52 remaig en plors et en lermes et en sospirs a toz jorz. Toz li
monz a duel de ta mort, el li ceus et li saint s'en esjoïssent.'
Ensi plora Charles Rollant et mena son duel toz les jorz de sa
vie por lui. Cele nuit fist Charles tendre ses tres et herbergier
56 ses oz ou leu ou Rollant gesoit morz; si affeta son cors de
basme et de mirre et d'aloës honorablement, si fist lumi-
naires et grant feu par le bois, si veilla et tote l'ost o lui la nuit
entor le cors. L'endemain matin s'armerent tuit si alerent en
60 Rencesvaus ou li François gesoient mort qui en la bataille
avoient este ocis, *et trouva chascun son amy, les ungs mors, les
autres vifs et a mort nasvrez*. Si trouverent Olivier mort gisant
envers, estendu en croiz, enfichié en terre de quatre piez et lié
64 molt fort de .iiii. harz, et escorchiez *de cousteaux aguz* des le
chief de ci es ongles des mains et des piez, et plaié par mi le cors
de lances et d'espee[s] et de darz et de seietes, et tot desfrois-
sez de pierres et de bastons. Donc commença li deus et li plors
68 et li criz si grant que nus nel porroit raconter que chascuns
fesoit de son ami, si que li bois et la valee en resonoit toz de la
grant noise. Donc jura Charles Deu tot puissant que il ne
fineroit d'aler aprés les paiens tant qu'il les avroit trovez. Si com
72 Charles s'en aloit et si chevalier aprés les Sarrazins, li soleuz
s'aresta et se tint en un leu qu'i ne se mut, si aloigna li jorz et
crut tant qu'il fu ausi lons comme trois jorz. Si troverent les
Sarrazins sor le flueve *d'Ebrun* de coste Cesaire ou il estoient
76 assis por mengier. Si en ocistrent .iii. m. Donc retorna Charles
o tote s'ost en Rencevaus, s'en fist porter les navrez et les

49 sor Saül et *manque*] C B – 61 et trouva ... nasvrez *manque*] C B; *voir la note* – 64 de c, aguz *manque*] C B; *voir la note*.
71 fineroient; *voir la note* – 75 de brun

42 Le Turpin français

malades ou leu ou Rollant gesoit. Lor[s] commença Charles a
enquerre se c'estoit voirs ou non que Guanes eust fete la
80 traïson ensi com plusor de l'ost tesmoignoient. Tantost fist .ii.
chevaliers armer et entrer en bataille, Pinabel por Guanelon
et Tierris por lui meismes, devant toz cels / de l'ost por   [72v°]
esclairier le voir de la traïson. Tierris ocist isnelement Pinabel.
84 Ensi fu seue et descoverte la traïson Guanelon. Si le comman-
da Charles a lier et traïner a quatre chevaus des plus isneaus
de tote s'ost. Si monterent .iiii. escuier sor les chevaus, les espe-
rons es piez. Li uns ala vers orient, li autres vers occident, li
88 autres vers septentrion, li autres vers midi, s'en trest son mem-
bre chascuns a soi. Ensi fu Guanes ocis et depeciez par mem-
bres por la traïson qu'il avoit fete.

XXVI Coment chascuns atorna le soen

Donc pristrent cil de l'ost chascuns son ami, si affetierent lor
cors au melz qu'il porent, li uns de basme, li autre de mirre,
4 li autre d'aloës, et cil qui ne le pooient avoir, si les affetoient de
sel. Mes nus hom n'eust ja si dur cuer, s'i veist comment li
chevalier ovroient les cors de lor amis et il les saloient et
atornoient au melz qu'il poeient, qu'il ne li covenist a plorer.
8 Donc firent fere bieres de fust por porter les cors, li autre
les porterent sor lor chevaus, li autre sor lor espaules, *les autres
entre leurs mains*, li autre porterent les navrez et les malades
sor escheles a lor cous, li autre les sevelirent et enfoïrent en
12 cel leu meismes, li autre les porterent en France *ou au lieu dont
il estoient*, li autre les porterent tant qu'il furent porri *et dont
les enfoïrent.*

XXVII Ci devise les cimetieres ou li cors furent enfoï

A cel tens estoient dui cimetere *en haute dignité,* li uns a Arle en
4 Aleschans et li autres devers Bordeals, que Dieu beneïst et dedia par

XXVI, 9 les autres entre leurs mains *manque*] C; *voir la note* – 12 ou la donc]
D; *voir la note* – 13 et dont les enfoïrent *manque*] D; *voir la note.*
XXVII, 3 cimetere qui furent dedié et beneï par les boches de .vii. sainz
arcevesques a Arle et a Bordeaus; *voir la note.*

les mains de .vii. evesques. Ses beneïrent sainz *Maximins d'Aquense*, et saint Trophins d'Arle, et saint Pous de Nerbone, et saint Saturnis de Tolose, et saint Frontins de Pierregort, et
8 saint Marteaus de Limoges, et saint Aitropes de Saintes. La enfoï l'en grant partie de cels qui furent ocis en la bataille de Rencevaus.

XXVIII Coment Charles fist porter Rollant a Blaives et il le fist enfoïr

Donc fist Charles porter Rollant sor .ii. mulez en chainsil de fin
4 or, covert de dras de soie de ci qu'a Blaives, si le fist ensevelir molt enorablement en la chapele mon / seignor saint *Ro-*   [73r°]
main que il avoit fete fere de son avoir. S'i assist chanoines reguliers et si fist metre s'espee a son chevez et son cor a ses
8 piez *en l'onneur de Nostre Sire Jhesu Crist et en demoustrance de sa grant prouesce et de sa grant chevalerie.* Mes le cor en fist puis porter ne sai quel sire en la chapele saint Severin a Bordeaus. A Belins fu mis en terre Oliviers et Gondebuef, le roi de
12 Frise, et Ogier le Denois, et Arestains, li roi de Bretaigne, et Garins, li dux de Loherraine, et autres chevaliers assez. A Bordeaus el cimetiere Saint Seurin fu enfoïz Gaifier de Bordele, Engeliers d'Aquitaine, Lambers de Boorges, *Gelier, Gelin,* Re-
16 naut d'Aube espin, Gautier de Termes, *Guielin et Begues,* et o cels i furent enfoï .xv. mile Crestien. Et Hoiaus fu portez et maint autre baron a Nantes. Quant Charles ot tot ce devisé et fet, si dona .xii. mile onces d'argent et autanz besanz d'or en
20 vestemenz et en viandes por doner as povres. Aprés, il dona a la chapele saint Romain tot le chastel de Blaives, et totes les rentes de la vile, et tote la terre a .vii. liues environ, *et la mer qui pres est d'illec,* por l'amor de Rollant, et commanda as cha-
24 noines de la vile que il ne donassent jamés a nul home servise, mes chascun an donassent por l'amor et por le sauvement de l'ame de Rollant son neveu et de ses compaignons le jor de lor mort, vestemenz et viandes a .xxx. povres, et leussent .xxx.
28 sautiers et .xxx. messes et autretant vigiles chascun an .xxx.

xxvII, 5 Maximiens (d'Aquense *manque*); *voir la note* – XXVIII, 5 saint Rome de rains] C B; *cf. l. 21* – 8 en l'onneur ... chevalerie *manque*] C; *voir la note*.
15 (L. de B.), Gales, (Renaut); *voir la note* – 16 Guielin et Begues *manque*] C; *voir la note* – 22 et la mer ... illec *manque*] C B; *voir la note*.

44 Le Turpin français

jorz devant lor anniversaire, et non mie tant solement por els mes por toz cels qui en Espaigne reçurent martir por l'amor Nostre Seignor et qui jamés iront por destruire la gent mes-
32 creante, que il fussent parçoniers de toz les biens et de totes les oroisons que il feroient a toz jorz mes. Et ce orent li chanoine en covenant a tenir parmenablement sor lor foiz et sor lor seremenz.

XXIX Coment li autre furent seveli a Arle

Aprés ce, Charles et je, Torpins, nos en alasmes de Blaives, si passasmes Gascoigne et Torlose, si venismes a Arle. La tro-
4 vasmes nos les Borgaignons qui de nos partirent en *Osteval*, si estoient venu par Morlans et par Tolose, si / avoient la ame- [73v°] nez lor morz et lor navrez sor chevaus et sor charretes por *enfoïr* el cimetiere d'Arle qu'en apele Aleschans. Illec meismes
8 nos en terre Estout, le conte de Langres, et Salemon, et Sanson, le duc de Borgoigne, *et Hernauz de Beaulande, et Auberi de Borgoigne, et Guinar*, et Estormi, et Hate, et Tierri, et Yvoire et Berart de *Nuble*, et Berengier et Naimes de Baiviere o .x.
12 mile autres homes; et Costentin et autre Romain *et plusor Puillois* furent porté par mer a Rome. Et dont dona Charles a Arle as povres .xx. mile onces d'argent et autretant besanz com il avoit fet a Blaives por la redemption de lor ames.

XXX Coment Charles et Torpin se *departirent* a Viane

Quant ce fu fet, si nos en venismes ensemble a Viane. Et je, qui
4 molt me doloie des paines et des dolors que je avoie soffert en Espaigne, demorai en la vile. Li rois, qui auques estoit afebliz, s'en ala o totes ses genz a Paris. Donc assembla il son concile des evesques et des hauz homes de sa terre el mostier
8 mon seignor saint Denise, si rendi graces a Deu qui li avoit

XXIX, 4 Rencesvaus] c; *voir la note* – 6 envoïr – 9 H. de B., A. de B., G. *manquent*; *voir la note* – 11 de Nuille – 12 et plusor Puillois *manque*] c b; *voir la note*.
XXX, 1 depardirent

45 Le texte: L'Estoire d'Espaigne

doné force de destruire la gent sarrazine. Si dona tote France
en aloe a l'iglise mon seignor saint Denise ensi com sainz
Pous li apostres li avoit devant donee, et sainz Climenz li apos-
12 toiles. Et si *commanda* que tuit li roi de France qui estoient a
venir, et tuit li evesque, obeïssent et fussent au commande-
ment l'abé de Saint Denis, ne que li roi fussent coroné sanz
son conseil, ne li evesque ordené, ne ne fussent receu a Rome
16 sanz son commandement. Aprés ce, il dona plusors dons a
cele iglise meismes, car il commanda que chascuns hom de
chascune meson de tote France i donast chascun an .iiii.
deniers por edifier et por essaucier l'iglise, et toz les sers qui
20 cez deniers donoient, il les franchi. Donc ala il devant le cors
mon seignor saint Denise, si li requist qu'il priast a Deu que
tuit cil qui volentiers donoient cez deniers, et cil qui lor
terres avoient lessiees por amor Deu et qui estoient alé en
24 Espaigne por combatre as Sarrazins, eussent joie parmenable
et fussent coroné o les sains / martirs. La nuit que li rois ot   [74r°]
fete ceste proiere, saint Denis li aparut en dormant, si l'esveil-
la et si li dist: 'Rois, saches que j'ai requis a Noste Seignor que
28 tuit cil qui alerent o toi en Espaigne combatre a la gent
mescreant et qui mort i sont et qui i morront, que il ont pardon
de lor pechiez, et tuit cil qui volentiers et de boen cuer
donent les deniers por edifier m'iglise, il avront pardon de lor
32 plus granz mesfez.' La matinee conta li rois ce qu'il avoit oï
et veu a sa gent. Si donerent tuit par costume lor deniers de
boen cuer et volentiers. Et cil qui les donoit volentiers estoit
apelez 'li frans saint Denis' por ce qu'il estoit frans de tot ser-
36 vage par le commandement lor roi. Donc vint la costume que
cele terre qui devant fu apelee 'Galle' fu donc nommee
'France,' c'est a dire qu'ele fu franche de tot servage d'autre
gent. Et por ce doivent les genz de France estre seignor et
40 anoré de sor totes autres genz. Adonc s'en ala Charles li rois a
Aiz vers Le Liege, si fist fere en la vile les bainz qui toz jorz sont
chaut, temprez de freide eve et de chaude. Si apareilla enora-
blement la chapele madame sainte Marie que il avoit fete fere
44 en la vile d'or et d'argent et de totes choses que il covint a
haute iglise, et si fist paindre en la chapele tote la viez loi et la
novele, et son palés que il avoit fet de coste la chapele fist il

12 commanda *manque*

paindre de diverses manieres d'uevre. Il i fist paindre les
48 batailles que il avoit veincues en Espaigne, et totes les .vii. arz il
[sc. i] fist il paindre entre les autres oevres par merveilleus
enging.

XXXI Coment Charles fist peindre les .vii. arz en son palés, Gramaire devant

Premierement il fist paindre l'art de gramaire qui est mere de
4 totes les arz. Par cele art conoist en totes les celestieus escritures et les terrienes, qu'ele enseigne coment en doit escrivre et par queus letres les parz et les sillabes sont devisees.

XXXII Rethorique

Rethorique fu peinte en la sale lo roi. Cele art enseigne / [74v°]
sagement et covenablement et droit et plesanment et belement
4 a parler, que tuit cil qui la sevent sont sage de belement parler.

XXXIII Dialetique

Dyaletique fu peinte en la sale lo roi, qui enseigne a deviser
le voir de la mençonge, et departir l'un de l'autre. Si aprent a
4 tretier des enginz des paroles et si fet les sages habunder en
parole.

XXXIV Armetique

Armetique fist li rois peindre aprés en la sale, qui parole del
nonbre de totes choses. Et cil qui cel art set et entent bien
4 del tot, se il voit une haute tor ou un haut mur, il savra bien
quantes pierres il i avra, ou quantes gotes il avra d'eve en un
henap ou quanz homes il avroit en un grant ost.

xxxv **Musique**

Musique fu peinte en la sale lo roi, qui aprent bien et droit a
chanter, et par cele art sont les hautes iglises anorees et li
4 haut servise fet dont ele[s] sont essauciees et plus chier tenues,
que li clerc chantent par cel art et organent es hautes iglises
de la crestienté, et cil qui ne chante par cel art, il chante a la
maniere de l'asne, car il ne set pas la maniere des voiz. Et
8 sachiez que ce n'est mie chanz s'en ne l'escrit par .iiii. ruiles. Et
par cele art chanta David lé saumes es estrumenz, et li estrument furent fet par cel art; et sachiez qu'ele fu prime seue par
la voiz et par le chant des anges.

xxxvi **Geometrie**

Geometrie fu peinte en la sale lo roi, qui est apelee 'mesure de
terre,' qu'ele enseigne a mesurer les *espaces* et les liues des
4 monz et des vaux et de la mer, et qui cele art set bien et entent,
se il voit une contree, ou une cité, ou u[n] bois, il set bien
quanz piez ou quantes leues il puet avoir de lonc et de lé. Par
cele art sorent li senator de Rome les voies de l'une cité a
8 l'autre, et quantes leues il i avoit, et li coutiveor des terres
mesuroient les terres et les vignes et les prez et les bois et les
chans ça en arriere par cele art.

xxxvii **Astronomie**

Puis fist li rois paindre en la sale astronomie qui est apelee
'cognoissance d'estoiles,' que par cel art voit en es estoiles /   [75r°]
4 les choses qui passees sont ou avenir sont, soit biens ou maus,
en quel que leu l'aventure avienge. Cil qui l'entent pleinement, quant il veut fere aucune chose, il set par cele art que
avenir li est. Par cele art conurent et sorent li senator de
8 Rome la mort dé hauz homes et lé batalles des rois et dé dux et
dé contes, et ce qu'en fesoit es estranges contrees. Et qui la
set, se il voit .ii. homes combatre, il set bien li queus sera vain-

xxxvi, 3 les places; *voir la note.*

cuz. Et par cele art conurent li troi roi et sorent, quant
12 l'estoile s'aparut a els, la nessance Nostre Seignor Jhesu Crist.
Et chascune des .vii. arz tenoit un livre en sa main qui demostroit de quoi ele servoit.

XXXVIII L'avision Torpin de la mort Charlemaine

La ou je sejornoie a Viene, la mort Charlemaine me fu demostree. Je estoie un jor en l'iglise devant un autel, si lesoie en
4 un sautier cest saume: 'Deus in adiutorium meum intende,' si fui raviz ausi com en avision. Donc passa devant moi une grant rote de noirs chevaliers, s'en i avoit tant que je nel porroie dire, si vi que il aloient vers Loherraine. Quant il furent
8 passé, je vi un home semblant a un de cels d'Ecyope qui les sevoit le petit pas, et je li demandé ou il aloit. 'Nos alons,' dist cil, 'a Aiz, a Charlemaine qui se muert, si en volons s'ame porter en enfer.' Lors li dis je: 'Je te conjur de par Nostre
12 Seignor Jhesu Crist que tu reviegnes par moi quant tu avras fete ta voie.' Ne demora gueres puis que je oi dit mon sautier, que il revindrent devant moi *tot* ausi com il estoient devant passé. Lors demandé je au deable a cui j'avoie devant parlé,
16 que il avoit fet. Et il respondi: 'Jacques de Galice,' dist cil, 'mist tant de pierres *es peises* et tant de fust de ses chapeles que Charles avoit edifiees, que plus peserent si bien que si mesfet, et por ce si nos a tolue s'ame et si l'a donee es mains au
20 soverain roi.' Quant li deables ot ce dit, si s'en ela. Ensi entendi je cel jor que Charles estoit morz et que li ange en avoient porté s'ame par la proiere mon seignor saint / Jaque, por la cui [75v°] amor il avoit plusors eglises edifiees. Et je avoie prié a Charle-
24 maine le jor devant que il partist de Viane, que il me nonçast sa mort par un message se il moroit ençois de moi, et je li oi en covenant que se je moroie ençois de lui je li envoieroie message qui li nonceroit ma mort. Si li membra, la ou il gesoit ma-
28 lade, de cele promesse que il m'avoit fete, si commanda a un chevalier, un soen norri, ençois que il moreust que, quant il verroit qu'il seroit morz, qu'i le me nonçast. Aprés sa mort .xv.

14 moi, tot ausi com il revindrent devant moi, tot ausi – 17 es peises *manque*; *voir la note*.

49 Le texte: L'Estoire d'Espaigne

jorz, soi je par cel message que Charles avoit esté malades
32 des donc qu'il parti d'Espaigne de ci au jor de sa mort. Et il
avoit doné por le sauvement des ames de cels qui estoient
morz en Espaigne, cel jor qu'il reçurent martire par l'amor
Deu, .xx. mile onces d'argent et autretanz besanz d'or chas-
36 cun an en vestemenz et en viandes as povres: Et il fesoit chan-
ter messes et vigiles et sautiers por lor redemptions. Si soi
par le message que cel jor que j'avoie veue l'avision, le quint jor
des kalendes de fevrier, l'an de l'incarnation Nostre Seignor
40 Jhesu Crist .viii. c. et .xiiii., que il estoit alez de ceste vie et que
il estoit seveliz ennorablement en la reonde chapele ma-
dame sainte Marie, la benoiete Virge, que il avoit edifiee. Et si
soi que cist signe avindrent par .iii. anz devant sa mort: que
44 li soleuz et la lune furent de noire color; li nons 'Charlemaine'
qui estoit escriz en la mesiere de la capele chaï tot par lui
devant sa mort; li porches qui estoit entre la chapele et la sale
lo roi chaï par lui meismes devant sa mort le jor de l'Acen-
48 sion; li ponz de fust que il avoit fet fere sor l'eve a Maiance, ou
l'en mist .vii. anz a fere par grant enging, fondi tot par lui
devant sa mort; un jor, si com li rois aloit par me une voie, li
jors devint noirs et oscurs si que l'en ne vit gote, et une grant
52 flambe de feu vint devers destre, si passa devant ses euz a
senestre si que li rois chaï de son cheval de la grant peor /   [76r°]
que il ot, et si compaignon le leverent de terre entre lor mains.
Si croi je que li rois soit parçoniers de la corone des martirs,
56 de cels que j'ai devant nomez et o cui il soffri plusors travaus
en Espaigne. Par cest essemple devez vos entendre que qui
edefie eglise, il apareille a soi le raigne des ceus et la joie qui toz
jorz durera sanz fin, et que il est ostez ausint com Charles fu
60 de la main as deables, et qu'il sera mis par la proiere des sainz
cui eglise il edifiera en la compaignie des anges.

XXXIX Une aventure de Rollant

Mes entre les autres choses que je vos ai dit, me covient
raconter a l'enor de Jhesu Crist, un merveilleus essemple qui
4 avin[t] a Rollant ençois qu'il alast en Espaigne. Un jor estoit

49 ou le mist

li cuens Rollant o molt grant ost de Crestiens devant la cité de
Grenobles, si avoit ja esté devant la vile .vii. mois. Lors si vint
un message, si li dist que troi roi avoient Charlemaine son
8 oncle assis et enserré qu'il n'en pooit issir en une tor vers la
contree de Garmaise. Si avoit o els grant compaignie de Sesnes
et de Frisons *et de Wandres*. Si li mandoit qu'il le venist
secorre o tote s'ost et qu'i le delivrast de la main as mescreanz.
12 Donc commença Rollant a penser, qui molt fu dolenz de son
oncle, et ne sot le quel il feist ençois: ou leroit la cité por cui il
avoit euz tanz travaz *et si* deliveroit son oncle, ou il le lerroit
en prison et si prendroit la cité et si la metroit au commande-
16 ment Nostre Seignor et a la foi crestiene. *Or oez, hommes,
comme ce fait est merveilleusement a prisier et a louer, comme Rolant
fut de grant valeur et de grant pitié, et comme il fut a celle foys angoys-
seux et a destroit comme ung homme qui estoit entre deux fortunes.*
20 *Mais or escoutez que fist le gentil Rolant qui est trop a louer et a
priser.* Lors fu Rollanz trois jors et trois nuiz, qu'il ne but ne ne
menja. Si fist sa proiere a Deu et si dist: 'Beau Sire Jhesu
Crist, le filz Deu, le Soverain Pere, qui devisas la mer en .ii.
24 parties et si menas les filz Israel par mi la mer, qui trebuchas
Pharaon et sa mesnee en la Roge Mer, et qui menas ton pueple
par le desert et destruisis lor aversaires, et qui oceis Seon, le
roi des Amorriens, et qui donas au pueple d'Israel la terre qu'il
28 avoient desierree, *et qui abatis les murs de la cité de Jherico que
tes ennemis desfendoient*, beau Sire! tu destruis la force de ceste
cité par ta puissant main et debrise! que la gent paiene qui de
denz est, qui plus en sa fierté se fie que en toi, / conoissent   [76v°]
32 toi estre Deu plus fort de toz les rois, et aideor et deffendeor
des Crestiens.' Quant Rollanz ot fet ceste proiere, au tierz jor li
mur de la cité chaïrent de totes parz sanz ce que nus i to-
chast. Ensi fu la cité destruite et li Sarrazin que l'en trova
36 dedenz furent tuit ocis. Lors ot Rollant grant joie del beau
miracle que Deus li ot demostré. Donc s'en ala il o totes ses oz a
Charlemaine son oncle qui estoit assis et enclos en une tor
en Tiescheterre, si le delivra par la puissant vertu de Dieu de
40 la main de ses anemis.

XXXIX, 10 et de Wandres *manque*] C; *voir la note* – 14 ou il; *voir la note*.
16 Or oëz ... a priser *manque*] C; *voir la note* – 28 et qui ... deffendoient
manque] C; *voir la note*.

51 Le texte: L'Estoire d'Espaigne

XL Comment l'arcevesque Torpin fu mort a Viane

Aprés la mort Charlemaine, ne demora gueres que Torpins,
4 l'arcevesques de Reins, le benoez martir Jhesu Crist, si com il
estoit a Viane, qui molt se doloit des poines et des travaz
et des plaies que il avoit eu en Espaigne, se morut, et fut
l'ame de lui portee sanz dotance en la compaignie des martirs.
8 Si fu seveliz de coste la cité en une eglese outre le Rosne
molt ennorablement. Aprés ce, alerent clerc de Blaives en
cele terre, si troverent son beneot cors en un sarqueu vestuz
de vestemenz d'evesque, et si le troverent tot entier en cuir
12 et en os, si l'en aporterent de cele eglise qui degastee estoit,
de ça le Rosne en la cité, et le mistrent en l'eglise ou il
gist encore a grant anor, et tient es cels la corone de victoire
que il conquist par granz travaz en terre. Si doit en bien
16 croire que cil qui por la foi Jhesu Crist reçurent martire en
Espaigne, sont coroné par desserte el raigne des cels en la
parmenable gloire. Et encor ne fussent martirié Charlemaines
et Torpins en Rencesvaus o Rollant et o Olivier et o les
20 autres martirs, por ce ne sont il pas desevré de la corone del
martire, kar il sentirent totes lor vies les plaies et les dolors
des bleceures et des travaus que il soffrirent ensemble en plu-
sors leus. Car li apostre dist: 'Se nos somes compaignon de
24 la passion, aussi serons nos de la joie qui durera sanz fin.'
Rolant vault autant a dire come 'role en science' pour ce qu'il
surmonta tous roys et tous princes de terre de sens, de chevalerie, et de
clergie; Olivier, 'bouche de misericorde,' pour ce qu'il fut piteulx et
28 *misericors sur tous de parolle et d'euvre et de maniere de martire;*
Charlemaigne vault autant a dire comme 'lumiere de chair,' pour ce
qu'il vainquit tous les roys mortelz et seurmonta de sens et de chevalerie
et de toute valeur; Turpin vault autant a dire comme 'beau' ou
32 *comme 'non mie lait,' pour ce qu'il se garda toute sa vie de dire et de*
faire villenie. Et a icel jor qu'il trespasse / rent de cest siecle [77r°]
devroit l'en par tote crestienté fere le servise des feeus Deu, et
non mie tant solement por Charlemaine ne por ses compai-
36 gnons, mes por tos cels qui des lor tens de si a cest jor sont

XL, 13 tot entor] C B
25 Rolant ... vilenie *manque*] C

52 Le Turpin français

alé en Espaigne et en la terre de Jerusalem por essaucier la crestiene foi.

XLI Ce qu'il avint puis la mort Charle en la terre de Galice

Cy vous convient mectre en memoire et conter ce que avint en la
4 *terre de Galice aprés la mort Charlemaine.* Aprés la mort Charlemaine, la terre de Galice et la terre d'Espaigne fu en boene pes un lonc tempoire a la loi crestiene. *Mais puis, aprés grant piece, avint par l'admonnestement du dyable, qui a tous biens est*
8 *contraire,* que l'aumaçour de Cordes s'esleva et dist que la terre de Galice et d'Espaigne que Charlemaine avoit tolue a ses ançoisors, que il la reconquerroit et la remetroit a la loi des Sarrazins. Donc assembla il totes ses oz, si entra en la terre, si la
12 degasta tote de ça et de la tant que il vint en la cité mon seignor saint Jaque, si ravi quant que il i trova. La chapele, il la degasta si que il n'i lessa calice, ne table d'or ne d'argent, ne vestemenz ne riens nule que il trovast. Li Sarrazin se herbege-
16 rent dedenz o tot lor chevaus et firent quant que il voldrent entor l'autel le beneot apostre; et por ce l'une partie de cels, par la vengance Nostre Seignor, tot ce qu'il *menjoient* lor covint isnelement a rendre. Li autre perdoient lor *ielx* et aloient
20 par la vile comme aveugle. Et que plus? Cist maus meismes prist a l'aumaçor, et perdi sa veue; *mais par le conseil du probre de celle eglise qu'il tenoit en prison, il commença [a apeler] en son aide le Dieu des Crestiens et si dist*: 'O! li Deus des Crestiens! Li Deus
24 Jaques! Li Deus Marie! Li Deus Perron! Li Deus Martin! Li Deus de toz les Crestiens! Se tu me renz ma premiere santé, je renieré mon deu, ne jamés nul jor ne vendré en la terre Jaque le grant home por preer ne por mal fere. O Jaques!
28 grant home! se tu me dones santé a mon ventre et a mes elz, je te rendrai ce que j'ai pris en ta meson.' Aprés ce .xv. jorz, *emprés ce que l'aumaçor eut tout rendu a double a l'eglise de saint Jaques ce qu'il y avoit pris et tollu,* l'aumaçor et tuit si compaignon

---

XLI, 3 Cy vous convient ... mort Ch. *manque*] C B; *voir la note* – 6 Adonc li aumaçor de Cordres dist et devisa que] C B; *voir la note* – 18 il amenoient] C D B – 19 ielx *manque*] D
21 mais par ... et si dist *manque*] C D B – 30 emprés ce que ... pris et tollu *manque*] C; *voir la note.*

53 Le texte: L'Estoire d'Espaigne

32 furent gari. Si s'en ala l'aumaçor fors de la terre mon seignor saint Jaque, si li promist que jamés ne vendroit en la terre por mal fere, et si dist que li Deus des Crestiens / estoit [77v°] molt granz et que Jaques ausi estoit granz sires. Aprés ce, il
36 s'en ala tot degastant la terre de ci a la vile qui avoit non Orniz ou il avoit une chapele de mon seignor saint Romain molt bone et molt bien apareillie de pailes, de croiz d'argent et de textes d'or. Quant l'aumaçor vint en la vile, si ravi quant
40 qu'il trova, et la gasta tote. Si com il estoit herbegiez o totes ses oz, uns hauz princes de sa conpaignie entra en la chapele saint Romain, si vit les colombes de marbre molt beles, covertes d'or et d'argent. Donc si prist un coing de fer, si le ficha
44 entre les pierres por ce que il voloit la chapele abatre. Ensi com il embatoit le coing entre les pierres d'un grant martel, il fu isnelement par la volenté de Deu muez en une pierre en semblance de home, et en tel color comme la cote del Sarrazin
48 estoit que il avoit vestue. *Et encor la peut on trouver dedans celle chapelle, qui vouldroit y aller, en la semblance qu'elle fut mué. Et une grant merveille en souloient conter les pelerins qui y aloient en pelerinage, et vont de jour en jour, qu'ilz tesmoignent pour voir que de*
52 *celle pierre sault une grant puour.* Quant l'aumaçor vit ce, si dist a ses homes: 'Granz est li Deus des Crestiens qui teus homes a que, quant il sont mort, il justisent si ceus qui mal lor volent fere, que il tolent a l'un les euz et l'autre muent en
56 pierre. Jaques me toli la lumiere de mes cuz; Romains a fet d'un home une pierre. Mes Jaques vaut melz que Romains, que Jaques me rendi mes elz, mes Romain ne me velt rendre mon home. Fuions hors de ceste terre que il fet mauvés
60 sejorner.' Donc s'en ala l'aumaçor o totes ses oz, si ne fu puis de grant piece qu'il osast entrer en la terre por mal fere a mon seignor saint Jaque. Et bien doivent tuit savoir que cil qui li voudront mal fere seront dampné parmenablement, et cil qui
64 le gardera et le deffendra de la main as Sarrazins, il en avra tel guerredon que il sera coronez devant Deu.

48 Et encor ... grant puour *manque; voir la note.*

Notes au texte

III

24 Il semble bien que le traducteur se soit contenté de rendre *ad perfidiam paganorum conversi erant* (109) par le seul verbe *estoient converti*. Le scribe de *³ aurait trouvé peu clair le sens ainsi exprimé et aurait substitué *s'erent renoié* au texte de son modèle. C'est *renoié* que nous trouvons dans D E F F1 G H. Le scribe de *⁷, également peu satisfait de la traduction, aurait complété le sens en ajoutant le complément adverbial. J'ai relégué les textes 'améliorés' aux variantes.

IV

4 Nous lisons ici dans le texte latin (119-20): *Yria, Tuda, Midonia, Brachara metropolis, Civitas Sanctae Mariae, Vimarana, Crunia, Compostela quamvis tunc temporis parva*. Tous nos manuscrits sauf D montrent pour *Yria, Tuda: Hyratude* (*Hyratudo* C), qui pourrait bien représenter une variante *Irattudo* qui se trouve dans quelques manuscrits de la tradition latine; voir 'Le Classement des manuscrits,' *RHT* XI (1981) 339. Dans D nous trouvons les formes 'correctes,' *Yre, Tude*, tirées assurément d'une source autre que le Turpin I.

Après *Midonia-Medoine*, nos MSS A E F F1 G H omettent *Brachaire m. ... Vimarana*. Le texte de D seul est ici encore conforme au latin. *Yre, Tude, Medoine, Brachaire la plus caude* (sic) *cité, Ma Dame Sainte Marie, Wimaranes, Crume...* Il semblerait que les MSS A E F F1 G H représentent bien le texte de la traduction, qui est fautive ici, le traducteur ayant peut-être sauté une ligne dans son modèle latin. Le scribe de D aurait corrigé son modèle d'après une autre source, française assurément, parce qu'en copiant il aurait lu *caude* pour *haute*; *la plus haute cité* (*metropolis*) devient chez lui: *la plus caude cité*. Ce serait en consultant cette autre source qu'il aurait pu corriger *Hyratude* en *Yre, Tude*, correction qui l'aurait alerté au sujet de la corruption plus grave de son premier modèle dans le passage qui suivait. Nos MSS B C, à la différence de A E F F1 G H, et reflétant sans doute leur modèle commun *⁷, nous offrent pour *Brachara metropolis*, *Brahare qui est arceveschié* qu'ils déplacent pourtant en le mettant après *Compostelle qui estoit petite*. Au risque de se permettre trop de conjectures, on peut supposer que le scribe de *⁷, écrivant *Compostelle qui estoit petite*, a été conduit à penser à Compostelle métropole (la cité l'était depuis 1120) dans le chapitre XIX et à la ville de Braga, métropole à laquelle Compostelle avait été pendant longtemps soumise. Par cette correction, le scribe de *⁷ se montre clerc plus instruit que bien des scribes qui ont transcrit le Turpin. Dans certains manuscrits, latins et français, les scribes ont effet transcrit *Metropolis, Metropole* comme le nom d'une ville. Les traductions offrent parfois aussi *B., mere des cités, B., maîtresse cité.* Mais le scribe de *7, avec son *Brahaire qui est arceveschié*, a mis la chose exactement au point.

5 Après *Talemake* (*Thalamanka* 121), *Taleriere* (*Talavera* 123) est déplacé. Dans le texte latin, il suit *Malqueda* (*Alequede*), *Sancta Eulalia* et précède *Medinacelim*. Le même déplacement se voit dans le MS Bibl. Nat. Latin 7531 (c'est le MS Meredith-Jones B4, le MS HA104 de M. de Mandach, p 383,3). L'oeil d'un scribe a bien pu sauter de *Thalamanca* à *Talavera*, le scribe se rattrapant par la suite pour copier les noms qu'il venait d'omettre.

Tous nos manuscrits, à l'exception de D, omettent *Sancta Eulalia*. Dans D, *Sainte Eulalie* vient après *Medinacelim qui est haute cités*. Dans la tradition latine, le nom manque dans le MS de Florence Bibl. Naz. II, VIII, 48; c'est le MS HA110 de M. de Mandach, p 384,3. Parmi les traductions françaises, il manque aussi dans Johannes. Il faut croire encore que le scribe de D collationnaite la liste des noms offerte par son Turpin I avec une autre source.

8 Le texte latin (124): *Osma, Seguncia, Segovia quae est magna*. L'omission de *Segovia-Segoive* dans A est le résultat d'un bourdon, bourdon qui remonte à *2 et dont l'effet se voit aussi dans les dérivés de *3, E F F1 G H. D montre ici le bon texte: *Segonce, Segoibe*. Dans B, c'est (*Seguntia*) *Segonce* que le scribe a sauté. La leçon de C: *Segone, Segome*, reflet du texte de *7, explique bien la faute commise par le scribe de B. Celui-ci continue en copiant (*Segoive*) *qui est grant vile* et en omettant *Avile* après *grant vile*.

12 Pour la leçon de B C: *Auque, Burges*, voir 'Le Classement des manuscrits,' *RHT* XI (1981) 362.

16 Après *Gironde-Gerunda* (132), nous lisons dans D: *Bartenone, Teride*. *Teride* éveille notre attention. Cette leçon, *Lerida* ailleurs, constitue l'un des détails caractéristiques de la tradition latine A-St-Denis. On peut donc croire que le texte que le scribe de D collationnait avec son modèle A était un texte dionysien. Voir M. de Mandach, *La Geste de Charlemagne* 295, 367. Le *Bartenone* de D semble refléter un mélange de *Barcione* et de *Tarragoce* (*Barquinona, Terragona* 132, 133). Nous remarquons un mélange pareil dans le Turpin II, lui aussi un dérivé du Turpin A-St-Denis: *Latyone, Teride*. Voir l'édition du Turpin II, Walpole, *An Anonymous Old French Translation* 41; III, 12.

17 Nos manuscrits reflètent tous ici une erreur commise par le traducteur ou peut-être par un scribe copiant un texte latin. Voir l'édition de Meredith-Jones, p 97, variantes aux lignes xii-xiv. Voici le texte latin, toujours d'après l'édition Mandach (133-5): *Tortosa, opidum fortissimum Barbagalli, opidum fortissimum Carbonae, opidum fortissimum Algaieti, urbs Adania*. Dans notre traduction, comme dans certains manuscrits latins, *opidum fortissimum* (134) a été rattaché à *Tortosa-Tortose*, et la même épithète sert par la suite de complément descriptif à *Barbagalli-Barbegale, Carbonae-Carmone, Aureliae-Aurele* de sorte qu'*Algaieti-Algalete* en reste dépourvue.

19 *Citez*, nom propre, est surgi de *urbs*, complément mis en apposition à *Ubeda*. Voici le texte latin HA (136): *Hora Quotantae, urbs Ubeda*. Notre traducteur, semble-t-il, a détaché *urbs* de *Ubeda*, pour le rattacher à *Quotantae*: *Cotande citez, Ubede*, ce qui, dans la copie fautive dont tous nos manuscrits dérivent, serait devenu *Cotande, Citez, Ubede*. C'est là la leçon que nous trouvons dans A C D E; le scribe de B a cru améliorer *7 en écrivant *Sités*. Dans F, nous lisons *Cotaide cité*; dans F₁, la leçon manque, le coin du f. 40 ayant été enlevé; dans G H, *cité* manque.

Entre *Algalete* et *Hispalide, Adania* manque ici dans notre traduction, de même que

Hora Malaguae, qui, dans le Turpin latin, se trouve entre *Eschalona* et *Uriana*. Sous la forme *Adavie*, *Adania* est représentée plus bas (54).

24 Le texte latin, très clair, ne semble pas comporter de variantes: *scilicet idus Maii*. Le MS D s'accorde avec A: *es ydes de Marz*; E F F1 G H eux aussi montrent *marz: si est sa feste en marz* E; *feste, et si est en mars* F F1 G H. La faute doit être attribuée au scribe de *².

25 Dans le latin, nous lisons après *Arabit: Maioricas insula*. Tous nos manuscrits, à l'exception de D, omettent *Majorque*. Il faut croire que l'omission est une faute du traducteur et que D a corrigé son texte d'après la méthode que nous lui connaissons déjà.

26–7 On voit bien que nos scribes n'étaient le plus souvent ni géographes ni très curieux de toponymie. Comment retrouver ici le texte de notre traducteur? Voici les 'noms des cités' tels qu'il a pu les trouver devant lui dans un texte latin HA (144–6): *Agabiba insula, Goharan quae est urbs in Barbaria, Meloida, Evicia, Formenteria, Alcoroz, Almaria, Monequa, Gibaltaria*. A coté de *Agaibe* nos MSS A E F F1 G H n'ont rien qui corresponde à *insula*. Dans D nous lisons *Agaibe une isle*, dans B C: *Ag. qui siet en une ille*. Il faut croire qu'ici comme ailleurs, le scribe de D collationnait son modèle du Turpin I avec une autre source. On dirait aussi que la déterminative dans B C se trouvait dans leur source commune *⁷ mais qu'elle représente une erreur pour *si est une ille*. L'omission de *si est une ille* remonterait à *². J'imprime donc, *si est une isle*.

Tous nos manuscrits sauf D omettent la phrase relative rattachée à *Gohoran: qui est une cité en Barbarie*. Notre traducteur doit être responsable de cette omission. Nous lisons bien dans D: *Coaran qui est une cité en Barbarie*; c'est une correction qu'il apporte à son Turpin I.

Peu de difficulté avec *Meloida, Evicia, Formenteria, Alcoroz*. Mais *Almake* (B C: *Almaque*; E F F1 H: *Salmare*; G: *Salinarre*), *Aloveque* (B C: *Aloneque*; D E F1 G H: *Aneloque*; F: *Anelore*) au lieu de *Almaria, Monequa*? Dans B C nous lisons *Almaque, Aumarie, Moneque, Aloneque*; on croirait que dans *⁷ les scribes de B et de C ont trouvé *Almaque* et *Aloneque* glosés dans l'interligne *Aumarie, Moneque*, et qu'ils ont fait entrer les quatre noms dans leur liste des 'noms des cités.' Pour notre traducteur, me semble-t-il, les noms étaient *Almake* (*Almaria*), *Aloveque* (*Monequa*). J'ajoute un détail: le nom *Aloveque*, qui est passé sous ses diverses formes dans tous nos manuscrits, rappelle la variante du texte latin qui se lit dans le MS Florence, Bibl. Naz. II, VIII, 48: *Almoneca*, lequel se rapproche du nom moderne: *Almuñecar*.

28–30 Voici le texte latin (146–7): *Septa, quae est in districtis Yspaniae ubi maris est angustus concursus*. Voir l'examen des leçons en présence ici, 'Le Classement des manuscrits,' *RHT* XI (1981) 339. On retrouve sans trop de difficulté le bon texte sous les tâtonnements des scribes.

31 L'omission, entre *la terre d'Espaigne* et *la terre de Portigal* de *la terre d'Alandaluf* (*tellus scilicet Alandaluf* (148–9)) dans A s'explique sans doute par un bourdon dont la répétition de *la terre de* serait la cause, bourdon que plusieurs scribes auraient pu commettre. Le nom *Alandaluf* se trouve bien dans B C D; il manque pourtant dans E F F1 G H, ainsi que dans A. Il semblerait que le scribe de *² est responsable de l'omission et que, ici encore, nous sommes en présence d'une correction introduite par le scribe de D d'après une autre source. *La terre des Sarrazins* correspond à *tellus Serranorum* (149), celle des *Turs*, à *tellus Pardorum* (ibid).

42 Cf. le latin (160): *in quo magni pisces habentur*. Le scribe de A seul a mis le verbe au passé – se rendant ainsi coupable d'un anachronisme grossier.

47 Pour cette liste des rois conquérants, voir mon examen des leçons offertes par tous nos

manuscrits 'Le classement des manuscrits' 357-9. Il est claire que la liste plus complète que nous lisons dans B C est le reflet de celle que le scribe de *⁷ a rédigée d'après une source qu'il avait sous la main à St-Denis. Je crois que la liste telle qu'elle est sortie des mains de notre traducteur est le mieux représentée par le texte des MSS D E F Fi G H selon lequel je corrige le texte de A tout en remettant pourtant Charles Martel à sa bonne place.

59 Il semblerait qu'ici la bonne leçon, parfaitement conforme au texte latin, a été conservée par B C: *et daemoniacam legionem quandam sua arte magica in ea sigilavit* (181) – *et y avoit dedans* (et scela d. B) *par art de dyable* (diables B) *une legion de dyables* C B. Pourquoi dans A, et partant dans D, la substitution pour *une legion de diables* du membre de phrase si peu expressif: *compaignie de gent*? Souci stylistique de la part d'un copiste? Celui du manuscrit dont A est issu et que le copiste de D a consulté, et qui voulut éviter la répétition *art de deable – legion de diables*? On est si loin de Virgile et de cette autre statue *instar montis equum*:
    huc delecta virum sortiti corpora furtim
    includunt caeco lateri, penitusque cavernas
    ingentes uterumque armato milite complent
              (*Enéide* II, ll. 18-20)
L'hypothèse d'un souci de style n'est pas entièrement gratuite. La leçon de E F Fi G H, qui remonte à celle de *³ et qui remplace *legion de diables* par *compaignie de malignes esperiz* semble refléter une préoccupation identique. Je crois qu'ici la leçon de A nous présente un texte altéré, et je la rejette en faveur de celle de B C.

60 *depecier*: c'est un infinitif à force passive. Dans la description de cette idole (55-74), le Pseudo-Turpin (182-94) eut soin de mettre les verbes au présent; c'est tout naturel vu qu'il se présentait comme témoin oculaire de tout ce qu'il racontait. L'idole, comme on le sait, fut détruite en 1145 (voir l'édition de Meredith-Jones, 291-2). Notre traducteur, avec autant de naïveté que de souci du vraisemblable, met les verbes au passé: *obtinent-tenoit; appropinquat-aprochoit; periclitatur-cheoit; accedit-aprochoit; recedit-s'en raloit arriere ... ut ipsi Sarraceni aiunt-li Sarrazin disoient; cadet-devoit cheïr*.

65 *l'orle de la mer* (*in maris margine* 187). La colonne était bien située au bord de la mer. Le MS B s'accorde avec A: *l'olle de la mer*. Le scribe de C, devant un mot peut-être obscurément écrit dans son modèle immédiat, y a vu ou y a substitué, *airee*, qu'il a dû employer à peu près dans le même sens. Le scribe de *³ a remplacé *orle* par *rivage*; c'est le mot que nous lisons dans D F Fi G H, où le scribe de E, dans un moment de distraction totale, a cru voir *image*.

74 *il s'en fuirront et voideront tote la terre*. Tous nos manuscrits, à quelques variantes peu importantes près, s'accordent ici. Notre traducteur a omis la phrase: *gazis suis in terra repositis* (197-8), laquelle se trouve, semblerait-il, dans tous les textes latins.

VI

7 Cf. le texte latin (223): *Et erat cum eo dux exercituum Milo de Angleris*. La phrase manque dans A seul; les MSS D E F Fi G H, représentants de *³, ajoutent (*M. de A.*) *li pere Rolant*.

VII

3 *a tort*. Voici le texte latin (227-8): *qui mortuorum elemosinas iniuste retinent*. Dans A, l'intitulé est en fin de ligne dans un espace étroit, ce qui pourrait expliquer l'omission de *as mors*. Il se peut pourtant aussi que le libellé de la rubrique ait été tiré de ce que nous lisons dans la ligne 18. Le texte de B C, provenant tant bien que mal de celui de *⁷, est très délayé; celui de B, un peu confus, est éclairci par celui de C; voir la variante.

58 Le Turpin français

Dans D, l'omission de *a tort* s'explique par la leçon de E, issu comme D de *⁴: *qui retiennent les a. as morz*. A tort *qui por les pechiez as mors devoient estre donnees*, leçon qui reflète une ponctuation confuse dans *⁴. Le bon texte, mirabile dictu, a passé par *³ dans F F1 G H: *retiennent a tort les a. des mors*.

4 Nos MSS B C seuls reproduisent le texte latin (228): *(Bayonam), urbem Basclorum*. L'omission est sans doute attribuable au scribe de *².

12ss *Mes la vengance Nostre Seignor...* La leçon de nos MSS A D E F F1 G H n'est pas conforme au latin (235–6): *sed quia malis factis divini iudicis vindicta proxima esse solet*. Le texte latin est par contre représenté fidèlement par B C. Il faut voir dans le texte corrompu de A D E F F1 G H, une intervention de la part du scribe de *². L'anachronisme par lequel il a rejeté dans le passé ce que Turpin raconte dans le présent qu'il était censé vivre, ne nous choquera sans doute pas plus que celui que j'ai signalé dans la note à IV, 60 ci-dessus, et que ceux qui se sont glissés à son insu dans la chronique du faux Turpin lui-même. Il faut voir ici, je crois, un aparté que le scribe de *² a adressé à l'auditoire qu'il imaginait devant lui, un aparté humoristique dont l'acception aurait été sûre auprès d'une assistance réceptive.

Son intervention a suscité un écho. Nous trouvons la modification qu'il a apportée à son modèle turpinien adoptée aussi par l'auteur de la traduction dite Turpin II. Voir mon édition de celle-ci, p 44, VI, 12–13, et mon commentaire à la p 33. Voir aussi 'Le Classement des manuscrits,' *RHT* (1981) 330 et, 331, la note 1, note où je conclus que la leçon de nos MSS A D E F F1 G H, et plus particulièrement la variante offerte par nos MMS G H, a passé dans le Turpin II.

19 Je transcris *je* comme *j'é*. Cf. à la 1ère pers. sing. du futur: *aideré* et *requerré* (II, 36) et, au prét., *commandé* (VII, 17, *alé*, XI, 24).

30 *les deserz*. C'est bien le représentant du mot latin *deserta* (251). Comme A C, les MSS F F1 G offrent *desers*; comme B D E, H offre *destreis*. Les scribes avaient chacun leur point de vue: les hautes plaines arides, ou bien les hauts cols étroits.

35 *qu'i*. Le scribe écrivit *q'*s. Il prononçait sans doute *ki*; cf. *qu'i* ci-dessus l. 24. Le *s* final est une dittographie provoquée par le *s* initial du mot suivant.

VIII

9 Cf. F F1: *et i gisent les cors de .ii. precieux martirs, s. F. et s. Primaus*; G: *abbaie* (pour *chapelle*) *de .ii. glorious m., s. F. et s. P. qui la sont ensevelis*; H: *et i reposent les cors de dous glorios m., s. F. e s. P.*

16 Après le premier combat cent contre cent, le texte latin continue (273–5): *et interfecti sunt Sarraceni. Deinde mittuntur ab Aigolando alii centum contra centum, et interfecti sunt Sarraceni*. Le deuxième combat cent contre cent manque dans notre traduction: bourdon commis par le traducteur dont l'oeil aurait sauté de *interfecti sunt Sarraceni*, l. 273 à la même phrase, l. 274?

25 Cf. le latin (284–5): *quas summo mane ... invenerunt*, à quoi correspond, C: *et quant ce vint au matin*; B: *et quant vint le matin*; F F1 G: *Au matin*; H: *L'endemain*.

48–9 L'omission dans A est le résultat d'un saut du même au même: *lor armes ... noz armes*. Cf. le latin: *arma sua ad debellandum praeparaverunt* (308–9).

54 Après *beneurez*, il n'y a rien dans nos manuscrits qui corresponde au latin: *vel perseverantiam contra instabilitatem*. Même lacune dans les traductions Turpin II, Willame de Briane, Johannes, et catalane. Commentant cette omission dans la traduction Johannes du manuscrit de Munich, le docteur Pius Fischer, bénédictin lui-même, a suggéré que nous avons dans cette phrase un écho de la règle bénédictine, règle, écrit-il, sans intérêt pour un auditoire laïc (*Pseudo-Turpin Studien*, Heft 3, p 25). Mais deux fois

(318–19, 555–6), le Pseudo-Turpin nous rappelle l'avertissement de saint Paul (2 Ad Timotheum 2:5): *Nam et qui certat in agone, non coronabitur nisi legitime certaverit*, admonestation que notre traducteur n'a pas manqué de nous transmettre fidèlement: ci-dessous (59–60) et plus loin XIII, 62. C'est nous dire à nous tous, clercs et laïcs, que dans les luttes athlétiques, comme dans la guerre contre l'ennemi ou contre le mal, la persévérance est une vertu et l'inconstance un vice. A relire le texte latin, on ne peut s'empêcher de penser tout simplement à la possibilité d'un bourdon: *vel paupertam contra felicitatem, vel perseverantiam contra instabilitatem*; et dans un texte français, la répétition de *ou ... encontre* est très susceptible d'avoir eu le même résultat.

55 *veinqueresse*. Le mot dans B C traduit parfaitement le latin *victrix* (316). Dans D, nous lisons *vencheresse*, où le *ch* semble représenter *k*; cf. dans ce manuscrit les graphies *eschorchié, eschuiers* (voir 'Prolégomènes à une édition du Turpin Français dit le Turpin I. I – Les Manuscrits,' *RHT* x (1980) 213). Le scribe de D a consulté ici son modèle du type A, car tout le passage contenant la morale de cet épisode manque dans E F F1 G H, et manquait donc aussi dans *3, source de D. La forme *vencheresse* pourrait bien être la forme picarde que le scribe de D a trouvée devant lui dans son modèle du type A. Le scribe de A, transcrivant ce même modèle, et confondant selon son habitude la fricative sourde *č* avec la sonore *ž*, aurait copié *vencheresse* par *vengeresse*, écrivant ce qu'il prononçait mentalement. Voir 'Prolégomènes *RHT* x (1980) 202, où je cite dans A les formes *domache, venché, Pont de l'Arche* et cf. ci-dessous (56), dans D comme dans A, la forme *vencheor*.

58 *que li apostres dist*. C'est notre traducteur qui cite pour le dogme l'autorité de l'apôtre saint Paul. Voir 2 Ad Tim. 2:5. Le Pseudo-Turpin, s'adressant surtout à un auditoire de clercs, la contient implicitement. Cf. 318–19.

61 Le texte de A, avec lequel D est parfaitement d'accord, omet la phrase *morir es vices*. B et C ont ici *morir en cest monde de vices*. Les MSS E F F1 G H ne nous sont d'aucun secours ici; par suite d'un bourdon, le scribe de leur source commune *3 a omis tout le passage qui se trouve entre *encontre les vices* (58), et *morir es vices* (61), lacune reflétée dans E F F1 G H. La rupture du sens a provoqué chez les scribes de ces manuscrits divers essais de reconstituer un texte visiblement corrompu de la suite du passage omis (cf. à la l. 61 la variante de E). Voir ma collation des leçons 'Le Classement des manuscrits,' *RHT* XI (1981) 340, No. 5. Le scribe de D, en présence du texte si fautif de *3, s'est tourné comme il en avait l'habitude vers son modèle auxiliaire, A.

Lisons le texte latin (319–20): *Et sicut Karoli pugnatores pro Christi fide obierunt in bello, sic et nos mori debemus viciis et vivere virtutibus sanctis in mundo*. Voici ce que nous trouvons dans A D: *Et ausi comme li home Charlemaine alerent en la bataille por la foi Nostre Seignor, ausi devons nos vivre en cest monde es saintes vertuz que nos deservons (puissons avoir D) parmenable gloire el raigne del ciel (la p. g. del ciel D)*.

Ce qui nous arrête, c'est l'absence dans A D de la phrase *morir es vices* (*mori debemus viciis*). L'omission est-elle attribuable au traducteur ou au copiste d'un manuscrit de la lignée A? A relire dans B C la phrase *morir en ce monde de vices*, on ne peut s'empêcher de croire que c'est une copie altérée de *morir es vices*. Le complément adverbial *en ce monde* est ici déplacé, se rattachant non à *vivre* mais à *morir*, et le complément adverbial *es vices*, rattaché au verbe *morir*, est transformé en *de vices*, complément adjectival rattaché à *ce monde*. Il semble que le scribe de *7, source immédiate de B C, se soit permis de vider la phrase turpinienne chargée de sens chrétien en y substituant un cliché clérical: *en ce monde de vices*. J'en conclus que notre traducteur n'avait pas omis de traduire *mori debemus viciis*.

60 Le Turpin français

Or, un peu plus haut, nous lisons dans A D au lieu de *moururent* (*obierunt*), *alerent* (*en bataille*). On peut se demander si notre traducteur a lu dans son modèle latin *ierunt* au lieu de *obierunt*; mais le complément *in bello* l'aurait certainement mis sur ses gardes. C'est là la faute d'un copiste français. On voit que cette faute ou cette infidélité de transcription, *alerent* pour *moururent*, a détruit le parallélisme: *morir en bataille* / *morir es vices*, ce qui a bien pu entraîner la perte de *morir es vices*. Si l'on croit plutôt que ce point de vue un peu recherché, peut-être trop esthétique, n'est pas de mise ici, on pourrait penser que le texte A D résulte du saut de l'oeil d'un copiste de l'un à l'autre des infinitifs dépendant de *devons*, c'est-à-dire, de *morir* à *vivre*. D'après ces considérations, je me permets de corriger le texte de A en y restaurant la phrase *morir es vices*.

IX

4 *les Turs*. Ici, comme ci-dessus IV, 32, *Turs* correspond au peuple nommé dans le texte latin, *Pardi*. Pour les *Pardi*, voir Meredith-Jones 288–9. Entre les *Ethiopiens* (*Aetiopes*) et les *Turs* (*Pardos*), nous lisons dans le latin du texte H A: *Sarranos* (326), qui ne sont pas représentés dans notre traduction. Les *Saranni* ont déjà été mentionnés dans le texte latin (149); ce sont les *Sarrazins* de notre ch. IV, l. 31. M. Meredith-Jones nous dit dans une note, p 296, que 'les *Saranni* ne paraissent que dans les textes du type B,' c'est-à-dire dans le Codex Calixtinus et ses dérivés. Mais on sait à présent que le texte du Codex Calixtinus n'est plus un texte homogène mais un texte composite qui a subi toutes sortes d'altérations aux mains de scribes successifs. Les copies en reflètent les différents stages de rédaction. A la l. 149, au lieu du *Serranorum* du Codex, les autres manuscrits portent *Sarracenorum* (voir Meredith-Jones 99, xi, var.); ce doit être de l'un de ceux-ci que procède notre traduction. Ici, à IX, 4, la leçon *Sarannos* manque aussi dans les textes autres que le Codex Calixtinus (Meredith-Jones 113, xxii, var.). Nous pouvons donc conjecturer qu'il manquait dans le modèle latin de notre traducteur.

Comme au ch. IV, 32, les *Pardi* sont représentés par les *Turs*.

16 Cf. le texte latin (337): *.iiii. miliaria*, et tous nos manuscrits sauf A ont *.iiii.*, ou *quatre*.

17 Dans le texte latin (339): *sexaginta*. Les MSS D E F F1 G H ont, comme A, *.xl*. Il en est de même dans la suite 27, 29, 35, où j'imprime également *.lx*. C'est sans doute le scribe de *² qui est responsable de la leçon erronée transmise par A D E F F1 G H.

29 Cf. le texte latin (349–50): *veni ad eum ... et loquere ei*. Les MSS F F1 H s'accordent avec D E; le texte de G n'est pas du tout conforme au latin ici.

32 *cuidot*. C'est bien la forme que le scribe de A a écrite. Je crois que c'est tout simplement un lapsus calami pour *cuidoit*.

41 Le Pseudo-Turpin avait écrit *...VI mensium spacio. Septimo vero mense...* Pour le premier chiffre nous trouvons *.vi.* dans B D F F1 G H, *.vii.* dans C E ainsi que dans A. On voit bien quelle était la pensée des scribes de A C E, dont pourtant il faut rejeter la leçon.

XI

3 Pour les variantes C B et D E, voir 'Le Classement des manuscrits,' *RHT* XI (1981) 333, No. 7, 356, No. 1.

20 A l'exception de A, tous nos manuscrits s'accordent avec le texte latin (416): *Ego, Turpinus*.

31 *si est*. Après *estoit* (30), le temps présent nous surprend. Le scribe se serait rappelé momentanément que le Pseudo-Turpin se présentait comme un compagnon d'Olivier. Dans ce passage, l'auteur n'emploie pas dans son latin de verbe au temps fini; dans le passage en question, *Oliverus* est suivi d'un complément qualificatif en apposition: *comes scilicet gebennensis*.

34 La variante *Riarestains* dans D E semble refléter une altération antérieure où *roi*, écrit

Roi, se serait agglutiné à *Arestains* suivant. Même forme à XII, 3 ci-dessous.
36 Des hommes d'Engelier, le texte latin nous dit (l. 436): *Isti erant docti omnibus armis, maxime arcubus et sagittis*. Il n'y a rien qui y corresponde dans A C D. Le scribe de B est ici coupable d'un bourdon, omettant tout ce qui se trouve entre *Aquitaine* (36) et *Aquitaine*, (40). E F F1 G H montrent la même lacune, résultat du même bourdon, que plus d'un scribe aurait pu commettre.
37 Après *Aquitaine*, il n'y a rien dans notre traduction qui corresponde au latin (437-8): (*Aquitainia*), *scilicet in urbe Pictavorum*.
38 Dans le texte latin nous trouvons (438-9): *Engelerus, genere gasconus, dux urbis Aquitaniae*. On voit, d'après les variantes, que le mot *dux* n'a pas de représentant dans notre traduction. Le bourdon que nous signalons dans E, entraînant l'omission du passage en question, se voit aussi dans F F1 G H; c'est le scribe de *³ qui en est responsable. Le mot *dus* a été perdu probablement au cours de la transmission: *nez de G. [dus] de la cité d'Aq*. Notons pourtant que le Pseudo-Turpin écrit à la l. 435: *Engelerus, dux Aquitaniae* et se répète à la l. 439: *Eng. ... dux urbis Aquitaniae erat*. Peut-être notre traducteur aurait-il trouvé cette répétition superflue. En tout cas, je ne saurais introduire *dus* dans le texte imprimé.
44 Après *Roncesvaus*, rien dans notre traduction qui corresponde au latin (446-7): *Nec ab aliis amplius excoli voluit*. Cf. la variante dans l'éd. Meredith-Jones (125, iii-iv): *nec alios colonos habuit amplius*.
45 Cf. le texte latin (448-9): *Gelerus, Gelinus, Salomon*. Dans D, ainsi que dans A, nous lisons *Gale et Salemons*; *Gelin* manque. Dans E F F1 G H, *Gelier* et *Gelin* manquent.
54 *Guillin* – c'est le *Guielmus* de la l. 459 – manque dans A D E F F1 G H. Il semblerait que le scribe de *² l'ait laissé tomber.
55 *Begues*, qui correspond au latin *Bego* (460), manque aussi dans D E F F1 G H. Comme pour *Guillin* (voir la note précédente), le scribe de *² serait responsable de l'omission.
    Nubles dans C B correspond parfaitement au latin: *de Nublis* (460), mais dans ces deux manuscrits, *Berardus* est représenté par *Renaut* C, *Renars* B.
56 *Guinar* (*Guinardus* 461) manque dans D ainsi que dans A. Dans E F F1 G H, *de Nubles* et *Guinar* manquent.
    Pour la variante E, voir. 'Le Classement des manuscrits' RHT XI (1981) 341, No. 6, 350; No. 7.
58 *.xl. mile*. Le texte latin nous dit (463): *XL milibus*. Le scribe de A semble avoir omis le x, celui de D le l. Dans E F F1 G H nous lisons .xx.
59 Notre tradition manuscrite ne montre rien qui corresponde aux ll. 464-8 du texte latin: *Isti praefati sunt viri famosi, heroes bellatores, potentum cosmi potentiores, forciorum forciores, Christi proceres christianam fidem in mundo propalantes. Ut enim Dominus noster Jhesus Christus una cum duodecim apostolis et discipulis suis mundum adquisivit (sic Karolus...)*.

XII

1 On voit dans la variante C, et dans ce qui suit dans ce manuscrit, combien le scribe de ce manuscrit tenait Ernaut de Beaulande en honneur.
9 *qu'i li rendist la cité ou il issist...* Cf. le texte latin (484-5): *ut redderet illi urbem quam rehedificaverat et rursum munierat aut exiret...* Il n'y a ici dans la tradition manuscrite du *Turpin I* rien qui corresponde au membre de phrase latine *quam ... munierat*. Je ne saurais expliquer cette omission. On se rappelle qu'au chapitre III, 10-11, Turpin raconte comment les murs de Pampelune s'étaient miraculeusement écroulés, de sorte qu'il convient parfaitement dans le contexte du chapitre XII dire qu'Agolant avait reconstruit les défenses de la cité.
    Dans le MS Bibl. Nat. latin 5925, le MS O dont Rudolf Rehnitz a publié le texte, le

passage *quam ... munierat* a été transposé. Il se trouve, avec les modifications nécessaires des temps verbaux, au commencement du chapitre où il est dit qu'Agolant quitta Saintes, repassa le port de Cize et alla s'installer dans Pampelune: *Tunc Aigolandus relinquens Gasconiam transmeavit portus et veniens Pampilonaim munivit eam murosque civitatis qui corruerant, reaedificare coepit* (Rehnitz, 75, XI, 1–3). Cette transposition se voit aussi dans nos MSS B C. J'ai relevé ce détail dans 'Le Classement des manuscrits,' *RHT* XI (1981) 333, No. 7, 334, 356.

XIII

5 *et la Charlemaine*. L'article porte, d'après son origine, toute la force du démonstratif *illam*: 'et celle de Ch.'

6 Notre traducteur n'a pas rendu la phrase: *(plano loco) et obtimo ... habens in longitudine et latitudine sex miliaria* (498–9).

34 L'omission dans A semble être le fait du scribe de ce manuscrit. Cf. le texte latin (528–9): *par fidem quam tenemus* et les variantes à notre texte. La leçon dans F F1 G H est en accord avec celle de D E.

47 Pour la construction *que* suivi du discours direct, voir A. Meiller, 'Le problème du style direct introduit par *que* en ancien français,' *RLiR* XXX (1966) 352–73, et cf. la variante C ci-dessous (62).

52 En comparant le texte de A avec celui du latin, nous voyons que la lacune dans A est le résultat d'un bourdon commis par le scribe de ce manuscrit: *centum contre C. et occiduntur omnes Mauri. Rursum mittuntur centum contra C., et statim fugientes...* (545–7). Le même bourdon a été commis par le scribe de *3, dont le texte fautif se voit reproduit dans E avec lequel F F1 G H sont parfaitement d'accord. Le scribe de D aurait consulté son modèle de type A, correct là où le scribe de A l'aurait faussé en sautant du même au même. Je corrige le texte de A en imprimant celui de D avec lequel B est parfaitement d'accord.

58 Var. B ainsi que C D montre *durement*; cf. le latin (551): *debent fortiter pugnare*.

62–3 St Paul, 2 Ad Timotheum 2:5. Cf. la note à VIII, 58 ci-dessus.

XIV

5 *baptizier*. Exemple de l'infinitif à sens passif: 'pour se faire baptiser.'

13 *vestuz d'une color*. Cf. le texte latin HA (574): *birris unius coloris*, c'est-à-dire: 'portant frocs d'une seule couleur.' Le mot *birris* n'est pas représenté dans notre traduction. Il manque aussi dans le texte latin du MS Florence, Bibl. Naz. II, VIII, 48 (Mandach HA 10, p 384). A côté des chevaliers, les trois ordres présentés par Charlemagne à Agolant sont les clercs séculiers, les moines et les chanoines réguliers. D'après le Pseudo-Turpin, les moines sont *plus sains* que les évêques et les prêtres (*illis sanciores* 578), et les chanoines réguliers, c'est-à dire les chanoines de saint Augustin, sont les meilleurs de tous: *qui meliorem sanctorum sectam tenent* (580). Mais au sujet des chanoines réguliers, notre traduction manque de superlatifs: *tienent la vie des sainz homes*. Notre traducteur a-t-il agi de propos délibéré, ou bien, le scribe de *1 a-t-il laissé tomber l'adverbe *plus*: *la vie des [plus] sainz homes*?

21 XIII *povres*. Notre traduction explique clairement que les *treize povres* figurent Dieu et les douze apôtres. Voire la note dans mon édition du Turpin II, XV, 14 (p 110).

30 L'omission dans A paraît bien être l'effet d'un saut du même au même: *pour quoi ... pour quoi*. Le texte dans C B D est conforme au latin. Dans E, nous constatons le même bourdon que dans A, coïncidence nullement remarquable. Cf. le texte latin (591–2): *cur fame pereunt, et male vestiuntur, et longe a te proiciuntur, et turpe tractantur?* Dans F F1 G H, le texte du passage, malgré des variantes de détail, est à peu près conforme à celui de C B D.

49 *Quant je oi seif ... et plusors autres paroles que il dira*. Le passage, à partir de *a mengier*, est le développement de *et cetera* (609), locution que notre traducteur, pensant à son auditoire laïc, préféra développer en citant l'évangile de saint Mathieu, xxv, 42. Dans le MS A, la citation et marquée par une ligne double perpendiculaire mise avant *Quant* et par une autre qui suit *dira*.

54 *li cors mort sont...*; cf. l. 611 du texte latin: *Sicut corpus mortuum est sine anima*. Je crois que la correction s'impose. L'erreur est passée dans toute la tradition existante; elle paraît attribuable à une haplographie entraînant la perte de *cors* devant *mort* et commise par le scribe de *¹.

Voir 'Le Classement des manuscrits,' *RHT* XI (1981) 328, No. 3, où je renvoie à l'*Epistola Jacobi* II, 26: *Sicut enim corpus sine spiritu mortuum est, ita fides sine operibus mortua est*.

55 *en lui meismes*. C'est bien la traduction du latin: (*mortua est*) *in semetipsa* (612); elle est conservée par A seul. Il faut voir dans *lui* la forme féminine accentuée, confondue si souvent au treizième siècle avec *li*. Le complément adverbial manque dans B ainsi que dans C; dans F F1 G H aussi; ceux-ci reflètent le bourdon dans E signalé ci-dessus (52, var.). Dans D, *en l'ome* remplace *en lui meismes*; c'est peut-être une *lectio facilior*, mais elle se trouve aussi chez Johannes (xxx, 13). Est-il donc permis de supposer que *morte en lui meismes* ait été peu compréhensible pour les scribes? La pensée 'avortée' est pourtant très juste et très claire. Mieux vaut peut-être penser qu'ils se sont rappelé les mots de St Jacques lui-même; *fides sine operibus mortua est* (voir la note précédente).

62 La leçon *rois* se trouve dans A seul. Tous les autres manuscrits ont *lois*, à l'exception de C, où nous lisons: *de[s] deux coustez*. Cf. le texte latin: *duarum legum* (619).

69 Par suite d'un bourdon, le scribe de A a sauté tout ce qui se trouve entre les deux mentions de Hernaut de Bellande. Je comble la lacune en imprimant le texte de C, le seul complet. *Estout* manque dans B, *Gondrebues* manque dans D E F F1 G H.

74 L'interpolation que nous lisons dans C est une invention du scribe de ce manuscrit. Le texte de B, à part quelques variantes de détails, est conforme à celui de notre traduction.

Avec *D'une part*, commence dans D E (F F1 G H) la série d'emprunts à la traduction de Johannes. Voir mon article dans la *Romania* XCIX (1978) 496 ss.

82 J'imprime *Si ot*, non pas *S'i ot*. Le scribe de A emploie *ot* comme la forme impersonnelle; cf. *il ot* à la l. 77, *La ot* à la l. 80.

93 *Toutes choses sont poissanz a celui qui bien croit* (*omnia possibilia sunt credenti* 648-9). Le Pseudo-Turpin cite ici Marc 9: 22. Le sens de *poissanz* est passif: 'soumises à la puissance,' 'possibles.'

XV

3 Dans tout le ch. XV, D E reflètent la traduction Johannes, ch. XXXII, ll. 8–24, E assez fidèlement, D en en faisant à partir de la l. 15 un amalgame avec le texte de A.

14 Peut-être faudrait-il corriger: *a pris aprés*; mais *aprés* ne se trouve dans aucun autre de nos manuscrits.

22 *qu'i*. MS *q¹*. J'imprime *qu'i*, en interprétant le sens de *qu'* comme 'car.'

XVI

3 Dans ce chapitre, E reflète Johannes, ch. XXXIII, D montre un mélange du texte A et de Johannes. On reconnaîtra Johannes surtout dans le transfert de la morale exposée dans le Turpin I aux ll. 13–15, et, chez Johannes, remise à plus tard, ll. 17 ss., c'est-à-dire au moment où, après la bataille et après l'accomplissement du miracle, elle aura toute sa force. Voir mon édition de Johannes 105–6.

64 Le Turpin français

Il faut relever à la ligne 12, la variante E: (*oratoire*) *et commanda qu'il ne se meussent.* C'est, dans la tradition manuscrite de Johannes, la leçon des MSS M, P₁, L, laquelle fait contraste avec celle des autres manuscrits: *conjura ... qu'il l'atendissent ilec tant qu'il fust repairiez de la bataille* (XXXIII, 12). Voir p 74, note à XXVII, 3, à la fin.

3-4 Le verbe *venir* se conjuguait souvent en ancien français avec l'auxiliaire *avoir*; cf. ci-dessous, XVII, 2.

XVII

21 La lacune dans A résulte d'un bourdon qui s'est produit antérieurement dans la transmission de A. Je ne saurais retrouver, derrière les variantes, le texte exact du modèle dont ce scribe se servait, mais on comprend d'après le texte latin (711-12) comment le bourdon a dû se produire: *... carcere retrusit ... carcere mancipavit*, peut-être donc en français: *et les mist en prison ... et les mist en prison.*

26 *qui estoit ... en Deu* est un ajout au texte latin; voir l. 715; *Rotolandus tamen, vix impetrata a rege licentia, accessit ad gigantem bellaturus.* Cf. la variante C: *R. qui les osts de son oncle Charlemaigne guidoit, eut grant fiance en Dieu.* Il semblerait d'après A et C que cette addition ait été portée dans le texte par le traducteur. A la l. 29 *R. ot grant vergoigne*, leçon confirmée par C, nous aurions vraisemblablement encore une interpolation faite par notre traducteur.

Le passage que nous lisons dans le MS C (var. commençant avec la l. 24) où il est question du souci de Charlemagne, hésitant à envoyer Roland contre Fernagu à cause de sa jeunesse et du grand amour qu'il lui portait, reprend une interpolation dans la tradition C du texte latin (voir l'éd. de Meredith-Jones, 149, XIX, var.). La traduction Johannes, issue d'un modèle latin du type C, reproduit ce passage. On en voit le reflet dans diverses traductions françaises: *Grandes chroniques* (Viard 241), le Turpin saintongeais, (Mandach 303), le Turpin II (Walpole 62).

32 *plus tost.* La forme sans article défini est celle du comparatif, employé souvent en ancien français comme un superlatif. Cf. La variante C, manuscrit plus jeune de deux siècles: *au plus tost.*

34 *par me*; *me* (*medium*) est une forme dialectale. Voir 'La tradition manuscrite,' *RHT*, X (1980) 202. La même forme se rencontre plus bas, XXXVIII, 50.

41 *dont entor els avoit grant plenté.* Cette phrase est un ajout dans A; cf. le texte latin (731). La phrase se trouve aussi plus loin, l. 51, où elle correspond au texte latin: *qui in campo habundanter erant* (740-1). D, montrant ici un mélange de Johannes et du texte A, est en accord avec A. L'ajout remonte donc à une étape antérieure dans la transmission de A.

67-8 La variante C D: *qui si durement te combatz*, correspond au latin (758): *qui tam fortiter me expugnas.* Cf. B: *qui si fort te combas.*

87 Il paraît sûr que le scribe de A est ici coupable d'une omission. Cf. Le texte latin (776): '*Nequaquam,' inquit Rotolandus, 'sed...*' L'omission dans A s'explique probablement par le fait que, pour le scribe, *un sol Deu mes un Deu en trois persones* résonnait dans son esprit comme une formule réitérée.

93 Cf. Genesis 18. Le Dr P. Pius fischer (*Codex Gallicus* 52, 93) a montré que la formule *tres vidit et unum adoravit* est tirée plutôt du Bréviaire que de la Bible. Voir ses conclusions à ce sujet, pp 96 ss.

110-11 *ausi le Pere.* Cf. le latin (799) *Deus Pater*, et C. *Dieu le Pere.*

112 *si qu'en ne le porroit dire.* La phrase est intéressante; c'est une paraphrase qui traduit *ineffabiliter* (l. 799).

117 *par sa sainte parole.* Cf. le latin (804): *spiramine sacro suo*, et Genesis 2:7: *et inspiravit in faciem eius spiraculum vitae.*

118 *En ce labore je* – traduction littérale du latin (805): *in hoc laboro.*

124ss Tous nos manuscrits montrent ici des textes diversement corrompus. Voici les leçons en présence: Texte latin (812–15): *Ille qui fabae gurgolionem et arbori, et glisci facit gignere vermen, et multos pisces et vultures et apes et serpentes sine masculino semine facit parere problem.*
A: 'Cil,' fet R., 'qui l'arbre et faïne fet porter fruit et qui fet les voutoirs et les serpens et les es et les poisons et plusors bestes et plusors oisiaus nestre sans semence de masle
C: ... qui fait porter a l'arbre fruyt et feuille et qui fist les oiseaulx, les serpens, les poissons et plusieurs autres bestes sans s. de m.
D: ... qui l'arbre fait porter fruit et feuille et qui de l'aree fait naistre l'es et del limon de la terre le poisson et le serpent sans athocement de masle
E: ... qui fist nestre de l'aree dou monde et dou limon de la terre le poison et le serpent sans a. de home
F F1 GH: ... qui fait naistre la mouche de l'aree et dou limon de la terre le poison, et l'un serpent de l'autre sans a. de masle
Johannes, XXXVIII, 5–8: qui fit nestre la mosche de la feve, et de l'aubre le vermoissel, et poissons et es et serpenz sanz a. de m.
    On voit que A offre le texte qui représente le plus fidèlement le latin, sauf pour la phrase: *qui l'arbre et faïne fet porter fruit.* Je crois que, derrière A, on peut discerner un modèle où *faïne*, écrit *faine*, aurait été une transcription fautive de *feve*, avec *ai* pour *e* et *n* pour *u*. Le mot *faine*, 'faïne,' étant entré dans le texte aurait conduit au remplacement de *verm* par *fruit*, plus conforme au texte ainsi altéré. Se peut-il qu'un scribe se soit rappelé ici le *Liber Psalmorum*, I, 3: *Et erit tanquam lignum quod plantatum est secus decursus aquarum quod fructum suum dabit in tempore suo; et folium ejus non defluet?* Le texte de D E F F1 G H s'éloigne de Johannes; le scribe de *3 se serait plu à faire montre d'une science vulgaire acquise dans une lecture du *Physiologus* ou de ses multiples dérivés. J'ai signalé dans 'Le Classement des manuscrits,' *RHT* XI (1981) 347, No. 5, l'accord des MSS F F1 G H, signe de leur provenance d'un modèle commun, *5.
127 *mostre estre filz Deu.* Le scribe de A semble avoir fait entrer dans son texte ici une bribe de note marginale. Cf. le texte plus bas, l. 131.
133 Le passage si confus dans A paraît être le résultat d'un bourdon causé par la répétition *ensi com tu diz – si come tu diz.*
135 Cf. le latin (822): *bene ... dixisti*, et D: *Bien as dit.*
149 *enterré*: écrit soigneusement en un seul mot: *enterre.*
178 Pour la phrase omise par le scribe de A, cf. le texte latin (865–6): *et iliquo Rotolandus paganum aggreditur.* La leçon de C est, selon l'habitude du scribe lorsqu'il s'agit d'une description de bataille, embellie; celle de B, qui appuie le sens de C, est le reflet strictement fidèle du latin.
185 Cf. le texte latin (874): *ad mucronem eius*, et celui de B: *l'espee qui estoit ou poig a paien.*
187 *et mi deu en cui je croi et aor.* C'est un ajout que s'est permis le scribe de A, sans doute en se souvenant de ce qu'Agolant avait dit à Charlemagne, ci-dessus, XIII, 27, au sujet de Mahomet *et des autres deus molt puissans.*
    On notera que la syntaxe est un peu lâche, le complément indirect de *croi* servant aussi de complément direct de *aor*; elle l'était parfois en ancien français.
193 *et Ogier.* Les MSS A C et D sont les seuls à mentionner Ogier ici, mention qui n'est pas autorisée par le Turpin latin. Les MSS E F F1 G H reflètent Johannes, qui est ici fidèle au texte latin. L'ajout dans A C, que le scribe de D a pris dans le texte A qu'il consultait, paraît donc témoigner de l'intérêt particulier que notre traducteur portait à Ogier.
    Ce qui surprend, c'est l'absence de cette mention dans B. Il faut croire que le scribe de B, qui avait de larges connaissances au sujet de la tradition turpinienne, l'a jugée

superflue ou déplacée, et l'a donc délibérément omise dans sa copie.

XVIII

9 *qui* est écrit pour *cui*, les deux mots étant confondus graphiquement comme ils l'étaient dans la prononciation. La forme du cas régime tonique s'emploie plus souvent sans antécédent, mais son emploi avec renvoi à un nom, singulier ou pluriel, est connu. Cf. Ménard, *Manuel de français du moyen âge* 67.

15-17 Lisons d'abord le texte latin: *Cumque approprinquaret ... prima turma militum nostrorum erga primam turmam militum paganorum, venerunt ante singulos equos illorum singuli pedites habentes larvas valde barbaras ...*

Les traditions manuscrites latines et françaises montrent que le stratagème des Sarrasins n'a pas toujours été compris. Le texte des manuscrits latins HA est pourtant très clair: lorsque le premier corps de cavalerie païenne s'avance à la rencontre du premier corps de cavalerie française, les chevaliers sarrasins sont précédés chacun d'un combattant à pied portant un masque épouvantable ... Après la description de la formation des deux camps de trois corps d'armée – cavalerie d'élite, infanterie, cavalerie – la disposition d'hommes à pied au front de l'attaque livrée par la cavalerie d'élite sarrasine ne semble pas avoir été reconnue.

En lisant les variantes D E, on verra combien Johannes, représenté par ces deux manuscrits, a transformé le texte de son modèle latin. L'auteur du Turpin saintongeais s'en tire avec une liberté d'invention analogue.

Le traducteur qui fit le Turpin II débrouille mieux, mais lui non plus n'a pu comprendre la manoeuvre sarrasine. Le traducteur bourguignon y voit un peu plus clair; le traducteur anglo-normand aussi. Par contre, le traducteur catalan, et celui qui fit les *Chroniques de Saint-Denis*, ont très bien rendu le sens du latin.

La traduction telle qu'elle est conservée dans la tradition du Turpin I suggère que, au cours de la transmission, le texte original était devenu inintelligible. Le scribe de A semble avoir renoncé à débrouiller un texte confus. Désespérément il écrit: *Tuit cil*, c'est-à-dire, tous les chevaliers du premier corps sarrasin. Malheureusement, le texte de C semble être à la fois confus et incomplet ici: *tous les Sarrazins de pié barbes noires*. Il faut sans doute suppléer *avoient*, mais le sens reste obscur, bien que *de pié* semble laisser passer un rayon de lumière issu de la traduction originale perdue sans pourtant nous permette de la rétablir. Le texte de B ne vaut guère mieux: *li paens vindrent contre chascun cheval uns, et avoient barbooires barbues*. Désespéré moi-même, j'imprime tel quel le texte de A.

24-30 Le MS A nous offre ici un texte visiblement corrompu. Rappelons tout de suite que les MSS D E, avec F F₁ G H, ne nous sont d'aucun secours ici; leur texte est une copie de Johannes. Le texte du Pseudo-Turpin est pourtant très clair, et l'épisode très vivement raconté. Confrontons le latin et le français:

914-20: Tunc Sarraceni valde gavisi retro lento grado insecuti sunt nos quousque ad

quendam montem pervenimus ... Ibi vero omnes coadunati ex nobismetipsis asilum

MS A: Et li Sarrazin orent grant joie, si les sivierent de ci que il vindrent a un mont ... Lors si pristrent conseil ensemble qu'il feroient.

67 Notes au texte pp 27–8

fecimus illos expectantes ad bellum. Quod illi videntes aliquantulum retro redierunt. Ilico tentoria nostra fiximus, ibi manentes usque in crastinum.	Lors retornerent entr'eus arrieres et fichierent illec lor tentes et demorerent des qu'a lendemain.

On discerne bien la source de la corruption survenue dans A: le Pseudo-Turpin, lorsqu'il s'agissait des Français, employait la première personne du pluriel: insecuti sunt *nos* ... ad montem *pervenimus* ... omnes *ex nobismetipsis* asilum *fecimus* ... tentoria *fiximus*, ibi *manentes* usque in crastinum. Au cours de la transmission du texte de A, l'identification de l'auteur avec les Français a été perdue, et la première personne du pluriel a été remplacée par la troisième: *les sivierent de ci que il vindrent* ... ce qui ne permit plus une distinction entre les mouvements et les dispositions des Sarrasins d'un côté et des Français de l'autre. Ce sont donc dans A, *ils*, les Sarrasins, qui *vindrent a un mont*, qui *ficherent lor tentes*, et *qui demorerent la des qu'a l'endemain*, confusion qui entraîne l'omission, comme une manoeuvre incompréhensible, de *Ibi vero omnes coadunati ex nobismetipsis* ... *expectantes ad bellum*. La retraite des Sarrasins reste ainsi sans explication, et ce sont eux, et non pas les Français, qui bivouaquent pour attendre le lendemain.

La texte de C témoigne d'une étape moins avancée du même processus de corruption, de la volonté aussi d'y apporter un remède.

C: Et quant les Sarrazins les virent fouyr, si en furent moult joyeulx et les suivirent jusques a ung mont prés de la cité ... ou *les Françoys* ficherent illec leurs tantes et prinstrent conseil ensemble qu'ilz les actendirent (*lire* actendroient) illec en bataille. Et si comme les Sarrazins virent que les Crestiens prenoient terre a chascun pour soy logier et illec arrester, se retrairent un petit arriere. Et les Crestiens, si comme je vous ay dit, drescierent illec leurs tantes et geurent illec ce jour.

La confusion que nous voyons dans A s'éclaircit ici en grande partie. Dans C, comme dans A, la phrase *ficherent illec leurs tantes* est déplacée, mais le scribe de C élimine l'erreur la plus grave dans A en ajoutant comme sujet de *ficherent*, *les Françoys*. Il réussit donc ici, et par la suite, à distinguer la tactique française de celle des Sarrasins. Il continue en nous transmettant, dans des termes qui lui sont propres, le passage qui manque dans A, et qui correspond à *Ibi vero omnes* ... *expectantes ad bellum*, (et prinstrent conseil ensemble) *qu'ilz les actendroient* ... *et illec arrester*, ce qui l'oblige à répéter, cette fois à la bonne place, la phrase déjà copiée hors de son contexte, ce dont il semble s'excuser en ajoutant: (*et les Crestiens*) *si comme je vous ay dit* (*drescierent leurs tantes*).

Notre MS B nous donne une traduction parfaitement fidèle du passage en question, mais le scribe ne l'a pas trouvée dans son modèle *7. Il a dû, se trouvant devant un texte si peu satisfaisant, puiser sa matière ici dans une source autre que le Turpin I.

Pour retrouver donc autant que possible et sans trop d'arbitraire le texte du Turpin I, je m'en remets au MS C, l'imprimant tel quel sauf pour l'élimination de la phrase déplacée: *ficherent leurs tantes*, et toujours en corrigeant *actendirent* en *actendroient*.

34 Je comble ce qui paraît bien être une omission dans A. L'admiration du Pseudo-Turpin pour son héros explose ici (924–5): *O magnum et admirabile ingenium!* Notons le texte de C: *Or oez quel merveilleux engin et quelle hardiesse!* Cf. B: *Mervoilles fu quant ce fu fait (et alerent tantost a la bataille).* Il semble bien donc que notre traducteur ait fidèlement

rendu le texte latin. J'imprime le texte de c en en retranchant ce qui est un ajout évident tout à fait dans le style du scribe: *et quelle hardiesse.*

59 *trop petite et* est un ajout apporté par le scribe de A. Rien de tel, que je sache, ailleurs dans la tradition turpinienne, latine ou française.

XIX

5 *por fere son pleisir.* Le latin dit tout simplement (962) *in Galliam exulavit*; et c: envoia en exil, ou prisoniers en France; B: les anvoia en France an essiel et en chativoisons.

7 *l'enor*; cf. le texte latin (963) *amore*, et c B: *amour*. Plus bas, à la l. 24, *enor* traduit *decus*.

14 A: *les evesques.* La leçon *les* n'est pas acceptable; elle semble représenter une mauvaise lecture de .L. Cf. le texte latin HA (970): LX, CB .*I*. La tradition latine comporte les variantes *novem*, XL, LX.

17 Le MS A reflète ici un bourdon commis au cours de sa transmission. Cf. le texte latin (971–4): *Et subiugavit rex eidem ecclesiae totam terram hyspanicam et gallecianam, deditque ei in dote, praecipiens ut unusquisque possessor uniuscuiusque domus totius Hispaniae et Galleciae IIII nummos ...* Le bourdon a dû résulter de la répétition dans le texte de notre traduction de *tote la terre d'Espaigne et de Galice* à deux ou trois lignes de distance. Ni c ni B n'a la seconde mention de *Espaigne* et de *Galice*, mais pour expliquer le bourdon que nous discernons dans A il faut supposer que la traduction la comportait. Je comble donc la lacune dans A d'après c en y ajoutant la seconde mention: *toute la terre d'Espaigne et de Galice.*

23 ffussent tenuz. L'omission du participe laisse le sens incomplet. c B rendent bien le latin *teneantur* (978). *les eveschiez.* C'est ainsi que notre traducteur rend *virgae episcopales.*

36 *Que lor mere rova a Deu ...* Cette histoire est racontée deux fois dans les Evangiles. Matthieu 20: 20–1, où il est dit que la mère de saint Jean et de saint Jacques fit cette demande en faveur de ses deux fils, et Marc 10: 35–6, où il est dit que saint Jean et saint Jacques la firent eux-mêmes. Le texte latin porte (991): *ipsi petierant*. Dans la tradition latine, pour autant que je sache, l'histoire est toujours racontée d'après saint Marc. Notre traduction est ici conforme à saint Matthieu. Les deux versions étaient répandues, et les traductions turpiniennes reflètent des préférences pour l'une ou pour l'autre. Johannes et les traductions bourguignonne et catalane reproduisent la version selon saint Marc. Les traductions saintongeaise, anglo-normande, celle des Grandes Chroniques ainsi que celle du Turpin II reprennent la version selon saint Matthieu. Notons que dans l'*Historia Compostellana* (*España Sagrada* XX [Madrid 1765] 256) l'histoire est reproduite d'après saint Matthieu.

Faut-il voir dans cet accord entre le Turpin II et le Turpin I, une indication de l'influence de celui-ci sur celui-là? On voit d'après la petite analyse que je viens de faire, qu'il serait périlleux de faire un classement sur la base d'une variante si répandue. Cf. Ian Short, *ZrP.*, LXXXVIII (1970) 526.

40 *.iii. apostres.* c, ainsi que B, conformément au latin (996), donnent ici en apposition les noms des trois apôtres: saint Pierre, saint Jehan et saint Jacques.

44 *par la grace de Deu.* Le texte latin dit: *dignitatis gratia* (1000–1). c et D sont d'accord avec A. Par suite d'un bourdon, B est lacunaire ici. Notre traducteur, se serait-il permis ici l'emploi d'un cliché au lieu de rendre exactement son modèle latin, ou bien faut-il voir dans la leçon A c D une corruption de *par la grace d'eus*?

58 Nos MSS A C B D sont à peu près d'accord ici, ce qui nous oblige à croire que le traducteur a renoncé à rendre le passage compris, après *verbum*, dans les ll. 1014–16 du texte latin: *coadunato episcoporum concilio quos ipse per urbes disposuerat, quos etiam in*

69 Notes au texte pp 28–33

apochalipsi sua angelos vocat. Cf. Apocalypse 1: 20. Le passage manque aussi dans Johannes; il est devenu très confus dans les Grandes Chroniques, et dans la traduction saintongeaise. Dans le Turpin II, ainsi que dans les traductions bourguignonne et catalane, le passage est pourtant fidèlement rendu.

60-1 On devine que la lacune dans A est le résultat d'un bourdon causé par la répétition de *de crestienté*.

63 Cf. le latin: *virtute Dei*.

XX

6 *auques gros par le ventre*. Le trait peut paraître peu flatteur; il semble pourtant que le scribe ait voulu bien rendre le latin: *ventre congruus* (1031), c'est-à-dire: 'bien proportionné aux larges épaules' (*humeris amplissimus*).

7ss. Le passage, ll. 7–9, que je transcris de C en en retranchant quelques embellissements exécutés parfaitement dans le style du scribe, se trouve aussi dans B; il correspond bien au texte latin (1032-3): *omnibus artubus fortissimus, certamine doctissimus, miles acerrimus*. Je ne saurais expliquer l'omission dans A de cet élément élogieux du portrait. Le passage ne fait guère double emploi avec celui que nous lisons plus bas (20-1). Le MS A se montre lacunaire plus bas aussi (10-11, 12, 14-15). Les lacunes que j'ai comblées aux ll. 10-11 et 14-15 pourraient bien être dues à des bourdons commis par le scribe, tant il y a de répétitions dans les précisions de mesure. Cette possibilité est fortement suggérée par le fait que le scribe écrivit (11): *ses frons une paume et demie de lonc*, rayant et exponctuant immédiatement *et demie de lonc*, un bout de phrase appartenant à la description de la face du roi. A la l. 10, B montre la même lacune que A, le scribe ayant commis sans doute le même bourdon. A la l. 14, c'est un saut de *regardoit* (*par ire*) à *regardoit* (*de ses yeux ouvers*) qui explique la lacune (texte latin, 1038-40). A la l. 17, le scribe de A écrivit: *poit pain. Mes il bevoit assez eve*, son œil étant tombé de *poi de pain*, l. 17 à *poi de vin mais de l'eaue bien souvent* (var. C; cf. B), l. 20.

15 *de ses yeux ouvers* est la traduction littérale du latin: *apertis oculis* (1038). Le sens est: 'qu'il fixait de son regard clair.' La leçon de B est préférable: *a iaus ouvers*.

17, var. *poit de pain*: confusion, *poi* et *petit*? ou bien, *poit* peut-il bien représenter la prononciation du scribe [pwɛt pɛ̃]?

28 *et de doner un bon conseil*; c'est un ajout du traducteur, transmis également par C B D.

33 Le texte latin (1057): *centum XX*. Le fait qu'il y a ici une omission dans A est assuré par ce que nous lisons dans les ll. 37ss.

40 Je garde *li*, leçon appuyée par D qui suit ici son modèle A. Le sens se devine: 'à celui qui écouterait.' Cf. le développement dans C avec lequel B se trouve d'accord. La syntaxe est un peu lâche; elle l'était parfois en ancien française.

48 *par la terre*. Dans le texte latin HA, nous lisons *a terra* (1073). Voir la note de M. de Mandach. Cette leçon latine n'offre pas de sens; les scribes, copiant les textes latins, et les traducteurs, se sont débrouillés de leur mieux devant cette obscurité.

52 Cf. le texte latin (1076); *Magis deficit manus et penna quam eius historia*.

XXI

13 .lx. Dans le texte latin HA, nous lisons *quadringentos* (1095), à quoi correspondent dans C B les chiffres .cccc., .iiii. c. Mais nous trouvons dans les variantes B₃, B₄, 'Ciampi' citées dans l'édition de M. Meredith-Jones, le chiffre .lx. D'autres traductions montrent .xl., .xxxx..

Dans C B nous lisons *chargiez de*. Mais cf. la variante C à la l. 11: .xxx. *chevaulx d'or et d'argent*, où *chevaulx* est traité comme un substantif de quantité.

19 *Marsile et Baligans*. C'est sans doute dans A l'emploi déplacé d'une formule. C B restent conformes au texte latin: *quod Marsirius vellet effici christianus* (1103).
23 *menues gens*. Les leçons que nous trouvons dans C et B, *les gens menues, les menuez genz*, représentent fidèlement le texte latin: *minores* (1107), lequel fait contraste avec *Maiores vero pugnatores* (1105). Il semble que le scribe de A n'ait pas voulu confondre *menues gens* et *mauvaises gens*. Johannes et l'auteur saintongeais ne font pas mention des menues gens; pour eux, les chevaliers de l'ost sont coupables et d'ivresse et de fornication. La traduction anglo-normande, telle qu'elle est conservée, est fautive ici et ne peut donc pas entrer dans notre collation. Les autres traducteurs restent fidèles au texte latin. Le Pseudo-Turpin nous dit un peu plus bas, 1114 ss., que *vino sarracenico ebrii quidam cum mulieribus ... fornicati sunt*. Son texte portait donc une contradiction, et les variantes que nous trouvons dans certaines traductions représentent un effort de la part des traducteurs de rendre son récit plus consistant et, en même temps, de faire porter peut-être la morale dans le sens qu'ils voulaient.
43 La leçon de A, *vaincue et ocise*, où les deux adjectifs participaux se rapportent à *bataille*, montre que le scribe a compris *bataille* dans le sens de *corps d'armée*. Nous voyons cette même interprétation dans les textes C et B: *Noz genz furent lassez ... quant il eurent destruicte celle premiere bataille* C; ... *quant il orent vancue celle premiere echielle* B. Ce n'est pourtant pas le sens du texte latin: *tanto bello fatigatos* (1128).
49-50 Le texte latin (1135) inclut dans la liste des échappés, Turpin et Ganelon. Il est vrai que, parmi les *pugnatores*, ceux-ci n'ont pas été tués, mais c'est pour la bonne raison qu'ils n'avaient pas fait partie de l'arrière-garde. Notre traducteur, ainsi que Johannes, l'auteur saintongeais, celui des Grandes Chroniques et celui du Turpin II, logiques eux aussi à leur manière, ont préféré omettre ces deux noms. Le traducteur anglo-normand éclaircit le passage en mettant Turpin et Ganelon à part: *e jo Turpin e Genyloun ke fumes ou Charles* (éd. Ian Short 1043-4). Le traducteur catalan exclut de la liste le seul Ganelon. Cf. *Romania*, LXXIII (1952) 243 ss., surtout 244.
62 *qu'il ne pardoint*. Cf. C: *qu'il ne pardonne*, et B: *qu'il ne pardoit*, où le *i* est écrit sans tilde.

XXII

46 *peçoier* est un infinitif à force passive: 'être mise en morceaux.' Cf. *peçoier* plus bas (74), où le sens est actif: 'Mettre en morceaux.'
49 *qui onques ne fus lede, mes toz jors clere*. Cette leçon de A n'est pas conforme au texte latin (1215-16): *non more furbidus sed semper lucidissimus*. Le Pseudo-Turpin voulait dire que l'épée était toujours brillante sans qu'il ait jamais fallu la polir. La plupart des traducteurs ont trouvé le passage latin un peu obscur; seule la traduction incorporée dans les Grandes Chroniques l'a bien rendu: *espee ... clere et flambeanz que il ne covient pas forbir aussi come autres* (éd. Viard 269). Comment retrouver le texte de notre traducteur? La leçon: *qui onques ne fus lede* paraît être confirmée par A C: *qui onques ne fus lede mes toz jors clere* A; *qui onques ne fus layde ne forbie mais tous jours clere* C. La leçon *ne forbie* paraît être confirmée par C, et par B: *qui onques ne fustes forbie et touz jourz avés esté belle*, de sorte que nous sommes portés à voir dans C le reflet du texte original: *qui onques ne fus lede ne forbie*, c'est-à-dire: 'jamais souillée, donc jamais dans la nécessité d'être polie.'
66 *j'en e venché* est écrit, commençant en fin de ligne: *je/ne venche*.
67 Le scribe de A sans doute commis ici un bourdon, causé par la répétition: *Cil qui ... Cil qui*; cf. la leçon dans C: *Celui qui te forgea ... Celui qui de toy*, et le texte latin (1235-6): *Qui te fabricavit ... qui ex te*.
70 *en baillie*. Cf. aussi le texte latin (1238): *te habuerit*.

71 Notes au texte pp 33-40

73 Dans notre traduction la célèbre 'pierre de marbre,' *petronum marmoreum* (1206, 1241) est devenue un tout simple *grant perron*, ici et à la l. 41.

XXIII

13-14 *quatre leues*. Cf. le texte latin HA (1256): *VIII miliariis*, à quoi correspond la leçon de C: *huyt leues*, et celle de Johannes transmise par D E: *.viii. liewes*. Dans B nous lisons *.vi. liues*. Les variantes citées dans l'édition Meredith-Jones du Turpin latin montrent pour les MSS B₃, B₄, 'Ciampi': *quatuor*. Pour nous, confrontant ces leçons disparates, et devant ce miracle toujours impressionnant, il ne peut y avoir qu'une seule conclusion: *de distanciis non est disputandum*.

21 Cf. le texte latin HA (1262-4): *O subdola controversia! O Ganaloni pravum consilium, Judae proditoris tradicione comparatum!* J'adopte la leçon de C, avec laquelle B est sensiblement d'accord.

34 *sor lui*. Cf. le texte latin (1271), auquel se conforment C et B: *super eum lugere*.

XXIV

8 *et por les autres pecheors*. La phrase est un ajout de notre traducteur; cf. plus bas les notes aux ll. 10, 11-12, 20-2, 23.

10 *et geter tes amis d'enfer* – ajout du traducteur.

11 Peut-être faudrait-il corriger: *que ta deïté ne lessa*. Cf. le texte latin (1289-90): *celos quos numquam tui numinis praesencia deseruisti*. Le MS B semble exiger la même correction que j'apporte au MS A: *au* (sic) *cielz que tu [en] ta deïté ne deguerpis onques*. La leçon de C paraît être un coup tiré au hasard: *et monter es cieulx aveques ta déïté*.

11-12 *si v. com ... je le croi* – ajout du traducteur.

20-2 *qui tez piez ... meson Symon* – ajout du traducteur.

23 *qui trois f. t'avoit r.* – ajout du traducteur.

26 Je corrige *fet* en *fez*; cf. *fez* à la même ligne et *fais* dans C B.

Aprés *pardurable repos*, il y a dans notre traduction par rapport au texte latin une lacune. Voici le texte HA du passage omis dans notre version française: *Tu enim es ille cui non pereunt moriendo corpora nostra, sed mutantur in melius* (1301-2). Peut-être notre traducteur aurait-il cru que le sens de ce passage était porté par la phrase suivante, qu'il traduit parfaitement: *qui animam a corpore separare et in meliori vita mittere usus es*.

30 *en meillor vie*. Suit dans le latin et dans C B un passage qui manque dans A. Voici le texte HA (1306-9): (*in meliori vita facias vivere*). *Sensum et intellectum quem nunc habet immo meliorem habebit. Quantum differt umbra ab homine tantum meliora possidebit in celesti regione*. Je complète le texte de A d'après la leçon de C. Voici le texte de B: (*que tu la faces vivre aprés la mort an meillor vie*), *et an meillor antandamant la faces vivre qu'ele n'a eures, autant meillor com il ai antre l'onbre et l'ome*.

33 La texte de A n'est pas acceptable ici. Cf. le texte latin (1309): *circa mammas et cor*, et celui de C B: *entour ses mammelles* (*et son cuer* manque).

34 *en plorant*. Je crois que, d'après C B (*en pleurant*) et le texte latin: *coepit lacrimosis dicere gemitibus*, il faut réintégrer dans le texte le complétif adverbial perdu dans A.

53 *Mes tu ... les delivre*. En ancien français, quand un verbe à l'impératif ne commence pas la phrase, le pronom complément d'objet le précède.

56 Je crois, d'après C B et le texte latin (1334-5): *cum sanctis martiriis tuis* que la leçon de A, *toz*, représente une faute de copie.

XXV

6 La leçon de C seul correspond au texte latin: *sexto decimo calendas*, ou bien *XVI Kalendas*. Les leçons du groupe de manuscrits issus de א³ (D E: *vii*, F₁ F₂: *septime*, H: *seme*) doivent être écartées. B, d'accord pour le sens avec A, donne *siseimes*. La forme que nous

trouvons dans C, *seriesmes*, est à rapprocher de *resariement* (ie, *resasiement*) que je cite plus bas dans la note à la 1. 36. On voit dans ces deux mots un exemple de la substitution de *r* intervocalique à *s* intervocalique, résultat de la confusion de ces deux consonnes dans la prononciation, prononciation très répandue au seizième siècle et qui remonte au quinzième, siècle où notre MS C fut écrit.

La leçon erronée *sistes* (*siseimes*), pourrait être le résultat d'une confusion survenue dans les formes dérivées de *sextus*, eg, *sesisme, sisiesme*; et de *sedecim*, eg, *sezime, sesisme* (v. *FEW* XI, 555a, 392a). Un cas où *seszieme* pourrait s'être substitué à *sisme* ou *sisime* a été relevé par M. Holden, *Roman de Rou*, III, note au v. 2651 de la Seconde Partie.

J'imprime la leçon de C, mais en me permettant de ramener la forme un peu déroutante de *seriesmes* à celle qui correspond sans doute davantage aux usages de notre traducteur.

7 *ne ne soi*. Est-ce que *sai* représente de la part du scribe de A l'intention de rendre plus actuel ce que Turpin est censé écrire? Je crois plutôt que c'est une erreur du copiste pour *soi*. Cf. la variante C: *savoie*; la variante B: *soi*; dans le texte latin nous trouvons le participe *ignorans* (1366).

12 *et vostre corneor*. C'est la traduction du texte latin (1370): *tubicem vestrum ... fert ad superna*, où il n'y a rien qui corresponde à *vostre mestre*. Cf. la leçon de C: *voustre maistre et voustre couronneur*, et celle de B: *vostre maistre et vostre corneor*.

17 *enportent*. Cf. *emporte* au temps présent à la l. 15. Cf. C B: *emportent, an portent*, et le texte latin (1376): *ferunt*.

32 *Semblant Absalon de beauté*. La phrase, absente dans les textes latins, est reproduite dans C B; elle paraît donc être un ajout de notre traducteur.

La phrase *Semblant a Saül et a Jonatas de meschance de mort* qui manque dans A, se trouve dans C B et correspond parfaitement au texte latin (1389): *Sauli et Ionathae iuste mortis fortuna consimilis*. La répétition de *semblant* aurait bien pu être la cause d'un bourdon commis par le scribe de A.

34 *Le fort des fors*. L'épithète manque dans A; je l'emprunte à C B, où elle correspond au texte latin (1390): *fortis fortiorum*.

35-6 *bastons d'orfelins et de vueves, et rasaziement ausint des povres comme des riches*. Cf. le texte latin (1392-3): *baculus orfanorum et viduarum cibus, refectio tam pauperum quam divitum*. La leçon dans C B paraît expliquer l'erreur survenue dans la tradition de notre traduction. C B: *bastons d'orfelins et de vesves, viande et resariement* (B: *resaciemenz*) *de povres et de riches*. Notre traducteur a évidemment rendu le latin en employant le chiasma: *bastons d'orfelins et de vueves viande*, ce qui par une fausse ponctuation est devenu: *...et de vueves, viande et r.*

38 *Compains des François* traduit *omnium comes Gallorum* (1394).

39 *Essaucierres de la foi crestiene! Vengierres del sanc Nostre Seignor! Bons en toz biens! Amez de totes boenes genz* – ajout de notre traducteur.

Ajout aussi: *Las, dolent, que devendrai je? Las, ou irai je?*

49 *sor Saül et*. Cf. aussi le texte latin: (1399-1400): *super Saul et...*

51 Après *dolant*, notre traducteur ne semble pas avoir traduit le couplet:
Sex qui lustra gerens octo bonus insuper annos
    Ereptus terrae iusta ad astra redis
Celui-ci manque dans le texte de A où le contexte l'appelle. Dans les MSS C B le sens en est donné plus bas comme un addendum puisé ailleurs que dans notre tradition. Voir la variante C, avec laquelle B est d'accord, à la l. 58: *Et sachés que le conte R. avoit .xxxviii. ans quant il mourut.*

61 Le passage omis dans A se trouve dans C B; il reproduit bien le texte latin (1421–3): *et singuli amicos suos, quosdam penitus exanimatos, quosdam adhuc vivos, sed usque ad letum vulneratos, invenerunt.*

64 *de cousteaux aguz*. C'est peut-être la répétition *de ... des* qui explique l'omission du complétif adverbial dans A. Cf. avec la leçon C B le texte latin (1427): *cultellis acutissimis.*

71 *fineroient* donnerait un sens acceptable, mais la leçon C B: *fineroit* correspond au texte latin *cessaret* (1432); elle garde aussi le rapport qui paraît ici naturel entre le sujet de la principale et celle de la subordonnée: *Charle-il.*

75 *d'Ebrun*. Cf. avec la leçon de A, celle, identique, de C: *de brun* et celle de B: *de bran.*

XXVI

9 *les autres entre leurs mains*. La leçon de C est en accord avec le texte latin (1463): *alii inter manus ferebant.* La phrase manque aussi dans B. L'omission dans A et dans B s'explique sans doute par un bourdon commis par les deux scribes et causé par la répétition: *li autre ... li autre ... li autre.*

12 *ou au lieu dont il estoient*. La leçon de A est parfaitement conforme pour ce qui est du sens au texte latin (1465): *vel ad proprium locum.* Les morts étaient en effet venus de toutes les parties de l'empire carolingien: de Frise, de Bourgogne, de Bretagne, de Rome... La leçon de C: *ou lieu dont ilz estoient,* dont B reproduit le sens: *en France an lor propres leus,* paraît être due à une faute d'omission commise par le scribe de *7: *ou [ou, au] lieu.* D suit ici le texte du Turpin I, et semble bien reproduire correctement le texte de *², corrompu dans C B et légèrement modifié dans A. J'emprunte donc ici la leçon de D.

13 *et dont les enfoïrent*. La phrase, omise dans A, se trouve bien dans D, dans le modèle donc que les scribes de A et de D copiaient. La phrase latine (1470): *et tunc sepeliebant* est représentée dans C: *et covint les enterrer*, et dans B: *dont les encevelisoient.*

XXVII

3–5 Le passage présente à l'éditeur une série de problèmes. Voici d'abord le texte latin (1471–6): *Et erant tunc temporis bina cimiteria, praecipua sacrosancta, alterum aput Arelatem in Ailis Campis, alterum aput Burdegalem, quae Dominus per manus sanctorum VII antistitum, scilicet ... consecravit.*

L'omission dans A ainsi que dans C du complément adjectival: *en haute dignité*, laisse la phrase incomplète; il y avait alors certainement plus de deux cimetières. Le latin dit: *praecipua sacrosancta*. J'emprunte le membre de phrase à D où, pourtant, il est malaisé de dire à cet endroit s'il l'a puisé dans son modèle de *³ ou dans celui du Turpin I de type A. Je me sens plus autorisé à le faire par le leçon B: *Li soverens cimitire.*

a Arle en aleschans. La leçon de A n'est pas non plus acceptable ici. L'analyse du problème qu'elle présente exige que nous l'étudiions dans son contexte:

A: *A cel tens estoient dui cimetere qui furent dedié et beneï par les boches de .vii. sainz arcevesques, a Arle et a Bordeaus. Ses beneïrent...*

C: *En ce temps y avoit .ii. cymetieres, ung a Arle enmy les champs et l'autre a Bordeaus, lesquelz Dieu beneïst et dedya par .vii. saints evesques. Ce furent...*

B: *Li soverens cimitire si estoit lors a Alle, a Aleschanz et a Bordiaus, que Dieus avoit benoïs et sacrés par les mains de .vii. evesques...*

On voit que dans A l'ordre de l'exposition n'est pas celui du texte latin et que C et B sont ici conformes au texte latin. Nous conclurons donc pour le passage en général à la plus grande fidélité de C B. Nous voyons derrière le texte de C, *enmy les champs*, le texte de notre traducteur, *en Aleschans*, texte confirmé par la leçon, si corrompue qu'elle soit, de B.

Pour comprendre ce qui s'est passé dans la transmission du passage, nous pouvons ici avoir recours aussi à D, où le texte du type A est enchevêtré dans celui de Johannes. Voici d'abord Johannes d'après notre MS E:

Adonc avoit .ii. cymetieres de haute digneté, un a Arle et autre en Aleschans vers Bordiaus, que Nostre Sires beneï par les mains de .vii. evesques...

C'est là le texte de *3 tel que le transcrivit aussi le scribe de D en l'amalgamant au texte du Turpin I représenté par A. Or le scribe de D, empruntant sa matière ici in partie à son modèle du type A, reproduit avec le MS A le texte où l'ordre de l'exposition est changé. Mais lorsque nous comparons dans A, dans E et dans D, la leçon particulière *Arle en Aleschans*, nous voyons que D nous offre un texte correct tandis que E et A sont ici corrompus. D a dû en effet trouver dans son modèle du type A, la leçon correcte que le scribe de A a déformée. C'est ce qui me conduit à emprunter ici la leçon D, tout en rejetant le changement dans l'ordre de l'exposition, leçon contredite par C B.

Le leçon E: *en Aleschans vers Bordiaus* peut bien nous surprendre. Elle reproduit une leçon fautive particulière au groupe de MSS M P, H de la tradition Johannes; c'est l'un des détails qui nous révèle le fait que la copie de Johannes qui servait de modèle au rédacteur de *3 appartenait à cette famille parmi les manuscrits composant la tradition existante de la traduction Johannes. Voir aussi p 64, note à XVI, 3, à la fin.

les mains. A en juger par D encore, le scribe de A semble avoir ici changé de propos délibéré la métaphore. Le latin dit: *per manus*, D: *par les mains*, B; *par les meins*, C: *par .vii. saints evesques*.

evesques. A seul parmi nos manuscrits dit *archevesques*, qui d'ailleurs traduit mal *antistitum* (1473).

5–6 *sainz Maximins d'Aquense*. Cf. le texte latin (1474): *Maximini Aquensis*. Dans C nous lisons: *Maximin d'Aquesist*, dans B: *Maximien d'Aquense*. Dans D nous trouvons *Maximiens* sans complément. Le scribe de D utilisait dans tout ce passage son modèle du Turpin I, mais il est difficile de séparer dans son mélange les éléments pris à Johannes de ceux puisés dans son modèle du Turpin I. Or, dans E comme dans D, *d'Aquense* manque. Johannes pourtant, à en juger par tous les manuscrits de la tradition existante, avait traduit: *Maximiens d'Aquitaine* (voir dans mon édition la note au ch. LXVI, 4; p 211). Je crois donc qu'il faut conclure que l'absence d'un complément représentant *Aquensis* constitue une omission, et que les textes de C et de B sont plus proches de celui de notre traducteur. Celui-ci n'aurait peut-être pas reconnu Aix dans Aquensis et se serait contenté d'une translittération francisée du mot latin. Enfin, j'adopte comme la lectio difficilior, le *Maximin* de C contre *Maximiens* dans A B D.

10 Après *Rencevaus*, nous lisons dans le texte latin (1477–8): *Et illi qui in acie montis Garzini gladiis intacti obierunt, in his cimiteriis aromatibus perunctі sepeliuntur*. C'est un rappel des héros morts miraculeusement à Mont Jardin, épisode raconté ci-dessus, ch. XVI.

XXVIII

8 Il paraît bien que le scribe de A est ici coupable d'une omission. Le texte latin explique le geste du roi (1486–7): *scilicet ad decus Christi et probae militiae suae*. B en donne une version très altérée: (*et ces corz a ces piez) pais* (corriger: *mais*, ou *puis*) *por l'esnor de lui* (corriger: *de Dieu*) *et de sa bone chevalerie fu pandus haut*, (*mais un autres sires...*). On pourrait croire, à examiner la leçon de B, que dans *7 la répétition de *mais* a induit le scribe à commettre un bourdon, qu'il s'en est tout de suite aperçu et qu'il a complété en marge sa copie, copie transmise correctement mais embellie dans C. B paraîtrait marquer l'aboutissement d'une transmission dans laquelle l'insertion de

la phrase d'abord omise se serait faite après, au lieu d'avant, *mais*, amenant ainsi l'addition de la subordonnée à sens adversatif: *fu pandus haut*. Une correction de A, me semble-t-il, s'impose. J'emprunte le texte à C, dont on reconnaîtra le style embelli habituel du scribe.

11 Après nous avoir dit qu'un inconnu emporta le cor de Roland à l'abbaye de St Seurin de Bordeaux, Turpin nous dit dans son latin (1489-90): *Felix urbs pinguissima Blavii, quae tanto hospite decoratur, cuius corporali solatio laetatur, eius subsidiis munitur.* Rien de cela ni dans A ni dans C. B nous dit au contraire: *Molt est bien aüree l'eglise de Blaves et la cités qui est esnoree de tel oste et qui est confortee de s'aide*

Cf. plus bas (13), après la liste des héros enterrés à Belin, où nous lisons dans le texte latin (1493-4): *Felix villa macilenta Belini, quae tantis heroibus hospitatur.* Le passage n'est représenté ni dans A ni dans C; dans B pourtant nous lisons: *Aürouse est la vile de Belin qui est esnoree de tant prodommes.*

15 Après Lambers, nous retrouvons ici dans A, le *Gales* de XI, 45 où aussi, ainsi qu'ici, *Gelins* manque. Voici la liste latine à cet endroit (1496-7): *Lambertus rex bituricensis, Gelerus, Gelinus, Raginaldus de Albo Spino.* C nous donne un texte correct dans les deux cas. B: (*Geliers* manque), *Gelins*.

16 Ici encore, il faut avoir recours au texte de C pour combler une lacune dans A. Cf. le texte latin (1497): *Galterius de Termis, Guielinus, Bego, cum V milibus.* Dans B nous trouvons: *Gautierz (de Termes* manque), *Guillaumes et Beuves, o .vi. m.*

19 *autanz*. Le scribe écrivit *autretanz* mais expunctua par la suite *tre*.

20 *Aprés, il dona...* Turpin avait dit que Charles avait fait ses largesses à St-Romain de Blaye *Iudae Machabaei memoratus* (1501). La mention de Judas Machabée manque dans A C B; il apparaît donc que notre traducteur est responsable de l'omission.

22 *et la mer qui pres est d'illec*. Cf. le texte latin (1504-5): *et etiam mare quod sub eo est*, et B: *et la mer qui sous le chastel estoit*.

28-9 *.xxx. jorz devant lor anniversaire*. Cette précision manque dans le texte latin; elle manque aussi dans B. Présente dans C, et dans D qui utilisait évidemment ici son modèle A, elle paraît être un ajout – opportun – de notre traducteur.

XXIX

4 *Osteval*. J'adopte ici la leçon de C qui représente bien le nom latin *Hostevalle* (1521). B et E, ainsi que A, donnent *Rencevaus*; c'est une lectio facilior. Le scribe de D essaya une amélioration: *en Nostrevaus puis la bataille de Ronschevals*. Les MSS F F₁ donnent, d'après *⁶, *Oystreval*. Le texte de G s'est déjà interrompu; dans H, dont le texte est très abrégé ici, le détail manque.

6 *envoïr*. C'est une graphie du scribe pour *enfoïr*; cf. XXX, 1: *depardirent* pour *departirent*.

9-10 Les noms *Hernaut de Beaulande, Auberi le Bourguignon*, manquent dans A. Voici le texte latin (1525-7): *Sanson dux Burgundionum et Arnaldus de Bellanda et Albericus burgundionus, Guinardus et Esturmitus*. L'omission pourrait bien s'expliquer par un bourdon, l'oeil du scribe ayant sauté de (*Sanson*) *de Bourgogne* à (*Auberi*) *de Bourgogne*; Auberi est ainsi dénommé par notre scribe au ch. XI, 55. Le fait que ces deux noms sont déplacés dans C suggère que le scribe de ce manuscrit a commis le même saut du même au même, et s'est tout de suite aperçu de son erreur. C'est un bourdon en effet que plusieurs scribes auraient pu commettre indépendamment. Nous notons la même omission dans D, dans E et dans F, F₁. Dans B, la liste des noms est complète et en bon ordre. J'imprime les noms selon la forme que notre scribe leur a donnée dans le ch. XI.

Dans le MS A, *Guinar* aussi manque. Il faut, d'après C B, le réintégrer dans le texte de notre traducteur.

11 D'après le texte latin c'est *Bernardus Nublis* (1528). Cf. ci-dessus, ch. XI, 55, la leçon *de Meilli*. Il n'est pas aisé de débrouiller ici la succession de jambages dans C, mais le scribe semble avoir écrit: *nuully*. B montre *de Nubles*; la correction me semble-t-il s'impose.

12 *et plusor Puillois*; cf. le texte latin (1531): *et Apulis*.

XXX

18 *.iiii. deniers ... et toz les sers qui cez deniers donoient* ... Cf. Anthony J. Holden, *Le Roman des Franceis*, dans *Études de langue et de littérature du moyen âge offertes à Félix Lecoy* (Paris 1973): 'La redevance de quatre deniers est une charge caractéristique au moyen âge de la condition servile' (note au v. 223).

XXXI

Les chapitres où sont décrits les sept arts sont tous très abrégés dans le Turpin I.

XXXII

4 Je relève la variante C: *sont sages de parler bellement et actremper*. Le sens est clair: 'affiner,' 'dégrossir'; la syntaxe est lâche, comme elle l'était souvent en ancien français. On s'attendrait à *attempreement*; le scribe emploie *actremper* absolument, le complément restant sous-entendu. *et actremper* est un ajout du scribe qui, nous l'avons souvent vu à l'oeuvre, lui-même polissait et repolissait sans cesse le style et les données de son modèle.

XXXIII

5 *parole*. La bonne leçon serait peut-être celle de C: *paroles*. Cf. le texte latin: *verbis abundare* (1615).

XXXVI

3 *les espaces*. Dans C nous lisons *l'espace*; cf. le texte latin: *spacia* (1622).

8 *li coutiveor des terres*. La traduction représente bien le mot latin *agricolae* (1630): *Hac etiam arte agricolae, quamvis ignorantes, terras et vineas, prata et lucos et campos mensurant et laborant*. La variante C n'est donc pas préférable. Elle reste pourtant intéressante: *les compasseurs des terres mesuroient les terres* ... Les *compasseurs*, c'étaient les arpenteurs qui mesuraient un terrain avec le pas. Ce sens très précis du nom n'est indiqué que je sache dans aucun de nos dictionnaires d'ancien français.

Notre traducteur passe sous silence *quamvis ignorantes*. Le Pseudo-Turpin voulait peut-être dire que ces bons agriculteurs étaient doués de connaissances pratiques plutôt que théoriques, point sur lequel notre traducteur aurait trouvé oiseux d'insister.

XXXVII

14 Je relève encore une fois la variante C, notamment l'ajout où le scribe chante les louanges de Charlemagne; il le fit avec une telle ferveur qu'il oublia de donner à sa longue phrase un verbe principal.

XXXVIII

8 La variante C: (un de ces) *Mores de Morteigne* paraît être une corruption *de Mores de noireté*.

16 *Jaques de Galice*. Le Pseudo-Turpin avait écrit dans un style plus dramatique: *Gallecianus capite carens* (1680).

17 Il semble qu'il y ait après *pierres* une omission dans A et dans C. Le texte latin dit en effet (1681): *tantos lapides et ligna ... in statera suspendit*. L'absence de complément adverbial après *mist* laisse le sens incomplet. Peut-être un scribe, copiant *pierres*, ou *pires*, suivi de *peises*, aurait-il commis un bourdon. Nous lisons dans B: *a tot mis an la balance Karle*, mais son texte s'éloigne bien du nôtre ici.

20 C montre ici la variante *lui* (*ot*). Les scribes oubliaient souvent de faire parler Turpin

à la première personne. Cf. par la suite dans C: *entendit et sceut que Charles mon bon seigneur*, et plus loin à la l. 31, *sceut* encore.
34 *cel jor que*. Notre traduction représentée ici par A C, ne donne pas la précision apportée par le texte latin (1698): *eadem die qua ... scilicet XVI Kalendas Iulii*.
44 *Charlemaine*. C'est, dans le latin, *Karolus princeps* (1709). Dans C et dans B nous lisons *Ch. le Prince, K. li Princes*. C'est ce que rapporte Einhard, *Vita Karoli*; voir l'éd. Halphen 92.
49 Cf. le texte latin (1714–15): *incendio funditus per semetipso consumitur*. Il n'est rien dit de l'incendie ni dans A ni dans D. Dans C (var. à la l. 48), il paraît que *fondi* ait été omis devant la conjonction *et* (*brusla*). B donne le sens complet: *aluma par soi mesmes et fondi*; c'est ce que dit Einhard (éd. Halphen, c. 32) à qui le Pseudo-Turpin emprunta toute cette matière.
53 Notre traducteur semble avoir abrégé ici son modèle latin (1719–20): *ipse valde pavefactus attonitusque altera parte ab equo cecidit, et aucona quam manu ferebat in alia*. Peut-être le mot *aucona* lui présentait-il quelque difficulté. Voir M. de Mandach, *La Chronique dite Saintongeaise* 44, n61. Le Turpin des Grandes Chroniques, le Turpin anglo-normand, le Turpin bourguignon eux non plus, ne disent rien de l'*aucona*, 'le javelot.' Johannes a remplacé 'le javelot' par *la resne*; le Turpin II y substitue *les resnes*. Le chroniqueur saintongeais reconnaissait le mot et le rendit par une forme gasconne: *ascone*.

XXXIX
6 *.vii. mois*. C'est la leçon de C, et aussi de D. Mais le texte latin porte: *VII annorum spacio* (1736).
7–10 *que troi roi ... de Sesnes, et de Frisons et de Wandres*. Notre tradition, embrouillée ici, semble représenter une traduction (pas entièrement fidèle au modèle latin (1737–40): *quod Karolus ... obsidione trium regum, Wandalorum scilicet, Saxonum et Frisorum, omniumque eorum exercituum, tenebatur*. Le MS B offre un texte plus près du latin, mais nous savons qu'il collationnait souvent son modèle du Turpin I avec d'autres sources: *que Karles estoit assis ... de trois rois, de Oandres et des Frisons et des Saasnes et de leur olz*.
14 *et si*. La leçon de A, ainsi que celle de C, est fautive. Dans D nous lisons: *travaus, si deliverroit*. Je corrige en *et si* d'après A (15): *et si prendroit*.
16 L'omission du panégyrique exclamatif semble bien être un fait survenu dans la transmission de notre MS A; la même omission se remarque dans D. Le texte de C, malgré son style exagéré, correspond assez exactement au texte latin (1746–9): *O virum per omnia laudabilem, pietate redundantem, inter duas fortunas meditacione angustiatum! Sed quid vir venerandus egerit, nobis diligenter est audiendum*.
26 Après Sihon, roi des Amorréens, le Pseudo-Turpin avait aussi invoqué comme exemples des ennemis de Dieu dont les terres furent conquises et données en héritage à Israel, *Hoc regem Basan et omnia regna Canáán* (1755–6). Notre traducteur paraît n'avoir voulu alléguer dans ce contexte ni Og, roi de Bassan, ni les rois solidaires de la ligue cananéenne. Voir le Livre de Josué, 12 et 13.
27–8 *la terre qu'il avoient desierree*. le complément adjectival est un ajout de notre traducteur; il s'agit en effet de la Terre Promise.
Le rappel de la chute des murs de Jéricho est omis dans A et dans D; c'est peut-être le résultat d'un bourdon causé par la répétition de *et qui*. A en juger par C, avec lequel B est plus ou moins d'accord ici, notre traducteur a abrégé ce passage, omettant la partie que j'imprime en roman (1755–61): *qui Hierico muros, quibus adversancium cingebatur exercitus, sine humana pugna et absque machinacione humani artificis,*

obtima processione per circuitum facta tubis clangentibus, *praecipitasti*.
XL

8–13 *outre le Rosne* ... Voici le texte latin; il a présenté un problème aux traducteurs, aux scribes, et aux éditeurs modernes (1785–91): *Turpinus ... ibi iuxta urbem ultra Rodanum, scilicet versus orientem, in quadam ecclesia olim sepultus extitit. Cuius sanctissimum corpus nostris temporibus quidam ex nostris clericis ... ab illa ecclesia ... detulerunt ... citra Rodanum in urbe*. Si le faux Turpin insistait ici pour dire que le vrai Turpin fut enterré à Vienne au delà du Rhône à l'est de la cité, il ne connaissait pas la situation géographique de Vienne qui était, et qui pour la plupart est encore, située sur la rive gauche du Rhône. Voir dans mon édition du Turpin II, *An Anonymous Translation*... 127, ma note au ch. LXI, 4, où, après M. Hamilton Smyser, je conclus qu'on doit comprendre 'dans la partie orientale, soit l'abside, de l'église.' C'est là une interprétation peut-être un peu recherchée, trop abstruse, a-t-on dit, pour un auditoire médiéval. Ceux des traducteurs et scribes qui se sont arrêtés devant la difficulté, l'ont résolue à leur façon. Notre traducteur a omis *scilicet versus orientem*: *de coste la cité en une eglese outre le Rosne*. Lorsqu'il en vint plus bas au membre de phrase: *citra Rodanum in urbe*, il ne trouvait pas de difficulté en traduisant: *de ça le Rosne dedans la cité*.

Nous lisons à la l. 13 dans A et dans D: *tot entor le Rosne*. Le sens de *entor* ici est *près de* (cf. T.-L. III: 1, 609, l. 33). Mais la leçon de C, avec laquelle B est ici d'accord, et qui rend parfaitement le latin *citra*, est certainement à préférer.

alerent clerc de Blaives en cele terre. Dans le texte latin nous lisons: *Cuius sanctissimum corpus ... quidam ex nostris clericis ... invenerunt*. C'est l'auteur du Turpin I seul qui transforme *nostris clericis* en *clerc de Blaives*. Ailleurs, ces clercs restent anonymes, sauf dans la *Chronique Saintongeaise* dont l'auteur les identifie avec ceux qui desservaient l'église même où le corps de Turpin gisait: *Aprés ço, si fu l'iglise destruite. E soi clerc le sogrent; si alerent lai ... si lo trovarent* (éd. Mandach, p 330).

10 *en un sarqueu*. C'est aussi la leçon de D. Dans le texte latin, nous lisons *in quodam sarcofago obtimo*. C: *en ung riche sarqueux*, B: *an un molt riche sarquau*.

23–4 Ad Corinthios 2:1, 7.

25–31 *Rolant vault autant a dire ... de faire villenie*. Le passage, que j'imprime d'après C, correspond bien au texte latin, ll 1801–9. On le lit, aussi assez corrompu, dans B. L'omission dans A D pourrait nous paraître bien compréhensible, car le passage interrompt brutalement la suite de la narration.

A la l. 27, *bouche de misericorde* paraît être une altération due au scribe. Le latin dit *heros misericordiae* (1803); B: *bers de m*.

XLI

3 Cette ouverture de chapitre correspond dans C B au texte latin (1821–2): *Quid patriae Galleciae post Karoli necem accidit, nobis est memoriae tradendum. Cum igitur post Karoli necem* ... Derrière les deux copies A et D nous entrevoyons un modèle commun dont le scribe a omis la phrase de transition: *Or vous convient mettre en memoire*. C'est assurément une modification du texte de notre traducteur, faite vraisemblablement pour rendre moins gauche la répétition malhabile de *Aprés la mort Charlemaine*.

6–8 La tradition A D s'écarte ici encore, semble-t-il, du texte de notre traducteur auquel les copies C B restent plus fidèles. Voici le texte latin (1822–5): *Cum igitur post Karoli necem Galleciae tellus per multa tempora in pace temporali quiesceret, daemonis instinctu surrexit quidam Sarracenus, Altumaior Cordubae, dicens quod...*

16 *quant que il voldrent*. C'est la leçon de A D, peut-être un euphémisme qu'un scribe antérieur a préféré à l'expression sans détours que nous lisons dans C et dans B, et qui

Notes au texte pp 50–3

pourrait bien être celle de notre traducteur: *firent toutes leurs ordures.* Cf. le texte latin (1833): *digestionem ... agere coepit.*

30 *emprés de ... pris et tollu.* Le passage manque dans D ainsi que dans A. Mais C, avec lequel B est à peu près d'accord, représente fidèlement le texte latin (1847): *omnibus dupliciter ecclesiae restitutis.*

38–9 *apareillie de pailes, de croiz d'argent et de textes d'or.* C'est là la leçon de A et de D. Nous lisons dans C: *aournee de riches croix d'argent et de riches pailes d'or;* dans B: *aornee de molt riches pailes et de crois d'argent et de tieus tressors.*

Voici le texte latin (1853–4): *palleis et codicibus obtimis et crucibus argenteis et textis aureis decorata.*

La leçon de B semble refléter une corruption de *textes d'or, tex* devenu *tieus* et *tes d'or* devenu *tressors*. Le scribe de C a dû avoir devant lui un modèle semblablement corrompu et aurait préféré omettre une leçon pour lui opaque.

Les *textes d'or* désignent les livres des Evangiles, reliés et souvent recouverts de plaques de métal orné. Voir A.J. Holden, éd. du *Roman de Rou,* III (SATF 1973) 181, note au v. 862 de la Seconde Partie.

48–52 Voici encore un passage qui, présent dans le texte latin et dans C B, manque dans A D (1865–9): *... homo lapis efficitur. Qui etiam lapis usque hodie in effigie hominis in eadem basilica perstitit, habens talem colorem qualem eiusdem sarraceni tunica tunc gerebat. Solent etiam peregrini enarrare qui illuc precum causa tendunt, quod lapis ille fetorem emittit.* J'imprime telle quelle, malgré les embellissements auxquels se laisse emporter le scribe, la leçon de C avec laquelle B est sensiblement d'accord.

Variantes

I

Au f. 177 v° a, en bas, C *montre l'incipit suivant*: Comment Charlemaigne fist a force d'armes crestienner tous ceulx de Galice. D E *ont l'incipit suivant.* Ci commence l'estoire Turpin, l'arcevesque de Rains, coment Charles delivra la terre d'Espaigne des mains as Sarrasins, et coment mes sires sains Jaques s'aparut a Charle (a lui E). *Dans l'espace laissé en fin de ligne à la fin d'un chapitre ou au commencement du chapitre suivant,* E *montre la rubrique* De Kl, *qu'il répète sur cinque chapitres jusqu'au moment où commence le récit des luttes contre Agolant. Là où l'espace le lui permet, il élargit la rubrique en* De Karl *ou* De Karlemaine.
1 Sire Dieus D E – pour prescher C – par le monde preeschier D – 2 missires *manque* D E – 4 de la loy C – loy c. tant com il pot D E – Aprés ce rala E, s'en ala C – 5 aporté le corps de lui C, ses cors ap. D E – 6 arriere *manque* C – 7 ne v. croyre en Dieu C, qui ne v. Dieu croire E – ne t. ses C. C – emprés C D – 8 Jaques (firent par lor force ... desque *manque*) Charles par sa f. les fist devenir Crestiens et le furent tousjours de la en avant C, fisent r. par f. la gent crestiene a la loy p. D E – 9 et tant D E – tiendrent que D E – 10 loy Jhesu Crist D E

II

1 Chi commence D E, *rubrique manque* C, De Karl E – 2 Emprés ce que Ch. eut Angleterre C, Icis Ch. D, Puis que cil Ch. E – et la terre d'Antioche C – 3 L. et Alemaigne et Borg. D E – Br. reduit a la foi crestienne et plusors C – 4 autres terres D E – ot ostees D E – des mains D E – mains a ses anemis et as S. E – des S. par sa grant force et par son grant travail, il ordonna que C – 5 et avoit par grant (grant *manque* E) force et par g. t. soz mises D E – 6 loy crestienne D E – lors

devisa D E – et ne v. D, et si ne v. E – ne v. plus C – 7 Emprés ce C, Aprés si D, Aprés ce E – 8 de Frise *manque* D E – 9 et s'en aloit D E – s'est jusques en L. et en Antiosche C, par mi T. et en L. et en F. et en Aq. D E – 10 droit *manque* C D E – et par B. et par N. *manque* D E – 12 et li gent ne l'i savoit (savoient E) pas D E – 13 par p. avisions D, par p. foiz et par p. avisions E – ce chemin C E – de estoilles C D E – 14 si conmença C, il se C. D – que ce povoit estre C, que chou ne se fioit D – Comme il estoit en ceste avision C – 15 ung seigneur de grant estat y estoit qui estoit p.b. C – p.b. estoit D E – que je ne pouroie dire C, que jou ne voz sauroie a dire (s. dire E) D E – 16 de nuit C – si *manque* C – 17 lui r. C D – r. et dist C – estes vous D – 'Je suis,' dist il, 'J.' C, Il r. *manque* D E – 19 Nostre sires par sa grace daigna eslire a p. sur la mer de Galice a son p., lequel C, cil meismes Jaques qui m. D – J. C. eslut a apostle sor la mer de Tabarie por p. a son pueple D E – 20 et cil meismes Jaques autresi qui Herodes D – lequel Herodes me octist C – 21 fist ochire D E – et mon corps C, et liquel cors D, et de cui li cors E – Mais on ne le sçayt pas C, no on ne n'i set pas D, ne l'en ne m'i soit pas la cui terre est l. d. E – 22 lequel est l. demené C, et si sui cil la qui terre D – d. de S. D, d. des S. E – 23 d. ma terre des Sarrasins C, ma terre conquise et delivree E – de S. D E – toy qui as tant conquises, tant de t. et tant de c. C, qui tantes autres terres as c. D E – 24 ce je te C, ce soies certains D E – tuit aussi D E – 25 le plus p. roy de tous les crestiens roys C – les *manque* D E – aussi t'a C – 26 des mains D E – des S. C – et que tu par ceste deserte (par c.d. *manque* E) en soies coronés en la joie del ciel qui tous jors durra D E, c. sur tous C – 28 tu as veu C – el ciel *manque* D E – ce *manque* C D E – 29 avec grant C – o m. g. ost por *manque* D E – c. les S. C – 30 (et *manque*) por aq. D E, pour delivrer C – et ma t. *manque* D E – v. mon eglise et mon s. C D E – 31 emprés ce y iront C, et qu'en aprés toi iront molt de gens qui sont D, et qu'aprés toi i iront mont d'autres gens qui sont E – des l'une E – 32 tressi qu'a D – en p. *manque* D E – 33 pardon a N.S.J.C. de leurs pechiez C, pardon de lor p. a D E – et rendront louanges a Dieu et conteront les v. et les miracles qu'il a faitz C, Icist rac. D E – 34 et les vertus qu'il a faites D E – 35 les gens C – jusques en la f. du monde C – del siecle D E – Et y va la le plus C, va (voises E) la au plus D E – 36 partot *manque* D E – et je requerray a N.S. pour l'amour duquel tu y souffreras poines et travailz qu'il te rende la couronne de vie pardurable emprés ta mort C, et prierai N.S. que il por çou te doinst le corone des ciels et tu en seras loés tressi que a (jusques en E) la fin del monde D E – 38 En ceste maniere s'apparut m.s.s.J. a l'empereur Charlemaigne par troys foys C, Ensi vint m.s.s.J. par .iii. fois a Ch. D E – 39 Et quant il eut oÿ ce que monseigneur s.J.

82 Le Turpin français

lui C, Quant Ch. l'ot ensi oï et veu par trois fois, si as. D E – 40 ses osts et son armee C, ses gens D, son ost E – 41 por aler C. les mescreans et s'en entra en Espaigne la large C, et (et si E) ala en Esp. combatre encontre (contre E) la g.m D E

III

1 *Titre manque* C D E, De Karlemaine E – 2 premerainne E – que l'empereur Charlemaigne assigea C – ce *manque* D – et y tint le siege entor troys moys qu'il C, La sist D E – 3 (entor qu'il ... prendre *manque*) car ele estoit bien close de mur et (si E) ne doutoit nului (assaut *manque*) D E – 4 de muraille qui ne craignoit nul a. ne doubtoit C – Et quant Ch. vit que il ne la povoit prandre, il fist C, Lors (Adonc E) proia N.S. Charles (Ch. N.S. E) et dist D E – 5 a Dieu C – Sire Dieus D E – 6 foi du quel C, por qui foi essaucier D E – pour C. les mescreans C, por c. a la g.m. *manque* D E – 7 force que C, poissance que D, que je puisse *manque* E – en l' C – 8 J. aidiés moi si come voz me promesistes D E – 9 vous m'aiés aparu, octroiez C – 10 Lors D E – de Nostre Seignor C – par la v. ... Jaque *manque* D E – 11 cheurent les murs C E, ch. par p. li mur D – jus *manque* C D E – pieces, et Ch. et ses gens s'en entrerent dedans la cité. Et les S. C – 12 Il fist les Sarrazins toz baptizier qui (touz b., tous ces qui E) se voudrent metre a la loy crestiene D E – 13 et les autres qui ne v. croyre en Dieu, les fist o. C, les autres (et les a. E) fist ocire D E – Li autre Sarrasin qui oïrent cest miracle que Dieus avoit fait por lui, si v. D E – 14 ses merveilles C – a sa merciz C – et env. C – 15 le treu C, et donerent treu D E – 16 les citez ... a sa v. C, si li r. ... volonté *manque* D E – Les S. se merveilloient molt quant ilz virent les Françoys qui estoient vestuz si richement et atournez, si les r. C, Quant (Et quant E) il virent François tant cortois et tant bien vestus et apareilliés, il les r. D E – 18 a grant joie et a grant honor (a g. h. et a g. j. E) et tuit sans bataille D E – 19 Lors ala C – 24 La gent D – par force (des paiens *manque*) C – s'estoient c. a la loy paienne et sarrasine depuis C – s'erent (si erent E) renoié puis le tans de la vie m.s.s.J. (et ses d. *manque*) D E – 25 qui se voulurent tourner a la loy crestienne C, cels qui E – 26 foi de Dieu D, la foi Nostre Seingnour Jhesu Crist E – il les *manque* C – Torpin *manque* D E – 27 Rains, et fist octire ceulx qui ne voulurent croyre en Dieu ou les fist mourir en prison C, Les autres qui ne voudrent ce faire fist ochire D, et les autres qui baptizier ne se voldrent fist o. E – 25 Emprés s'en ala p. t. E. de l'une C, Puis ala par tot de (des E) l'une D E – 29 delivrement *manque* C D E, autre, la ou il volt E

83 Variantes

IV
1 Les chasteaux que Charlemaigne conquist c, De Karl. E – 2 Cy sont nommees c – cités et les viles et les ch. D, et les g.v. *manque* E – 3 que l'empereur Ch. conquist lors en Espaigne c, en Espaigne et en G. En G. conquist Visume E – 4 Hyratudo c, Yre, Tude D, Iratude E; *voir la note* – Medoine, Brachaire la plus caude cité, Madame Sainte Marie, Wimaranes, Crume D – donc *manque* c, qui estoit adonc p. E – 5 petite, Brahaire qui est archeveschié. En Esp. c B – Et en Esp. conquist il D – 6 qui estoit molt planteureuse c – 7 une haulte c – cités, Sainte Eulele, Berlangue, Osme D – 8 Segome qui estoit molt g.ville c, Segoibe qui molt estoit grans, Acunile (Avile E) D E – 11 qui est assise en c, et si est en E – en un val vert D – 12 Auque, Burges, Natres (Nadres B) c B – 13 ore est D – apelee Lestoile D E – 14 P., Valoie (Jaque *manque*) E – 15 .xx. tours c – 16 Elne, Dontine, Gironde D E; *voir* 'Le classement des manuscrits,' *RHT* XI (1981) 343, No. 1 et la note 2. – Bartenone, Teride, Tortose D; *voir la note.* – 17 Barbegalle le fort chasteau c – estoient chasteaulx molt fors c, molt forte (*sic*) chastel D, mont fort ch. E – 18 Uriane, cestes sont Cités (citez E) D E – Cotande, Herte, Ubede D; *voir la note* – 19 on soloit faire D E – argent, Beace, Valence c B; *voir la note* – 21 ou gist le corps du confesseur de Nostre Seigneur saint Turquin c, li confés D, li glorious confez Nostre Seignor E – qui fut le serviteur de c, qui fu serjans D E – 22 sur sa tombe y a c – il croist E – un olivier D E – 23 v. de Nostre Seigneur c – qui par ... Deu *manque* E – et porte c E – fruit chascun jour es ydes de may le jour de sa f. c, chascun an fruit E – le jour D E – 24 es ydes de marz D, et si est sa feste en marz E – de molt c, avoir par costume molt (molt *manque* E) de b. ch. D E – 25 Arabitois D – si prist Maiorge une isle et la cité de Burs D – 26 il y avoit un roi c, il soloit avoir roi D E – Ag. qui est assise en une isle c, et Ag. une isle D, si est une isle *manque* E; *voir pour les ll. 26-27 la note* – isle, Coaran qui est une citéz an Barbarie, Melode D – 28 Septe qui est des droitz d'Esp. c, es destrois lieus d'Esp. D, Sespee qui ... E – 29 d'Espaigne (ou li cors ... terre d'Espaigne, *l.30, manque* E) – 29 vient et s'i ass. deux b. de m. c – de la mer D – 30 et toute c D – 32 la terre des Mors, la t. des Catelans, la t. de Flavate (la t. de Fl. *manque* E), la terre de Navarre D E – 33 (la terre *manque*) de Bisquarre E – 34 Toutes ces terres furent au c. de Ch. Toutes ces citez et les villes et les chasteaulx que je vous ay nomees c, toutes les terres et les cités que i a ci nomees D – 35 Toutes les prist, les unes E – 36 unes par force de b. les autres par grant art et par grant engin c, unes par b. les autres sanz b. par grant

art E – 37 Mais il ne peut prandre L. qui estoit de trop grant force et bien richement garnye jusques a l'enderrenier. Si fut entour celle cité quatre mois C – cités et grans et bien D, citez et granz, ne pot il prendre, tressi que au derrenier jour et se sist E – 38 (Auderrein *manque*) il sist D – 39 trois mois D E – Puis fist C, et puis fist D, et fist pour lui proiere E – 40 Jaque. Lors si fondirent li mur de la cité et encor E – les murs fondirent et la cité et est encores C – 41 habitans C – et sera tousjours (mes *manque*) C, mes *manque* D, et sera mais touz jorz E – 42 En la ville se leva lors C – lors *manque* D E – fleuve de eaue si noyre ou C, fl. d'aigue noire ou D, une aigue ou E – il y a encores grant force de p. C, il a encore par costume grans p. et noirs D E – 43 Aucuns autres r. de F. et aucuns autres emp. C – 43 emp. i avoient fait devant lor pooirs et granz conqués sour Espaingne, et partie en avoient pris et partie en avoient lessié a prendre, et les citez et les viles que il prenoient estoient demené a la loy crestiane. Aprés Kl. i alerent roi autre roi (*sic*) pour combatre, Clodeis E, devant Ch. *manque* C – 44 citez dessus n. qui depuis furent reduites a la loy des p. par la forces (*sic*) des Sarrazins jusques a C – només qui puis refurent converties a la loy paiene jusqu'a tant que il vint. Et aprés D – 47 *Voir la note pour les variantes suivantes*: Espaigne. Car si comme on treuve en hystoire de Clovis, le premier roy de France crestien, et Clotaire, et Dagobert ses enfans, et Pepin, et Charlemaigne le Combatant, et Loys le Piteux, le filz de cestui Charles duquel ceste hystoire est faicte, et Charles le Chaux, le filz de Loys le Piteux, et Charlemaigne ung autre roy de France, conquistrent l'une partie C – 48 Clodoveus, li fils Dagobert (Clodeis, fiz Dag. E) et Charles Martels (et *manque* Charlemartiaus E) mareschals de Franche, Lohiers, Dagobers, Pepins, Charles li Chaus si (Cist E) conquistrent D E – 51 la c. en son temps toute et fu toute a son c. C, toute la c. et toute fu E – a son a D – Ce sont C D, Cestes furent E – 53 les .ii. citez E – après qu'il C, puis qu'il les ot C. ... toz jorz *manque* E – 54 habitans C – a tout temps mais C – 55 L. et V, Sapre et A. E – ymages toutes E – 56 (en Esp. *manque*) destruit fors E – les *manque* C – qui estoit en la terre d'Almandaluz qui estoit C, qui avoit non Salemanque. Si estoit li lieus ou ele estoit plus pres apelez Salan. Si valut autretant en langue arabienne comme Dieus E – 57 si *manque* C – si est D – ou cele ymage estoit C – S. en langue arabe c'est Dieu C – 58 Les S. disoient que cel y. estoit appellé en ce temps Mahonnet (*sic*) et y avoit dedans par art de dyable une legion de dyables qui la tenoient en telle force que en nulle m. elle ne se povoit despecier C – li *manque* D, Et si dient que E – 59 fist *manque* E – en son nom *manque* E – si i seela par

85 Variantes

engien de dyable une compaignie de malignes esperiz E – 60 une compaignie de gens qui en t. f. la tenoient D – 62 s'aproichoit E – cheoit incontinent tout mort C, isnelement *manque* E – 63 Mais quant C D E – en ap. C, l' *manque* D, s'i ap. E – adorer ou pour prier C, proier et por orer (M. *manque*) E – 64 il s'en aloit tout joyeux C, mal n'avoit, ainçois s'en repairoit sainz et h. E – 65 Et se d'avanture a. o. voloit pardessus l'ymage C, pasoit D, s'aseoit suz par a., tantost chaoit morz E – 66 incontinant C – en l'airee C, sor le rivage D, sor l'ymage E – grant *manque* C – 67 de l'euvre des Sarrazins C, d'o. s. *manque* E – qui estoit dessus large et quarree et estoit dessoubz estroicte et estoit aussi haulte C, et estoit desouz lee et desuz estoit estroite E – 68 et estoit aussi h. C, et s'estoit tant h. E – Et estoit C E – 69 l'ymage C D – assis sur C, desuer D, desuz assize E – 70 un homme C E – tout droit sur C, tuit en D E – suz E – et avoit C, et tenoit E – visage C – 71 (torné *manque*) devers E – et t. E – une grant clef C D – et disoient les S. C – li S. devinoient E – 72 clef devoit cheoir a cel ymage C – de la main *manque* C E – 73 uns r. de F. venroit en la terre E – qui mectra tote C, qui toute la conquierre E – 74 ils verroient cheoir la clef C, et si tost ... cheoir *manque* E – 75 si s'en fuiroient et vuideroient la t. C, et adonc s'en fuirent tuit de la terre E

V

1 De l'or que Charlemaigne conquist en Espaigne C, De Karlemainne E (*rubrique manque*), De l'avoir que li roi et li prince (d'Esp. *manque*) D, Ci raconte comment Klm. fist faire la chapele saint Jaque. De l'or et de l'avoir que li prince li d. en Esp. E – 4 en Esp. *manque* C – (fist il fere *manque*) par .iii. anz que il i demora et i mist arcevesque et chanoines E – 6 et y mist ung ev. e des ch. C, Si i mist archevesque et s'i assist chanones D – 8 si y mist de belles cloches, de vestemens, de livres et l'apparailla de toutes autres choses qui appartiennent a une h. e C, mont honoreement de p. et de c. et de v. et de l. et d'autres aornemenz apendanz a sainte eg. E – 9 Del remenant *manque* C D – Del avoir et D, De l'autre or et de l'autre avoir E – qui lui demoura quant il fut yssu C – 10 il restaura C, si fist faire E – c'est assavoir la ch. d'Ais, Nostre Dame, et C, la chapele *manque* E – 11 Ais la Chapele E – de monseigneur s.J. C – et la chapele *manque* E – qui est *manque* D E – 12 et la ch. ... a Biterne *manque* E – 13 de monseigneur saint C, et saint J. en Alvergne et (et *manque* E) s.J. en la cité de Tolose D E – et une autre eglise de mons. s.J. a Ais en G. et l'eg. de mons. s. Jehan sordue C, et s.J. a Ais en G. et le glise mons s. Johan sordne (l'eg. s. Jaque sour doe E) D E – 14 mon seignor *manque* D, en la

86 Le Turpin français

voie ... s.J. *manque* E – 15 mon s. *manque* D E – qui est *manque* C – 17 parmy C – 16 plusors autres que je ne vous puis pas par tout nomer E – 17 parmi C – puis pas toutes n. C, puis toutes n. D

VI

1 *Rubrique manque* C, De Agolant E – C[i] comence conment li Sarrasin reconquistrent Espaenge. Quant D E – 3 Ch. l'emperere fu revenu C, Klm. s'en fut alez et repairiez E – roy d'A. paien C – 4 que on apeloit Ag. D E – la terre d' *manque* C, en la *manque* D – et la C – 5 toz *manque* E – y avoit l. en celle t. en garnison pour C – l. a la terre garder. Les ch. et les c. prist. Quant E – 6 les chastels et les cités D – Et quant Ch. l'oÿt dire, si C – il assambla D E – 7 et s'en C – si *manque* E – 8 M. d'A. li (li *manque* E) pere Rolant D E – qui c. les o. *manque* D E

VII

1 Mais ains que je vous conte plus de l'empereur Charlemaigne, il me convient conter devant ung molt merveilleux exemple que Dieu voult demoustrer por espovanter ceulx qui retienent a tort les aumosnes et les biensfaitz que ceulx qui se meurent laissent pour leurs ames. L'ystoire dit que quant C – 2 que N.S. d. *manque* E – 3 les a. as mors. Quant D, les a. as morz. A tort qui por les pechiez as morz devoient estre donnees. Quant E – 4 avec ses osts en B. C, a B. o t. ses g. E – une cité de Bascle *manque* D E – 5 il se furent h. en celle cité, si avint que ung ch. de son ost C, et furent h. E – 6 Romains D E – et fu D – molt durement m. si qu'il en mourut C – de la mort D, de morir E – Et emprés ce qu'il eut prinse sa penitence et il eut receu [comunion] par les mains d'un probre C – 7 sa *manque* D – s'i fist acumenier D – a un p. *manque* E – (puis *manque*) Il C – commanda C D E – 8 qu'il prist son ch. et le vendist et departist les d. aux probres et aux povres gens pour son ame C – v. son cheval D E – en *manque* D – cheval et departist por lui. Cil vendi E – 10 Quant le chevalier fut mort C – le cheval D E – 11 et despendit ces d. maintenant C – les d. *manque* E – 12 en robes, en boyre C, en chaucementes et en b. D, en mengier et en boivre et en vestir et en chaucier E – Mais bien sachiés que la v. D E – de N. S. C – 13 soloit estre plus (mont plus E) prochaine a cels qui mal faisoient (qui li forfesoient E) que ele ne soit (est E) ore D E – 14 Car .xxx. jours emprés ce que le chevalier fu mort, avint qu'il s'aparut a lui C, quant cil fu mors et enfoÿs, et .xxx. jor furent passé aprés, li mors D, quant cil fu enfoïz et .xxx. jors furent passé aprés, cil qui morz estoit aparut en d. a celui E – 15 si *manque* E – 16 crimineus *manque* C E – 17 recommandé la mienne chose la (*sic*) donner por mon

ame C – ma chose E – doner et a departir D E – la r. de *manque* E – 18 Et por E – 19 que pour ce j'ay (j'ai por ce D, je por tant ai E) demouré .xxx. jours es p. d'e. (en enfer .xxx. jors E) C D E – Mais (et E, et si D) saches de vray (de v. *manque* E) que tu enterras demain (d. enterras E) C D E – 20 demain en enfer D E, en ces p. d'e. dont C – (et *manque*) el D, enfer, la dont E – 21 seray mis C – ot ensi parlé, il s'en D E – 22 s'esv. tout paoureux et tout tremblant C – Et au matin, quant il fut levé, si se print a le conter a ceulx de l'ost ce C, L'endemain se leva et conta par l'ost (toute l'ost E) chou que venu (avenu E) li estoit et quanqu'il ot oï D E – 23 oÿ et veu C – 24 p. entr'eulx de ceste aventure et se merveilloient de ceste vision qu'il leur conta, si oÿrent C, en aloient entr'els parlant et s'esmerveilloient de ce que cil lor ot conté (que l'en ot conté E) D E – 24 si oÿrent C E – dessus eulx C – les d. en l'air E – 25 qui c. et usloyent C – comme cors (*sic*) et lyons et comme loups C, si com lyon et come leu et come tor D – ou come tor E – 26 Puis pristrent celui qui avoit retenu ce que le mort avoit ordonné en my l'ost C, et pristrent celui tout vif entre le pueple et l'enp. E – et l'emp. C – 27 Que vous en d. C D E – Quis fu par .iiii. jours a p. et a ch., par m. et par valees, mais onques ne pot estre touvé C – jors et .iiii. nuis (par m. et par v. *manque*) D E – 28 si ne pot estre trovés D E – Au derrenier C, (As d. *manque*) A (Au E) dosime jor aprés D E – 29 emprés ce C – avec son ost s'en aloit C, od toute s'ost s'en a. D E – 30 par les destrois de N. D E – fut trouvé mort et d. C – 31 dessus C, sor D E – estoit prés C, prés estoit d'une Cité (cité E) a trois jornees de la ou il fu ravis D E – 32 .iiii. journees devant C – 33 gecté le corps de lui illec et avoient emp. l'ame C, ilueques le cors gété D, illuec jeté le cors E – 34 (si *manque*) s. tous ceulx C E – qui r. les a. des mors qu'ilz leur ont commandé de donner C – as mors r. que on lor a c. a departir D E – 35 qu'il en (en *manque* E) sont d. D E – dampné p. en enfer le puant C, dampné p. se il nes departent si comme il doivent E

VIII

1 *Rubrique manque* C, Chi conte comment Agolans fu quis del roi Charlon et de Milon d'Angliers (d'Anglere E) par Espaigne et coment il se combatirent a lui (a lui ... par Esp., *l. 5, manque* E) D E – 4 Emprés C – a cerchier C – avec leur ost C, od toute lor ost D – 5 eurent g. p. cerchié C, orent quis D, Quant mont l'orent quis E – il le t. en une terre D E – 6 Champ C, Chans D, Chauz E – une aigue E – 7 qui a nom Cera C, qui a a (a *manque* E) nom Oria D E – ung beau pré C, un beau prez D – 8 y eut depuis C – chapele en l'onour de .ii. glorious martyrs E – aide du roy Ch. en l'onneur de s. F. et s. P., deux glorieux martirs qui illec

88 Le Turpin français

gysoient c – 9 Charlemaine en l'onor de deus glorious m., s. F. et s. P., qui cors gisoient la (qui ... la *manque* E) D E – 10 Sy i C, Li (*sic*) i (S'i E) est. li rois Charles D E – abbaye et y mist des moynes C – si y fist C D, et fist i E – 11 ville molt planteureuse C – et mout plentiveuse D, et molt plenteive E – avec son ost C, o t. s'ost *manque* E – 12 ert, celui Ag. C – la bataille C – 13 .xx. chevaliers contre C, u .xx. encontre (encontre *ici et par la suite*) D – (ou *manque*) .xl. C – 14 contre .m. ou deux contre deux ou ung C, mil u deus mile encontre deux mile u .x. mile encontre .x. mile u .ii. encontre .ii. u un encontre un (u .ii. ... encontre un *manque* E) D E – 15 eut oÿ C – si envoia C E – (si *manque*) furent C – encontre cent ou mil encontre mil, u deus mile encontre deus mile, si furent ocis D – tantost ocis E – 16 .c. *manque* C D E – Emprés Ag. en y envoya C, Aprés Ag. en (en *manque* E) envoia D E – en contre .cc. *manque* C – et furent tous octis (li p. *manque*) C, si f. o. lé sien D, et f. o. li Sarrasin. L'une partie s'en fui et l'autre partie fu occise. Puis .ii. mile contre .ii. mile et furent o. li Sarrasin. Aprés tout ce, au t. j. aprés E – i *manque* D – 17 renvoya C – 18 si furent octis une partie et l'autre partie C, si fu o. l'une p. et D – Aprés ce al tier jor D – 19 emprés C – Ag. gecta C E – et vit C, et sot que D E – 20 manda pl. b. a l'andemain s'il vouloit C, manda qu'il voloit qu'il feissent p. b. D E – la quelle chose fu octroyee C – 21 si otroie D – de l'une p. et de l'a. E – nuit dou jour E – 22 l'une partie ... bataille *manque* E – 23 droites devant leurs h. es prez devant le fleuve que j'ay n. dessus C – devant lor tentes E – 24 es prez que je voz dis (ai dit E) devant D E – 25 et quant ce vint au matin C – si *manque* D – 26 fueille C E – fueille, c'est a savoir ceulx qui C – devoient l'andemain en b. recevoir m. D, d. morir en la b. et r. m. l'endemain E – 27 martir pour la foy Nostre Seigneur. Si C – Molt s'esmerveillierent D, Mont se m. E – ne voz D, (plus ... dire *manque*) de cele grant m. N. S. Il les t. E – 28 et les C, et si les D – 29 qui y demourerent C, qu'il rendirent E – 30 si vindrent D E – longues perches C – et g. b. crut E – et crut le boys grant qui est encore en ce lieu, si en y eut grant partie de ces boys qui estoient de fresne C – 31 celui meisme lieu D – si en i a de fraisne le plus (le p. de f. E) D E – 32 Cy eut une grant et merveilleuse joye, prouftable chose C, Che fu m. senefiance de grant profit (honor E) as armes et damage (et dou d. E) as cors D E – 33 Que vous diroye (en d. D E) plus C D E – Ce jour fu la b. grant d'un contestant et d'autre C – 34 uns encontre (contre E) les autres D E – et en y eut octis des Crestiens .xl. et C, si i f. D E – des Cr. D – 35 (d'A. *manque*) qui fu pere du conte R. C, Anglere (li p. R. *manque*) E – et y r. mort avec eulx celui auquel les hantes furent trouvees foillues C – 36 les lances furent f. E – de Ch. fut octis soubz lui C – i *manque* D E –

37 Quant Ch. se vit a pié avec ses Sarrazins o deux mille Crestiens C, et quant il furent a pié en la b. E – 37 des S. *manque* D E – 38 remés *manque* C, qui a pié estoient D, qui i estoient, il E – il tira C – 39 Joiouse s'espee D E – Joyeuse, et embraça son escu et fist illec merveilles de lui si come hystoire le tesmoigne comme celui qui frapoit des coups si ruddes qu'il tranchoit maintes chevaliers au travers des corps d'un seul coup. A la vespree C – a la vesprer E – 40 li S. se retraisent ariere et li Crestien (li nostre E) autresi (ensuze *sic* E) s'en ralerent (alerent E) a lor herberges (tentes E) D E – s'en alerent C – 41 emprés C, L'endemain D E – d'Ytalie C D – marchis en aide au roi K. et estoient de la contree de Ytale E – 42 qui am. .iiii. (m. *manque*) homes C – .iiii. m. chevaliers D E – 43 bien en point C, bien ardanz D, bien vaillans a armes E – l' *manque* C – si s'en ala en C, si s'en D, si se trest en suz en sa terre E – 44 Ch. s'en revint avec son ost C – sa gent E – 45 vous ay devant contee C – vos *manque* C – 46 les saluz E – a cels D E – por la loi N.S.J.C. D E – 47 Ainsi comme C, Autresi come D – ap. lor a. E – s'ap. d'aler (por aler D) C D – 48 autresi D – 49 nos belles v. C D – noz *manque* E – contre C E – Qar ... es vices (*l.* 62) *manque* E – 50 bien s. que C – foy contre m. oeuvre C – 52 continuelle or. C – 53 les t. dyaboliques C – pouvreté encontre bonnes meurs C, p. encontre richoise D – 54 (ou pes ... de la char *manque*) la lance de lui sera f. C B – 55 s'arme sera D – v. aujourdui C – 56 d. Dieu *manque* C B D – 57 beneuree et *manque* C B – au royaume C – des cieulx C D – l. se combatra C, l. se combat D – 58 en terre *manque* D – si comme l'a. C, car li a. D – 59 ne s. point C – es cieulx C – ne s. c. en terre l. D – 60 autresi D – alerent en b. D – 61 N. S. Jhesu Crist C – autresi D – morir es vices et *manque* D, mourir en ce monde de vices et vivre en s. v. C B – les vices (L. 49) et conquerre teus vertuz que nos peussons aler seurement contre le deable nostre anemi et avoir la perdurable joie de paradis E – 62 nous puissons avoir C D – 63 es cieulx la couronne de vie et de victoire. Emprés assembla C, la p. g. del chiel D

IX

1 *Rubrique manque* C, De Klm. E – conte D E – Ch. ala come messages au roi Agolant D – coment Kl. ala a Gene et amena molt de genz avec lui et comment Ag. vint de l'autre part qui amena o soi plussors rois et grant plenté de Sarrazins: les Meus E – 3 Emprés assembla le roy Ag. C – pluisors rois et grant plenté de Sarrasins et de molt de manieres de mescreans: les Mors, les Turs, les Aufricans, les Moabitains, les Persiens, les Ethiopiens; Tarafin D – 5 Gerafin *manque* E – d'Arage D – 6 Avice

manque E – 7 Alier *manque* D E – 9 et l' C – et s'en vint avec ses grans gens jusques a Geneve C, Ag. s'en vint od tous cels D – avec cels E – dusques (dusques *manque* E) a Agene D E – 10 en G. *manque* E – si la p. *manque* C – (si *manque*) manda C E – 11 pes, a poi C, si am. poi de ch. *manque* E – 12 Aprés si (ce E) dist a ses homes: 'Je li prometerai .xl. (ja assez .xl. E) chevaus chargiés d'or et d'argent s'il veut faire mon commandement D E – 14 affin qu'il le cogneust pour C – le (li E) voloit la mener et que il le peust ochire en b. D E – 15 Ch. qui bien se pensa qu'il ne lui avoit pas ce mandé si non pour son mal C, pensa et sot que E – il print jusques a deux chevaliers (C *omet* mille *ici, et plus loin deux fois; voir l. 36, var.*) des meilleurs qu'il eut C, si prent ... (meillors *manque*) E – 16 s'en vint avec eulx C, si les mist pres de E – 17 mucier E – chev., fors que jusques a .lx. des meilleurs qu'il esleut C, et .xl. des millors en eslut D, et en E – 18 et vint avec ceulx .lx. jusques au mont qui est prés de la cité dont la cité puet bien estre veue C – pres estoit D – 19 pooit D – et illec laissa ces .lx. sur la montagne C, si (et E) laissa cels ilueques (iluec ceuls E) qu'il menoit (sor le mont *manque*) D E – Puis changea sa robbe et ses draps et print a compaignie ung des .lx. chevaliers et s'en alerent tous deux vers la cité ou Ag. estoit C – 20 v. a un de ses ch. et s'en ala en la cité E – sans leurs lances, leurs escuz dariers leurs doulx C – 21 sanz escu derriers E – estoit acoustumé en ce t. C, comme c. estoit E – 22 a ceuls E – Si come ilz approucherent de la cité, si avint que les Sarrazins s'en yssoient qui leur d. qui ilz estoient ne qu'ilz qu. C – de b. Soi tierz i entra li rois. Cil de la cité lor d. que il qu. E – 23 et il leur r. et distrent qu'ilz estoient messagiers de Ch. le Grant et qu'il les envoioit au roy Ag., et ilz les m. et conduyrent jusque a demenoys la cité ou Ag. estoit et lui distrent leur message: 'Le roy Charles nos envoie a toy et te mande C, queroient. 'Nos somes,' distrent il, 'm. Charlemaine (m. le roi K. E) D E – 24 qui nos E – 25 en la cité *manque* E – 26 toi, et veut devenir tes hom, et il vient a toi si com tu li mandas od .xl. chevaliers et veut (et i veult E) parler a toi se tu li veus doner ce que tu li eus en covenant (tu li as promis et ce que tu li as en covent E) D E – 27 si comme C – avec (solement *manque*) C – et vieult C – 28 velt *manque* C – se tu ... en boene pes *manque* C B – 29 Por ce *manque* D E – ensement D E – .xl. D E – 30 en b. p. *manque* D E – Lors (s'arma Ag. si *manque*) lor dist Ag. D E – et leur dist C – 31 s'en alassent C – s'en r. (alassent E) et deissent Ch. qu'il D E, si *manque* C – l'at. tant qu'il (jusqu'a ce qu'il E) eussent parlé ensemble D E – L'encore (*lire* N'encore) D, Encor ... parlé *manque* E – 32 qui eust parlé a lui C, qui eust D – 33 et Ch. C – Ag., et Ag. vit C – et vit et choisi E – 34 entor lui D, entor lui estoient C E – et regarda bien C, et resgarda E – quel cousté C, par de quel p. E – 35 vint arriers aux C, s'en vint a ses .xl. D, Aprés ce s'en vint aprés ses .xl. E – 36 et d'illec s'en ala jusques la ou il avoit laissez les deux (milliers *manque*). Emprés que Ch. qui estoit venu en semblance de messagier devant le roy Ag. et puis fu revenu, [Ag] fist armer de ses chevaliers jusques a .vii. (miliers *manque*) et monterent es chevaulx arabiens et se mistrent emprés Ch. et Ag. mesmes avec eulx tous entalentez d'octire Ch. car ilz ne queroient autre chose. Et Charles, qui bien savoit leur mauvaise pensee de lui mal faire, se partit de la terre et s'en vint en France pour assembler gens. Et quant il eut assemblé ses osts, si s'en retourna en la cité d'Agene ou Ag. estoit et l'assigea et y tint le siege .vii. moys – si *manque* D, et ralerent ensemble des qu'a .ii. mile que il avoit repos E – mile que il avoit plus ariere laissiés D – (et *manque*) Ag. s'arma et les siewi au plus tost D E – 37 mena od soi D E – chev. armés D E – 38 qu'il quidoit Ch. trover et ocire D, que suir les cuida E – (Mes *manque*) Ch. s'en repaira od toutes ses gens et vint (s'en vint E) en France, si gaaigna bien por aler que li rois Ag. ne l'engigna. Quant il fu venus en France il assambla (si gaaigna ... Franche *manque*, et assembla E) D E – 40 molt *manque* D E – 41 et rala ariere ... Dagene D E – si (et E) assist la vile et i sist .vi. (.vii. E) mois D E – 42 septiesme (mois *manque*), fist lever ses engins et son artillerie et fist faire ch. de f. pour l'assailir le landemain. Et. Ag., qui vit bien que la cité estoit bien prenable, si se partit de la cité de nuyt par les ch. p. et par les pertuis des chambres avec .vi. de ses roys et ses p. h. h. et passerent la riviere de Garonne qui est devant celle cité et ten (*sic*) ceste maniere eschappa C – ap. as murs D E – les p. D – 43 mang. et ses berfrois et ses ch. de f. et ses t. et ses m. et ses autres engiens D, mang. et ses berfroiz et ses engiens E – 45 issi une nuit D E – od .vii. rois et od le plus de ses h. h. D, nuit, et K. s'en aperçut, si i ot ocis des Sarrazins une partie E – 46 qui cort D – 48 joie et a grant victoire, et y ot C – 49 une partie C D – l'aigue d'Antone; .xx. m. en i ot ocis E – 50 et nonobstant y eut il octis jusques ad .x. .m. C – il i ot o. .xx. mile S. D

X

1 *Rubrique manque* C, De Klm E – Ci est li miracles des lances qui foillierent et li contes coment Charles chaça Ag. dusques a Saintes qui dont estoit el commandement des Sarrasins. Qant Ag. s'en fu fuis d'Agene et eschapés des mains Ch., il vint a Saintes et la demora D, Ci raconte comment K. chaça Ag. jusques a S. qui adonc estoit ou c. as S. La demora E – 3 Emprés ce vint Ag. en la cité de S. qui lors estoit au c. des S., et y demoura avec ses gens, et il fut mandé a Ch. lequel chevaucha avec son ost jusques la et lui comanda qu'il lui r. la cité C – 4 homes. K. s'en repaira

en France et fist son ost, puis rala arrieres et manda a Ag. E – 5 rendist la cité de S. D E – Mais le roy Ag. n'en voulut riens faire C, mes *manque* E – 6 ains demanda b. C, ainçois D E – issi a la b. encontre D – lui pour ce que la cité fust au plus fort, et ainsi fut octroyé C – 8 estre, au matin avint que une partie C – ficha E – droites en t. *manque* C, droites *manque* E – 9 terre es trez (*lire* prez) devant lor tentes pres dou chastel E – ses herberges C – h. en le chastel D – 10 qui *manque* E – l'aigue de E – qui au matin C – 11 fueilles C D – ce estoient C – 12 lances de C D E – en la b. *manque* C E, l'andemain en la b. D – le martire C – 13 Quant les Françoys virent ce g. m. C – si en furent molt merveillez et couperent ces lances jusques pres de la t. C, il s'esmerveillierent D, il s'en E – 14 si les ... terre *manque* E – Puis s'as. C, si se samblerent D, si semblerent E – s'a. les premiers C, 15 al. premier E – et oc. molt des S. C – 16 et en la fin f. o., et fu ocis li ch. K. et fu a pié E – porté es saints cieulx et c. de courones perdurables et de ceulx qui en ceste maniere furent octis, en y eut environ de .iiii. m. si comme l'histoire le me dit C – 17 Illec fut o. le ch. de Ch. soubz lui qui ce jour fut molt engoisseuz de la presse et des grans batailles des Sarrazins qui vindrent sus lui adesroy et s'il ne fust (*cf.* B: et se ses cors ne fust), il fust mal prins a noz gens ce jour. Mais comme vaillant chevalier, il tira son espee et embraça son escu et se mist en la presse tout a pié et se print a octire les S. et detranchier ne nul ne vous sauroit dire ne conter la merveille qu'il fist ce jour, car par sa rude prouesce furent ce jour les S. vaincuz et desconfitz comme ceulx qui durement estoient lassés des Crestiens qu'ilz avoient octis. Et les S. qui plus ne peurent souffrir les rudes cops de Ch. se mistrent en la cité et Ch. les suivit et assigea la cité tout a l'entour fors devers l'eaue C – 18 ses gens D, sa gent E – force en lui meisme (meisme *manque* E) D E – et ocist E – par lui *manque* D E – 19 des S. D – qui travellié estoient (est. t. E) D E – 21 aprés *manque* E – et assist E – la cité D E – 22 de genz E – par devers D E – emprés s'en fouyt Ag. C – 23 avec son ost C, o toute sa gent E – Ch. l'apparçut fuyant, si se mist aprés lui et octist C – 25 B. et des Sarrazins E – dusques a (dessi qu'a E) .xliiii. mile D E

XI

1 Les noms des barons qui acompaignerent Charlemaigne en Espaigne C, Ci r. c. li rois Ch. repaira en France et asembla ses os de rechief por D, De Klm. Ci r. c. K. ala en Fr. et assembla son ost por mener en. E – 3 Adonc laissa Ag. Gascoigne et passa C, passa Ag D E – de Syre D E – et vint C E – 4 P., et la refist et la garnyt et refist les murailles qui estoient cheues. Puis manda Charlemaigne qu'il l'actendroit illec a bataille

93 Variantes

pleniere. Et cil Ag. qui molt desiroit de venir au dessus de Ch. et de ceste guerre, manda par toute Esp. la large et en sa propre terre les Sarrazins et Esclavons et tous les barons si come par arriere ban, et assembla grans gens a merveilles a cens et a milliers. Et quant Ch. le sceut, si s'en retourna en Fr. et manda tous ses contes, ducs, barons et autres princes par sa toute sa terre (sic) qu'il venissent tous a sa court. Et si fist crier son ban C, Panpelune, et manda tous ses (les E) haus barons de sa terre pres et loign que tuit venissent a sa cort, et puis manda a Ch. qu'il l'atendroit por combatre. Quant Ch. oï ce (l'oï E), il manda tous ses haus barons de sa terre et loign et pres (de sa t. ... et pres *manque* E) que tuit venissent a sa cort (a lui E) et fist crier son ban (son ban *manque* E) par toute F. D E – 8 estoient souz E – a leurs seigneurs C, a seignor D, as s. *manque* E – si *manque* C – 9 de chief *manque* C, s. dou chief D, de lor chief E – en quel m. il D, – et en quel que m. il E – fussent subjetz C – 10 que tous ceulx C – aprés lui E – les S. C – 11 franchissoit C D – et els *manque* C – Que vous en d. D E – 12 (Toz *manque*) Cel D, Toz *manque* E – que il D E – 13 (cels qu'il trova *manque*) les nus revesti D E – 14 revestit, et accorda ceulx qui avoient entr'eulx discord C – (les *manque*) anemis E – 17 il les *manque* E – apaisa D E – et rendit a ceulx qui estoient gectez hors de leur heritage leurs t. et leurs h. C, cels qui mis erent (qui ierent mis E) fors de lor yretages (heritaige E) D E – 15 rendi et (et *manque* E) honors et t. D E – et a tous ceulx qui povoient porter a. qui estoient deffensables, il dona C, A toz D E – 16 porent a. porter D – et uns et autres *manque* C D E – armes *manque* D E – et les ap. C – 17 (et *manque*) tous E – tuit *manque* D – cels que il haoit D E – 18 et p. et est. *manque* C D E – (les *manque*) rappella a C D E – amour et a sa court, et ceulx qui estoient estrangez et privez de lui, leur pardonna et fist bonne paix a eux par la volunté de Dieu C – v. Nostre Seignor E – 19 Et *manque* D E – Charles mes sire D E – d. ces Sarrazins C, la gent sarrazine D E – 20 li *manque* C D E – les *manque* C – les assous de lor p. et les b. D E – 21 de leurs p. C – Quant Ch. ... contre Ag. *manque* C, Quant li rois ot assemblee sa gent, si s'en ala en Esp. encontre (contre E) Ag. D E – 23 rubrique: De Kl. et des barons E – Cy sont C D E – de h. h. D, des barons C, des hauz b. E – avec Ch. (avec Ch. alerent D) en Esp. C D E – 24 Je, dit Turpin C – i alé *manque* C, (i *manque*) aloie od lui D, alei o lui E – chascuns jors D – 25 ens. a bien faire C, lor ens. le bien a f. D E – 21 pechiez, et les faisoie hardiz par predication contre lor anemis, nes je meismes i ocis maint S. E – 26 de ma lance et de mon espeee maintes (sic) felons Sarrazins C – molt de S. D – 27 R. le conte du M. qui estoit Sires de Blais, le neveu de Ch., ung tel chevalier que onques n'en fut veu de meilleur ne de myeulx entachez ne de plus seur en la bataille, filz du duc Millon et de Bretain C – 28 nez *manque* E – Brehaigne D E – (la *manque*) seror le roi Ch. E – lequel mena avec lui C, si (et si E) mena de sa propre gent D E – 29 d'armes C – Ung autre R. y fut C, Et si E – dont je ne vueil pas maintenant parler C, dont il n'est ore pas tens de parler E – 30 (Et *manque*) Si ala D – Ol., le conte de Geneve, filz du conte Reniot, merveilleux chevalier et sage en b. qui y mena .iiii. m. hommes preux en armes et combatans C – Ol. od le roi D – 31 (et *manque*) sages E – 38 a armes D E – si (et E) estoit D E – 32 cuens *manque* E – de Geneve D – au conte E – .iiii. m. D – 33 Et si y C, Si ala od le roi (avec lui E) D E – Hestor de L. C – le f. C – du conte C, a conte D, au conte E – Odon aveques lui E – .iiii. m. D E – 34 Et Arrestaut C, Et s'i E – Riarestains D E – (li *manque*) rois E – a .vii. C, avec lui .vii. E – .vii. xx. h. combatanz C – 35 autres estoit rois en D – y avoit lors en C, estoit adonques E – dont je ne v. ores p. C, de qui D, mais n'en dirai sor lui or plus E – 36 Et si y C D E – le duc C D, Eng., cuens d'Aq. E – o .iiii. ... cité d'Aq. *manque* E – Et lors y avoit C – 37 de qui D – ores plus C – 38 Celui Ang. estoit Gascon né d'Aquitaine C, estoit de Gascoigne nés de la cité d'Aq. D – 39 Ceste cité, que l'ystoire appelle Aquitaine, est assise entre L. C – seoit entre E – Poictou C D E – Poictou, laquelle fonda Aug. C, et la E – 40 et l'appella C, et si D, et la E – par celle C, (et *manque*) A cele D E – 41 il a lui C – (et *manque*) Bourges C – Poictou C D E – (et *manque*) Xainctes C – 42 avec toutes C, et toutes E – et n. tout ce p. Aq. C, et ses n. ensemble Aq. E – tuit ensamble D – cité si comme l'ystoire dit fut C – 43 gastee D, gasté remesse E – aprés D E – de celui Ang. C – car tous les citoiens furent C, car li citeain furent D E – 44 mort en E – a R. C – Roncevaulx. Avec ceulx que je vous ay ja nommez devant qui alerent en Esp. avec Ch., ala Angelier le roy de Bourdelle C, R. si ala en Esp. od Ch. Gaifiers li rois D, si ala aveuc Ch. Gaifiers E – 45 ala Gale (et Gelin *manque* D), Gelier et Gelin et *manque* E – 46 et Baudouyn C D E – le frere de R. qui en menerent .x. m. hommes, et Hoes, le c. de N. o deux cens h., et Gondrebue ... et Ernault de B. II C. C – et G. D E – 47 li cuens *manque* D E – 48 Hernauz ... .ii. m. h. *manque* D – Naimmes ... .x. m. h. *manque* E – 49 (o *manque*) .x. .m. C – et Ogier C – le (le *manque* E) roy de C E – dont en chante ... que il fist o *manque* C, de cui on parlera touz jorz par les proesces E – 51 et L. C, Lamberz ... *manque*, Sanses *mis aprés* Costanz E – (o *manque*) .ii. C – 52 et Faulses C – (o *manque*) .x. m. C – C. de R. .xx. m. C, (li *manque*) prevoz E – 53 Ernauz d'Aub. E – 54 Guillin *manque* D E – et Garin le duc de L. (o *manque*) C – 55 d' *manque* C D E – li Bourgueignoun E – Begues *manque* D E – André (Hubers D) le Bourgoignon C D, – Renaut de N. C – de Nulli D, Bernarz

95 Variantes

(de N. *manque*) E – 56 Guinar *manque* D E – Tierris, Estormiz E – Berengiers et Aces de Gene et Aces et Yvonez et Guenes E – 57 depuis C, fist puis E – traison. Cist i alerent od .x. mile homes, et D E – Et quant tous ces gens furent assemblé, si furent .xl. m. chevaliers, mais des gens a pié nul fors que Dieu n'en sceut le nombre, tous s'estoient assemblés des terres et des regions qui estoient obeÿssans au commandement de l'empereur Ch. Ainsi C – 58 .xx. m. D E – a chevaux E – en i ot a pié E – 59 n'en sot le nombre D E – (et *manque*) Ainsi E, (et *manque*) Quant ensi D – K. emp. de R., r. de Fr. E – 60 li emp. D – conquist avec ces gens toute la terre d'Esp. ou non de N. S. C, c. o ceste gent a la loy N. S. toute Esp. E – a l'onor D – 61 s'assamblerent ces osts C, s'as. toute l'os D, Adonc assemblerent es E – 62 et covroient C, si covri D, si convertirent t. la t. E – et de large C, de l. et de l. *manque* D, en l. et en l. E – jornees granz E – 63 bien *manque* C – oïr le bruyt des clarons et trompetes et des cors et des ch. de douze l. loign C, si pooit D – (de *manque*) .xii. l. quant il passerent les porz E (*voir la suite, var.* XII, 2)

XII

1 Comment Hernaud vint a Pampelune C, *rubrique manque* D E – 2 (quant il passerent les porz.) E. de B. passa premiers E – premiers C – les porz *manque* E – et vint C E – 3 et aprés lui ala Est. le conte de L. C, Aprés passa Est. li cuens (li cuens *manque* E) de L. D E – et emprés eulx y ala le roy Arister C, aprés passa Riarestains li rois de Bretaigne D – Riarestains (li rois *manque*) E – 4 Eng. d'Aquitaigne D – li dus Gondebous E, Gondelbues de Frise passa puis D – 5 Emprés C – passa Ogiers D E – et (et *manque* E) puis C. de Rome D E – A l'enderrenier C – passa Ch. D, (Au d. *manque*) K. li rois ala aprés E – 6 le roy Ch. C – avec ses C – o t. ses a. g. *manque* E – si c. ses genz E – 7 tres l'iave de E – jusques aux mons qui sont devant la cité de Pampelune a troys lieues loing de la cité ou chemin de s. J. C, dusques a un mont D E – qui pres estoit de la cité a .iii. l. en la v. mon seignor s. J. E – 8 et mistrent C E – 9 Lors si D – a *manque* D – sa cité C – 10 ou qu'il C D – encontre D – en b. C – Quant le roy Ag. vit les gens grans de l'empereur Ch., si eut molt grant paeur et s'esmerveilla molt de sa puissance et vit bien qu'il ne p. tenir la cité contre lui C – 11 pas *manque* E – a issir D E – contre (encontre D) lui en (a D E) b. C D E – que mourir l. C – 12 Lors m. a Ch. C, Adont si manda D – 13 tresves et seurté C – hors de C, issues de D, issues fors de E – 14 et tant ... a veoir *manque* C – p. a lui E – 15 car il D, car durement le desirroit a v. E

XIII

1 *Rubrique manque* C D E – 2 En ceste maniere furent octroiees et donees les trieves d'une p. et d'a. Lors yssit Ag. avec tous ses gens de la cité C, Si comme il orent donné trieves de l'une p. et de l'a., Ag. a tout son ost issi fors de la cité et eslut E – 3 od tote s'ost de la c. D – Si print jusques a .lx. des plus haulx de ses homes et vint a Ch. la ou il estoit a une lieue de C – et eslut E – .xxx. de ses meillors homes D E – 4 si vint devant le roi E – o tote s'ost *manque* D – une leue *manque* E – 5 cité, et ses oz demora, et Ag. ala parler a K. la ou il estoit E – Ag. et l'ost de Ch. estoient en unes grans plaines auques pres de la cité C – estoient D – 6 d'en coste D, de coste la cité *manque* E – Et d. l'un ost de l'autre le chemin de s. J. C – 7 partie *manque* D, si les d. la v. S. J. K. dist a Ag. E – Et lors C – (Lors *manque*) Ch. li rois (li rois *manque* E) dist a Ag. D E – es ci (*sic*) Ag. E – 8 qui m'as prise ma terre en la terre de Gascoigne C – ma terre *manque* D E – 10 ma terre d'E. E – et de G. *manque* E – 9 j'avoie C, je conquis D, ai conquis a la loy Damedieu et soumise a sa loy et a sa creance E – et que j'avoie soubzmise a la loy crestienne, et as octis les Crestiens que j'avoie laissez quant je m'en alay en France, et as destruit et degastez mes c. et mes ch., et as arse toute ma terre C, et sosmis a sa loy et a sa creance D E – 10 je m'en ralai E – 11 avoie laissiés D E – si gastas D, (si *manque*) tu degastas E – les c. et les ch. D – 12 et as arse ma terre et destruite; mont en sui dolenz E – et si D – 13 et (molt *manque*) C – Quant Ag. ot oÿ parler Ch. sarrazinois C, oï parler le roi s. E – le roi Ch. qu'il parloit D – 14 et s'en esjoÿt fort C, molt en D, et en ot grant joie E – 15 (et *manque*) Klm. avoit apris a p. sarrazinois E – il demoura molt grant p. comme il estoit e. C, a T. en s'enfance, car il demorra od le roi Galafre D, a T. quant il fu e. quant demora o le roi Galafre E – 17 te requier D E – a mes gens leurs terres C – 18 la terre ou tes p. ne tes a. n'ot onques neant E – ne ton aious C – 22 ne t. jamais par heritaige C, ne ne vint pas d' D, ne ne doivent avoir par heritaige E – 19 'Por çou,' ce dist D – 20 qui crea le c. et la t. C, li c. ... terre *manque* E – nos gens crestiens C – 21 sur toutes a. gens du monde C, d. toute la gent D, sor totes genz E – que sor touz aüssent seignorie E – 22 seigneurs du monde C – fis ge convertir D – 23 tes gens s. C D – sarrazine *manque* E – a la loy crestienne C – si com E – j'ay peu C – Il n' C – 24 nostre gent soit sosmise al c. de la vostre (a la vostre ne a ses commandemenz E) D E – des voustres C – 25 mieus de D E – Nos aorons et creons et servons M. D E – 26 fu messagier C D, fu m. E – et le nous envoia lequel commandement nous tenons C, si faisons son commandement. M. nos dist chou qui est a avenir et si (si *manque* E) savons bien que nos vivons par lui. Si avons ... par els (Si avons ... par els

manque E) D E – 27 Et avons C – 29 qui sont a avenir, et les C – 'Hee!', dist Ch. a Ag. C – 'Ha!' dist Ch. a Ag. (a Ag. *manque* E) D E – 30 tu erres en ce que C, ci mescrois tu (tu, Ag. E) D E – car nos D E – 31 le c. (les c. E) d'un Dieu D E – tenez voz c. vains et nous adourons le Pere C, voz lé tenés de v.h. D E – 32 (Si *manque*) Nos aorons et creons et servons (et s. *manque* E) un Dieu (un seul Dieu E) qui est P. et F. et S. Esp. D E – 33 vous aorez et creez E – 34 et emprés nostre mort, noz ames vont en paradis en la vie perdurable par C, (et *manque*) Nos armes par nostre creance seront (serons E) salves en paradys D E – 35 et voz chetives ames C, et les vostres (les voz armes E) par la vostre creance seront en ynfer en perpetual paine D E – 36 si *manque* C, Pour çou vaut mieus nostre loys que (de E) la vostre D E – 37 (et *manque*) Pour ce te dy que C, (et por ce *manque*) Si vos (te E) pri et requier que D E – toi et tes gens recevez C, vous et vostre gens rechevés D, reçoives E – 38 et v. et demoureras en C, et vivons en (mes en E) pais et soions ami D E – ou t'en vien batailler C, ou voz, si vos volés, venés a b. D, ou tu se tu veulz, vien a b. E – 39 b. contre E – je pas D E – 40 je receive D E – ton baptesme C – et que je laisse mon d. M. C, ne renoi M. E – 41 mais moy et mes gens nous combatrons contre toy et contre tes gens par ainsi que C – et ma gent D – et mes genz ... ta gent *manque* E – 42 plus puissanz a E – 43 que la vostre *manque* C – que nous gaignerons C, que nos vos (vos *manque* E) puissons vaintre D E – et se la vostre C D E – li est plus plaisans (puissanz E) D E – 44 (que *manque*) nous soions E – en telle maniere que ceulx C, et si que D – si que ... vaincu *manque* E – 45 r. et honte a tout temps mais C – en aient joie et *manque* E – 46 joye et lyesce p. C – (Et *manque*) aprés D E – emprés C – 47 que *manque* C D E – mes gens sont vaincuz C, si je sui veincus et jou puis (en puisse E) vis eschaper, je receverai b. D E – demeure vif C – 48 Tout en ceste maniere fut octroyé C – ceste p. *manque* E – 49 chevaliers *manque* E – contre E – 50 la b., et assamblerent les ungs aux autres et incontinent les S. furent octis C, la b., si se combatirent par tel convenant qui devisés fu, si furent tantost veincu (et t. f. ocis E) li S. D E – 51 en renvoia Ag. C, en envoia D, Aprés ce, K. envoia E – encontre D, .xl. Crestiens contre .xl. Sarrazins E – qui incontinent furent octis si comme les autres devant C, et tantost furent veincu li S. E – tuit li D – 52 en renvoia C, en env. D, envoierent E – encontre D – et y furent octis tous cent C, si furent ... s'en f. li Cr. *manque* E – en ye. c. contre c. et les Cr. s'en fouyrent et ilz furent C – 53 et si furent D, et furent ocis li Cr. en fuiant E – 54 Et ainsi demoustrent l'enseigne ceulx C, Chou (Et ce E) senefie que qui se combat D E – 55 Car ceulx qui se doivent c. C – foi de (de *manque* E)

98 Le Turpin français

Nostre Seigneur C D E – 56 ne doivent pas fouyr en n. m. en arriere C, il ne doit pas (pas *manque* E) fuir en n. m. ne torner ariere D E – et ensi ... maus a fere (*l. 62*) *manque* E – 57 furent ilz C – qu'ilz fouïrent C – 57 quels Cr. (*lire* Que les Cr) D – 58 durement combatre C D; *voir la note* – encontre D – vices et les maulx C – s'il recuillent en a. fuiant C – 59 l. en leurs pechiez C – 61 c'est le dyable qui leur enseigne C, c'est les d. D – 62 a faire leurs maulx C – le saint apoustre C – 62 dit que C – 'Qui bien ne se combatra assiduelment ne sera pas saus E – coronés en paradys D – 63 Emprés ce renvoia Ch. C – .v. c. Cr. encontre .v. c. S. D, .v. c. contre .v. c. (S. *manque*) E – 64 encontre C – et les S. f. o. C, et f. li S. o. E – et puis aprés .m. E – en envoia C – 65 et furent C E – Emprés ce p. C – 66 d'une partie E – et vint C, s'en vint E – 67 lui dist C – lois cretiene D, lois aus Cr. E – vaut D – que celle C, de celle as S. E – 68 et dist C E – que l'andemain il recevroit le b. et tous ces gens C, que sanz demorer il et sa gent recevroient b. l'endemain E – et toutes ses genz D – 69 retourna Ag. C s'en rala Ag. E – a ses gens C – et lors dist C, (et *manque*) si D, et lor dist qu'il E, dist a ses roys et a ses barons qu'il C, dist a ses rois qu'il D – 70 Si commanda C D E – 71 a trestous D – que tuit se b. E – si lui o. C, l' *manque* D, Assez i ot de ceuls qui ne le vouldrent otroier et assez de ceuls qui l'ottroierent E

XIV

1 *Rubrique manque* C, por qoi Agolans refusa baptesme (*copié comme si c'était la fin du chapitre précédent*) D, De Klm. et de Ag. Ci raconte comment Klm. et Ag. disputerent de lor loys E – 3 Au l' C – entour l'eure C, entor eure D, a l'ore E – quant donees orent tr. E – 4 triwes donees D – les uns entre les autres C, li uns as a. *manque* E – 5 a l'ost Ch. E – pour soy faire b. C, soi b. E – et le trouva disnant a sa table et vit qu'il y avoit de molt belles tables mises entour lui ou il vit assis pleusers manieres de gens vestuz et atournez en diverses manieres C – Quant il vint, si le trova seant a son mengier et vit maintes tables E – seoir a sa t. D – 6 maintes tables mises D – 7 en d. manieres D, de diverses robes et de d. manieres E – ung vestuz comme C, uns fu (*lire* si) com D, si *manque* E – (*pour les variantes de* D E *suivantes, voir* 'Le Classement des manuscrits,' *RHT* XI (1981) 335, no. 8) chevaliers vestus (vestus *manque* E) de robes devisees, les autre com evesques de robes trainans de brunete D E – 8 de draps noirs C – vestuz si *manque* C D E – 9 draps blancs C – dras *manque* E – vestuz si *manque* C E, vestuz *manque* D – (si *manque*) comme clerc C D E – 10 p. autres gens v. diversement qui de chascune maniere demanda a Ch. C – de d. manieres D, et p. genz .v. de d. m., lors *manque* E – 11 Ag.

99 Variantes

d. Ch. (Ch. *manque* E) D E – de ch. m. de g. *manque* C – de gent D E – 12 qui il estoient E – li respondi E – 13 vestis (qui sont vestu E) de robes devisees (diverses E) sont mi chevalier qui mes batailles mi font; chil qui sont vesti d'une maniere de color sont archevesque et (a. et *manque* E) evesque D E – prestre et clerc de D – 13 vostre (*sic*) loy E – 14 qui le nos ens. et font confés (confés a Deu E) et nos absolent (et n. a. *manque* E) de nous pechiés et font a Dieu sacrifice (s. a Deu E) de lui meisme por nos D E – 15 absoulent (de *manque*) C – 16 Et ceulx C, Cil qui sont v. E – noir drap C – 17 moine et chanoine, saint home et prodome, et sont en assiduels oroisons por nos vers N. S. et nuit et jour loent Deu a chascune huere E – plus sainz homes *manque* C D – Deu *manque* C D – 18 N. S. Jhesu Crist D – Cil as blans dras sont E – 19 reguliers ch. C – et suivent C D, tiennent ordre et prient ensement Dieu por nous E – 20 et hores *manque* C D – prient Dieu por C, et loent Dieu et nuit et jor par pluisors eures et prient ensement p. n. D – 21 vit seoir Ag. C E – vit d'une part s. D – a une p. C – 22 vestuz p. C, mauvaisement v. E – qui estoient assis a la t. C, et si seoient a la t. D, et seoient E – et sanz t. et sanz n. mengoient, petit avoient a m. et a b. E – 24 Ag. d. D E – a Ch. *manque* E – qui cil estoient D, qui estoient cil E – 25 Ch. lui dist C E – Il sont E – 29 Dieu N. S. D – 26 qui sont ch. j. ceanz au mengier ou non E – .xiii. ap. E – 27 et lor d. a m. *manque* E – li *manque* E – 28 qui sont C E – bien eureulx C – car il ont D, (et *manque*) assez ont E – 29 sont bien C D – vestuz et bien aaisés C – Mais cil D E – Cil qui tu diz estre messaige de Dieu E – 30 gens de Dieu C – Dieu sont nu et poi ont a boivre et a mangier. Por qoi sont il D E – muerent il ... m. vestuz *manque* E – 31 (si *manque*) m. D – 32 et si l. sont d. *manque* E – sont *manque* C D – 'Mauveisement reçoiz le messaige ton seignour. Grant honte li faiz. Tu disoies que la loys des Crestiens valoit mielz que la nostre et estoit bone, mes ci moustre tu qu'ele est mauvaise.' Tantost dist Ag.: 'Je m'estoie venuz faire baptizier, mais or te demant congié de raler m'en E – 33 messagiers C – lui est C – 34 ensi reçoit D – ses serviteurs C – 40 qu'elle estoit C, qui ert D – 36 et s'en ala a C, Il repera a son ost et ne se v. fere b. E – 37 a Ch. b. C, bataille a *manque* D,ançois demanda b. a l' E – Bien apparceut le roy Ch. que Ag. avoit reffusé le b. C – 38 avoit lessié a recevoir b. E – sa loi et *manque* D – 39 si p. et l. apparailler C – p. et l. apareilliés D, qu'il vit nuz, il vesti toz cels l'endemain qui mestier en avoient (*ici, alinéa et rubrique De Klm*) E – 40 Pour ce, si vestit bien et apparailla honnorablement tous les povres qu'il trouva en son ost C – 41 Par cest exemple doivent tous Crestiens entendre quelle g. c. C – 42 qui ne s. bien C – ne fait as p. J. C. N. S. E – N. S. par ce qu'il le puisse faire D, por ce que il le puist faire E –

43 Par celle raison perdit C, Issi respondi Kl. Ag. E – et ses gens C –
44 f. baptizer C, baptoié D, mie b. E – por ce que ... demener *manque* E –
45 du jugement C – qui servent en ce s. C, qui bien ne font as povres N.
S. J. C. et comment il orront N. S. au jour dou jugement quant il dira E –
46 les povres de Dieu C – 47 il al jor del jugement l' D – la voix esp. C –
de Nostre Seigneur C D – dira le jour du jugement (Alez ... maloiet
manque). 'Alez vous en ou penible feu d'enfer' C – 48 en perdurable E –
et es p. d'e. qui vos sont apareillies D E – 49 Car quant D E – j'ai eu f. C –
donnastes pas C – ne me saolastes D E – j'ay eu s. C – 50 donnastes
pas C, ne me beuvaistes D, ne m'abevrastes E – Quant je D E –
51 couvristes pas C, revestites (mie *manque*) D E – (en chartre *manque*)
malades (Quant je fui m. E), ne me v. D E – v. pas C, mie *manque* D E – (ne
me v. mie); mort, ne nen (vos ne me E) sevelistes; en prison et deconseillié,
ne (vos ne E) me conseillastez; en nule soffraite (en toutes soffraites E)
ne m'aidastes (vos me mi a. E), et les autres reproches que il (que Deus E)
lor dira, par (por E) quoi il ont esté sans misericorde et perdu en seront D
E – 52 paroles de l'euvangille C – Si sachoiz ... ne le bienfet (*l. 60*)
manque E, Et sachez C – et la foi *manque* C – 53 aux Crestiens si ilz ne
l'acomplissent par bonnes euvres C – 54 comme le mort est sans ame C D
– ainsi C – est la foy C D – 55 en lui m. *manque* C, en l'ome D – (Et
manque) Ensement com D – 56 les droites voies et *manque* C D –
57 bonnes euvres C – de b. C – ou roy Ch. C – 58 ainsi croy je C – Dieu
nous refusera en nous C – 59 du jugement C – pas *manque* D – 60 Que
vous en diroie plus? L'endemain D E, Le landemain C – furent armé de
ça et de la E – 61 por c. *manque* E – 62 l'ordonnance C, le covenant D E
– devant *manque* C D – dé deux coustez C – Et avoit C, Il avoit bien E –
63 .xxxiii. .m D, .xxx. m. E – (cent *manque*) .m. E – 64 Donc (Adonc C)
firent les (les *manque* D) Crestiens quatre b. de leurs gens (de lor homs D,
de l. g. *manque* E) C D E – .iiii. b. par le covent qui fu devisez dé .ii. loys.
Mout de bones gens avoit en l'ost K. et asseurez. La b. des paiens qui
assembla ainçois fu desconfite tantost, et l'autre aprés E – 65 .v.
(BATAILLES *manque*) C D – .v., molt bones gens et seures [avoit] en l'ost Ch.
La b. des paiens qui premierement assambla fu desconfite tantost, et
l'autre aprés D, .v. La premiere qui fut tantost vaincue a l'assembler. La
seconde qui a l'assembler fut en petit de terme vaincue et desconfite C –
67 Et quant C, Quant ce virent li S., il s' E – grant m. C – 68 tuit
manque E – et le roi Ag. fu par my eulx C, et mistrent Ag. entre auls E –
Et quant les Cr. virent ce C, Mes *manque* D E – ce virent li Cr. D, (li
manque) Cr. virent ce E – 69 si les environnerent C, les enclostrent D E –
De l'une C

101 Variantes

A partir de la l. 69, le texte de D *et de* E *est emprunté à la traduction Johannes. J'imprime donc à part et d'abord les variantes* C, *ensuite le texte de* D *avec les variantes* E. *Voir mon article dans la* Romania XCIX *(1978) 496ss.*
74 o tout le demeurant et tous les autres, et se pristrent a tromper et clarons a sonner et adviser chascun de bien faire. Et ainsi le requistrent ou nom de Dieu par grant desroy et par grant ire, les banieres levees, et y eut fait ce jour maintes beaux coups et maintes belles joustes. Tout le premier de noz Crestiens qui estoit assemblé ce jour fut Hernault le preuz de Bellande et ses gens, lequel comme hardiz chevalier estoit assis sus ung cheval courant, l'escu au coul fort et pesant et le branc d'acier tranchant, qui emprés ce qu'il eut brisee sa lance sus ung Sarrazin qu'il octist, se mist es grans presses des Sarrazins et se plungea en eulx et ala tant octiant a destre et a senestre qu'il vint – 77 ou mylieu de ses homes et fist tant qu'il s'approucha de lui et qu'il l'octeist illec de son espee voyans les meilleurs de tous ses barons. – 78 noyse levee que nul ne vous pourroit dire ne conter. Atant s'approucherent noz autres batailles et requistrent mortellement leurs ennemys et les octistrent pres que tous. La eut si tres grant octision de paiens et de Sarrazins que nul qui soit ne vous pourroit dire, n'onques de tous ceulx n'en eschappa nul fors s. le roy de S. et l'a. de Cordes qui a molt petit (*sic*) compaignie s'en fouïrent. Et si y ot – 83 de sanc espandu des corps des octis qu'on y estoit pres que jusques aux genoux en sanc cler. Le cité fut prinse, et tous les Sarrazins qui dedans furent trouvez furent octis. En ceste maniere se combatit Ch. contre Ag. pour la foy cr. et ainsi l'octist. Par quoy il appert bien que – 87 choses, et si monte par dessus les anges – 88 que se – tenez de bon cueur – 89 l'employez en bonnes euvres a voustre povoir – 90 sur les – 91 en vostre chief, c'est J.C. qui est vostre chief et vostre Seigneur – 92 vous v. m. la ou il est, croiez en lui fermement, car Dieu – 93 bien le croit. Emprés ce que Ch. eut eu molt grant joye de la victoire de la bataille qu'il avoit eue, il assembla tous ses osts et s'en vint au P. d'Arege qui est ou chemin de s. J. et illec se h. et y fist loger ses osts.

TEXT DE D AVEC VARIANTES E; CF. JOHANNES XXXI, 8-XXXII, 8
De l'une part vint Hernaus de Beaulande od s'eschiele, de l'autre (autre partie E) Estous de Longres, de l'autre (autre partie E) Riarestains li rois de (li rois R. de E) Bretaigne od la soe eschiele (eschiele *manque* E) et puis (aprés E) Ogiers et Costentins li (li *manque* E) provos de Rome od les lor. Al daerrain (derrenier E) Charles li rois (li rois *manque* E) od ses barons (o la soe gent et o ses b. E). Adont se ferirent entr'els et commenchierent a soner cors et buisines. Dont (Adonc E) oissiés (peussiez oïr E) si grant

noise et tant (si E) grant fereïs que (que *manque* E) onques nus hom oï tant grant (n'oï nuns si g. E). E. de B. ala tant ferant a destre et a senestre qu'il vint a Ag. et si (si *manque* E) l'ocist od (de E) s'espee en mi les siens par la puissance de Deu (p. Nostre Seignor E). Dont leva li plors et li cris de Sarrasins c'on ocioit (que ocioient E) de toutes pars. Tant i ot grant ocision, que a paines aloient li venqueor par le champ por les gisans, et cil qui a pié estoient (est. a p. E) feroient el sanc (en s. E) jusques as chevilles (aus genolz E). A paines en (en *manque* E) eschapa nus fors li rois de Sebile et l'aumaçors de Cordes od poi de gent. Toz cels que Charles trova en la cité emprés (aprés E) la bataille fist (il les f. E) ocire. Chou que Ch. venqui Ag. senefie que la lois des Crestiens est sor toutes lois. Se Crestien tenoient bien foi en cuer et en oevre (en veue E), il seroient esleu sor les angeles, car toutes choses sont poissans al bien creant, ce dist Dieu (car si comme l'escripture nos tesmoigne, t. ch. sont p. au b. c. E) Ch. envoia et fist crier par toutes ses os que tuit rendissent graces a Dameledieu (a Nostre Seignor E) de (por E) si grant victoire. Il se herberga la nuit al Pont d'Erge (Arche E) en la voie saint Jaque.

XV
Les variantes C
1 *Rubrique manque* – 3 Celle nuit mesmes avint que l'une partie – 4 s'assemblerent et s'en alerent la ou ilz g. m. en celle bataille ou champ, et y alerent si bellement que le roy n'en sceut oncques riens. Et quant ilz furent la venuz – 6 et de l'autre avoir dont ilz trouverent assez, puis se mistrent a eulx en venir vers leur ost. Et comme ilz s'en venoient tous troussez, l'aumaçor de C. qui estoit eschappé de la bataille et s'estoit caché entre les montaignes avec des autres Sarrazins, les encontra si come ilz s'en revenoient chargez et leur courut sus et les octist qu'onques n'en eschappa couillon, et povoient bien estre mille qui furent octis. Ceulx la porterent la semblance de ceulx qui pour Nostre Seigneur se combatent, et ainsi comme – 12 retournerent depuis – pour leur couvoitise – 14 vaincuz ses pechiez et – 15 plus retourner – c'est a dire – derechief *manque* – 16 pris et *manque* – 17 qui retournerent aux a. estranges – 19 entrent en religion – pour leurs a. sauver, s'ilz en yssent depuis pour revenir au siecle et aux choses terriennes il – 21 la vie c. – 22 perdurablement si ilz sont pris et si ilz n'y retournent.

A commencer avec le ch. XV, D, *en partie d'accord avec* E *pour reproduire le texte de Johannes, commence à amalgamer le texte de son modèle Johannes avec celui de son modèle* A. *Pour mettre en relief ces procédés, j'imprime désormais dans la colonne à gauche le texte de* E, *en renvoyant aux passages correspondants de*

103 Variantes

Johannes, et dans la colonne à droite, le texte de D, *mettant ici en italique les passages que le scribe de* D *prend dans son modèle* A.

TEXTE DE E; CF. JOHANNES, XXII, 8–24	TEXTE DE D
Cele nuit retornerent aucun de nostre gent ou champ de la bataille par la covoitise de l'argent et de l'avoir as morz sanz le seu au roi. Si comme il furent chargié de l'or et de l'avoir et il s'en repairoient, li aumaçor de Cordres qui estoit eschapez de la bataille devant, lor corut [sor] de la montaigne ou il s'estoit repouz o ses genz, et les ocist touz et estoient bien entor mil De Klm. Ci nous moustre cist essamples que autresi comme cil qui veincuirent lor anemis et puis retornerent arrieres par covoitise, par coi il furent ocis de lor anemis, tout autresi chascun de nos qui ses peichiez veint et prent penitance, ne doit pas retorner au pechié arrieres que si anemi ne l'ocient, ce sunt li deable. Si comme cil qui els despoull [es retorner]-ent perdirent la celestiaul vie et morurent de laide mort, ausint li religious hom qui lesse les celestiaus choses et retorne as terriennes choses, perdent (*sic*) la celestial vie	Cele nuit retornerent au camp de nos Crestiens *qui furent covoiteus* el camp de la bataille estre por la convoitise del avoir as mors sans le seu [del] roi. Si com il furent chargié del or et del argent et de l'autre avoir qu'il troverent, et qu'il s'en repairoient ariere, li amaçor de Cordes qui de la bataille estoit eschapés lor corut sore de la montaigne ou il s'estoit repos od ses gens, si les ocist tous *si que uns toz seuls n'en eschapa pas. Si i ot de cels qui furent ocis bien entor mil.* Ci nos monstre cis essamples que tuit autresi come cil qui veinquirent lor anemis et puis retornerent ariere par convoitise, par quoi il furent ocis de lor anemis, *tout autresi chascuns hom qui a veincus ses vices, ce est ses pechiés, et il a prise sa penitance, il ne doit mie repairir as mors, c'est as vices, de rechief, qu'il ne soit par aventure pris et ocis en male fin de ses anemis, ce est des deables. Et tot autresi com cil qui repairierent as estranges avoirs perdirent la vie, tot autresi cil qui por l'amor de Dieu entrent es maisons de religion et laissent cest siecle por salver*

104 Le Turpin français

et vont en perdurable mort.

lor armes, sachiés de voir que se il issent de lor religion por repairir as terriennes besoignes, il perdent la celestial vie et sont dampné permenablement et tormenté es paines d'infer s'il n'i retornent.

XVI
LES VARIANTES C
1 *Rubrique manque* – 3 A l'andemain on nonça a l'empereur que en M. – 4 nouveau venu – Forrest – 5 Ch. oÿt ce, si chevaucha encontre lui vers M., et celui Forrest lui manda qu'il vendroit contre lui en b. au landemain. Et quant Ch. oÿt qu'il avroit la bataille de lui et de ses gens, si pria N. S. le soir devant que la bataille deut estre le landemain, qu'il lui demoustrast tous ceulx de ses hommes qui d. m. en celle b. Et Dieu lui fist tres merveilleusement, car au matin que les gens de nostre empereur furent armez et apparaillez, apparut une croix vermeille es espaules de ceulx qui devoient mourir en celle bataille. Et quant le roy Charlemaine vit ce, si les fist enclourre en une chappelle affin qu'ilz ne fussent octis en la bataille. Hee! comme sont sans reprehencion, comme sont bons, les jugemens, et droicturiers, de Nostre Seigneur! et comme sont ses v. bonnes a ensuivre! Et que vous diray je plus? Quant celle bataille fut finee, qui molt fut fiere et perilleuse, et celui Forrest fut octis – 16 et plusieurs autres S. qu'il avoit admenez avec lui, et tous ceulx – 17 en sa chappelle comme je vous ay dit devant, trouva tous mors et povoient bien estre jusques a cent et .l. Oyés, mes freres, merveilleuse chose! O! comme – 20 Se ceulx n'alerent ores en – 21 les ennemys de Nostre Seigneur, si ne – de m. – 22 saints cieulx o les m. de Nostre Seigneur. Emprés celle bataille faicte, print le chasteau Charlemagne de Montjardin, et toute la terre de N. estoit a son commandement.

LES VARIANTES E; CF. JOHANNES XXXIII, 1–22
Au tierz jor aprés fu dit
a K. que uns princes de N.
qui avoit non Fourrez venoit des
contrees de Navarre contre lui
a bataille. Quant Kl. [l]' oï [et]
il vint contre lui a bataille a

LES VARIANTES D
Un autre jor aprés nonça on a Ch. que a M. avoit un prince de N. venu qui avoit a non Forres, si se voloit combatre encontre lui. quant Ch. l' oï dire, si vint a M., et li princes li manda que il se vendroit

105 Variantes

M. et requist bataille a l'endemain.

L'endemain, quant l'ost K. fu armee, vint a chascun une croiz seur l'espaule de cels qui devoient recevoir martire en

cele bataille. Quant il vit ce, il lé fist remanoir en un sien oratoire, et commanda que il ne se meussent. Il vint en la bataille et ocist Fourre et .iiii.m. Sarrazin[s] que onques nuns des siens mort ne plaie ne reçut. Et quant il fu repairiez ariere, il trova morz touz ceuls que il fist remanoir en son oratoire o granz plaies, et furent .c. et .liiii. Ne sont pas legier a savoir le [sic] jugement Nostre Seignour, car por ce, se il ne morurent en la bataille, pour ce ne sont il mie mains martyr, et lor volentez lor fu acontee parfait. Montjardin et toute la terre de Navarre prist li rois K. en pou de tens.

l'andemain a lui combatre. Mais Ch., la nuit devant que la bataille devoit estre, pria a Nostre Signor que il li monstrast toz cels de ses homes par aucun ensaigne qui en la bataille devoient morir. L'andemain, quant les gens Ch. furent armez, si aparut une rouge crois en l'espaule a chascun de cels qui devoient rechevoir martyre en cele bataille. Quant il vit ce, il les fist remanoir en un sien oratoire et commanda que il ne se meussent. Il vint en la bataille et si ocist Forre et .iiii. m. Sarrasins, mais onques nus des siens mort ne plaie ne reçut. Et quant il fu repairiés ariere, il trova tous cels qu'il avoit enclos en son oratoire mors, et si avoient grans plaies; et furent .c. et .liii. *He! com sont [sans] represure et com sont boen li jugement de Dieu le souvrein Pere! et com sont boenes a porsivrre ses voies! et com est sainte la compaignie des combatans Nostre Signor Jhesu Crist! Encore n'alaissent cil en la bataille por destruire lor anemis, por ce ne perdirent il pas le merite del martyre, ainçois furent coroné es ciels od les martirs* et lor volentés lor fu aconté parfait.

XVII
LES VARIANTES C
1 *Rubrique manque* – 2 Emprés ce – qu'il estoit venu a Navarre – 3 F., et

estoit venu de – et estoit sailly de – 4 et l'avoit envoyé en celle terre l'a. de B. o – 5 et estoit si g., si f. et si dur celui Fernagus – 7 doubtoit espee ne lance ne dard ne quarrel ne saiecte, et avoit – l'empereur Charlemaigne eut sceu la nouvelle de la venue de ses gens, si fist monter tous ses barons et chevaucherent droit vers Navarre et se logerent bien pres de ce chastel – 9 il yssi hors de la b. – 10 Maintenant Charlemaigne y envoya le bon Denois Ogier, le hardy combatant, et si comme F. le vit v. tout seul, si le regarda et vint tout bellement jusques a lui – 12 destre et le leva tout armé de dessus le cheval ou il estoit et l'emporta ou chasteau devant tous ceulx de l'ost aussi l. comme une b. – 14 coudees – 15 face estoit d'une coutee – d'une grant p. – et ses fronz ... paumes *manque* – 16 son bras – de .iiii. coutees – 17 dois longs de .iii. paulmes longues – Emprés en – 18 R. le preuz d'A., et Fernagus l'emp. vistement d'un seul bras en la prison du chastel si comme il avoit fait Ogier le Denois. Puis Charlemaigne y env. – 20 H. le conte de N., qui tout incontinent qu'il les peut tenir, il les saisit tous deux ensemble, l'un – 21 et les emp. avec les autres en prison – 21 chartre avec le preuz Ogier et avec les autres. Quant nostre empereur – 24 ceste merveille, si s'en esmaierent et esfraierent trop durement, n'onques depuis n'y osa nul envoier, tant doubta la force de celui et la perte de ses hommes. Mais le conte Rolant son neveu, qui les osts de son oncle Charlemaigne guidoit, eut grant fiance en Dieu et vint a son oncle et lui requist la bataille contre le jayant, qui molt a grant poines lui octroya, car il avoit grant doubte de lui car il estoit encores trop jeune et aussi qu'il l'amoit de tres grant amour. Quant le conte R. eu[t] l'octroy de son oncle a quelque poine, si s'ala armer molt bien si comme il lui convenoit, et monta sus ung destrier courant et s'en ala la ou le jayant l'actandoit en bataille. Et F. s'adresça vers lui et l'embraça d'un seul bras et le mist devant soy sur son cheval et tourna sa rene vers son chasteau et l'emportoit. Et si comme – 29 eut honte et v. de ce qu'il l'emportoit sans plus de contredit. Il print cueur et force en soy m. et eut – 30 et puis prist – menton, et le mist a terre dessous son cheval et avint qu'ilz cheïrent tous deux ensemble dessus le cheval a terre. Lesquelz au plus tost qu'ilz peurent, remonterent sur leurs chevaulx. Tout premierement le conte R. tyra son espee et courut sur le jayant et le cuida octire incontinent, mais il ne le bleça point. Toutesfois, il ne perdit pas son coup, mais actaint le cheval du jaiant et le coupa tout d'un coup. Et ainsi comme F. le vit a pié, si tint son espee toute nue en sa main dextre, et commença molt durement a menacer le conte r. et vint vers lui, son espee levee pour le ferir; et lui, qui molt savoit d'armes, de la sienne le feryt ou bras destre si qu'il lui fist voler l'espee des mains, mais autre mal ne lui fist – 39 clos, et frappa son cheval enmy le front, et cheut illec tout mort soubz lui. Or furent tous deux a pié enmy le champ et se combatirent ensemble des p. et de p. jusques a none. Bien povez entendre que la bataille fut [a]insi grant d'eux deux, et moult estoit le jeu mal party du jayant et de R. si Dieu ne lui eust donnee force. Mais il mectoit en lui si grant force et telle hardiesse qu'il ne doubtoit guaires la force de ce jayant. Ainsi comme je vous ay commencé a dire dura le debat d'eulx deux jusques a basse nonne. Et quant ce vint vers la vespree, le jayant, qui estoit las et travaillé des assaulx que le conte lui fist toute jour, et des orbes coups qu'il lui eut donnez, requist triesves de lui jusques au l'andemain, et diviserent avant qu'ilz se departissent qu'il revendroient a l'andemain ou champ de la bataille tout a pié et sans lance. Et quant ilz eurent ainsi ordonné, s'en retourna chascun a son hostel, R. aux herberges et F. au chasteau. Au landemain bien matin, revindrent ou champ de la bataille tout a pié comme ilz avoient ordonné. F. aporta avec soy une espee tranchant, mais elle lui valut moult petit car le conte R. porta avec lui ung grant baston pesant et tort dont il lui donna ce jour de moult pesans coups; mais pou le bleça. Et si le ferit plusieurs foys ce jour de grosses pierres roondes dont il en y avoit ou champ grant planté, et le jayant lui consentoit par plusieurs foys. En ceste maniere dura la bataille jusques a mydi, ne onques ne le peut R. grever en nulle maniere. Adonc avint que F. fut moult las et grevé, et lui print talant de dormir. Si requist triesves a R. et se coucha en la place et commença a dormir. Et R., qui lors estoit jeune bachelier courut lui querre une pierre pour lui mectre soubz sa teste et lui mist affin qu'il dormist plus a son aaise – 56 car telle loy et telle promesse il y avoit lors entre – 58 si aucun Crestien – a un S., et le S. – 59 povoit – rompoit – 60 sanz d. *manque* – incontinent – 61 s'esv. et se leva tout assis, et le conte R. s'ala seoir devant lui et lui d. – 62 si fort dur – 63 espee ne lance ne pierre – nulli autre armeure – lui respondit – 64 puis, dist il, estre navré par nulle – 65 Il parloit – le conte R. – 66 a reg. le conte, et – 'Et tu, comment a[s] tu – 67 Et R. lui dist: 'Je suis du lignage des Françoys. J'ay nom R.' Et le jayant lui dist: 'De quels gens es tu qui si durement te combatz a moy, et de quelle loy sont les Françoys?' – 69 R. lui dist – 71 au commandement – nous combatons et – 72 Quant le paien oÿt nommer J.C., si lui dist – 75 Vierge Marie et qui depuis fut mis en croiz et receut mort, et emprés fut ensepulchré dont il resuscita, puis monta es cieulx o il siet a la dextre de Dieu le Pere.' Lors – 78 ung seul Dieu – n'eut onques ne f. ne pere, pour ce qu'il ne fut onques engendré de nul, aussi n'engendra il aucun, et pour ce est il ung Deu non mie troys – 80 vray – 82 pas *manque* – 83 donc *manque* – et ou S. E. car – 90 et iveus *manque* – 91 proprietez et la substance unité – 92 l'equalité –

les anges adorent – 93 et en adoura ung – 'Moustre moy,' dist le jayant, 'comment troys choses soient une seule chose' – 95 Je te m. bien – 96 il y a – (et *manque*) les cordes – 98 ung seul Dieu – a .iii. – 99 (et *manque*) le test – n'est que – 100 ainsi a il en Dieu .iii. p. et n'est que ung Dieu seul – 101 (Et *manque*) Ou s. a .iii. – c'est la b., la ch. et la c. – 102 n'est que – d'ung chariot a .iii. choses, le bouton, le ray et la chante, et n'est que – 104 a .iii. – membres et la vie, et n'es tu que – 105 en Dieu y a troys personnes et si n'est que ung seul Dieu – 106 estre *manque* – 107 mais je ne sçay comment ce puit estre que le Pere – 108 Adam, le premier homme – 109 'Oïl,' dist li j., 'je le croy bien – 110 (et n. *manque*) si – son filz – 111 Dieu le Pere – engendré. Non obstant se, y engendra la divinité le filz de soy mesmes devant tous les siecles en telle maniere que nul ne pourroit dire comment – 113 Bien me plaist – 114 tu me dis – comment celui fut fait homme qui estoit Dieu – 115 qui crea – 116 la benoiste V. – 117 si *manque* – 118 dist li – traveille je moult – 119 Vierge Marie – Et R. dist – 120 autre *manque* – 121 de nul homme, car ainsi comme – 122 sans avoir mere – sans avoir homme pere. Et il convenoit que Dieu naquist ainsi.' 'Je tiens a grant merveille, dist le j. – 124 eut enfant – 125 fist R. – qui fait porter a l'arbre fruyt et fueille, et qui fist les oyseaulx, les serpens, les poyssons et p. autres bestes sans – 127 fist la V. enfanter sans malmectre sa virginité Dieu et homme ensemble. Car celui qui fist le p. h., ainsi comme j'ay cy dit, sans semence d'aucun, peut – 132 si fut il – 133 a nulle fin si comme tu dis, mourir – 134 car Dieu – 135 oncques, ne ja ne mourra – dist R. – peut bien – 136 tu bien – 137 (si *manque*) né – dont mourut il – car qui – 138 nativité – en la p. et en la resurr. – 139 pourray je c. que il puist resusciter – 140 dist R. – 141 celui qui mourut en la croix resuscita au – 142 et lui dist – 143 tant de – 144 que ung homme qui est m., que jamais il puisse resusciter en vie – 145 ne r. pas – vie, mais tous ceulx qui ont esté nez des le c. du monde ne qui jamais naystront jusques en la fin du monde – 146 du jugement – et recevra chascun sa desserte de ses faitz soit b. ou soit m. Celui Seigneur qui fait croistre les arbres en hault, et le g. de f. qui pourrist en terre fait r., accroistre et – 150 (cil *manque*) fera tous les hommes et toutes les femmes au derrenier jour du jugement resusciter en leur propre chair et en leur esperit de m. a v. – 152 Or regarde la – ses enfans – 154 Il n'est de merveilles se – au t. j. son Fil *manque* – 155 Tu ne te doiz pas – filz de Dieu retourna a v., car p.m. resuscitent de mort a vie – 157 Car H. et H. resusciterent de mort en leur vie qui estoient hommes comme vous savez. Moult plus l. – 158 et lui meismes qui r. p. m. avant sa p. de mort a vie (Et cil ... relieve *manque*) – 163 assés ce que – trespassa –

164 si comme – 'Celui,' dist R., 'qui legierement descendit du ciel, legierement i remonta quant il lui pleut. Qui l. resuscita par lui mesmes, par lui mesmes resuscita es cieulx – 166 de ce en p. choses – Regarde – d'un m. qui tant – 167 du hault – autresi – 168 Les oiseaulx qui volent – il descend (*sic*) et tant monte il (*sic*, de bas en haut *manque*) – 170 d'une montaigne – remonter – 171 en oriant – 172 et a matin se leva mesmes en ce lieu – la dont – 173 et la retourna – 'Par ceste chose,' dist F. – 174 affin que se la chose que tu dis est vraye, que – 175 et que ce soit – 176 honneur perdurable – 177 'Tout ainsi,' dist R., 'soit si comme tu l'as dit et aussi noté,' et fu la bataille octroÿe et recommancee de l'un et de l'autre. Maintenant saillyt sus R. et assaillyt le jayant tout hardiement, et F. lui geta ung coup merveilleux et pesant de son espee. – 180 a s., comme celui qui estoit moult legier bachellier, et reçut – baston, de quoi le b. fu trenchié parmy. Le jayant lui courut sus incontinent et l'embraça et le geta a terre soulz lui legierement. Quant R. se vit soubz lui, et il vit bien qu'il ne se pourroit estortre ne eschapper de lui, si se print a appeller le filz de la glorieuse Nostre Dame Saincte Marie. Si se leva incontinent de dessoubz lui ung petit par l'ayde et par la force de celui qu'il avoit appellé en son ayde, et si le tourna dessoubz soy et puis mist la main a l'espee au jayant et l'empoigna et l'en ferit au nombril et si – 186 Lors c. le jayant a appeller: 'M., M., mon dieu en qui je croy, secoure moy que je ne meure.' Quant les S. oÿrent la voix de ce jayant, si sçaillirent hors de la ville et coururent a lui et l'emporterent entre leurs mains – 191 s'en vint sain et joyeulx a son ost. Maintenant les Crestiens de l'ost monterent sur leurs chevaulx et s'en entrerent ou chastel – 192 qui F. emportoient. En ceste maniere fut octis le jayant, et la cité et le chasteau prins, et O. et ses compaignons getez de prison.

VARIANTES
TEXTE DE E; CF. JOHANNES, XXXIII, 22SS

TEXTE DE D

De Rollant et de Fernagu.
Puis fu dit a K. que uns paiens
d'Aufrique estoit venuz a Nadres
qui avoit non Fernaguz, et
estoit dou lignaige Golie, et
l'i avoit envoié li amiraus de
Babyloine o tout .xl.[m.] Turs pour
combatre a K. Cist paiens ne
cremoit nule arme. Il avoit la

Rubrique manque –
Aprés nonça on a Ch. que il avoit
a Nadres venu un jaiant qui paiens
estoit, et si ert d'Aufrise, si estoit
apelés F., si venoit de la contree de
Syre, si estoit de la lignie Golias,
et li amiraus de B. l'i avoit envoié
od tuit .xl. m. Turs por combatre
encontre le roi Ch. *Chil si estoit*

force de .xx. homes et avoit d'
estature .xii. queutes, de face
une queute, de nés un espan,
de braz .ii. coutes; si doit avoient
.ii. espanz. K. vint contre lui a
Nadres. Si tost comme il sot
sa venue, il s'en issi de N.
touz seuls et vint en l'angarde
et requist bataille a un seul.
Donc i fu envoiez par la volenté

le roi Ogiers li Danois. Si tost
comme il fu ou champ, F. l'
embraça en son venir et l'
enporta voiant touz souz s'
essele ou chastel. Aprés fu en-
voiez Bernarz d'Aubespin; autressi
l'emporta. Aprés vint F. ou champ

*Ici dans D f. xv, b en haut,
une miniature a été enlevée,
emportant au verso une partie du
texte. Je le rétablis autant que
possible.
et requiste bataille a .ii. contre un.
Li rois i envoia C. de R. et Huon

de N. Il les emporta l'un a
destre et l'autre a senestre. Aprés
cels i furent envoié .iiii.; autressi
les enporta premiers .ii. et puis
.ii. Quant K. vit ce, mont s'en

merveilla et dist que plus n'en
i envoieroit. Adonc demanda

*si grans et si fors qu'il ne
doutoit lance ne espee ne saete
ne nul autre arme*, qui avoit
bien la force de .xx. homes, et
d'estature ot bien .xii. coutes, de
face une coute, de nés une espane,
de bras deus coutes, si doit .ii.
espanes. *Quant Ch. l'oï dire, si s'en
ala a N; et F. issi de la cité, si
demanda bataille d'un chevalier
encontre un autre.* La ou F. parloit
ensi, il estoit toz seuls et toz seuls
estoit issus de N., si estoit montés
en une angarde si que on le pot
bien del ost veoir et oïr. Donc
i fu envoiés par le volenté
le roi Ogiers li Danois. *Si com
cil le vit venir seul, il l'esgarda
et ala tous seuls* [A: soef] *en-
contre lui, puis l'enbraça de
son bras destre od toutes ses
armes, si l'emporta devant
trestous cels de l'ost en son
chastel* desous s'aissele *ausi
legierement com il fesist un* [sic]
*berbis. Aprés envoia Ch. por combatre
encontre lui Renaut d'Aubespin, et
il l'emporta is* *[nelement a un bras

en la char] tre de son chaste [l.
Aprés revint F.] el champ et req
[uist
bataille a deus] encontre lui to [ut
seul. Ch. i envo] ia C. de [Rome et
H. le conte de] N., et il les [emporta
endeus, l'un] a destre et l'autr[e a
senestre et les en] porta en sa cha
[rtre.
Puis i envoia] li rois .iiii. chevaliers;
autressi les enporta primes deus

111 Variantes

R. congié a son oncle de combatre soi a cel paien. Ses oncles rois ne li volt otroier. Tant li dist li rois et proia que R. en ot grant honte et dist que jamais ne l'ameroit se son congié ne li dounoit. Li rois,

qui veer ne li pot, li otroia, mes ce fu a envis car mont l'amoit et jones estoit. R. s'arma, et quant il fu armez et il ot oï le servise Dieu, il s'en vint ou champ. F., qui ja estoit ou champ venuz, le prist

ainsi comme il venoit a une main si comme il avoit fait les autres et le leva devant lui sor le col de son cheval. Si comme il l'enportoit, R.

le prist par le menton et le

torna par tel air qu'andui

chaïrent erraument. Et se releverent amedui et remonterent sor lour chevaus. R. traist Durendart s'espee si le feri que li coups descendi et trencha le col de son cheval

et puis deus. *Quant Ch. et cil del ost virent ceste aventure, si s'esmerveillierent molt, ne il n'i osa puis envoier nullui por combatre encontre lui.* Dont demanda R., qui avoit grant fiance en Dieu, congié au roi son oncle de combatre soi a cel jaiant qui paiens estoit. Li rois ne li vout otroier. Tant li dist li rois et proia qu'il ne se combatist al jaiant que R. en ot grant honte et dist que jamais ne l'ameroit se il congié ne l'en donoit. Li rois qui veer ne li pooit li otroia, mais ce fu molt a envis car il l'amoit molt, si en ot grant paor por ce qu'il estoit si jovenes. R. s'arma, et quant il fu armés et il ot oï le service Dieu, il en vint el champ. F., qui ja estoit el champ venus, le prist a son venir a une seule main si com il avoit fait les autres et le leva devant lui sor le col de son cheval. *Si com il l'emportoit, R. ot vergoigne, et si reprist force en lui meisme et si ot grant fiance en Dieu,* si prist le jaiant par le menton, si le torna par tel air qu'il andui chaïrent esranment. Puis se releverent andui au plus tost que il porent et remonterent sor lor chevaux. Rolans traist Durendale s'espee del fuerre *si quida le jaiant ocirre,* si le feri si que li cols descendi de tel air qu'il trancha par mi le col de son cheval. Si com F. fu a pié et il tient

parmi. F. fu a pié et traist s'espee, mes R. le feri si grant coup au braz dont il tenoit s'espee qu'ele li chaï, mais nou bleça noient. Quant li paiens ot perdue s'espee, il cuida R. ferir de son poing, si feri le cheval R., si l'abati tot mort desouz lui. Ainsinc se combatirent jusques a nonne que R. li guenchissoit et molt le traveilloit. Au vespre demanda F. trieves tressi qu'a l'endemain, et a donc revenissent ou champ ensemble. R. li donna par tel couvent qu'il li donnast congié d'aporter un baston tel comme il li plairoit, et F. li otroia. Par le gré de l'une partie et de l'autre s'en ala chascuns a ses herberges. L'endemain si comme il fu devisé, revindrent ou champ ensemble a pié a lor bataille. R. ot aporté avec lui un baston lonc et retorz et noellous. Il assemblerent et combatirent et furent ainsi toute jour que onques ne le pot R.

s'espee en sa main nue que il ot traite del fuerre, *si manacha mout R.* Mais R. le feri tant grant cop el bras dont il tenoit s'espee que ele li cheï, mais il ne le bleça nient. Quant F. ot perdue s'espee, si quida ferir R. *del poign clos,* si feri son cheval el front si que il l'abati mort desous lui. Lors se combatirent *a pié sans espees dusques a none, si se combatirent des poigns et des pierres dont il avoit entor els a molt grant plenté,* et R. li wandissoit çà et la et le traveilloit molt. Al avesprir demanda F. triewes a R. dusques a l'andemain, et adont revenissent el champ ensemble. *Si deviserent entr'els deus que quant il revendroient l'andemain a la bataille, il revendroient andui sans chevaux et sans lances.* Mais ceste devise li otroia R. par tel covent que F. li donast congié d'aporter od lui un baston tel com lui plairoit, et F. li otroia. Par le gré d'une part et d'autre, quant il orent lor devise faite, s'en repaira chasuns a son ostel, F. en son chastel et R. en sa herberghe. L'andemain bien matin il reviendrent a pié el champ por combatre si com il l'avoient devisé. F. porta od lui s'espee, mais ele ne lui valut rien car R. od aporté od lui un baston lonc et retort et noollos *de qoi il le feri maintes fois le jor, mais poi le blecha.* Puis que il assamblerent, se combatirent il et furent ensamble

113 Variantes

blecier dou baston, mes

pierres li getoit dont assez
en avoit enmi le champ.
Ainsi se combatirent jusques

au midi que onques mal
ne s'entrefirent. Adonques de-
manda F. trieves a R. tressi que
il eust dormi, car grant
sommeil avoit. R. li dona par
tel covent que aprés son dormir
li deist F. verité de ce que il li
demanderoit. Cil commença
a dormir. R., qui estoit jones
et de grant coraige, li aporta
une pierre et la mist souz
son chief por ce que il dormist

plus soef et aaise et plus
volentiers. Adonc se tenoient

tant fermement en lor loys
que nuns n'enfrainsist trieves
fust paiens fust Crestiens. Quant

F. fu refeiz de son dormir, il
s'esveilla, et R. s'assist de jouste

lui et lui demanda comment
il estoit si durs qu'il ne cre-
moit armes. Li paiens li re-
spondi: 'Ne puis estre navrez
fors parmi le nombril.' Quant
R. oï ce, il se tolt et retorna d'autre
part aussi comme se il ne l'eust

mie entendu ne oï. Cil li

ensi toute jor que onques R. ne
le pot
del baston blechier, mais il le [sic]
getoit sovent de pierres dont il
avoit assés el champ et a grant
plenté, et
cil le consentoit. Si dura la bataille
dusques a miedi en tel maniere que
onques R. ne le pot blechier, ne F.
lui. Adont quist F. triewes a R. tant
qu'il eust dormi, car grant someil
avoit. R. li dona par si que il
aprés son dormir li deist verité
de ce qu'il lui demanderoit. Chil
comença a dormir. R., qui
jovenes estoit et isneus et de
grant corage, li aporta une pierre
desoz son chief por ce que il
dormist

plus soef et plus aaise et plus
volontiers. Lors ne l'osast nus
Crestiens
ocire ne R. meismes, car adont se
tenoient si fermement en lor loy
que nus n'enfrainsist trieves
fust paiens fust Crestiens, car tels
covenance estoit entre les Crestiens
et les Sarrasins, que se uns Crestiens
donoit triewes al Sarrasin ou li
Sarrasins al Crestien, nus ne li pooit
mal fere, et se aucuns enfraignoit
la triewe sans deffiance, il es [toit
es]ranment ocis. Quant F. ot asés
dormi, si s'esveilla, et R. s'asist
de joste lui si li demanda coment
ce estoit que il estoit si durs que il
ne doutoit espee ne baston ne nule
arme. F. li respondi: 'Je ne puis estre
navrés en nule maniere fors par
mi le nombril.' Quant R. oï ce, si se

avoit [dit] en langue espaingnole
mais R. l'entendi bien car il

avoit apris espaingnol des s'
enfance. F. resgarda R. de

jouste lui et li demanda:
'Comment as tu non?' 'R.,' dist il,

'sui apelez.' 'De quel gent fus
tu nez,' dist F., 'qui si hardiement
te combaz a moi? Je ne trouvai

onques mes home qui tant me

peust laser.' R. li dist: 'Je sui

nez de France; niés sui roi K.'
'De quel loy,' dist F., 'sont
François?'

'De crestiane loy sonmes,' dist
R., 'et faisons les commandemenz
de
Jhesu Crist, et tant comme nous
poons nos combatons pour sa foi.'
Quant F. oï le non de Crist, il li
demanda qui estoit cil Jhesu
Crist. R. li dist: 'Ce est li Filz de

Dieu nostre Pere qui nasqui de la
Virge Marie et souffri mort en la
croiz et fu posez ou sepulcre et
au tiers jor resuscita.' 'Nous
[MS Ne] creons,' dist F., 'que cil
qui cria le ciel
et la terre est uns Deus, et que
nuns ne l'engendra et que il n'
engendra onques nului, et
n'est que uns Deus, ne .ii. ne troi.'

teut et si se torna d'autre part ausi
come s'il ne l'eust pas entendu.
Mais
il l'entendi bien, car cil li avoit dit
en [es]paingnol que R. entendoit
bien.
Lors commença F. garder [sic] *R. et si
dist: 'Coment as tu a non?' Et il li
dist: 'Je ai a non R.,' et li jaians li
dist: 'De quel lignie es tu qui si dure-
ment te combas encontre moi*; onques
mais ne trovai home qui tant me
peust lasser.' R. li dist: 'Je sui del
lignage des François, niés le roi
Ch.,
et si sui nés de France.' 'De quel
loy,'
dist F. 'sont François?' Et R. li dist:
Nos somes par la grace de Dieu de la

*loy crestiene, et si somes es comman-
demens Jhesu Crist, et por sa foi
nos combatons nos, et l'essauçons tant

com nos poons.'* Quant F. oï nomer
Jhesu Crist, si dist a R.: *'Qui est
cil Jhesu Cris en qui tu crois?'* R.
li respondi: 'Il est fils Dieu nostre
Pere, qui nasqui de la Virgine
Marie
et sofri mort en crois et fu posés
el sepulchre et al tierç jor resu-
scita *et si monta es ciels a la*

destre de Dieu le Pere.' Adont li
dist F.: *'Nos creons que li creieres
del ciel et de la terre est uns Dieus,
ne il n'ot ne fil ne pere, et ausi
com il ne fu de nului engendrés,
ausi n'engendra il nului, et por ce*

115 Variantes

'Vertez est,' dist R., 'que uns est il, mais la ou tu dis que il n'est trebles en persones, la cloesches tu en foi. Se tu croiz ou Pere, donc croiz tu ou Fil et ou Saint Esperit, car c'est uns Dieus parmenanz en .iii. persones. Toutes les .iii. persones sont perdurables en soi et en eles. Tieus comme est li Peres, tieus est li Filz et tieus est li Sainz Esperiz. Es persones est proprietez, et en l'essance

est unitez, et en la maiesté est aoree dou tout [*cf. Johannes*: est oeltez aoree]. En treble persone

aorent li ange uns Dieu ou ciel.' 'Or me moustre,' dist F., 'comme .iii. choses sont une.' 'Je le te mousterrai,' dist R., par humaines creatures et par droite raison. Aussi comme en la harpe

endementiers qu'ele sonne a fust et cordes et son, et tout n'est que une harpe, aussi a Deus .iii. persones et si n'est que uns Deus. Ou soleil sont trois choses, blanchours, resplendissors et chalours et tout n'est que

uns soleil. En l'amande a .iii. choses, l'escorce, l'escaille et li noiaus, et tout n'est que une

est il uns Dieus et non pas en trois persones.' 'Tu dis voir,' fait R. 'que il est uns Dieus; mais quant tu dis que il n'est en trois persones, tu cloches en la foi. Si tu crois el Pere, dont crois tu el Fil et al Saint Esperit, car Dieus est Peres et Fils et Sains Esperis et uns Dieus manans en trois persones. Toutes les trois persones sont perdurables en soi et en eles. Tels com est li Peres, tels est li Sains Esperis et tels est li Fils. Es persones est proprietés, et en l'essence est unités, et en la maiesté est doree [*lire* aoree] deités. En treble persone

aorent li angle un Dieu el ciel. *Et Abrahans en vit trois et un en aora.*' 'Or me monstre,' dist F., 'coment les trois persones soient une chose.' 'Je le te monstrerai,' dist R., 'par humanes [*sic*] creatures par droite raison.

Ausi com il a en la harpe trois choses quant ele sone, le fust et les cordes et le son et si n'est que une seule harpe, ausi a Dieus trois persones et si n'est que uns Dieus. *Et ausi com en l'amande sont trois choses, l'escorse et li tes et li noiaus, et si est une seule amande, ausi sont les trois persones en Dieu et si est uns Dieus.* El soleil sont trois choses, la blancheors,

la resplendeors, la chalors, et si est uns soleils. En la roe del char sont trois choses, li moiaus, li rai et les gantes, et tuit n'est amande, et ausi a Deus .iii. persones et tout n'est que uns Deus. En la roe dou char a .iii. choses, li moieus et li rai et les jantes, et tout n'est que une roe. En toi meismes a .iii. choses, li cors, li membre et l'arme et tout n'est [*sic*] que uns hom, aussi est en Dieu trinitez et unitez.' 'Or entent je,' dist F., 'que il [est] uns en .iii. persones; mes je ne sai comme cil fu hom qui Dieus estoit.' 'Cil qui tout cria,' dist R., 'et fist ciel et terre de

noient, pot bien quant il voult,

faire son Fil nestre de fame sanz

humaine semence.' F. oposa après R.: 'Si comme tu diz,

nasqui Deus de la Virge?' R. respondi: 'Dieus qui Adam forma sanz semence d'autrui [*Johannes* XXXVIII, 2–3]. A Adam-covenoit tel engendrement comme il ot et a Dieu Jhesu Crist couvenoit tel comme li plot.'

F. dist: 'Mont me merveil comment la Virge enfanta sanz atouchement

que une seule roe de char. *En toi meismes sont trois coses, li cors, li membre et l'arme, et si es tu uns seus hom; ausi te di je qu'en Dieu est l'unités en trois persones.*' 'Or entent je,' dist F., 'que c'est uns Dieus en trois persones. Mais je ne sai ensi com tu dis comment cil fu hom qui Dieus estoit, *ne coment li Peres engendra le Fil.*' '*Crois tu,*' dist R., '*que Dieus fist Adan?*' '*Bien le croi je,*' dist li jaians.' Ausi,' fait R., *com Adans ne fu de nului engendrés et nequedent* [MS: nequedeire; *tout entre* nequedent – nequedent *manque*] *la divinités engendra le Fil si que on ne le poroit dire.*' Et li jaians dist: 'Il me plaist bien ce que tu dis, mais je ne sai coment cil fu seuls [A: nez] hom qui dieus estoit.'

'Cil,' fait R., 'qui le ciel et la terre et toutes choses cria de noient, il fist prendre humanité son Fil en la Virgine sans semence d'ome par sa sainte parole si com il volt.' 'En ce,' dist F., 'labore je, coment Dieus nasqui del ventre de la Virgine sans humaine semence.' R. respondi: 'Dieus qui Adam forma sans semence d'autre home, il fist naistre son Fil de la Virgine sans semence d'ome, et ausi com il nasqui de Dieu le Pere sans mere, ausi nasqui il de mere sans home pere. Ensi covenoit il que Nostre Sires Dieus nasquist.' '*Je me merveil molt,*' fait li jaians,

117 Variantes

de home.' R. li respondi: 'Dieus qui fist nestre de l'aree dou monde et dou limon de la terre le poison et le serpent sanz atouchement de masle, ensement fist nestre son Fil de la Virge

sanz atouchement de home.

Tele fu sa volentez et li vint a plaisir.' 'Si comme tu diz, et sa volentez fu que il nasquist,' dist F. 'Se il fust Dieus, il ne pot pas morir.' 'Bien as dit,' dist R., 'quant tu otroies que il nassqui comme hom [*Johannes* XXXVIII, 13–14], car toute rien qui nest comme hom covient morir.' 'Et reçut,' dist F., 'Jhesu Crist mort en la croiz?' R. dist: 'L'humaine chars dormi en la croiz et

la deïtez veilloit qui tout gardoit a soi.' 'Bien entent,' dist F., 'que il morut comme hom, mes je ne puis veoir comment il resuscita.' R. dist: 'Saches,

'coment la Virgine enfanta sans home.' 'Cil,' fait R., *'qui l'arbre fait porter, fruit et fueille*, et qui de l' aree fait naistre l'es, et del limon de la terre le poison et le serpent sans athocement de masle, ensement fist naistre Dieus son fil de la Virgine sans atochement d'ome. *Qui le premier home fist ensi com je t'ai dit sans autrui semence, il pot legierement faire que ses Fils fust fais hom et qu'il nasquist de la Virgine sans athocement de masle.* Tele fu sa volentés et ensi li vint a plaisir.' *'Bien puet estre,' dist F., 'qu'il fu nés de la Virgine; mais s'il fust fils Dieu il ne pot mie en nule fin, ensi com tu dis, morir en la crois. Il pot naistre si com tu dis, mais il ne pot morir car Dieus ne muert onques.'* 'Bien as dit,' dist R., 'quant tu otroies qu'il nasqui com hom de la Virgine; ausi dois tu otroier qu'il morut com hom. Tu entens bien que il fu nés com hom, *se il fu nés com hom, dont fu il mors com hom*, car toute chose qui naist covint morir. *Se tu crois en la naissance, dont croi en la passion et en la ressurection!'* 'Coment,' dist F., 'reçut dont Jhesu Cris mort en la crois?' 'Humaine char,' dist R., 'dormi en la crois et la deïtés veilloit qui tot gardoit a soi.' 'Bien entent,' dit F., 'que il morut com hom, mais je nen puis veoir coment il resuscita. Tu dis que on doit croire en la resurrection

F., que tuit cil qui sont et
furent et seront tressi que en
la fin dou monde resusciteront
au jour dou jugement et
recevront lor loiers selonc ce
que chascuns avra deservi et
fait de bien et de mal. Dieus
qui le petit arbre fait croistre
en haut et le grein de forment
morir puis revivre et puis
monteplier, il nos fera resusciter
en nos propres chars
au jor dou jugement. Esgarde
dou lyon quant nature veult

ovrer en lui; il giete fors .iii.
pieces de char et par s'alainne
les mue en forme de petiz
lyonsciauls et fait par son
alener entrer vie dedenz els
en l'espace de .iii. jours. Ne te
doiz pas merveillier de ce que li
Filz Dieu resuscita. Helyas et
Helyseus resusciterent plusorz
morz. Plus legierement

pot Deus resusciter qui
devant sa passion resuscita

plusorz morz. Lui ne pot tenir

morz quar ele fuit devant lui

et par sa voiz resusciteront tuit
li autre mort.' 'Assez voi,' dist F.,

'que tu diz; mais comment il

et c'est a dire qu'il revint de mort
a vie, mais ce ne puet estre que
nus mors reviegne en vie, ne je ne le
poroie croire.' R. li respondi: 'F., ce
saches tu bien que tuit cil qui sont
et furent et seront tressi qu'a
la fin del monde resusciteront
devant lui au jor del jugement,
et reçoiveront lor loiers selonc ce
que chascuns avra deservi de bien
et de mal. Dieus qui le petit arbre
fait croistre en haut, et les grains
del forment qui muert en terre et
porrist fait revivre et croistre et
fructifier puis et monteplier, cil
nos fera toz en nos propres chars
et en nos esperis al daerrain jor
del jugement resusciter de mort a
vie. Esgarde del lyon quant nature
veut ovrer en lui! Il gete fors
trois pieces de char et par s'alaine
les mue en forme de lyonceaus et
fait par le sofflement de s'alaine
entrer vie dedens els en l'
espace de trois jors. Quels
merveille
fu ce si Dieus resuscita au tierç
jor son Fil de mort a vie? *Ne te
dois pas merveillier se li Fils Dieu
repaira a vie car plusor mort
repairerent a vie devant sa resurrection*.
Elyas et Helizeus resusciterent
pluisors mors. Plus
legierement pot Dieus resusciter qui
devant
sa passion resuscita plusors mors.
Lui ne pot tenir mors. Or entent
por qoi *cil ne pot en nule maniere
estre tenus de la mort devant qui*

monta es ciels ne puis je veoir.'
R. respondi: 'cil qui dou ciel

descendi, legierement i pot
monter. Par plusors essamples
le puez tu veoir. Esgarde la
roe dou moulin, autretant de
tours comme elle torne amont,
autretant en torne ele aval.
Tant comme li oisiaus monte,
tant descent.' 'Or nous alons,'
dist F., 'combatre par tel
covent que ce soit plaisirs a
Dieu que, se ta foi que tu
affermes est plus plaisanz
a Dieu que la moie, que je

soie veincuz et que, se la
moie est plus plesanz a Dieu
que la toue, que je te puisse vaincre,
et au vainqueor en soit honors
perdurable et au veincu soit
torné a honte et a reproiche.'
'Ainssi l'otroie je,' dist R. D'une
partie et d'autre fu creanté, et
se leverent en piez [*cf.* D: enprés]

*esgars meisme la mors fuit et a la qui
vois le compaignie des mors relieve,*
et ce saches tu bien que par sa vois
resusciteront tuit li mort au jor
del juise.' *Lors dist F.: 'Je entent
assés bien ce que tu dis; mes je
ne sai coment il tresperça les
ciels ensi com tu dis,* ne coment
il i monta ne puis je pas veoir.'
R. li respondi: 'Cil qui legierement
descendi des ciels legierement re-
monta es ciels. *Qui legierement
resuscita par lui meisme, legierement
tresperça les ciels. Or prent essample
de plussors choses. Esgarde la roe
del molin, tant com ele descent de
haut en bas autant monte ele
de bas en haut. Li oisels qui vole
en l'air, tant com il descent
tant monte il. Tu meismes, se tu
estoies descendus d'un mont, tu
porroies remonter la ou tu
seroies descendus. Li solaus leva
ier d'orient et se couça en
occident et hui leva il en cel
lieu meisme. De la dont li Fils
Dieu vint, la repaira il.'* Or
nos alons,' dist F., 'combatre, par
tel covent que ce soit plaisirs a
Dieu que se ceste fois que tu
afermes si est plus plaisans a
Dieu que la moie, que je soie
veincus, et si la moie li est plus
plaisans, que tu soies veincus et
au venqueor en soit honors per-
durable et au vencu soit torné a
honte et a reproche a tous jors
mais.' 'Ensi l'otroie je,' dist R. D'
une part et d'autre fu la bataille
otroie si faitement que voz avés oï,

en estant. Si comme R. ala vers lui, li paiens geta un coup; mes R. reçut le coup sor son baston, et li paiens li trencha parmi. Erraument li courut sore et le prist as mains et le gita soz lui a terre mout legierement que en nule maniere ne se pot R. de lui estordre. Il proia adonques Dieu et dist: 'Dieus, ce voiz tu que pur nule honor terrienne ne me combat je fors por ta foi essaucier. Sire, essauce ta foi por toi, non por moi!' Adonc par la volenté de Dieu le torna souz lui et si li apoia Durendart au nombril et empaint tant durement que toute li enbati dedenz le cors. Donc commença li paiens a apeler son dieu par son non: 'Mahonmet! Mahonmet! Secor moi car je me muir!' Par cele manière fu ocis li paiens, et R. revint a l'ost sains et saus arriere. Mont en furent lié li François.

 Sarrazin corurent au si s'en leverent enprés en estant. R. ala isnelement vers lui, et F. geta un cop de s'espee vers R. Mais R. *sailli a senestre* si reçut le cop sor son baston, et li paiens li trencha par mi. *Quant li baston R. fu trenchiés par mi*, esranment li corut sor li jaians si le prist as mains et si le geta desoz lui a terre molt legierement. *Quant R. vit que il ne porroit en nule maniere eschaper* ne estordre de lui, *il commença adonques a proier et a apeler en aide Dieu le Fil de la boene euree Virgine ma dame Sainte Marie*, et dist: 'Dieus, ce vois tu que por nule honor terriene ne me combat je se por ta foi non essaucier. Essauce, Sire, ta foi por toi non pas por moi.' Adont par la volenté de Dieu *se sosleva un poi* et si le torna desoz lui, si mist sa main a s'espee qui estoit apelee Durendaus, si li apoia sor le nombril, si l'enpoinst et enpainst tant durement que toute Durendal li enbati dedens le cors, *si eschapa de lui*. Dont commença li paiens a parler a grant vois son dieu par son non. et si dist: 'Mahomés! Mahomez! *mes dieus (dieus) a qui je croi et qui je aor*, soucor moi et si m'aide quar je me muir.'

 Sarrazin, *quant il oïrent la vois de celui, tantost s'en acorurent cele part*, si le troverent mort, si en commencierent grant duel a

121 Variantes

mort et l'en voudrent a-

porter ves le chastel, mais li
nostre Crestien saillirent et se
mistrent avec ceuls dedenz

la vile. Ainsi fu la vile
prise et cil delivré que il
avoit devant mené en prison.

demener mais non por quant il
le prisent *et si l'en aporterent
entre lor mains vers le chastel.*
Et R. s'en revint a ses gens a l'
ost toz sains et toz saus et tot
haitiés isnelement ariere. Si en
furent molt lié li François. Mais
nostre Crestien, quant il virent que
li Sarrasin emportoient F., il
saillirent avant et se mistrent
avoec els dedens la vile *et
entrerent communement el
chastel avoec les Sarrasins qui
aportoient F. Si faitement fu
ocis F. com voz avés oï, et si
faitement fu la cités prise et
li chastels conquis, et Ogiers
et li autre chevalier le roi que
F. avoit pris furent mis fors de
la prison.*

XVIII

VARIANTES C

Rubrique: 1 De la bataille des Crestiens et des Sarrazins – 3 Emprés – l'empereur Charlemaigne – 4 C. la cité – 5 qui estoient e. de la b. de P. – 6 et estoient v. en ayde aux haulx h. et aux plus riches barons de – 7 c'est a ssavoir de S. – 8 Alors conclut Ch. – qu'il iroit contre – pour les c. – 9 a C. – a tous ses osts – vous ay n. devant, yssirent contre – 10 o les grans gens, et vindrent au devant de la cité environ trois lieues et povoient bien estre dix mil S. bien combatans, et n'y avoit de Crestiens que .vi. m. Adont ordona Ch. ses gens en troys batailles, et fu la p. de ces (*sic*) meilleurs ch., et la seconde de ses gens a pié et la t. des ch. – 14 le firent ainsi – 15 bataille des Crestiens s'assembla a la p. des S., tous les S. de pié [avoient ?] barbes noyres et testes cornues et t. t. sur quoy ilz frappoient – 19 ch. des Crestiens – noyse et le son – 20 lor s. laides et ydeuses – de paour comme foulx et enragez, et les ch. – 22 detenir en n. m. – Et si comme la seconde bataille des Françoys vit que la p. s'en fuioit, il se mistrent tous communement en fuicte comme ceulx qui cuidoient estre pris, et quant les S. les virent fouyr, si en furent moult joyeux et les suivirent – 30 Et quant ce vint au matin, bien matin Ch. assembla tout son c. – 32 tous leurs – de drap – 33 les barbes – et leur estoupeissent leurs o. affin qu' – 34 et le son *manque* – 35 engin, et quelle hardiesse – Maintenant s'armerent les C. et ordonnerent leurs batailles et requistrent hardiement leurs ennemys a clous yeulx de leurs chevaulx, et dura la bataille jusques au mydi, et y eut moult octis de S. Mais ne les peurent tous octire, car les S. estoient tous assemblez en un monceau et avoient fait d'eulx si comme chasteaux, et parmy eulx y avoit un chariot que .viii. beufs menoient, et avoit fiché dedans ce chariot une lance grant et grosse ou il y avoit estachee une enseigne toute vermeille – 40 de tous eulx – fuioit – fust droicte – 41 vit celle enseigne, lequel estoit a merveillez hardy chevalier, fort et vertueux et qui estoit a celle heure armé de toutes armes qui appartenoient a ung chevalier, et estoit sur son cheval, couvert les yeux et faisoit semblant qu'il fust planté dedans, si embraça son escu et se mist en la plus grant presse des S. qu'il octioit a d. et a s., et ala tant découpant parmy la presse qu'il vint au charroy qui tenoit l'anseigne et cupa de son espee la perche qui soustenoit l'enseigne, et si tost comme les S. virent que leur enseigne fut choyte, si commencerent a fouir ça et la. Lors commença le bruyt et la noyse d'une part et d'autre, et noz gens leur coururent sus maintenant et en octirent environ .viii. m. d'eulx. – 47 y fut – 48 s'en ala fuyant – Le l. qu'il vit qu'il fut vaincu et qu'il ne se poveit deffendre contre les Françoys, si rendit sa cité a l'empereur Ch. parmy ce qu'il se baptiseroit et qu'il – 51 la cité – Quant Ch. eut achevee celle guerre si que nul ne s'osoit plus rebeller contre lui, si departyt toutes les contrees de la terre d'Espaigne a ses gens a ceulx qui voulurent demourer en la terre. Et donna aux Bretons la terre de Navarre et de Bascle, et donna – 54 Fr., et donna – 55 Puillans – en nostre ost – 55 est prés de – 58 Mais les Fr. ne voulurent point demourer en la terre de G. – 59 trop petite et *manque* – 60 Emprés ce – 72 si hardy qui osast contrester a l'empereur Ch. en la terre d'Espaigne de nulle chose qui fust.

XVIII

TEXTE DE E; CF. JOHANNES XLII–XLV, 11

1 Aprés ce fu dit a K. que li rois Hebrains et li aumaçour de Cordres qui devant ce estoient eschapé de la bataille, estoient a Cordres et l'atendoient la a bataille. En lor

TEXTE DE D

1 *Aprés ce ne targa gaires nonça on a nostre empereor Ch. que a Cordes l'atendoient por combatre a lui Hebrains li rois de Sebile et li riches aumaçors de Cordres qui de la bataille de Pampelune estoient eschapé. Si estoient a*

123 Variantes

aide estoient venu Sarrazins de .vii. citez qui ci sont nommees: Sebile, Grande, Satine, Dontine, Abule, Beieres, Urbede. K. s'	*els venu en lor aide haut home sarrasin de .vii. cités* qui ci vous seront nomees: Sebile, Grane, Dontine, Abule, Sative, Bieres, Urbede. De ces .vii. cités que je ci voz ai nomees, vindrent li haut home sarrasin por aidier a destruire sainte crestienté. *Lors devisa Ch. que il s'en*
en ala a tant de gent comme il pot avoir a Cordres. Si comme il aproicha prés de la cité, li paiens vindrent contre lui a .iii. lieues prés de la vile, et estoient bien entor .x. mile, li nostre .v. m.	*iroit od toute sa gent vers els por combatre. Si com il aprocha* la cité de[s] Cordres od toute s'ost, li roi que je ai ci devant només et li autre Sarrasin vindrent encontre lui tot armé od toutes lor gens loign de la cité trois liewes. Si avoit bien .x. m. Sarrasins en lor ost et si avoit bien en l'ost Ch. .vi. m. Crestiens.
Adonc fist K. .iii. eschieles. La premiere fu de chevaliers, la seconde de serjanz a pié, la tierce fu de chevaliers. Li	Adont fist Ch. trois eschieles; la premiere fu de chevaliers, la secunde de serjans a pié, la tierce de rechief fu de chevaliers.
Sarrasin furent [sic] ensement .iii. eschieles. La premerainne eschiele fu de gent a pié	Li Sarrasin fisent ensement trois eschieles. La premiere eschiele fu de gent a pié qui avoient barbrores [lire barbeores]
qui avoient barbouieres a merveilles hisdouses et cornues et leides et tenoient en lor mains timbres. Si comme l'eschiele K. premiere ala assembler qui molt estoit de bons chevaliers, et ele assembla a cele de [s] Sarrazins, il commencierent	cornues et laides, a merveille hideuses et samblans as deables et si tenoient en lor mains tympanes. Si com la premiere eschiele Charlemaine ala assembler qui molt estoit garnie de bons chevaliers, et ele assembla a cele des Sarrasins qui tele estoit com voz avés oï, il commencierent dont
a fuïr [sic : lire ferir] tuit ensemble sor les timbres.	tuit a[n] samble a ferir sor lor tympanes, si faisoient si grant

Si tost comme nostre gent et li cheval oïrent tel fereïz et tele noise, et il virent lor barbouieres qui si estoient laides et hidouses, il se traistrent arriere et commencierent a fuir, ne ne les pooit on detenir.

Quant la seconde eschiele de noz Crestiens qui a pié estoit, vit la premiere des lor fuir qui estoit de si bons chevaliers, si s'en fuirent ensement arriere. Et quant li rois K. vit ce, si s'en merveilla molt duque a tant que il sot por quoi ce avoit esté. Li S. les enchaucierent le petit pas tressi qu'a un mont qui estoit a .ii. lieues prés de la cité. A ce mont s'asemblerent li nostre et firent deffense de lor cors meismes. Quant ce virent li Sarrazin, il se trestrent arrieres, et nostre Crestien drecierent lor tentes et demorerent illeuc dusqu'a l'endemain. Et quant ce vint au matin, K. commanda que tuit li chevalier de l'ost eussent covertes les testes de lor chevaus et les oreilles bien estoupees que il ne peussent noise de ce qu'il feroient si grans cous et si durement de lor mains sor les tympanes, que li cheval s'en esfreerent. Quant li cheval de noz chevalier[s] oïrent cel fereïs et celle noise des tympanes et il virent lor barbeores si laides et si hisdeuses, si commencierent a fuir de la paor qu'il orent ausi com s'il fuissent desvé, si que li chevalier qui sus seoient ne les pooient en nule maniere retenir. Quant la seconde eschiele de nos Crestiens vit la premiere fuir qui tant estoit de bons chevaliers garnie, si fuirent ensement ariere. Et quant li rois Ch. vit ce, molt s'en esmerveilla jusques a ce que il sot por quoi ce estoit. Li Sarrasin, qui molt orent grant joie, siewirent noz gens et les enchacierent le petit passet dusques a un mont qui estoit a deus liewes prés de la cité. A cel mont s'asamblerent nostre gent et fisent chastel et defense de lor cors meismes. Quant ce virent le[s] Sarrasin, il se traistrent ariere, et nostre Crestien drechierent lor tentes et demorerent dusques a l'andemain. A l'andemain matin *semonst Ch. son conseil, et si commanda que tuit cil a cheval de nostre ost covrissent les chiés de lor chevaux* et les oreilles lor estoupassent bien, si qu'il ne peussent veoir les barbeores des S. ne oïr la

125 Variantes

veoir les barbouieres ne les timbres oïr. Quant il les orent covertes et les oreilles estoupees si comme li rois ot commandé, il s'en vindrent tuit rengié a la bataille et assemblerent [a] lor gent. Cil estoient issu fors de la vile. Molt ocistrent li nostre des lor et furent la tres la matinee dusque a midi. Adonc s'armerent S. et orent un char entr'els que .ix. jou de bues trainoit, et avoit enmi le char une enseigne en son un lonc fust, et l'apeloit on 'estandard.' Tieus coustume estoit que nuns ne se partist de l'ost tant comme elle fust droite. Quant K. vit ce, il se feri entr'auls avironnez de la puissance Dieu et de [sic] ses genz aprés, et tant ala ferant a destre et a senestre que il vint au char

et trencha a un seul coup la perche de s'espee qui soustenoit l'enseigne et abati tout en un mont. Adonc s'enfuirent li S. de totes pars, et li huiz et li criz leva de toutes pars sour aus.

Ileuc fu morz Hebrains li rois de Sebile o tout ses

noise de lor tympanes. Si com li rois ot commandé, si fu fait, et si furent les eschieles ordenees si com por combatre. Et li S. estoient issu de la vile si assamblerent a noz gens, et noz gens as lor. *Dont se combatirent li nostre as S. des le matin dusques a miedi si en ocistrent molt, mais il nes porent del tuit vaintre.* Adont asamblerent li S. et orent en mi els un char que .xviii. buef traoient, si ot une ensaigne en mi en son un lonc fust si l'apeloit on 'estandart.' Tels costume estoit adont que nus ne s'en fuist de champ tant com ele fust droite se il cremist honte. *Ch., quant il vit ce, qui estoit armés de haubert et de hyaume et d'espee, il ot fianche en Dieu.* Il se feri entr'els avironés de la poissance de Dieu, et sa gent apres, *si ala droit en mi la torbe des S., si les ocioit a destre et a senestre*, et tant ala ferant et ociant les Turs qu'il fist tant qu'il vint jusques al char si trencha a un seul cop de s'espee la perche qui sostenoit l'ensaigne si l'abati tot en un mont. Adont s'en fuirent li S. de toutes pars et ne mie en un seul leu mais par tuit s'en commencierent tantost que li rois abati l'ensaigne *a fuir de ça et de la*, et li hus et li cris leva sor els. *Lors i ot molt grant noise d'une part et d'autre, si i ot ocis molt de S.* Iluec fu mors et ocis Hebrains

.x. m. S. L'endemain rendi
la cité A K. Li aumaçors de
Cordres qui s'en estoit alez a
Cordres o tot mil S. [la
rendy l'endemain a K. F] par si

que il recevroit baptesme et
que dou roi K. la tenroit
mes touz jours.

Quant K. ot toute Espaigne
conquise, il devisa et departi
toutes les terres et les contrees
qu'il avoit conquises si comme
vous orrez a ceuls qui en la
terre demorerent si comme l'
estoire nos dit. La terre de
Navarre et de Basque donna
as Bretons, la terre de Gavele
dona as François, cele de Nadres
donna as Lombars, la terre d'
Arragone as Poitevins, la terre
Alandalu as Thiois, la terre de
Portigal as Danois et as
Flamans. La terre

de Galice volt il donner as
François, mes n'en orent cure.
Nuns n'osa en Espaingne
puis entrer contre K.

li rois de Sebile od toute [sic] ses
.x. m. S., *et l'aumaçors s'en ala
od les autres S. qui eschaperent en
sa cité.* L'andemain l'aumaçors qui
s'en estoit alés a Cordres od tot
.m. S., *si com il vit qu'il estoit
veincus, si* rendi a Ch. nostre
empereor sa cité par tel covenant
qu'il prendroit baptesme et qu'il
seroit al commandement Ch. et
qu'il tendroit la cité de lui a
tous jors mais.

Quant Ch. ot toute Espaigne
conquise *et ce fu fait que voz avés
oï*, il devisa les terres et les
contrees si com voz orrés a toz cels
qui en la terre demorerent si
com l'estoire nos dist. La terre de
Navare et de Bascle dona il as
Bretons, la terre de Chastele as
François, la terre de Nadres et de
Sarragoce as Grieus et a pluisor
autres qui estoient en nostre ost.
Cesarauguste dona as Lombars, la
terre d'Arragon as Poitevins, *la terre
de l'Andalif qui est de joste le
marine as Tyois*, la terre de Portingal
as Danois et as Flamens. La terre
de Galice vout il doner as
François, mail il n'en orent
cure pour l'asprece de la terre.
*Aprés ce ne fu nus qui osast
estre encontre Ch. de nule rien
en Espaigne ne entrer ens sor son
pois puis qu'il avoit la terre
devisee com vos avés oï.*

XIX
VARIANTES C

1 ala en voyage a saint Jaques – 2 Adonc – 3 et s'en ala en voyage a – et fist grant honneur aux Crestiens – 4 qui estoient Sarrazins octist et envoia en exil ou prisoniers en France – 5 Lors – 6 ev. par t. les c. d'Espaigne et prestres – Puis ass. un c. – 7 et establit por l'amor de monseigneur s. J. – 9 qui y estoient a avenir obeÿssent a l'eveschié de – 10 Mais il ne ordonna pas a Hyre eveschié por ce qu'elle estoit trop petite ville, et c. qu'elle fust subgecte a l'eveschié de C. Et en ce c. mesmes – 14 desdiay h. la chapelle de m. s. s. J. et l'a. en la compaignie de .l. ev. – 16 Ch., qui ce jour donna a l'a. de m. s. s. J. toute – 18 en toute la t. d'E. et de G. *manque* – lui rendroit (ch. an *manque*) – 19 celui qui lui bailleroit celle somme seroit quicte de tout trevage. Et si ordonna – 21 s. de pape – 22 et ordonna que – 23 et que les ev. – roys d'Espaigne – 24 ev. de saint Jaques en l' – 25 ap. monseigneur saint Jaques – 26 citez d'Espaigne – 27 par l'evesque de saint Jaques a la crestienté de Nostre Seigneur. Et de droit doit estre exaulsee la foy crestienne en – 28 ainsi comme – 29 et le siege apostolic – de par – 31 en Ephesee es parties d'oriant – aussi – 32 siege apostolic – 33 es parties – Ces sieges, Ephese et Compostelle, sont sans doubte ou royame de J. C., Ephese a d. et Compostelle a s. – 36 les enfans de Z., si comme l'evangille tesmoigne que leur mere voua a Dieu que l'un d'eux fust assis en son royaume a la destre et – 38 les C. – 39 ce monde droittement sur – 40 establyt a troys ap., a saint Pierre, a saint Jehan et a s. Jasques, devant tous les a., ausquelz il moustra plus priveement et plus p. les s. – 41 comme dit l'e. – 42 ordonna il por l'amour d'eulx que on honnourast ces troys sieges principalz. Car aussi comme ces troys apoustres – 44 tous les – 45 aussi – ou leurs corps gisent, doivent – 46 tous autres sieges de tout le monde – 47 honnourez et exaulsez – 48 tous les – s. apostolics – 50 sa sep. et l'enlumina par ses grans miracles qu'il fist en sa vie et fait encores et fera jusques en la fin du monde – ap. par droit – 51 s. apostolic, car – qui fut le plus grant entre les autres ap. emprés monseigneur s. P. de d. et d'onneur – 53 le premier – 55 il y fist – E. le tiers siege est ap. par d. siege apostolic, car – 57 l'ev. – 58 son saint p. – 59 et de la chappelle – i *manque* – 62 droittement – En cest maniere que vous avez oÿ compter devant fu premierement la terre de G. delivree des S. – 64 v. de Nostre Seigneur et par le preeschement et par les prieres..., et puis par l'aide et par la force l'empereur Ch. – 65 honnouree et ramenee a la loy cr. ou elle sera tousjours mes jusques a la fin du siecle.

128 Le Turpin français

XIX

TEXTE DE E; CF. JOHANNES XLV,
11–XLVIII

Quant li rois ot einsinc lessiés
ses gens en Espaingne et les terres
departies, il s'en vint a mon sei-
gnour saint Jaque en Galice et
edifia de Crestiens. Ces Crestiens
que il i trova de sa premiere
voie fist riches et ceuls qui

ierent coverti a la loy paienne,
l'une partie d'euls ocist, l'autre
partie envoia en France en
eissil. Par les cités de Galice
establi K. evesques et prestres
et assembla a Compostelle un
grant concile de evesques et de
arcevesques et d'autres
persones. En ce concile establi

pour l'amour de mon seignour
saint Jaque que tuit li prince

et evesque et arcevesque et

roi et tuit li Galicien, cil
qui estoient et avenir estoient,
fussent obeïssant a l'arcevesque
de mon seignor saint Jaque.
Aprés [*lire* A Yre] n'i mist pas
evesque
car ne la tenoit pas a cité, ainçois
la commanda estre sousmise a
Compostelle.

Et je, Turpins, arcevesque de Rains
dediai a ce concile l'eglyse
mon seingnor saint Jaque et

TEXTE DE D

*Dont laissa li rois Ch. la plus
grant partie de s'ost en Espaigne*, et
quant il ot ensi ses gens laissiés
et les terres departies, si s'en ala
il en Galice *si vint a mon signor
saint Jake* et edifia de Crestiens. Et
toz les Crestiens que il trova que il
avoit la laissiés quant il i fu a
sa premiere voie, il le honora
molt et fist riches, *et cels qui se
tindrent as Sarrasins* et qui erent
converti a la loy paiene, l'une
partie en ocist, l'autre partie envoia
en France en essil. Par les cités de
Galice establi Charles evesques et
prestres, et asambla a Compostelle
un grant concile d'evesques et
d'archevesques et d'autres
persones.
Et [*lire* en] cel concile establi il por
l'amor de mon seignor saint Jaque
que tuit li prince et evesque et
archevesque et roi, et tuit li
Galicien,
cil qui estoient et avenir estoient,
fuissent obeïssant a l'archevesque
don mon signor saint Jaque. Mais
a Yre ne mist il pas evesque car il
ne le tenoit pas a cité *por ce que

il li sambloit qu'ele fust trop
petite cités*, ainçois la comanda a
estre sosmise a Compostelle, *si la
comanda estre del tout au coman-
dement l'archevesque de Compostelle.
Et lors en cel meisme concile, je
Turpins, archevesques de Rains, dediai
honorablement od .l. evesques la

Variantes

son autel par le commandement K., et ce fu es kalendes de juing. Tout entierement i soumist Compostelle K. [*Johannes*: Tote la terre enterinement sozmist Ch. a C.], et commanda que chascune maison de Compostelle et de Galice donna [*sic*] chascun an a l'eglyse de mon seignor saint Jaque .iiii. deniers, et fussent franc de touz autres servises. En ce meismes concile establi K. et commanda

qu'ele fust mes touz diz sieges d'apostole por ce que mes sires saint Jaque li beneois apostres s'i repose, et establi que touz li conciles des evesques de toute Espaingne fussent la tenu, et les corones as rois et les croces as evesques fussent donees par la main de l'arcevesque de Compostele, et se foiz estoit aptiziee en autres lieus par pechié de gent, ne li commandement Dieu defailli, illeuc fussent reconcilié et restabli,

car ausi comme par mon seignor saint Johan vint foiz en Ephese premierement, et fu establiz sieges

d'apostole, ausi por mon seignor saint Jaque vint

chapele et l'autel mon signor saint Jaque es kalendes de juign par le commandement Ch. Tuit entierement i sosmist Compostelle li rois Ch., et commanda que chascune maisons de Compostelle et de Galice donast chascun an .iiii. deniers a l'eglise mon signor saint Jaque, et par si qu' il fuissent franc de tous autres services. En cel meisme concile establi Ch. et commanda que ele fust mais tous dis apelee sieges d'apostoile

por ce que li beneois apostles mes sire sains Jaques i repose, et si devisa que tuit li concile des evesques de toute Espaigne fuissent la tenu, et les croces des evesques et les corones des rois fuissent donés par la main de l'archevesque de Compostelle *por l'onor del beneoit apostle*, et se la fois estoit apetisie es autres cités et en autres lieus de la terre par les pechiés des gens, ne li commandement de Dieu Nostre Signor failli, iluec fuissent reconcilié et restabli *par le conseil a l'archevesque et par le conseil d'autre clergie. Et par droit doit estre reconcilije et establie la fois en cele eglise, car ausi com par mon signor saint Jehan l'ewangeliste, le frere mon signor saint Jaque, vint la fois Jhesu Crist premierement en Ephese qui siet en la partie d'orient et i fu establis sieges d'apostole, ausi cele meisme fois vint avant premierement, et sieges d'*

130 Le Turpin français

foiz premierement en Galice, et por ce sera touz jorz apelez siege d'apostre. Ci[s] dui siege, Ephese qui siet a destre par devers orient, et Compostele qui siet a senestre par devers occident au regart de Jherusalem, et sieent en devise dou monde [*Johannes*, XLVIII, l. 3, *del monde ...*

... del monde, l. 7]

Rome, Compostele, Ephese. Ausi comme Nostre Sires establi devant touz les autres apostres Perron, Jacque et Jehan a

cui il descouvri ses segrez si comme l'evangile moustre, ausinc sont cist troi siege

par devant toz les autres sieges en reverence: Rome,

por ce que mes sires sainz Pierres, qui est princes des

apostle fu establis et est, par mon signor saint Jaque en Glaice en la partie d'orient [sic]. *Chist dui siege sont sans doutance Ephese*, qui siet a destre par devers orient al regart de Jerusalem, et sient en devise del monde *li siege qui estoient devisé a ces deus freres, les fils Zebedee, que lor mere rova a Dieu que li uns seist a sa destre en son regne et li autres a senestre. Trois principaus sieges doivent li Crestien essaucier et honorer en cest siecle par droit devant toz les autres: Rome, Compostelle en Galice, Ephese. Ausi come Nostre Sires Dieus establi devant lui* [*lire*: toz] *les autres apostles trois apostles: saint Pierre et saint Jehan et saint Jaque* a qui il descouvri *et lor monstra plus plainement les secrés, si com il dist et monstre en l'ewangile, ausi establi il par els trois sieges honorés devant toz les autres. Et par merite sont cist troi siege apelé principal et* sont devant toz les autres en reverence, *car ausi com cist troi sormonterent par la grace de Dieu toz les autres apostles, ausi li saint lieu ou il prechierent et il furent enseveli doivent per* [sic] *droit sormonter toz les sieges de tout le siecle et doivent estre essaucié et honoré devant toz les autres. Par droit est apelé* Rome *devant les autres sieges d'apostoile por ce que mes sires sains Pieres, qui est li*

131 Variantes

apostres, i preescha et l'
arousa de son sanc;

Compostele, pour ce que mes
sires saint Jaque, qui entre
touz les autres est de
gregnor digneté, la

saintefia de sa sepulture
et i fait encore aprés [lire

apers] miracles et fera
tresque en la fin dou
monde; Ephese, por ce que

mes sires sainz Jehanz i
esclaira primes et preescha
s'evangile: 'In principio erat
verbum,' et illeuques fu sa
sepulture.

Se aucuns juge-
menz ne pooit estre terminez
ne defeniz en autres lieus
par le monde

   en ces .iii. lieus
devroient estre terminé et
defeni.

   Einsi comme vous
avez oï fu Espaigne conquise
et Galice par la vertu
de Deu et de mon seignor

*princes des apostles, la dedia par
son preechement* et l'arosa de
son sanc *et par la* [sic] *sepulture.
Compostele est par droit apelé
sieges d'apostoile por ce que mes
sire sains Jaques, qui entre les
autres apostles est de grignor
dignité aprés saint Pierre, et
qui fu coronés premerains el
ciel par martyre,* la garni de
son preechement et la saintefia
de [sa] sainte sepulture et de ses
sains miracles qu'il fist et fait
encore molt apers et fera toz jors
jusque a la fin del monde. Ephese,
li tiers sieges, si est par droit apelés
[sieges] d'apostle por ce que mes sire
sains Jehans li ewanglistes i fist
et esclaira primes et preecha *son
ewangile*: 'In principio erat verbum,'
*et que il sacra de son preeche-
ment et de ses miracles et de
sa sepulture la chapele que il
edifia. Sachiés bien que ilueques
en Ephese fu sa propre sepulture.*
Sachiés que *se li jugement de
la crestienté ou li jugemens del
siecle ne pooient estre coneu*
ne determiné *es autres eglises
del siecle ne es autres lieus par
le monde, on les doit reconcilier
et prendre en ces trois sieges
loiaument*, et sachiés que il
en ces trois lieus devoient estre
determiné et coneu. Ensi com
vos avés oï fu Espaigne conquise,
*et ensi fu Galice en cel tans ostee
de la main as Sarrasins par la
vertu de Dieu et par la proiere*

132 Le Turpin français

saint Jaque et par l'
aide le roi de France, Ch.

de mon signor saint Jaque et par l'aide le roi de France, Ch., et fu essaucie et honorée et sera en la foi crestiene jusques au daerrain jor.

XX

VARIANTES C

1 De la couleur du roy Charles – 2 fut brun – avoit le visage ront – 3 molt advenant – 4 avoit son corps – 5 molt las (*lire*: lars ?) – 6 assés gros – avoit les c. et les b. fors et durs – 9 face estoit d'une p. – 11 front estoit d'un pié, les yeulx fiers et hardy qui r. comme lyons et – 13 et ses s. d'une – 13 il veoit par ire et par courroux trembloient de g. p. – 15 lui a qui il moustroit chiere ne qui – La corde – 16 p. de long est. – 17 en pandoit d. – De pain m. petit, mais il m. – 20 et si ne b. guaires de vin mais de l'eaue bien souvant – 21 et fort plus que je n'estoie. De si grant force et de si grant vertu fut il qu'il tranchoit bien – 22 d'un – coup et le cheval avec – 23 tout l. – 24 et si levoit ung chevalier tout armé de sa paume des terre jusques a son chief tout legierement d'une s. m. – 26 de d. molt grantz dons et juge droicturier et molt beau parleur et si savoit bien donner ung hault conseil, et souloit tenir par .iiii. festes annuelles une haulte court et pleniere, et si portoit ceptre et couronne royal: le jour de – 30 de la Penthecouste – 31 monseignor *manque* – 32 toute nue – on fait d. l'emp. – Et avoit chascune nuyt la ou il gisoit en tour son lit – 33 garder et en y avoit .x. au chevet et .x. aux piez – 36 et chascun t. son espee en sa m. d. toute nue – 37 la main s. – un cierge – 39 retraire et raconter les merveilleux faitz et euvres – 40 moult plairoient a escouter a toutes gens qui avroient loisir de l'escouter, mais trop i a. a dire et trop y conviendroit de loysir – 41 ensi com *manque* – admiral de France le nourrit en son enfance ou il fut mené comme en exil, et comment celui G. le fist – 43 comment celui Ch. o. en la bataille B. pour l'a. de G., un orgueilleux roy sarrazin, le mortel ennemi G. – 45 cités par sa grant proesce qu'il soubzmist toutes a – 46 plusieurs e. et pl. a. (par le m. *manque*) – 47 il y mist – 48 par la t. *manque* – 50 emporta o soy – croiz qu'il – 51 Toutes ces choses je ne vous puis par r. – 52 seroit longue hystoire et seroit grant ennuy de l'escouter – 54 retraire, et fist maintes fieres merveilles en son temps qui oncques ne furent mises en ystoire. Mais ores lairay ester toutes les autres choses et vous conteray comment il retourna de la terre d'Espaigne en France a briesves paroles.

133 Variantes

VARIANTES E; CF. JOHANNES XLIV, 3-fin

Ci fait bien a savoir quieus K. estoit, si comme l'estoire nos tesmoingne: noirs de cheveuls o gresse [*lire*: grosse] face et vermeille, o biauté de cors; cruel esgart; .viii. piez avoit a son pié – grant pié ot. Et larges iert de rains; gros braz

et grosses cuisses avoit, et forz estoit de touz ses membres; saiges en paroles et en faiz. Sa face estoit de un espan et demi, sa barbe de un espan, ses frons de un pié, et euz resemblanz ieuz de lyon,

estencelanz comme escharboucle. Si sorcil, demi espan. Grant paor avoit cui il regardoit

par mal et par ire. La ceinture de quoi il se ceignoit avoit .viii. espanz sanz ce qui pendoit deforz la boucle. Petit mengoit pain, assez menjoit char, et ne menjoit que d'un mes. Se on li apportoit mouton, un quartier en menjoit; se on li aportoit

porc, une jambe atout la cuisse; .ii. chapons, ou une oie,

VARIANTES D

Li rois Ch. estoit, si come l' estoire tesmoigne, noirs de chavels; *si avoit rovelent vis* et grosse face et vermeille. *Si estoit avenans*

de cors et de grant beauté, *si avoit molt fier regart* et molt cruel, *et si avoit .viii. piés lonc a la mesure de ses piés que il avoit et grans et lons. Si estoit larges par espaules et avenans de rains* et larges les avoit; *auques gros par le ventre, si avoit grosses quisses et gros bras* et fors estoit de toz les membres; et sages en paroles; et sa face avoit une espane et demie de lonc, et sa barbe une espane, et ses nés demie espane, et ses frons un pié. Les oels avoit resamblans a oels de lyon estinchelons [*sic*] come escarboucle. Si sorcil avoient demie espane. Tuit cil qui il regardoit *a oels overs* par mal et par ire quant il ert courrouciés, avoient molt grant paour. La chainture dont il se chaingoit avoit .viii. espanes *estendues sans ce que il en pendoit* de fors la boucle. Petit mangoit pain, mais char mangoit asés, et si ne mangoit que d'un mes.-Se on li aportoit un mouton devant, il en mangoit bien un quartier. Se on lui aportoit une espaule de porc, bien le mangoit, ou .ii. capons,

ou un paon, ou une grue,
ou un lievre. Petit bevoit
vin, touz jours meslé o aigue.

Tel force avoit que de Joiouse
s'espee coupoit un chevalier

parmi tout armé o tout
son cheval a un seul coup.
.iiii. fers de cheval ensemble
estendoit a ses mains. Un
chevalier
levoit legierement tout armé
de terre a une main tressi
qu'a son chief. Mont estoit
larges de donner et
droituriers en jugemenz.

A quatre festes en l'an portoit
corone; a Noël, a Pasques, a
Penthecouste, a la feste mon
seignor saint Jehan [sic].

Devant lui façoit porter
une espee nue selonc l'emperial
coustume.

Chascune nuit le gardoient
.vi. xx. homes bien armez, et

tenoit chascuns en sa main

ou .ii. gelines, ou une grue, ou un
paon, ou une lievre *tot entier. Si
bevoit poi de vin*, et quant il le
bevoit, tos jors estoit temprés od
ewe. *Mais ewe pure bevoit il
assés. Si estoit molt boens
chevaliers et molt fors.* Il estoit
de tel force que de Joiouse s'
espee colpoit si un chevalier
tot armé od tot le cheval par
mi a un tot seul cop. Quatre
fers de cheval estendoit il
legierement ensamble entre
ses mains, *et se uns chevaliers
estoit en estant toz armés sor
sa paume, il le levast legierement
de terre jusqu'a son chief a une
seule main. Si estoit molt larges
de doner grans dons, et si estoit
molt droituriers jugierres. Ja n'
amast home qui feist sans
jugement. Molt estoit sages de
parole et de doner un boen
conseil et un haut.*

   A quatre festes en l'an por-
toit *il roial corone et ceptre, et
si tenoit haute cort et plainiere.*
Or entendés par quels sollempnités
ce estoit! Ce fu *le jor de Noël, et
le jor de Pasques, et le jor de la
Pentecoste, et le jor de mon signor
saint Jaque.* Ces quatre festes tenoit
il as plus hautes del an. Si
portoit on devant lui une espee
nue selonc l'emperial costume,
*si com on doit faire devant em-
pereor.* En costume avoit que
*chascune nuit avoit .vi. xx. homes
bien armés entor son lit qui
le gardoient.* Chascuns tenoit

135 Variantes

une espee nue, en l'autre une chandoile. La premiere ore de la nuit veilloient .xl., a l'autre, .xl. Il estoit	en l'une de ses mains une espee nue et en l'autre une chandole ardant. La premiere eure de la nuit veilloient li .xl.; l'autre en aprés faisoit on veillier les autres .xl.; a la tierce, les autre[s]
ainsinc ordené que quant li un s'en partoient li autre venoient et en avoit .x. as piez et .x. au chief, et de chascune part a destre et a senestre en avoit .x. Ainsi tres qu'au jor au lever le roi.	.xl. Ensi estoit ordené: quant li un s'enpartoient, si venoient li autre, et si estoient li .x. as piés et li .x. au chief, et de chascune part a destre et a senestre en avoit x. Ensi veilloent toute la nuit jusques al jor que li rois se devoit lever; lors s'en partoient.

Dans la traduction Johannes, la fin du chapitre XX *du texte latin fut transposée au chapitre I de la traduction; voir mon édition de Johannes, p 8. Cette partie de notre chapitre* XX, *à savoir pp. 44–65, manque donc dans* E. *Le scribe de* D, *comparant son modèle* *4 *avec son modèle* A, *et croyant qu'il y avoit ici une lacune dans* *4, *l'a comblée en copiant le texte de son modèle* A. *Sa copie est très fidèle; je n'en donne ici que les variantes.*

41 a conter – 48 par la terre *manque* – 50 od soi – la vraie cors (*lire* crois) dont il par le m. mist en p. e. – 51 tot *manque* – 52 car trop – et plus tost ... retraire *manque*

XXI
VARIANTES C

1 *Rubrique*: De la conquise que Charlemaigne fist en Espaigne – 2 Emprés ce que Ch., le grant renomé emperere de Rome, eut en ce temps concquise Espaigne a l'onneur de Dieu et de m. s. s. J., si s'en retourna avec ses osts jusques a P. et illec se herbergea avec son ost – 5 estoient demourans – 6 frere, que l'a. de B avoit – 7 de Perse *manque* – en E. qui tous deux estoient au c. – molt v. – 9 (Et *manque*) Ch. manda a ces deux roys par – 10 qu'ilz se baptizassent – 11 Adonc lui e. ces deux roys .xxx. chevaulx d'or – 12 a noz chevaliers de nostre ost – 13 cccc chevaulx tous chargez du meilleur vin d'Espaigne pour leur boyre et .iii. m. Sarrazines de grant beaulté – 15 argent et de riches draps de soye pour ainsi qu'il leur l. a o. ceulx de l'ost de Ch. Et le traistre leur promist que si feroit il et print – 16 redonnerent – la promesse de celle trahyson fut confermee et divisee entr' eulx comment ceste trahyson s'acompliroit

et G. s'en retourna a Ch. et lui presenta l'avoir que les roys lui envoi[oi]ent de Sarrazines(ine) et lui fist entendant que Marsire se vouloit faire crestien – 19 son chemin – en F. emprés lui pour prandre b. – 22 qui leur estoit envoié – 23 gens menues – leurs femmes – si *manque* – 24 G. lui fist entendant – si ordonna – et s'en retourner – 25 le c. de Guenes, si c. – 26 plus proches amys, ce fut a R. – 27 et a o. le c. de Geneve – 28 a R. – o .xxx. m. hommes bons et fors en b. tant que lui et ses autres gens eussent passez les p. En ceste maniere fut fait – 31 qui s'enyvrerent – 32 et p. aveques – 32 et es – 41 F.; pour ce en moururent comme il parut puis aprés. Que vous diray je plus? – 34 (et *manque*) avecques le arcevesque T. et le trahystre G. – 35 a la m. a .l. m. – 36 des v. et des b. – 37 s'estoient mucez – 38 Si tost comme les S. apperceurent noz gens qui faisoient l'arriere garde, si firent de leurs gens .ii. b. – 39 .xxx. m. Emprés ce incontinent, les .xx. m. S. requistrent noz gens molt durement, et les noustres leur tournerent leurs fers de leurs glaives tranchans, et commença la bataille et perilleuse et mortelle ou il y eut tant octis de prudes chevaliers crestiens et destranché, quar se combatirent noz gens a ceulx des le matin jusques a haulte tierce et occistrent tous les .xx. m. Sarrazins qu'onques n'en eschappa ung tout seul. Noz gens furent lassez et travaillez quant il eurent destruicte celle premiere bataille et bien eussent eu mestier d'eulx repouser s'il se peust faire, mais ce ne peut estre car trop estoient pres leurs ennemis mortelz. Adonc vindrent les .xxx. m. Sarrazins et se ferirent en noz gens de toutes pars a grant foule. Ha! Quantes dures joustes y ot fait a ce jour, et maintes coups frappez d'espee et maints beaux jeunes hommes furent ocis ce jour et destranchez! Nos gens estoient las et travaillez de la grant bataille qu'ilz avoient eue et ne peurent longuement souffrir l'assault; ains leur convint illec mourir; et la furent octis les .xxx. pers de France et tous les Crestiens, qu'oncques nul n'en eschappa – 46 descollez a l'espee, les autres fendus a grans haches jusques aux dens, les autres perciez de saiectes et de dars aguz, les autres octis de grans perches, les autres escorchiez tous vif de grans cousteaux aguz, les autres ars en grant feu, les autres penduz aux arbres. Illec furent octis les bons chevaliers de l'empereur Charlemaigne fors le conte Roland qui ce jour monstra bien sa grant prouesce – 50 se mucerent ou boys par les fourests et par ce eschapperent. Emprés ce que la bataille fut finee, les S. qui avoient eue la victoire, se reculerent en arriere entour une lieue – 52 demander en ce lieu de ceste hystoire – 53 n. Sires *manque* – l. mourir ceulx en ceste bataille – point es femmes avec ceulx qui s'enyvrerent et qui se c. o les femmes et y p. – 56 affin qu'ilz ne retournassent plus en leur païs et qu'ilz ne cheussent en aucun pechié. Et aussi il leur voulut donner pour leur travail et pour leur mort la c. des. c., et ceulx qui pecherent es femmes et qui se enyvrerent, Dieu les souffrit a mourir – 60 par l'angoysseuse mort qu'ilz souffrirent pour deffendre la foy – 61 doit pas – nostre Sire *manque* – Pere, qui est fontaine de toute misericorde – 62 les p. et les t. – 63 de ceulx – 64 Encores eussent ilz peché, en la fin s'ilz n'eussent esté octis (*sic*) pour le nom de Jhesu Crist. Et pour ce, si ne doit nul mener femmes o lui en b., car trop en vient de mal et de destorbier, et tousjorz en povez veoir exemple comme de Daire, le roy de Perse, et de Anthoine qui jadis aloient en bataille a grans compaignies de f., si furent tous deux vaincuz et mors – 68 si *manque* – 69 Pour ce, comme je vous ay dit, nul ne doit mener femmes en ost, car – 70 qui s'enyvrerent – 71 les hommes probres et les religieux qui – 72 vices, car ilz ne se doivent pas enyvrer en nulle maniere o les femmes, car s'ilz le font – 75 male mort – seront tourmentez perdurablement ou puis d'enfer. Or acomplissons ce que nous avons commencé a dire de la grant douleur et du grant dommage que l'empereur Ch. eut ce jour a Roncevaux.

TEXTE DE E; CF. JOHANNES, L-LIV	TEXTE DE D
Puisque K. li honorez ot toute Espaingne conquise a	Puis que Charles, li honorés, *li boens empereres de Rome, li rois de France*, od [*sic*] toute Espaigne conquise
l'enor de Dieu et de mon seignor saint Jaque, il s'en vint o toute [sa gent] a Pampelune. Adonc demoroient a Cesar Auguste .ii. Sarrazin, Marsiles et Baliganz – frere estoient – que li amirauz de Babyloine i avoit envoiez de Perse, et estoient soumis a K. et le servoient, mes ce estoit faintement.	a l'honor de Dieu et de monsignor saint Jaque, il s'en repaira ariere od toutes ses gens et od toutes ses grans os jusqu'a Pampelune. *A cel tans estoient manant a Cesar Auguste* dui Sarrazin, Marsiles et Baligans ses frere. Molt estoient poisant de grant gent, et sachiés que li ammirals de Babyloine les i avoit envoiés de Perse. *Si estoient il dui molt al commandement Ch. et volentiers le servoient* par samblant, mais ce estoit faintement *et en traïson*. Il ne demorroient en Espaigne se par lui non. Ch. lor manda
K. lor manda par Ganelon que il venissent recevoir	par Guenelon, qui il creoit molt adont, qu'il venissent recevoir

baptesme
ou il li envoiassent treu. Ganes
s'en torna et erra tant que
il vint a Cesar Auguste. Il
sembla bien prodome, mes
ses cuers de destornoit molt

de [l] semblant. Marsiles l'
onora mont la nuit, et
quant vint aprés mengier,
Marsiles apela Ganes a
conseil et dist par mont
atraianz paroles que se il le
metoit en aise de K., il li

donroit .xx. sommiers chargiez
d'avoir, ne jamais ne li faudroit,
ainçois seroit a sa volenté.

 Par la couvoitise de
l'or et de l'avoir dont maint
autre ont esté honni et deceu,
fu sorpris Guenes et afia
illueques maintenant que il
diroit a K. que M. sanz de-
morer le suigroit en France
por baptesme recevoir; et il

enbuscheroit ses genz es
Porz d'Apre si que au passer
les desconfiroit. Einsi fu la
nuit devisé et affermé entr'
euls. L'endemain dona
M. a G. .xx. sommiers chargiez
d'or et d'avoir resplendis-
sanz en richesces, et en
envoia .xxx. a K., et .xl.
sonmiers chargiez de [s]
meillors vins et des plus fors
que hom peust boivre, et

baptesme et qu'il preissent la
loy crestiene ou il lui envoiassent
le treu de lor terre. Guenelons s'
atorna et tant esra qu'il vint
a Cesar Auguste. Il sambla bien
preudome, mais ses cuers se
descorda
molt de son semblant. Marsiles l'
onora molt la nuit, et quant ce
vint aprés mangier, Marsiles l'apela
a conseil et si li dist par molt
atraians paroles que se il le
metoit en aise de Ch. grever, il li
donroit .xx. somiers chargiés
d'avoir,
ne jamés ne lui faudroit, ainçois
serot [sic] del tuit a sa volenté. Par
la convoitise del or et de l'avoir dont
molt autre ont esté honi et deceu,

fu sospris Guenelons et si afia
et aferma ilueques manois que il
diroit a Ch. que Marciles sans de-
morer la sieweroit en France por
son baptesme recevoir, et il en-
buscheroit ses gens es pors d'Aspre
si que au trespasser [les] descon-
firoit.
Ensi fu la nuit afermé et devisé
entr'els. L'andemain donerent M. et
B. a G. .xx. somiers chargiés d'or
et d'argent et d'autres avoirs res-
plendissans en richoises, et tot por
ce qu'il lor livrast toz cels del ost,
et chevaliers et serganz, por ocire. Et
cil lor otroia et si prist l'avoir
qu'il li donerent.
 *Quant li covenans de la
mauvaise traïson fu afermés
entr'elz*, li frere se porpenserent

139 Variantes

| | que il lor convenoit aucune chose envoier le roi par coverture. *Dont li envoierent il .xxx. chevals chargiés d'or et d'argent et de dras de soie, et si envoierent as chevaliers del ost* [cf. A, ll. 11–13] .xl. somiers chargiés des meillors vins et des plus fors que nul home puissent boivre, et autresi envoierent il |

mil Sarrazines de grant biauté

envoia as hauz homes de l'ost K. Molt s'apensa de grant boisdie, quar por ce le fist que il geussent o eles par la force dou vin qui tieus estoit et que por cel peichié

as haus homes del ost mil Sarrazines plaines de grant beauté *por lor volontez faire*. Molt s'apensa de

les lessast Dieus morz en la bataille. Guenes s'en parti de Marsile et s'en vint a Pampelune au roi.

grant boisdie Marsiles [*Johannes* LI, car, l. 7 – force, l. 8, manque ici] del vin qui tels estoit et que par cel pechié les laissast Damledieus mort souffrir en la bataille. Guenelon se parti de Marcile et si s'en repaira a Pampelune au roi Charle qui encore i estoit.

Cil vint devant le roi K. et li dist tieus paroles comme vous porrez oïr et entendre, et je, Torpins, le tesmoingne qui aveuc le roi estoie.

Ci conte que Guenelons vint devant le roi Charle *et si li dona l'avoir que li roi li envoi[oi]ent*, et si li dist tels paroles com voz porrés oïr et entendre, et come je, Turpins, arcevesque de Rains, le tesmoigne bien qui avoec le roi estoie adont: 'Marsile voz salue et si voz mande que il est prest de voz sievre en France et si recevra baptesme la ou voz plaira et de voz tendra pleinierement toute la terre d'Espaigne que il tint [sic]. Sachiés que il apareilloit sa voie de venir en aprés voz tres dont je me parti de lui com cil qui del

'Marsile vous salue pres de vous suigre en France et recevra baptesme la ou vous plera et de vous tendra tout plenierement tote la terre. Saichiez que il s'apareille de venir aprés vous comme cil

qui de tout en tout veult et

desirre estre a vostre comman-
dement et a vostre amor et a
vostre servise, et vous envoie
.xxx. sommiers chargiez d'avoir.

K. ot grant joie des noveles dou
baptesme. Guenelon envoia
as hauz homes de l'ost les .xl.
sommiers chargiez de vin, o
les mil Sarrazines.

Cele nuit furent ivre par l'
ost par la force dou vin li
plusor, et par yvresce jurent

o les damoiseles sarrazines,
car tant comme li hons est
yvres, il est desvoiez de toutes
bones resons. K., par le conseil
Guene, apareilla son oirre
de repairier en France

et commanda R. son nevou
et O. faire la riere garde o

tout .xx. m. homes des plus
hauz de l'ost en dementres

tuit en tout veut estre a vostre
commandement et a vostre amor
et a vostre service, et molt le
desire; ce voz mande; et si voz
envoie ces .xxx. somiers chargiés
d'avoir que je voz ai presentés de
par lui, et molt liement me dist
que quant il venroit en France,
*la prendroit il baptesme et si
tendroit de voz des lors en avant
toute sa terre* plus volontiers que
de nului.'

Ch. ot grant joie des no-
veles del baptesme. Guenelons en-
voia as haus homes del ost les
.xl. somiers chargiés del vin qui
molt estoit boens, od les mil
Sarrazines. *Li haut baron del ost
pristrent tant seulement le vin
que on lor envoioit, et les menues
gens pristrent les femes.* Cele nuit
furent ivre par l'ost par la
force del boen vin li pluisor, et par
ivrece jurent od les damoiseles
sarrazines, car tant com li hom
est ivres, ce sachiés que il est
desvoiés de toute raison.

Ch. crei ce que Gueneles li
dit, si devisa a passer les pors
et a repairier en Franche.
Lors apareilla son oirre d'esrer
par le conseil G. *Quant il ot pris
son conseil a G. et as autres, il
commanda a ses plus chiers
amis, tot avant a Rolant, son
neveu, qui estoit cuens del Mans
et de Blaives,* et a Olivier, le conte
de Geneve, et as autres barons,
*que il feissent la riere garde
en Reinschevals od tot .xxx. m. homes*

141 Variantes

que il passoient les Porz d' Apre.

Ainsinc fu devisé. Au quart jour aprés passa K. o tot son ost, Guenes ovec lui et je, Turpins arcevesques, et li autre firent la riere garde.

Marsiles et Baliganz issirent des montaignes ou il estoient repos par troiz eschieles [sic] o tout l. m. Sarrazins si comme Marsiles et Guenes l'avoient devisé, et firent .ii. eschieles, l'une de .xx. m. homes, l'autre de .xxx. m. La bataille de lor .xx. m. Sarrazins corut seure a noz Crestiens qui estoient .xx. m. qui faisoient l'arriere garde.

bien aidans en bataille et des plus haus homes del ost endementieres que il passeroient les Pors d' Aspre. Quant li rois ot commandé a ses barons a faire la riere garde *des si la que il eust od toutes les autres gens passés les pors. Ensi* com li afaires fu devisés si *fut fait.* Aprés ce au quart jor passa Ch. les pors od toute s'ost, et Guenelés od lui, et je, Turpins, archevesques de Rains; li autre, si com voz avés oï, fistrent la riere garde. *Mais une partie des Crestiens qui furent ivre del vin que li Sarrasin lor avoient envoiés, si pechierent as femes sarrasines* que li Sarrasin lor avoient envoies, *si en furent mort. Et que voz en diroie je plus? Ce souffri Dieus por lor pechiés que il fistrent molt vilains, et Dieus het molt pechié.*

Si com Ch. passoit les pors od tot .xx. m. Crestiens, je, Turpins, li archevesques de Rains et Guenelons od lui, Marsiles et Baligans ses freres issirent la matinee des bos et des montaignes et des valees od tot .l. m. Sarrazins ou il s'estoient repos par .ii. jors et par .ii. nuis par le conseil G., si com Marsiles et Guenelons l'avoient devisé. Lors firent .ii. eschieles, l'une de .xx. m. Sarrazins et l'autre de .xxx. m. Sarrazins. La bataille de lor .xx. m. S. qui fu la premiere, corut sore a nous .xx. m. Crestiens qui fasoient l'ariere garde. *Si commença*

Li nostre guenchirent sor auls et se combatirent jusqu'a la matinee [sic] tresque a tierce

Ausi com li lous fameillous et desvez devore les berbiz quant il les trove, ausi Rollanz ocist de toutes pars quiquonque il ataint. La fu esprovee la proesce Olivier, car bien puis affermer que onques encore un cors d'onme tant coups ne donna ne tant n'en reçut, et qui nuns [*lire* mis] eust en escrit cels que il ocist, n'en seroit pas creuz dou dire.

Si les ocistrent li nostre que onques de cele premiere eschiele n'en eschapa uns. Quant M. vit ce, il lor corut sore o l'autre eschiele qui estoit de .xxx. m. S. que il avoit encore. Li nostre, qui lassé et grevé estoient de la bataille que

tantost cele eschiele de paiens le[s] nous a ferir a dos deriere.
Li nostre guenchierent ariere encontre aus et si lor tornerent les chiés des chevaus molt vighereusement. *Si se combatirent des le matinee jusqu'a tierce.* Molt se combatirent bien li nostre et hardiement. En plusors lieus veissiés
les S. mors tresbuchier jus de lor chevalx. Ce fu une des plus doleureuses batailles qui onques fust et ou plus ot de haus homes mors et de boens chevaliers, dont grans damages fu.

Autresi come li lyons fameilleus et desvés deveure des berbis quant il les troeve, autresi voz di je de Rollant que il ocit quanqu'il ataint. La fu esprovee la proëce d'Olivier, car bien puis fu affermé que onques encore uns cors d'ome tant cous ne dona ne tant n'en reçut com il fist la, et qui mis eust cels que il ocist en escrit, il n'en fust pas creus del dire. Par sa proëce en orent adont li S. molt le pior. Sachiés que li nostre mistrent les S. au desous si faitement que il les ocistrent tous, si que onques de .xx. m. de cele premiere eschiele uns seuls n'en eschapa.

Quant M. vit ce, il lor corut sore od l'autre eschiele qui estoit de .xxx. m. S. que il encore avoit. Li nostre, qui lassé et agrevé estoient de la bataille il avoient faite devant,

ne les porent souffrir ne endurer, ainçois furent ocis.

Mais ainçois se deffendirent mont. Li uns furent ocis de lances, li autre d'espees, li autre de darz, li autre de pierres, li autre furent pendu as arbres.

Ainsinc furent ocis de divers tormenz que onques n'en eschapa nuns fors que R. et B., ses freres, et T., ses escuiers, et ne sai quans des autres qui s'aloient atapissant et muçant par le bos.

R. les aloit suiant, dolenz de la mort de tant proudonmes. Adont se trestrent li paien arriere une lieue grant.

   Ci fait a savoir por-

que il avoient devant faite et de la grant gent *que il orent veincu et ocise*, quant il virent venir la grant force des S., molt furent esmaï, et li S. l' [*lire* s'] aprochierent d'els et ferirent en aus de toutes pars. Li François ne les porent soufrir ne endurer, ainçois furent ocis; *n'en eschapa uns seuls des .xx. m C.* fors il troi, ne sergans, ne chevaliers. Mais molt se deffendirent. Li uns furent ocis de lances, li autre d'espees, *li autre de coingies, li autre de saietes*, li autre de dars, *li autre de bastons*, li autre de pieres, *li autre tuit vif eschorcié de couteaus*, li autre furent pendu a arbres *et li autre furent ars*. Ensi furent ocis de divers tormens. *La furent tuit cil del ost ocis* si que onques uns seuls n'en eschapa s'a trop grant dolor non. Il n'en eschapa fors que Rollans seulement et fors Baudewins ses frere et fors Tierris ses eschuiers et ne sai quant autre qui s'aloient muchant par le bois qui puis furent tuit mort. *B. et T. s'entrerent el bos si se tapirent et ensi s'en esschaperent*. Adont se traistrent li paien ariere une grant loee de terre. Lors veissiés les S. quant il se repairi[er]ent, de la mort as François molt liés. R. les aloit porsiewant de loign, dolans de la mort de tant preudes homes et del damage que Crestien ont receu.

   Ci fait a savoir por qoi

quoi Nostre Sires souffri cels
a morir en la bataille qui
la nuit avoient fait fornication
o les Sarrazines: pour ce qu'il ne
volt que il repairassent en lor païs
et que par aventure ne pechassent
encor plus griement. Si lor volt
rendre corone es ciels et par‑
doner leur pechiez por lou
martire que il reçurent. Car,
comment que il eussent pechié,
au derrenier furent il ocis et
martyr por la loy Nostre Seignor.
Ci esclaire la leitre dou latin
de l'estoire que molt est despite
chose compaingnie de fame a
cels qui vont en bataille ne
en ost, car maint princes
terriens en ont esté honnis
et deceuz et morz. Daires et
Antoines, qui jadis fu, menerent
lor fames en bataille. Daires
fu veincuz d'Alixandres, Othe‑

viens veinqui Antoine. Por ce

n'est pas raisons d'avoir sa
fame en voiaige d'ost ne
en herberges, car granz
empiremenz en est au cors
et a l'arme. Cil qui for‑
nication firent par lor
pechié senefient les prestres
et les religious homes qui
en nule maniere

Nostre Sires souffri aus a morir en
la bataille qui la nuit avoient
faite fornicacion od les Sarra‑
zines: por ce que il ne vaut que
il repairassent en lor païs que
par aventure ne pechassent
encore plus griefment. Si lor
voloit rendre corones es ciels et
pardoner lor pechiés par le
martyre que il recevoient. Car
coment que il eussent pechié, au
daerrain furent il ochis et
martyr por la loy Nostre Signor.
Chi esclare la letre del latin de
l'estoire que molt est despite
chose compaignie de feme a cels
qui vont en bataille ne en ost,
quant maint prince terrien en
ont esté honi et deceu et mort.

Daires et Antoines qui jadis ale‑
rent en bataille od grant
compaignie de femes fistrent
que fol. Alisandres dailier [*sic*]
veinqui Daire, et Othevins de
Rome veinqui Antoine. Si furent
andui mort et lor home vencu
et desconfit si que nus n'en
eschapa s'a paines non, *et por*
ce ne doit nus mener feme en
ost, n'est pas raisons de
li avoir en herberges ne en
nul voiage d'ost *car ce est*
grans encombremens et grans
empieremens *au cors et a l'ame.*
Chil qui fornication fistrent
par lor pechiés es femes dont
il pecierent molt, *senefient*
les prevoires et les religius
homes, les moines et les chanoines

ne se devroient enyvrer ne gesir a fame car	et toz prestres et toz clers qui *se combatent encontre les vices et qui ne se devroient mie enivrer [ne] en nule maniere couchier od les femes*, ne eles por gesir, car ce savés voz bien,
se il le font, ocis sont de lor anemis, ce est li deables, et embracent la perpetuel mort.	se il le font il seront pris et ocis de lor anemis, ce est des deables, car il enbrachent la perpetuel mort, par qoi il seront destruit et dampné *et si morront a malefin* et si seront mis permanablement es paines d'infer. [*Suit le texte de* A, XXI, 61–81.]

XXII

VARIANTES C

1 fu finee – s'en retournoit tout seul sur son cheval sans compaignie, ja estoit molt loing des S., se avint, si comme il chevauchoit enclins et pensif soubz son heaume tout adoulé plus que nul ne vous pourroit dire de la perte qu'il avoit eue, il trouva et encontra ung S. tout noir, tout las, et recreu de la bataille, qui s'estoit mucé ou boys. Et R. le print maintenant et le lya – 5 et le laissa illec – 5 Et quant il eut – 6 remonta sur son destrier et chevaucha parmy le boys tant qu'il vint a une montaigne ou il s'en monta pour seurveoir les S. qui s'estoient logez pres de celle montaigne en unes grans landes. Et R. vit bien qu'ilz estoient molt grans gens. Emprés ce qu'il les eut veuz, si s'en retourna arriere au chemin de Roncevaux ou estoient alez ceulx qui avoient passé les portz. Lors mist son cor d'yviere a sa bouche et corna. Les Crestiens qui estoient mucez ou boys ça et la, se tirerent a la voix du cor, qui estoient encores cent (MS: encorent cent) Crestiens avec lesquelz il s'en retourna vers les S. par my le boys et vint jusques au Sarrazin qu'il avoit lyé – 11 et le deslya maintenant puis tira – et la m. soubz le chief du Sarrasin – 12 avec moy – 13 le roy de Marsille, je t'en lairay aler sans toy mal faire, et sachez de vray que se tu – 14 Encores ne connoissoit mie R. le roy de M. Et tantost ala o lui et lui monstra le S. le roy de M. entre les S., qui estoit assis sur ung cheval raoulx et avoit ung escut ront. Et R. laissa le S. aler et print force et hardiesse en soy, et eut – 18 Dieu. Or escourtez que fist le gentilz chevalier que nul n'eust osé entreprendre ce que first Rolandz, lequel ferit entre .xxx. m. Sarrazins lui centiesme comme celui qui n'actandoit a avoir nul secours de

nulle part et, si comme il fut assemblé entr'eulz, si en vit un – 19 estre plus grant que nul des autres, et hurta son cheval jusques au grant S. et le trancha d'un seul coup de son espee tout oultre, lui et son cheval si que – 21 cheval cheÿ d'une part et l'autre d'autre – 22 ce cop, si eurent molt grant paeur et se pristrent a fouyr ça et la – 24 qui estoit – 25 les grans presses des S. et les – 26 a o. d'un cousté et d'autre a d. et a s., et fist voye a son perilleux cheval (MS chāl, *écrit ainsi en fin de ligne*; *cf*. B branc perilleus) tant qu'il actaint Marsire qui s'en fuioit a l'esperon et l'octist – 27 la vertu – 28 ceste b. (que je vos di *manque*) – 29 que R. mena o lui – y fut – 30 si reçut – pierres et de grans perches, et touteffoys il eschappa ainsi garny de plaies come il estoit. Et incontinent que Bellegant sceut que Marsire fut octis, si se partit de celle terre avec les Sarrazins – 33 dit devant – 34 C. avec eulx – s'estoient mucez – les boys pour paeur des S. – 35 ja passez – et ne savoient riens de toute ceste grant douleur. Le contre R., qui estoit las a merveilles et travaillé des grans poines qu'il avoit souffertes en la bataille et du duel qu'il avoit de la grant perte qu'il avoit receue, commença molt a affoiblir (MS: affoibliz) du sanc qu'il avoit perdu de ses plaies, si s'en vint aussi comme tout sain parmy les boys jusques auprés des pors du mont de Siceret, et descendit illec de son cheval soubz un arbre devant ung grant perron qui illec estoit a Roncevaux en ung pré. Et il avoit encores avec lui une sienne molt bonne espee et molt belle et molt bien faicte et replendissant de molt grant clarté, et estoit si durement forte qu'elle ne povoit plaier et avoit nom Durandars. Durandars vault autant a dire comme 'donans durs cops' car elle ne povoit en nulle maniere player car avant romproient les bras que l'espee. Lors la tira R – 48 main toute nue – et la regarda – 51 et qui avoies si g. f. *manque* – 52 Encore honnouree est ceste espee – 54 v. de Dieu – mes *manque* – tiendra jamés. Qui t'avra? Jamais celui qui te avra, il ne sera ja vaincu ne espovanté ne enfantosmé par art ne par euvre dyabolique – 57 mes *manque* – l'ayde de Dieu – 58 Tres bonne – sont destruitz – toi sont octis les mescreans – 59 ess. la loy – 60 la r. de son nom. O! bonne espee! quantes foys j'ay par toy vaincu le sanc de N.S.J.C! Quantes foys j'ay par toy octis les ennemis de Dieu! Combien ay je detranchez de Sarrazins d'oultre en oultre! – 63 par toy – pour la loy crestienne exaulser – 64 accomplie – 65 par toy destrenchez et plusieurs corps – 66 j'ay vaincu par toy le sanc – O! b. d'espee, a la quelle – 67 semblant de bonté, ne – 69 nasvré, en n. m. ne p. v. – O! espee bien esmolue sur toutes autres! Si m. ch. t'a en sa baillye – 71 te touche ne tient, j'en seray trop courroucé et trop m'en douldray, – 72 le gentilz conte R. – dit, si se doubta que sa bonne espee ne venist par aventure en la main ou en la baillye d'aucun Sarrazin; pour ce la print et la

ferit troys grans cops encontre ung groz perron qui estoit devant lui et la
cuidoit brisier. Qu'en diray je plus? – 75 l'espee demoura toute entiere
qu'il lui fut avis qu'elle eust esté sans toucher au perron

TEXTE DE E; CF. JOHANNES
LV–LVII, 11

 Si comme R. s'en retornoit
aprés la bataille vers les
paiens et il estoit auques

loing d'auls, il trova
un paien mont noir
ou bos repost molt las de
la bataille.

Il le prist et l'ala lier de
.iiii. harz fermement a un
arbre et se parti de lui et
monta sor un mont pour

veoir lor genz et vit que
molt en i avoit et
retorna arrieres vers la
voie de Reincevaus ou il
s'en aloient et commençoient

a passer les porz por euls
garir. Adonc sonna R. son
cor et assembla avec lui
par l'oïe dou cor entor
.c. Crestiens. Puis retor-
nerent arriere ensemble
par le bos tant qu'il
vindrent au paien que
il avoit lié a l'arbre.
Il le deslia erraument
et sacha sespee sor son

TEXTE DE D

 Si come Rolans aprés la ba-
taille *quant ele fut faite* et
finee, s'en retornoit toz seus
vers lé paiens et il estoit auques
loign d'aus, il trova un paien
molt noir qui pas ne s'en re-
pairoit od les autres, car
molt estoit lassés et traveilliés de
la bataille; si estoit repos al
bois. R. s'en vint cele part et
trova celui, si le prist et l'ala
loier de quatre hars fermement
a un arbre *si le laissa tot vif.
Quant R. ot ce fait*, il se parti
de lui, si monta sor son cheval et
puis
mont sor un mont
por lor gent sorveoir. *Si es-
garda les S. et si vit qu'il en
avoit molt*, si retorna ariere
vers la voie de Rainchevals ou
cil estoient alé qui s'en aloient
fuiant et qui ja commençoient
a passer les pors por aus garir.
Adont sona R. son cor d'ivoire
et asambla a lui par l'oïe del
cor entor .c. Crestiens qui s'en
repairi[e]rent a lui quant il
oïrent le son del cor. Puis re-
torna R. ariere od cels par le
bois jusques au paien que il
avoit loié al arbre. Il le
desloia esranment et sacha s'
espee sor son chief et li dist:

chief et li dist: 'Se tu vuels o moi venir et me moustre [sic] li queus est Marsiles, je te larai vif eschaper, et se tu ne le faiz, je t'ocirrai orendroit.' Le paiens li creanta et ala avec lui et li moustra M. 'Veez le la,' dist il, 'sor cel cheval rous, a cele targe reonde, a cele coronne entor son hiaume. Donc le lessa R. aler, et se feri entre les S. o ses .c. Crestiens Il en choisi un entre les autres molt plus grant des autres. Il li donna tel coup par l'aie de Dieu que il le coupa parmi a un seul coup de Durendart s'espee,

lui et son cheval. Quant Sarrazin virent ce, il lessierent M. a pou de gent, et commencent a fuir ça et la a destre et a senestre. Et R. s'en ala droit a M., ferant a destre et a senestre. R., par la puissance Dieu l'ocist a un seul coup de Durendart s'espee. Or furent mort tuit li compaingnon R., et il meismes fu navrez de .iiii. lances et de maces et de darz et de pierres ferant e froissiez; a paine s'en rala arriere.

'Se tu viens od moi et tu me monstres li quels est Marsiles, je t'en lairai vif eschaper, et se tu ne le fais, je t'ocirai orendroit.' Li paiens li creanta et ala od lui et li monstra M. 'Veés le la,' dist il, 'sor cel cheval rous, a cele targe reonde, a cele corone entor son hiaume.' Dont le laissa R. alerr, *si prist force et hardement en lui et ot sa fiance en Dieu, si se*

feri od ceaus que il avoit od lui entre les S. Il en choisi un entre les autres molt greignor des autres, si li dona tel cop par l'aide de Dieu et de Durendal s'espee que il le coupa par mi a un seul cop, et lui et son cheval. Quant li autre S. virent ce, il laissierent M. el champ od poi de gent et commenchierent a fuir ça et la. Et R. s'en ala vers M. ferant et ociant les paiens a destre et a senestre. R., par la poissance de Dieu, vint a M. si l'ocist a un seul cop de Durendal s'espee. *En cele bataille que je voz di, furent ocis li cent compaignon R. que il avoit od lui menés, et il meismes fu navrés de quatre lances et si ot pluisors cous de dars et d'espees* et de maches et de pierres dont il fu ferus et froissiés. Mais il n'i fu pas mors getés, *ains s'en eschapa a grans paines ensi plaiés com il estoit, si s'en ala ariere.*

149 Variantes

Quant Baliganz vit que M. ses freres estoit ocis, il s'en ala d'iluec a Cesar Auguste. Bauduins, frere R., et Tierris, ses escuiers, si comme je vos ai dit devant, s'atapissoient par le bos et li autre passoient les porz.

K., qui ja les avoit passez, ne savoit pas que avenu estoit derier lui. R.

s'en vint tressi qu'au pié dou mont molt dolenz de la mort de tant preudes homes et agrevez tressi qu'au morir de ses plaies et des coups des quieus il avoit mont receu. Il descendi a pié de son cheval desouz un arbre jouste une grant pierre de marbre qui estoit illueques

drecie en un pré au pié de Rencevaus. Il avoit encor s'espee qui tant estoit bele et bone que l'on l'apeloit Durendart.

Quant Baligans vit que M. ses freres estoit ocis, il s'en ala d'iluec a Cesar Auguste od ses autres S. Baudewins, li frere R., et Tierris, ses escuiers, si com je voz ai dit par devant, *et autre Crestien se tapissoient et estoient espars ça et la par le bois et si s'estoient repost por la paor*, et li autre passoient les pors, *et li pluisor les avoient ja passés; mais il ne savoient pas ce qui fait estoit deriere aus*. Charles, qui ja les avoit passés, ne savoit pas qu'avenu estoit deriere lui. R, *qui molt fu lassés de la bataille et qui molt fu dolans de la mort des Crestiens et de tant de preudes homes, et qui molt fu angoisseus des cous et des plaies qu'il avoit eues* dont il estoit aggrevés tressi qu'al morir, *s'en vint ausi com il fust toz sains par mi le bos tressi q'as piés des mons de Siceret*. Si agrevés com il estoit de ses plaies et des cous dont il avoit tant receus, descendi il la a pié de son cheval de sous un arbre de joste un grant pierre de marbre qui estoit iluec drechie en un pré de Ronchevals. *Il avoit encore od lui une espee molt bone et molt bien faite et molt clere et molt resplendissant et si fort qu'ele ne pooit mie ploier, si avoit a non Durendaus.* Par cele espee que on apeloit Durendal, qui tant ert bele et bone,

150 Le Turpin français

Durendart vaut autretant comme 'dur coup done,' car ainçoiz li fausist li braz que l'espee	vint maint paiens a sa fin! *Durendaus est a dire autretant* 'dur cop done,' ce est a dire: 'donans grans cous' [ou] 'durement en fier[t] Sarrasin,' *que ele ne puet en nule maniere peçoi[e]r, car ainçois faudroit le bras* a celui qui la tendroit que l'espee li faillist. *Lors la traist* [MS: tinst]
Il la trest et la tint en sa main et l'esgarda molt pitousement et dist doucement en plorant si comme vous porrez oïr: La complainte Rollant.	*R. del fuerre si la tint en sa main et si l'esgarda* molt piteusement *et si commença a plorer* et lors si dist il molt doucement em plorant les paroles que voz orrés se voz les volés entendre.
'Ha! espee de bon aür, luissanz et boneaürouse! Couvenable et ferme de force! De heuz d'ivoire blanc! De croiz resplendissant! Avironnee de si hauz [nons] Nostre Seignor comme est alpha et ω. Garnie de la devine puissance!	'Ha! espee de boin eur! Luisans et bonereuse! Covenable et ferme de force! De heut d'ivoire blance! De crois resplendissans! Avironee de si haut non Nostre Signor et tant precieus com est α, ω! Garnie de la divine poissance! *O! tres bele, bone espee! qui estoies longe a mesure et qui si es de grant force? Bone espee! dont la crois est d'or et li pomeaus de bericle! Honoree espee! ou li grans nons Nostre Signor est escris et qui es avironee de la vertu de Dieu!* Qui
Qui te gardera des ore en avant?	te gardera des ore mais? *Qui t'avra mais? Qui te tendra mais? Qui usera mais ta force?*
Cil qui de toi sera seisiz, ja ne sera veincuz ne esbahiz ne espoëntez por paor de ses anemis, ainçois	Cil qui de toi sera saisis et qui t'avra, il ne sera mie veincus, *ne il ne sera mie espoëntés par art ne par oevre del deable, ne il ne sera enfantosmés*, ne ja ne sera esbahis por paor del

151 Variantes

sera touz dis de la vertu de
Dieu et de s'aide soustenuz
et amez.

   Par toi est ocise et
destruite la loys paienne et
la loys crestienne essauciee
et la loenge Dieu et sa gloire
conquise. Ha!

Par tantes foiz ai par toi
vengié le precious sanc
Jhesu Crist, et tantes fois en
ai ocis les anemis Dieu, et
tant Sarrazins et tant
mescreanz en ai confundus!

Par toi est la joustice de
Dieu essauciee et emplie!
Par toi est la justise de terre
faite et maintenue, et les
piez et les mains acoustu-
mees a larrecin sont par
toi destruites!

Ha! espee beneurouse! Tran-
chanz sor toutes trenchanz!
Ague sor toutes agues! A
cui nule [ne fu] onques
resemblable! Nus qui de toi

engien de ses anemis, ainçois
sera toz jors de la vertu de Dieu
et de s'aie avironés et sostenus.
*Boene espee! Par toi sont destruit
pluisor Sarrazin! Par toi est
ocise la gens mescreans!* Par
toi est ocise et destruise [sic]
la lois paiene, et la
lois crestiene est par toi essaucie!
*Par toi est aquise la loenge
Dieu et la gloire et la renomee
de son non* et la terre qui
encontre lui estoit conquise. O!
Par tantes fois ai vengié de toi
le precieus sanc Nostre Signor
Jhesu Crist et tantes fois en ai
ochis les anemis Dieu, et tans
Sarrasins et tans mescreans en
ai confundus! O! Quantes fois je
t'ai portee en maint grant
besoign! Quantes colees je ai de
toi donees por la loy Dieu essaucier.
*Quans Sarrasins je ai de toi par
mi tranchiés!* Quans paiens *et
quans autres mescreans je ai de
toi destruis por essaucier la
crestiene foi!* Par toi est essaucie
et aemplie la justice de Dieu!
Par toi est la justice de terre
faite et maintenue et li pié et
les mains acostumees en larencin
sont par toi destruit! *Quant piés,
quant mains je ai de to[i] desevrés
des cors! Quantes fois je ai
vengié le sanc Nostre Signor!* O!
espee bone eureuse! Sor toutes
trenchans! *O! bone espee, a qui
nule ne fu onques resamblans
ne jamais ne sera!* Nus ne vit
onques ta pareille! *Cil qui de*

152 Le Turpin français

fu onques navrez n'en pot
garir.
Se mauvés hom t'a, ne

paourous, ne coarz, ne mescreanz

molt en serai dolenz.'

*toi estoit plaiés ne pooit en
nule maniere vivre*, ne ne pot
garir puis qu'il fu navrés de
toi. O! bone espee, se mauvais
chevaliers, ne mauvais home, ne
paourous, ne couars, ne desloiaus
t'a en baillie, je en serai molt
dolans. Se Sarrasins ou autres
mescreans te tint [sic] je m'en
dolrai molt.

A ces paroles, fiert l'espee ou
perron de marbre comme
cil qui depecier la cuidoit,
car il cremoit qu'ele ne
venist en main de Sarrazin.
En .ii. parties fendi la
pierre, ne onques l'espee

mal n'en ot ne n'empira.

Quant ot ce dit, por ce qu'
il dota que aucuns Sarrazins
ne la preist, il le feri trois cous
molt grans ens el perron de
marbre *qui estoit d'encoste lui,
por ce qu'il la voloit peçoier
et que plus* [cf. l. 74] ne durast sa
bontés.
*Li perrons fendi en deus moitiés, et
l'espee remest saine et entiere*, ne
onques mal n'en ot, n'en empira,
*ne ne parut qu'ele eust touchié
au perron.*

XXIII
VARIANTES C

1 *Rubrique*: Comment Rolant se print a corner – 3 Emprés ce, le conte R. prist son cor d'iviere et le mist en sa bouche et commença a corner affin que si aucun Crestien fust mucé encores ou boys pour paour des S., qu'il venist a lui, et affin aussi que – 6 d'aventure et retornassent a lui et qu'il fussent a sa mort – 7 son destrier et qu'ilz suivissent – 8 il le v. – qui avoient esté octis a Roncevaus en la b. Lors commença a corner de rechief son cor – 10 que le cor fendit de la force de son alaine et que les n. et lé v. du coul lui r., tant que la voix du cor ala jusques a Ch. qui s'estoit h. avec son ost en la Valee de Charlon, loing de Roland huyt lieues largement si comme l'ange lui mena par la v. de Dieu. Quant l'empereur eut oÿe la voix du cor, si sceut bien que R. avoit besoing et voulut retorner maintenant pour aider au conte R. Mais le desloyal et traytre Guennes qui savoit bien sa mort, car il avoit faicte la trahyson, vint a Ch. et lui dist: 'Sire, ne r. mie, car ce seroit grant folye, et aussi sachez bien que R. corne toute jour son

cor – 18 de voir *manque* – 19 de voustre aide –qu'il aye – 20 en ce – a corner. O! quelle desloyalle mençonge! – 24 le conte R. se fut cochié sur l'erbe vert pour la grant douleur qu'il sentoit des plaies qu'il avoit et des cops qu'il avoit tousjours receuz es grans presses des Sarrazins, si le print une si tres grant soif de boire de l'eaue que nul ne le vous savroit dire. Et Baudouyn, son frere, vint ille[c] d'avanture et le trouva illec gisant si las comme il estoit, qui lui print a dire et a lui conter qu'il lui queist de l'eaue et lui aportast – 27 de l'eaue et a chercher ça et la, mais onques n'en peut trouver, si s'en retorna la ou R. estoit et le trouva la molt approuché de mourir et le seigna de sa main et se doubta que par avanture il ne tombast entre les mains de Sarrazins. Si print le cheval du conte R. et monta dessus et se mist au chemin emprés Ch. et le laissa illec tout seul. Et si comme Baudouyn se fut d'yllec party, et avant qu'il fust guieres loing, Thyerry arriva et trouva R. qui se mouroit. Lors commença Thyerry molt durement a plourer sur lui et a regreter sa grant valeur et sa grant prouesce et ses autres bonne taches et en la fin lui dist – 35 R. avoit receu le corps de Nostre Seigneur et – 36 ung prestre. Car c'estoit la coustume en ce temps – en b., se f. confesser aux prestres qui estoient en l'ost et recevoient Dieu le jour – 39 le conte R. les yeulx – et ses mains *manque* – et fist oroyson a Dieu et dist

TEXTE DE E; CF. JOHANNES LVII, 10-LIX, 2	TEXTE DE D
Adonques commença R. a sonner son cor se par avanture aucuns Crestiens qui por paor se tapist ou bois venist a lui et fust a sa mort, ou cil par avanture qui les porz avoient passez, retornassent et prissent s'espee et son cheval et son cor et enchaçassent les S.	Adonques *aprés ce* començca R. a soner son cor por ce se aucun Crestien par avanture, qui por la paor des S. *se fussent repost* et tapi par le bois, venissent a lui et qu'il fuissent a sa mort *et por ce que cil qui ja avoient passés les pors l'oïssent* et retornaissent par avanture et qu'il prissent s'espee et son cor et son cheval et enchaçaissent les S. et tant les siewissent *que il veingassent lui et les autres qui mort estoient en la bataille. Lors sona il de rechief son cor et de si grant force et de si grant vertu,* que adont fendi
Adonques fendi par la	

force de Dieu de l'alaine
ses cors. Tant grant plenté
en i mist, et de tant grant
air le sonna, que les vaines
du cuer li rompirent,
et cele voiz dou cor enporta
li anges Nostre Seignor as
oreilles K. qui avoit ses
tentes fichies en un val
que l'en apele le val K.
vers Gascoigne ou il
avoit .viii. lieues de la ou il
estoit.

Si tost comme li roi l'öi, si
s'en merveilla molt, et volt

arriere retorner

quant Guennes, qui bien
savoit l'afaire li dist:

'Sire, ne retornez pas arrieres
car R., vostre niés, sieut
chascun jor [corner] por
neant

et par aventure il chace
aucune beste par le bos.'

Ha! tant dolerouse traïson!
qui doit estre comparee a
la traïson Judas. R. se
coucha a la terre pres de
morir et seelanz d'aigue

par la force de s'alaine ses
cors *par mi*. Tant grant plenté
en mist, et de tant grant air
le sona, que les veines del
del cuer le [sic] rompirent *et que li
nerf et les vaines de son col fen-
dirent. Dont ala icele vois del
cor dessi as oreilles Ch.* qui ses
tentes avoit fichies en un val
que on apele le Val Charlemaigne
vers Gascoigne. *Loign estoit de[l]
liu on R. estoit*; bien i avoit .viii.
liewes de la ou il estoit. *Ensi
ala li vois com li angeles Nostre
signor l'amena et enporta par
la volenté de Dieu. Quant Ch. li
rois oï le son del cor*, molt s'en
esmerveilla et esmaia. *Il voloit
dont retorner ariere por R. aidier
si tost com il ot la la vois oïe. Mais
Guenelons qui bien savoit sa
mort et qui estoit consachans
del oevre, et qui la traïson
avoit faite*, quant il l'oï, li
dist: 'Sire, ne retornés pas
ariere car R., vostre niés, selt
chascun jor corner por noient,
*et toute jor sone son cor por
poi de chose. Sachiés de voir
que il n'a ore mestier d'aie, ains
quit qu'il ait aucune beste par
aventure trovee par cel bois,
si cort aprés et la chace et se
deduit au corner*.'

Ha! *tant grant traïson*
et tant dolereuse *voz poés ore
oïr!* Sachiés que ele doit estre
comparee a la traïson Judas.
R. se coucha a la terre,
aprochiés de la mort et

155 Variantes

dont il peust apeisier l'anguoisse de sa soif que il avoit molt grant.

A tant es vous que Boudoins, ses freres, vint ilueques. R. li dist que il li alast querre a boivre. Cil ala et quist ça et la, mes ne [pot] point d'aigue trover. Il s'en revint devant lui et vit que il estoit molt pres de morir,

si le beneï et li dist qu'il n'en pooit point trover. Lors se tout R., et por la paor des S. monta Baudoins sor le cheval R. et prist s'espee

et son cor et se mist en la voie vers l'ost K.

Si tost comme il s'en parti, estes vous son escuier, Tierri, et commença sor lui a plorer,

et dist a R. que il garnisist son cors de foi et de confession. R. avoit le jor

seelans d'ewe dont il peust apaisier l'angoisse de sa soif que il avoit molt grant et qui si le destraignoit *que on ne le porroit dire; et por le grant desir que il avoit de boivre s'estoit couchiés sor l'erbe por estaindre sa soif.* Si com il gisoit la, estes voz ilueques Baudewins, son frere. R. li dist que il li alast querre del ewe et que il li aportast; si li proia que tost li queist car talent avoit grant de boivre. *Dont commença Baldewins a querre l'ewe et ça et la si com cil qui molt estoit dolans. Asés ala et asés quist, mais il n'en pot point trover. Lors si s'en repaira a R. la ou il se gisoit,* et vint devant lui et vit que il estoit molt prochains del morir, *et quant il vit que il se moroit, il le beneï* et li dist que il ne pooit del ewe trover. Lors se teut R., et por la doutes des S. se parti Baudewins de lui si le commanda a Dieu. Puis aprés ce, prist il s'espee et son cor et *remonta sor le cheval R. por ce que il douta que aucuns Sarrazins ne la prist. Si laissa R. trestout seul,* et lors se mist a la voie grant aleure vers l'ost. *Si siewi Ch. qui devant s'en aloit od toute s'ost.* Si tost come cil s'en parti, estes vos son escuier Tierri, et comença sor lui a plorer, et dist a R. que il garnesist son cors de foi et confession. R. avoit le jor receu corpus domini ainçois qu'il en la

receu corpus domine ainçois qu'il
entrast en la bataille, et estoit
confez a prestre[s] et repentanz
[*lire* c. et r. a p.]
qui en l'ost estoient. Car tiels
estoit sa coustume. R., li

veraiz martyr Dieu, leva ses

iaulz et dist teus paroles

comme vos orrez et comme Tierris
qui l'oï et le vit
le tesmoingna devant le roi K.
et devant moi qui estoie en
presens:

bataille entrast et estoit confés
a prestres qui en l'ost estoient.
Il estoit costume adont que tuit

cil qui aloient en bataille s'
acumenoient et se faisoient confés

as provoires qui aloient avoec

els le jor qu'il savoient qu'il
se devoient combatre.
 Rolans, li verais martyrs
Diu, leva ses ieus et dist iteles
paroles com voz orrés, si com
Tierris
qui l'ot oï et veu le tesmoigna
devant le roi et devant moi:

XXIV

VARIANTES C

1 *Rubrique*: Louengent Dieu* – 2 Dieu Jhesu – la foi duquel – et suis venu – 3 est. contrees pour ton nom et pour exaulser ta foy, et par ton ayde j'ay cy plusieurs b. vaincues des m., et pour l'amour de toy j'ay – 6 plusieurs fains et plusieurs soifs et veillees plusieurs nuyts et eu maintes angoisses – 7 toy beau Sire, recommande je – 8 Ainsi, beau Sire Dieu – daignas nestre de la glorieuse Vierge pour moy et por – 11 monter es cieulx avecques ta deïté, Sire, si v. – 12 croy, je te prie que tu delivres mon ame de la mort perdurable – 13 Sire Dieu, je me rends a toy comme coupable et pecheur – 14 Mais toy, Sire – 15 toutes creatures – 16 pas ce que tu as fait – 17 se veullent retourner – 18 des pecheurs – qu'ilz se vueillent – 19 qui delivras la femme pecheresse d'adultere reprise, et qui pardonnast a M. M. qui lava tes piés – 21 et les essuia – 22 p. ses pechiez *manque* – et qui pardonnast le pechié de s. P – 23 ploura pour ce qu'il t'avoit renoyé .iii. foys – et qui ouvryz la p. de p. au larron qui te crya m., Sire, par ta misericorde, fay moy pardon de mes p. Sire, tu es celui

---

*Louengent Dieu surprend un peu comme rubrique: le gérondif est en relation avec le verbe principal *dist* par lequel termine le chapitre XXIII: Rolant ... fist oroyson a Dieu et dist.

qui fais – 27 en perdurable vie – la vie du p. – 28 et dy de la bouche – 29 veulx tu oster mon ame et la gecter de c. v. affin que – 30 emprés – 32 Emprés ces parolles, le conte R. print de ses propres mains – 33 de entour – et son cuer *manque* – 34 le nos r. depuis – Et dit R. en p. – 35 et Filz de la Vierge Marie – 36 de vray cueur – 37 je r. au derrenier jour du monde, et que en ceste propre chair je v. – 39 Emprés – ouvrit de rechief – 40 regarder vers le ciel et se print a seigner sa poictrine et tous ses m. du signe de la croix et dist – 41 Je tiens toutes choses t. villes et ordes – 42 regarder – par le vouloir – 43 yeux ne peuent veoir, ne oreilles oÿr – 44 puet entrer – et ce que – a apparaillé – En la – 45 vers Nostre Seigneur – 46 qui avoient esté tuez – la b. de Roncevaux, et dist – 48 ont esté octis – 49 contrees est. – 50 c. aux mescreans – 51 ton precieux sanc – 53 beau doulx Sire qui as merciz de toutes tes creatures, delivre les par ta grant doulceur – 54 anges qui delivrent – 55 et les mainent et conduisent – 56 royaume – 57 en perdurable gloire, tu qui regnes et vis o le Pere et o le Filz et – 60 ces prieres – le conte R. – 61 s'en ala Thierry – ame du conte R. s'en yssit du corps du b. m., et sans doubte les anges – 63 sa merite en la c. des glorieux m.

VARIANTES E; CF. JOHANNES LIX, 2-LXI, 7

'Sire Deus Jhesu Criz, por cui foi essaucier je ving ça et lessai la contree de France mon doulz païs, par la toe aide ai je conquises et veincues maintes batailles contre mescreanz, et ai receu por toi maint coup et maint estrif et maintes plaies et reproches, et en ai souf-

fers escharnissemens et fein et soif et maintes angoisses, a

toi, Sire, commant l'ame de moi. Sire, si comme tu deingnas naistre de Marie la Virge, et soffrir mort en croiz, et estre posez ou sepulcre et au tierz jor resusciter et

VARIANTES D

'Sire Dieus Jhesu Cris, por qui foi essaucier et acroistre je laissai la contree de France, mon douz païs, par la toie aie ai je veincues maintes

batailles encontre mescreans, et ai receus por toi maint cop et maint estor et maintes plaies et reproches, [et] en ai soffers eschars
et travaus et fains et sois et maintes angoisses [MS: angoisseus], a
toi, Sire, comant je l'arme de moi. Sire, si com tu daignas naistre de la Virge Marie, et morir en la crois, et estre posés a sepulchre, et al tierç jor resusciter *et geter*

monter es cielz que onques por
ce n'en lessas la presence de
la deïté, si deignes tu delivrer
m'arme de la perpetuel mort
d'enfer. A toi, Sires, me re-
gehis corpables et pechieres,
qui pius pardonierres ez as

pecheors qui en foi et en
penitance te reclaimment.
Sire, qui les folies des pe-
cheors en quelconques

lieu il se convertissent, mes
[MS: mieus] en perpetuel oub-
liance, et a cels de Ninive per-
donas lor pechiez quant il
se convertirent a toi, et a la
fame reprise en avoltire per-
donnas ses pechiez, et a Marie
Magdalene feiz le grant
pardon, et a mon seignor
saint Pere quant tu le
regardas, dou pechié que il
t'avoit renoié trois foiz le
pardonas, et au larron qui
pendoit delez toi en la croiz
et merci te pria et tu li
pardonnas et li otroias
paradis, Sire, si me faces tu
pardon de mes pechiez et de mes
mesfaiz, tu me pardonnes ce que
j'ai mesfait vers toi et me

met en perdurable repoz. Sire,
a cui li cors ne perissent pas
aprés la mort, ainçois sont
mué en mieus, si que l'arme

*tes amis d'infer, et monter es
ciels que ta deïtés ne laissa onques,
si voirement com ce fu voirs, et
je le croi,* ausi deignes tu delivrer
m'arme de la permanable mort.
*Beaus Sire, a toi me rent je
estre copable et pecheor plus que
je ne puis dire; mais tu qui
es pardoneres de toz les pechiés,
et qui as merchi de totes choses,
et qui ne hes pas chose que tu
aies faite, et qui mes ariere les
pechiés des homes qui a toi
voelent repairir, et qui oblies les
mesfais des pecheors en quel-
conque eure il se voelent a toi
convertir,* et qui as cels de
Ninive pardonas lor pechiés
quant il se convertirent a toi,
*et qui la feme qui fu reprise
en adultere delivras, et qui
Marie Magdalene, qui tes piés
lava de ses lermes et essua*
[sic] *de ses chavels en la maison
Symon, pardonas ses pechiés, et
qui relaschas saint Pierre l'
apostele quant il plora, qui trois
fois t'avoit renoié, et qui le
larron* qui pendoit en la crois
joste toi et merchi te cria para-
dys otroias, Sire, tu me faces par-
don de me[s] mesfais et de mes
pechiés, tu me pardones ce que
je aï mesfait en toi et me met
en pardurable repos. Sire, a qui
li [MS: le] cors ne perissent pas
aprés la mort, ainçois sont mué
en miels, Sire qui l'arme del cors
desevree fais vivre en meillor vie
pour ce qu'ele soit trovee en

159 Variantes

dessevree du cors feiz vivre en meillor vie por ce qu'ele soit trouvee en bones hueuvres,

je croi que les sens et les entendemenz que
mene [sic; lire: la miene] a ore avra ele aprés ma mort et encor meillor de ce qu'ele a esté

en l'ombre de cest cors. Sire, qui deis: 'Je vueil mieus la, vie dou pecheour que la mort,' je croi de cuer et regehis de bouche que por ce vels tu mener fors de ceste vie l'ame de moi que aprés la mort la faces vivre en mellor vie.' R. prist adonques sa char entre son cuer et ses mameles, et dist gemisousement plains de lermes, si comme Tierris en fu tesmoinz qui l'ot oï et veu: 'Dolz Dieus Pere, filz de bone aürouse la Virge Marie, de tout mon cuer te regehiz et croi que tu ies mes racheterres et que je au jor dou Jugement resusciterai de terre et en ceste char meesmes verrai Deu mon Sauveor.' Ceste parole dist
par .iii. foiz si que il tenoit sa pel et sa char fermement. Aprés mist sa main seur ses eauls et esgarda le ciel et fist croiz sor son pis et dist: 'Toutes choses terriennes me sont vils, car or esgarde par la volenté Dieu ce que vueil [sic] puet veoir ne en cuer

bones oevres, je croi que les [sens] et les entendemens que la moie arme a ore avra ele aprés ma mort et encore meillors de ce que ele a esté en l'ombre de cest

cors. Sire, qui deis: 'Je voeil miels la vie del pecheor que la mort,' je croi de cuer et je (MS: de) regehis de bouche que por ce veus tu mener l'arme de moi fors de ceste vie qu'aprés la mort, la faces vivre en meillor vie.'

R. prist dont sa char encontre son cuer et ses mammeles et dist gemissannment plains de lermes, si com Tierris en fu tesmoins qui l'ot oï et veu: 'Dieus, dous Pere, fils de la bonereuse Virgine, ma dame sainte

Marie, de tot mon cuer regehis et croi que tu es mes rachaterez, et que je al Jugement resusciterai de terre et en ceste char meisme verrai je mon Salveor.' Ceste parole dist par trois fois, si que

il tenoit sa pel et sa char ferme-

ment. Aprés mist sa main sor ses ieus et dist par trois fois: 'Et cist oeil meisme te verront, et cist oeil meisme te verront, et cist oeil meisme te verront.'

Adont ovri R. les ieus et esgarda le ciel et fist crois sor son pis et dist: *'Je tiegn vils*

d'ome ne puet entrer, que

Nostre Sires apareille a cels qui l'aimment.' Adonc tendi ses mains en haut vers le ciel et l'egarda et fist proiere por touz cels qui avec lui furent mort en la bataille. 'Sire,' dist il, 'la douçor de ta misericorde soit hui esmeue sor touz cels qui en ceste bataille ont esté ocis, qui de lointeing païs sont venu en ceste terre combatre a la gent mescreant et essaucier ton saint non et vengier ton saint sanc et esclairier ta foi. Il gisent mort por toi par les mains as Sarra-

sins, mes tu, esleve par la toe misericorde lor pechiez et oste des tormenz d'enfer. Envoie por les armes des tien benooiz, anges qui les ostent des tormenz d'enfer, et les conduie ou regne des cieulz que il puissent regnier ensemble o toi et tes sainz martyrs sanz fin, qui vis et regnes o ton Pere et le Saint Esperit, uns Deus perdurablement, per omnia secula secularum [*sic*]. Amen.'

toutes terrienes choses et toutes desplaisent a moi. Or voeil je esgarder par le conseil et par la volente de Dieu, que oels ne puet veoir, ne oreille oïr, ne en cuer d'ome ne puet entrer, ce que Dieus apareille a ses amis qui en cest siecle l'ont bien servi.' Adont tendi R. ses mains en haut a Dieu et esgarda vers le ciel et fist proiere pour toz cels qui od lui furent mort en la bataille. 'Sire,' dist il, 'la douçors de ta misericorde soit hui espandue sor toz cels qui en ceste bataille ont esté ocis, qui de longtain païs sont venu en ceste terre combatre a la gent mescreant, et essauchier ton non et vengier ton precieus sanc et esclairir ta foi. Il gisent mort pour toi par les mains des Sarra-
sins; mais tu, esleve [MS: esleus] par la toe misericorde les lor pechiés, et les oste des tormens d'infer. Envoie por les armes, Dieus, [*lire* d'eus] les tiens angeles qui les ostent de[s] tenebres de cest monde et conduient les el regne del ciel ou il puissent regner ensamble od toi et tes sains martyrs sans fin, tu qui vis et regnes od Dieu le Pere et od le Saint Esperit, uns Dieus permanablement, per omnia secula seculorum. Amen.'

161 Variantes

En ceste confession et en ceste proiere issi la beneurouse arme de Rollant le verai martyr, et fut portee ou regne dou ciel ou ele est en joie sanz fin, jointe par sa deserte en la compaingnie des sainz martyrs par la digneté de son loier. Aprés ce que R. fu trespassez, si s'en parti Tierris d'ileuques qui tot ce ot oï et veu.	En ceste confession et en ceste proiere issi la bonereuse arme del cors Rolant le verai martyr, et fu portee el regne del ciel ou ele est en joie sans fin, conjonte [*sic*] par sa deserte od la compaignie dé sains martyrs por la digneté de son loier. En aprés ce que R. fu trespassés, si se parti Tierri d'ilueques qui tout ce ot oï et veu.

XXV

VARIANTES C

Rubrique: 1 Comment l'arcevesque de Rains, Turpin, estoit en la val a la mort Rolant – 3 ame se partit – corps du conte R. 4 devant nommee ou je chantoye une messe devant l'empereur des deffunts, et fut droictement es seriesmes k. joing, et avint que je fus ravys comme en esperit et oÿ – 7 dessus – mais je ne savoie ou ce estoit – ilz s'en a. et p. par sus lui (*sic*) droit es cieulx, si avint que une – 9 par devant – qui venoient et se hastoient – s'ilz revenissent de fourrage – 10 dis maintenant – Et il me r. – 11 saint Micheau enporte – 12 et vostre couronneur – 13 en gloire perdurable – 14 Quant je euz chantee la messe – dis a Ch. incontinent: 'Sire, sachez – 16 l'ame du conte R. es cieulx – d'autres ames des C. – 17 Et l'ame de ne sçay quel M. emportent les d. es p. d'e. – 18 *Rubrique*: Du conte de Turpin de la mort Guenes – 19 contoye ce a l'empereur – vint a l'esperon – du conte R. – 20 lui estoit – l. le conte devant ung perron – 21 Lors se leva par tout l'ost pleurs et tel cry qu'onques de tel n'oÿstes. Atant se mistrent tous a chemin et vindrent ou champ de la bataille. Et Ch. trouva tout le premier le conte R. gisant a l'envers – 24 mis ses bras – poictrine – en semblance – Et maintenant que Ch. le vit, si – cheoir sur lui – 25 c. a plourer trop d., et a s. du parfont du cueur, et a batre et ferir ses paulmes ensemble, et a despecier son visage et le rompre de ses ongles, et a tirer sa barbe et desrompre ses chevaux et estoit si fort marry qu'il ne povoit dire ung seul mot de la bouche. En la fin dist ces parolles en souspirant, si comme il peut: 'O – 28 de ton corps – 30 Hauberc ... fausser *manque* – 36 resariement de p. et de r. –

39 Conduiseur des – 42 Bon a tous bons – 44 et noir *manque* – 46 Las, dolant, ou – Las! que deviendray je (*répété des ll. 45–6*) – 47 anges saints – 48 et si ayes joye – toz *manque* – perdurablement – Je ploureray tousjours, et tous temps me douldray – 50 deul sur Saül et sus son filz J. et sus Ab. – 51 perdurable – et si me lesses en douleur en ce monde – 52 je demeure – 53 a tous les jours de ma vie – 55 En ceste maniere p. l'empereur Ch. le conte R. son neveu, toute sa vie – 57 son ost – estoit m., et fist conroier son c. et emplir de basme – 58 aloës au plus h. que l'on peut oncques – 58 fist alumer grans feux et grant luminaire parmy le b., et veilla l'ost toute la nuyt avec le corps. Et sachés que le conte R. avoit xxxviii ans quant il mourut. Au matin – 60 et s'en a. a Roncevaux ou ceulx gisoient – 63 Entre les autres t. le conte O., le preuz et le vaillant, mort g. a terre envers en semblance de croix – 65 quatre rouortes – 66 jusques aux – 67 froissi – 69 ne vous p. conter ne dire – 70 plouroit et faisoit dueil de – et les valees emplissoient toutes et en retontissoyent du cry. Lors jura l'empeureur Ch. le Dieu, Roy tout p. – 72 de courre emprés les Sarrazins – il les trouveroit – 73 Ch. chevauchoit a grant effort avec sa baronnie emprés les. S., avint que le – 74 ne bougea, et s'eslongea et crut ce jour aussi comme de la longeur de t. j. Et avint qu'ilz t. – 76 de brun devant la cité de C. – 77 a menger et en o. .iiii. m. – Emprés ce que Ch. ot eue la victoire sur eulx, si s'en retourna avec son ost a Roncevaux, et fist emporter – 79 gisoit mort – 80 avoit faicte – 81 si comme les pluseurs de l'ost le tiesmoignent – fist l'Empereur armer deux ch. et entrer en bataille champe[l] – 83 tout l'ost pour savoir de vray de la t. – 84 legierement P., et fut d. et sceue la – 85 Puis c. Ch. a prandre cestui Guennes le desloyal traystre, et le lyer et actacher a .iiii. des plus terribles ch. de tout l'ost. Et incontinent fut prins le desloyal traytre et fut lyé de tous les .iiii. membres a .iiii. chevaux, et monterent dessus .iiii. fors escuiers o leurs aguz esperons es piez, et le desrompirent tout, que chascun en emporta sa piece. Ainsi fut octis le traystre et desloyal Guennes et deciré a chevaux par ses membres par bon droit pour – 91 faicte et pourchacee.

TEXTE DE E; CF. JOHANNES LXII, 1–LXV, 27	TEXTE DE D
En dementres que Rollans, li verai martyrs, morut, je, Turpins, archevesque de Reins, chantoie la messe des feuz Dieu a cele hore devant K. mon seingnor. Celui	En dementiers que Rolans, li verais martyrs, morut, je, Turpins, archevesques de Rains, chantoie messe a icele eure devant Charlon mon signor. Cel jor estoit la

163 Variantes

jor estoient les .vii. kalendes de juing. En cele hore, ausi come en l'autre siegle, oï [MS: ot] une compaignie d'esperis [MS: esperit] chantant lassuz en haut, la ou il trespassoient. Estes vous aprés une autre tourbe de malignes esperis qui passa par devant moi tout chargie ainsi comme se il venissent de proie. 'Que est ce,' dis lor je, 'que voz portez?' 'Nos portons,' distrent il, 'l'ame de Marsile et de mont autres Sarrazins en enfer, et Michiel, li archanges, en porte l'arme de vostre bon seingnor et molt autres.'

Quant j'oi chanté la messe, je ving erraument a mon seignor et li dis: 'Sachiez, Sire veraiement, que Mychiez li archanges en porte l'arme de R. vostre neveu en

paradis, et mont autres o lui en enfer [sic; le scribe commet un bourdon causé par le répétition de et molt autres]. Mes ne sai de quel mort il sont mort.' Si comme je, Turpins, parloie ensi faitement au roi, estes vos Baudoin sor le cheval Rollant o tout le cor et o toute l'espee qu'il amoit mont. Il nos conta comment avenu estoit et comment il avoit lessié R. jouste la pierre de marbre. Adonc leva par toute l'ost li deuls et li criz et li pleurs si granz que onques tieus ne fu oïs ne jamés oïz ne sera.

.vii. kalende de juign. En cele [eure], autresi com en [sic] autre siecle, oï je une compaignie d'esperis chantans la sus en haut si come il trespassoient. Estes voz aprés une autre torbe de malignes esperis qui passa par devant moi autresi chargié come se il reparaissent de proie. 'Que ce est,' dis je, 'que voz portés?' 'Nos portons,' distrent il, 'l'arme de Marsire et de molt d'autres Sarrazins en infer, et Michiels, li archangeles Jhesu Crist, enporte l'arme de Rolant et molt autres od celi *es soverains ciels en permanable joie* od grant compaignie d'angeles.' Quant j'oi chanté la messe, je vign esranment au roi mon signor et li dis: 'Sachiés, Sire, veraiement que li archangeles Jhesu Crist, sains Michiels, emporte l'arme R., de vostre neveu, en paradys, et molt autres od li, et li deable enportent celi de Marsire et molt autres od lui en ynfer; mes je ne sai de quel mort il sont mort.' Si come je, Turpins, parloie si faitement au roi, estes voz Baudewins sor le cheval Rolant od tout le cor et od toute l'espee que il molt amoit, si nos conta comment il avoit laissié R. *soz le mont* de joste la pierre de marbre *ou il se moroit*. Adont leva par toute l'ost li deuls et li cris et li plors si grans que onques tels ne fu oïs ne

Puis repairames arrieres tout plorant et criant, et trovasmes premierement R. gisant en vers [sic], ses mains croisies sor son piz, son visage vers oriant. Karles chaï tantost sor le cors R., plainz de sangloux et de soupirs, et commença mont fort a destordre ses poinz et errachier ses cheveus et sa barbe, et o hauz criz en plorant conmença desmesureement a dire: 'Ha! Biauz niez! [Bras destre] de mon cors! Honors de France! Hante que onques ploier ne pot! Hiaumes de salut! Semblanz de proesce a Judas Machabee! De force a Sanson!

Chevaliers tres saiges! Engrés de bataille! Fors seur toz les forz! Roiauz lignie! Destruisierres de Sarrazins! Desfendierres as Crestiens! Murs as clers! Bastons des orfelins! Viande et refection de veves! Releverres de sainte yglise! Langue qui onques mentir ne sot! Droituriers en jugemenz! Cuens nobles seur touz François! Sire!

jamais ne sera. Puis reparaimes [sic] ariere plorant et criant. Premierement trovames R. gisant mort. Il se gisoit envers, *si avoit ses bras mis sor son pis en maniere de crois* et son visage torné vers orient. Charles cheï esranment sor le cors et commença molt fort a detordre ses mains et a esracier ses chavels et sa barbe, *et si se deschiroit toz a ses ongles,* et lors, od haut cris em plorant, comença desmesureement a dire! 'O! li bras destre de mon cors! Honors de France! Espee de justice! Hanste qui onques ploier nen pot! *Haubers qui ne puet fauser!* Hiaumes de salu! Samblans a Judas Machabeus de proece! Samblans a Samson de force! *Samblans a Absalon de beauté!* Tres boens chevaliers! Tres sages! Engrés de bataille! Fors sor tous les fors! Reials lignie! Destruisieres des Sarrasins! Desfenderes de Crestiens! Murs des clers! Bastons des orphenins *et de veves, viande et rasasiemens ausi de povres com de riches!* Releveres de sainte eglise! Langue droituriere! *Langue sans mençoigne!* Droituriers en toz jugemens! Cuens nobles sor toz François! *Compains des François! Vengieres des amis Dieu en bataille! Essauchieres de la foi crespiene! Vengierres del sanc Nostre Signor! Boens en toz biens! Amés de toutes bones gens!* O! beaus niés! O!

Pour coi t'amenai je en ceste terre? Por coi te voi mort? Por coi ne me muir avec toi? Por coi me lesses vivre dolenz, triste et vein?

Ha! Las! Chaitiz! Que ferai je?

Tu vives avec les anges! Tu aies joie avec les martyrs! Tu t'esjoïsses avec les sainz! Sanz fin plorerai sor toi ausi comme Saül sor David [sic] et sor Jonathem, ses bons amis,

et sor Asalon son fil! Tu iés en joie; nos sommes en tristesce remés ou monde.

Tu qui .xxxviii. anz avoies, les oz [lire iés or] de terre levé[e]s es ciels. De coi li monde plore s'esjoïst ore la celestial compaignie.'

Par tieus paroles plora K. li rois Rollant son neveu puis tant comme il vesqui.

sires dous! *Por qoi t'amenai je en ces estranges contrees? Por qoi te voi je mort en ceste estrange terre? Por qoi ne muir je od toi? Por qoi me lasses tu tristes et dolant et vain? Por qoi me fais tu vivre a tel dolor?* He! Las! Kaitys! que ferai je? *Las! Dolans! que devendrai je? Las[e]! ou irai je? Amis dous, tu puisses vivre od les sains angeles!* Tu *soies essauciés et aies joie od la compaignie des martyrs, et tu aies totes joies od toz les sains parmanablement! Tu iés toz jors a plorer a moi, et toz jors me dolrai de toi.* Sans fin plorrai sor toi ausi come David plora et mena son dueil sor Saül et sor Jonathan, ses bons amis, et sor Absalon, son fil. Tu es en joie *en la clere maison de paradys, et je remaign en plors et en lermes et en sospirs a toz jors.* Nos somes tuit ensamble en tristece remés el monde. *Toz li mons a dueil de ta mort, et li ciel et li saint s'en esjoïssent.* Tu qui .xxxviii. ans avois le sos [lire: iés or] de terre levés; es ciels t'en iés alés en joie parmanable et nous as laissiés tristres et dolans. De ce dont li mondes plore s'esjoïst ore la celestiel compaignie.'

Ensi par itels paroles et par autres plora Charles li rois Rolant son neveu puis tant com il vesqui. Bien parut qu'il l'ama a la vie car grant honor li fist a la

En ce lieu ou R. gesoit morz, fichierent lor tentes. Li rois fist le cors apareillier et enoindre de myrre et de aloës et de basme. Toute cele nuit veillierent en plours et en lermes et en prieres, espriz de luminaire environ et de chandoiles honoreement, et grant feus firent par le boschaige.

L'endemain en alerent tuit armé en Reincevals ou la bataille avoit esté et ou li cors de tant prodommes gisoient mort. Et les uns troverent touz morz, les autres demi vis. Oliviers trovasmes mort a la terre, ses mains liees en croiz, a quatre harz es piez fichiés fermement a terre, qui estoit touz escorchiez tres les ongles des mains jusqu'es ongles des piez et dusque au col de coutiaux aguz, et touz depechiez de darz et de seetes et de lances et d'espees, et de coups de baston touz defroisiez. Dont leva li criz et li pleurs et la noise des pleingnans molt granz si comme chascuns ploroit por son ami et si que li bos et les valees estoient plainnes de plors et de criz.

mort, *et puis mena por lui son deul toz les jors de sa vie.* En cel lieu ou Rolans gisoit mors, *fist Charles cele nuit tendre ses trés et herbergier toute s'ost.* Li rois fist le cors apareillier et enoindre de myrre et d'aloës et de basme. Toute cele nuit veillierent en plors et en lermes et en proieres, et si fist li rois alumer grans luminares de cierges espris et de chandoiles environ le cors honorablement; de grans feus fistrent par son comant par les boschages. *Si veilla li rois meismes et toute s'os od lui la nuit entor le cors.*

L'andemain matin, il s'armerent tuit, si s'en alerent en Ronchevals ou cil gisoient mort qui en la bataille avoient esté ocis. Asés troverent de preudomes mors dont li cors furent tuit depechié. Les uns trovames mors et les autres vis. Olivier trovames mort gisant sor la terre envers estendu, les mains loies en samblance de crois a quatre hars a pels fichiés fermement en terre, escorchié des les ongles des mains tressi qu'as ongles des piés et dusqu'al col de cotels agus, et tout depecié de dars et de saietes *et plaié par mi le cors de lances et d'espees*, et tous desfroi[s]és estoit des cols des bastons et des pierres. Dont leva et comença li deuls et li plors et li cris et la vois des plaignans *si tres grans que nus ne le voz porroit*

167 Variantes

Adonc jura li rois K. le roi
puissant seur touz les rois,
que il ne cesseroit d'aler
aprés les Sarrazins jusque
atainz les avroit et destruiz.
Il s'esmut

o toute sa gent, et tesmoingne
l'estoire que li solauz s'estut

cois par sa proiere, et fu
aloigniez li jorz de l'espace de
.iii. jorz.

Il errerent tant que il vindrent
a une aigue qui avoit non
Eslire jouste Cesar Auguste. Ileuc
les troverent, les uns menjanz,
les autres dormanz, les
autres veillanz asseurez.

K. lor corut sore ausinc comme
li louz fameillouz quert a la
beste ou a la proie. Iluec
je, Turpins, arcesvesques,
donnai tanz coups et tant
en reçui, que mont en sui
empiriez de mon cors, et en
vesqui mains. Ainsi le fist

*raconter. Tels estoit la noise si
come chascuns ploroit et faisoit
dueil por son ami que li bois
et les valees erent toutes plaines
de plors et de cris, et toutes rem-
plissoient et resonoient les forés
et les valees de la grant noise.*
   Adont jura li rois Ch. Dieu,
le roi tuit poissant sor toz les
autres rois, que il ne cesseroit *ne
ne fineroit* d'aler ne de corre
aprés les Sarrasins tressi que
il les troveroit et que il les
avroit atains et destruis. Il s'esmut
od totes ses gens, et si tesmoigne
l'estoire que, *si com il s'en aloit
et si chevalier od lui aprés les
Sarrasins, que li solaus aresta et
se tient en un lieu qu'il ne se
mut, ains s'estuet toz cois, si
alonga li jors et crut que il fu
ausi lons come troi jor.* La parut
la bontés del roi que Dieus fist
tant par sa proiere que li jors
fu alongiés l'espace de trois jors.
Il esrerent tant qu'il vindrent
a une ewe qui avoit a non Elire,
de joste Cesar Augustes. Iluec tro-
verent il les Sarrasins, les uns
mangans, les autres dormans,
les autres veillans as oeres [*lire*:
asoerés?].
   Charles, quant il choisi les
paiens ou il s'estoient assis por
mangier sor le fleuve, il lor corut
sore ausi come li lyons fameilleus
cort a la proie. Iluec je, Turpins,
archevesques de Rains, donai tans
cous de ma main et tant en
reçui que molt en fui pires

li rois K. et li suen, que
onques de .iiii. m. qu'il
estoient nuns n'en eschapa.

Adonc s'en repairierent
et vindrent arriers en
Reincevals. Les morz et
les navrez fist K. prendre

et porter tressi la ou li cors
Rollant gisoit. Et fu dit a K.
que touz cist afaire avoit esté
faiz par Guenelon et que tout
ce avoit il porchachié.

Li rois le fist venir devant lui,
et Tierris, li escuiers R., l'en
apela, et Guennes se fist
desfendre par Pinabel son
neveu que il mist por lui.
Il s'armerent, et quant il
furent armé, il vindrent
ensemble,

et ne demora gaires que
Tierris ocist Pinabel si
comme l'estoire le tesmoingne.

de mon cors et mains en vesqui.
Ensi le fist li rois Ch. et li sien,
et tant en ocistrent que onques
de .iiii. mile qu'il estoient nus
n'en eschapa. Adont retorna li
rois od toute s'ost od ses che-
valiers et od ses autres homes qui
s'en repairierent od lui et od
lui vindrent ariere en Ronschevals.
Les mors et les navrés *et les malades*
fist Ch. prendre, et si les fist
porter jusques a cel lieu ou
li cors Rolant gisoit. Adont fu
dit et afermé que toz cis afaires
avoit esté meus par Guenelon
et que ce avoit il porchacié. *Lors
commença Ch. a enquerre se ce
estoit voirs ou non que Guenelons
eust faite la traïson issi grant,
com li pluisor del ost tesmoi-
gnent.* Molt trova de cels qui
li distrent certainement que
ce voirs estoit. Li rois le fist
adont venir par devant lui.
Tierris, li escuier Rolant, l'en
apela, et il s'en fist deffendre
par Pinabel son neveu que il
mist por lui. Tantost il s'ar-
merent, et quant il furent armé,
il vindrent ensamble, Tierris
por lui meisme, Pinables por
Guenelon. Li rois les fist armer
et entrer en bataille devant
toz cels de l'ost, por esclairir
le voir de la traïson; et qant
il furent mis ensemble, il ne
demora gaires que Tierris ocist
Pinabel isnelement, si come l'

169 Variantes

Quant K. vit que la veritez estoit esclairiee, il fist lier Guenelon par les .iiii. principaus membres a quatre des plus forz chevaus de l'ost, et fist seoir suz .iiii. forz homes, puis le fist detraire comme chevaus porent aler ne durer, ne piece de lui pot tenir ensemble, et le fist traïner par les .iiii. parties du monde. Ainsi faitement de laide mort et despite morut Guennes.	estoire dist. *Ensi fu seue et descoverte la traïsons Guenelon.* Quant Charles vit que la verités estoit si esclarcie, il fist prendre Guenelon, si le comanda a lier par les quatre principals membres, et fist querre des plus fors chevals *et des plus isnels* de tout s'ost, et ensi le comanda a traïner. Dont le lia on si come li rois conmanda a .iiii. chevals, *si monterent* .iiii. *escuiers* que en tenoit a fors homes *sor les chevals, les esperons es piés,* puis le fist detraire tant come cheval porent aler ne durer ne piece tenir a autre es quatre parties del monde. *Li uns des escuiers ala vers orient, il autres vers occident, li tiers vers septentrium, li quars vers meridien. Ensi faitement fu Guenelons ocis et depechiés par membres* et morut de laide mort et de despite *por la traïson que il avoit faite.*

XXVI
VARIANTES C

1 *Rubrique*: Comment les corps mors furent gouvernez – 2 et apporterent (*lire* appoiterent, *i.e.* appointerent) – 3 corps enbasmez au m. qu'ilz p., l'un de basme – 4 qui de ce ne povoient a., les atournoient de sel – 5 Mais jamais nul homme n'eust si – 6 et les salerent et atournerent – 7 ilz peurent oncques (qu'il ne li c. a plorer *manque*). Emprés ce firent – 8 bieres et letieres de – 9 les emportoient – 10 mains, et porterent les autres nasvrez et malades sus e. a leur col – 11 les autres ensevelissoient el enterroient – 12 les autres emportoient en F. ou lieu – 13 les autres porterent – qu'ilz pourirent et couvint les enterrer.

170 Le Turpin français

VARIANTES E; CF. JOHANNES LXV, 28–39

Aprés ce apareillierent les cors de lor amis, l'un de basme, l'au[tre] de myrre, et les autres ovrirent et geterent forz les entrailles, et cil qui n' avoient les chiers oingnemenz, les appareilloient a sel et saloient. Selonc ce que chascuns estoit, selonc ce atornoit son ami por porter l'en au plus honoreement que il pooit.

Les uns enporterent sor forz bieres de fust, les autres sor chevaus, les autres sor lor espaules, les autres entre lor mains, les autres sor eschieles a lor copls, et li autre furent enqui enfoï.

Einsi se departirent de Reincevaus o touz lor amis, o granz criz et o granz plors et o granz noise.

VARIANTES D

Dont pristrent aprés ce *cil de l'ost chascun son ami, si afaitierent les cors* et apareillierent *au mieus que il porent, li uns de basme, li autre de mirre, li autre d'aloës.* Li autre les ovrirent et geterent fors les entrailles, et cil qui n' avoient ne ne porent avoir les chiers oignemens, si les atornerent et apareillierent de sel. Selonc ce que chascuns estoit, atornoit son ami por porter l'en au plus honorablement qu'il pooit. *Mais nus hom n'eust ja si dur cuer, s'il veïst coment li chevalier ovroient les cors de lor amis et il les saloient et atornoient al mieus qu'il pooient, qu'il ne li convenist a plorer. Dont fistrent il faire* fors *bieres de fust por porter les cors.* Les uns emportoient sor les bieres, les autres porterent il sor lor chevaux, les autres sor lor espaules, les autres entre lor mains, *li autre portoient les navrés et les malades* sor eschieles a lor cols, li autre les sevelissoient et enfooient en cel lieu meisme. Maint en furent ilueques enfoï. *Li autre les porterent en France ou au lieu dont il estoient, li autre les porterent tant que il furent porri et dont les enfoïrent.* Ensi departirent de Ronchevals od toz lor amis, od grans cris et od grant dolor.

XXVII

VARIANTES C

1 *Rubrique Manque* – 2 En ce t. y avoit – en haute dignité *manque* – 3 Arles enmy les champs – 3 a B., lesquelz – 4 par .vii. saints ev. – 5 Ce furent monseigneur saint M. – 6 d'Aquesist – 8 s. Marsault – 9 Eutrope – 9 furent enterrez g. p.

VARIANTES E; CF. JOHANNES LXVI, 1–12

Adonc avoit .ii. cymetieres de haute dignité, un a Arle et autre en Aleschanz vers Bordiaus que Nostre Sires beneï par les mains de .vii. evesques.

Li uns ot non sainz Maximiens, li seconz saint Trophens, li tierz sainz Pols de Nerbone, li quarz sainz Saturnins de Toulouse, li quinz sainz Fortins de Pierrefort, li sistes sainz Martials de Limoges, li septimes sainz Aitropes de Saintes. Veritez est qu'en ces .vii. [*sic*] cymeteres ot grant partie enfoï de cels qui soffrirent en Reincevauls mort, et cels meismes que K. trova morz et plaiez en son oratoire si comme je vous ai dit devant quant il fu

repairiez de la bataille de Navarre.

VARIANTES D

Adont a cel tans estoient dui cymitere en haute dignité *qui furent dedié et beneï par les mains de .vii. sains evesques,* si com Nostre Signor Dieu voloit. *Li uns fu a Arle en Aleschans et li autre devers Bordeals.* Des .vii. evesques qui les beneïrent od [*sic*] li uns a non sains Maximiens, et li secons sains Trophins d'Arle, et li tiers sains Pols de Nerbone, et li quars saint Saturnins de Tholose, et li quins sains Frontins de Pirregort, et li sistes sains Martials de Limoges, et li septimes saint Aitropes de Saintes. *La enfoï on grant partie de cels qui furent ocis en la bataille de Ronschevals.* Verités est que il en gisent grant partie en ces .ii. cymiteres, et cil meisme i gisent que Charles trova mors plaiés en son oratoire si com je dis devant quant il fu repairriés de la bataille d'Alevare.

172 Le Turpin français

XXVIII

VARIANTES C

1 *Rubrique*: Du corps Rolant qui fut enchassé de fin or – 3 Charlemaigne donques fist p. le corps de R. – en une chasse de fin or, couverte – 4 de si qu' *manque* – fist enterrer en l'eglise de – 6 laquelle il – avoir, et y avoit mis – 7 pandre son espee a son chief – 9 Mais depuis avint que ne sçay quel riche homme en fist porter son cor a B. en l'eglise de monseigneur saint S. Le conte Olivier et Gondebues ... et plusieurs autres ch. de grant valeur furent enterrez a Belin. A. Bourdeaulz – 14 de monseigneur s. S., furent enterrez – 16 et B., avec .v. m. Crestiens – 17 H. le conte et m. a. Bretons furent emportez a Nantes ou ilz furent molt honnourablement enterrez. Quant ces barons furent enterrez si comme je vous ay dit, Ch. dona .xx. m. – 20 pour departir aux p. pour leurs ames. Emprés ce – 21 monseigneur saint R. ou le corps du bon Rolant gisoit, tout – 22 de .vi. lieues a l'environ – 23 l'ame du conte R. – 24 de celle eglise – service a nul homme, mais que tout le service qu'ilz feroient chascun jour seroit pour l'ame et pour le sauvement de l'ame de R. – 27 mort, qu'ilz donassent en vestemens et en v. – et dissent ce jour .xxx. psaultiers – 28 autretant *manque* – 29 jours subsequtifs – tant *manque* – 30 qui pristrent en E. le martire – 31 iroient – les mescreans – 32 ilz seroient p. en – et en toutes – 33 promistrent les ch. a Charlemaigne a tenir perdurablement.

VARIANTES E; CF. JOHANNES LXVI, 13-LXVII, 39

Le cors R., le beneoit martyr, fist K. porter a Blaive seur .ii. mulez en une litiere atornee molt richement, coverte d'un riche paile, s'espee et son cor avec lui. Enqui le fist li rois enfoïr mont honoreement ou mostier Saint Romain que il avoit fondé. Et i mist K. chanoinnes rieulez. En sa sepulture fist li rois metre s'espee a son chief et son cor a ses piez en l'onor de Dieu et de sa proesce, et puis en-

VARIANTES D

Dont fist Ch. porter le cors de R. le beneoit martyr a Blaves sor deus mules en une biere a tornee molt richement, convert [*sic*] d'une riche paile, s'espee et son cor od lui. Iluec le fist le roi enfoïr molt honorablement el moustier mon signor saint Romain que il avoit fondee. Et iluec mist Ch. chanoines regulers. En sa sepulture fist li rois metre s'espee a son chief et son cor a ses piés en l'onor de Dieu et de proëce [*sic*], et puis enporta on le cors à mon signor saint Severin a Bordeaus.

173 Variantes

porta l'en le cors a mon seignor Saint Severin a Bordiauz. Ne dit pas l'estoire por coi il i fu portez. Beneurouse est la vile de Blaive qui est honoree de si haut hoste; bien se doit esleecier du solaz de son cors. A Belin le chastel fu portez Oliviers ensevelir, et Gondebols, li rois de Frise, et Ogiers, rois de Danemarche, et Riaresteins, rois de Bretaigne, et Garins, dus de Lohereingne, et molt autres. Bonsaürous est li chastiaus de Belins qui de si hauz martyrs est honorez de lor sepultures. Ainsi furent illueques cil que je vos ai dit enfoï.

Li rois de Bordiaus et Engeliers, dus d'Aquitaine, et Lamberz, dus de Boorges, et Bernarz de Nubles, et Garins, et Renauz de Haltespin, Gautiers de Termes, Gibelins, et bien entor .v. m. autre furent enqui enfoï. Hues fu portez a Nantes sa cité et fu enterrez ilueques, et molt autres barons. Quant nos les eusmes enterrez en ces cymetieres, K. donna en remembrance de Judas Machabee .xii. m. dragmes d'argent et autretant besanz d'or, et vestemenz et paintures [lire pautures] et toute la terre qui est environ a .vii. lieues de Blaives, et tout le chastel et tout ce

Ne dist pas l'ystoire por qoi il i fu portés. Bonereuse est la vile de Blaive qui de si haut oste est honoree; bien se doit esleecir del solas de son cors. A Belin, le chastel, fu portés Oliviers ensevelir, et Gondelbues, li rois de Frise, et Ogiers, li rois de Danemarke, et Riarestains, li rois de Bretaigne, et Garins, li dus de Lohorraine et molt autre chevalier. *A Bordeaus el cymitere Saint Severin fu sevelis Guaifiers, li rois de Bordele*, en Engliers, li dus d'Aquitaigne, et Lambers, li dus de Borges et Bernars de Nubles, et Garins, *et Gales*, et Reinaus d'Aubespin, et Gautiers de Termes, et Gibelins, et Brennes, et bien entor .xv. m. d'autres Crestiens. Tot i furent ilueques enfoï od cels que je voz ai només. Hoëls fu portés a Nantes sa cité et fu enterrés ilueques, et maint autre Breton od lui. Molt fu plains de ses barons.

Quant en cest cymitere furent enterré par nos mains, *et Charles od* [sic] *tot ce devisé et fait, si dona il* en ramembrance de Judas Machabeus .xii. m. drames d'argent et autretant besans d'or *en vestimens et en viandes por doner as povres. Aprés, il dona a la chapele mon signor saint Romain de Blaives tot le chastel de Blaives, et toutes les rentes de la vile, et toute la terre* qui est environ qui i apent, neïs la mer qui est souz lui soumist li rois K. a l'eglise de mon seingnor saint Romein de Blaive en franc alue por l'onor de R., et commanda as chanoines de l'eglise que il ne feissent nul servise a nule laie persone, mais tant soulement li

chanoinne qui hi estoient

et avenir estoient, vestissent chascun an .xxx. povres, et donassent a mengier, et deissent .xxx. messes o les vegiles et o le plain servise de morz, et .xxx. sautiers en memoire de

R. son neveu ou jor de son trespassement, et por toutes celes de cels qui en Reincevals avoient receu martire ou servise de Deu que il fussent parçonnier en la celestial vie. Ice li convanterent et promestrent a tenir par serement.

.vii. liewes de Blaives, et tot ce qu'il apent au chastel i dona il, neïs la mer qui est soz lui sosmist li rois Charles al eglise de mon signor saint Romain de Blaives en franc alue en l'onor de Dieu et por l'amor de Rolant, et si comanda as chanoines de l'eglise qu'il ne feissent nul service a nule laie persone jamais, *ne a nule home* ne donassent chense por paor tant com il vivroit, mais tant seulement il qui estoient et li autre qui avenir estoient vestissent chascun an .xxx. povres et lor donassent a mangier, et si deissent .xxx. sautiers et .xxx. messes od les vigiles et od le plain service de mors en memore de l'arme Rolant au jor de son trespassement, et por totes les armes de cels qui en Ronschevals et en Espaigne avoient receu martyre el service de Dieu qu'il fuissent parçonier as celestials biens.

Ce fist li rois por l'amor et por l'essaucement de l'ame Rolant son neveu et de ses compaignons. Le jor de lor mort, si com vos avés oï, devoit on doner les vestemens et les viandes as .xxx. povres, et les messes et les vigiles et les sautiers devoit on commencier .xxx. jors devant lor anniversare, et ce ne devoit on mie faire tant seulement por ceaus qui en la bataille de Ronschevals reçurent martyre, mais por tous cels qui en Espaigne reçurent martyre por l'

Variantes

> *amor Nostre Signor, et qui autre*
> *fois vindrent por destruire la*
> *gent mescreant que il fuissent*
> *parchonier de toz les biens et*
> *de toutes les orisons que il*
> *feront a toz jors mais; et ice orent*
> *li chanoine en covenant, et ce li*
> *covenanchierent et promistrent*
> *a tenir parmanablement sor lor*
> *fois et sor lor sairemens.*

XXIX
VARIANTES C

1 *rubrique manque* – 2 Emprés – nous partismes – 3 par G. et par T. – Arles ou nous t. l'ost des B. qui s'estoient partiz de nous – 5 la *manque* – 6 sus ch. sur charretes et en letieres pour les enterrer – 7 c. d'Aleschans – Adonc nous enterrasmes en ce cymetire le gentil Estol, conte de L., qui tant fut bon chevalier – 8 S. et S., les ducs de B. et G. et E. et Harnault de Viaulande et Aubry le Bourgoignon et Haton – 11 de nuully – le duc de B. avec autre .x. m. Crestiens – 12 C. le prevost de Rome o plusieurs Romains et p. Pusseaulx–13 emportez a R. par mer et furent la enterrez honnourablement si comme ilz devoient. Lors dona Ch. l'empereur – 14 povres gens – .xii. m. – autant de b. d'or si comme – 15 pour leurs ames

VARIANTES E; CF. JOHANNES LXVIII, 1–14
Aprés ce, nos en partimes
ensamble de Blaive a
tout nostre ost et venimes
a Arle parmi Gascoingne
et par Toulouse. Ileuc
trovasmes les Borgoingnons
qui de nos estoient departi
de Reincevaus et s'en
estoient venu a touz lor
morz

que il aportoient en liz

VARIANTES D

Aprés ce, *Charlemaines et je,
Turpins*, nos en partimes ensamble de Blaives, si en
alames nostre voie od toute
nostre ost, *si passames parmi
Gascoigne et parmi Tolose et
ensi venimes a Arle*. Iluec
trovames nos les Borgoignons
qui de nous s'estoient parti en
Nostrevaus puis la bataille de
Ronschevals, *si s'en estoient venu
par Morlans et par Tolouse*
od tot lor mors *et od tot lor
navrés qu'il aportoient sor*

176 Le Turpin français

et en charretes por enterrer en Aleschanz dont Arle est assez prez.	*chevals et sor charetes* et en lis et en litieres por ensevelir et por enterrer ens el cymitere d'Aleschans dont Arle es assés pres; si avoient lor navrés qu'il la amenerent couchiés en lis par les ostels. En cel cymitere furent dont enterré par nos mains maint haut baron.
En cel cymetere furent enterrez par noz mains Estoz de Lengres, Salemons, et Sanses, [et] li dus de	*Nos i meimes en terre* Estolt, le conte de Lengres, et Salemon, et Sanson, le duc de Borgoigne,
Borgoingne, Guimarz, et Estormiz, et Ottes, et Yvoires, et Berengiers, et li dus Raimes de Baiviere, et bien entor .x. m. d'autres. Costentins fu portez a Rome enfoïr et mont d'autres.	et Gumar, et Estormi, et Hotel, *et Haton, et Tierri*, et Ivoire, et *Berard de Nuelli*, et Berengier, et Namelon, le duc de Barwiere, et bien entor .x. m. d'autres homes. Costentins fu portés a Rome enfuïr et molt autre od lui. Romain et Puillois *furent tuit porté a Rome par mer* ou grant dolor od [sic] de lors parens et de l'autre peuple. *Et dont dona Charles a Arle as povres .xii. m. onces d'or et autre tant d' argent si com il avoit fait a Blaives por la redemption de lor armes.*

A commencer par notre chapitre xxx, le scribe du MS *3, d'où procèdent désormais nos MSS D E F F1 G H, se détourna de son modèle Johannes pour puiser dans une source qui n'est plus la chronique de Turpin. Le scribe de D pourtant n'a pas renoncé ici à son procédé particulier; il copie son modèle du type *3 sans toujours abandonner son modèle du type A du Turpin I, amalgamant à sa façon ces matières différentes et parfois disparates. Je donne dans l'Appendice un texte critique de cette fin de notre chronique d'après la rédaction *3 telle que celle-ci à éte transmise par nos MSS D E F F1 H (cf. pp. 196–7). Les emprunts que le scribe de D a continué à faire à son modèle A du Turpin I comportent naturellement des variantes à notre texte critique du Turpin I; je les imprime dans les chapitres suivants après les variantes C.

177 Variantes

XXX
VARIANTES C
1 *Rubrique*: Du concille assemblé a Saint Denys – 2 fait, nous nous en v. – 3 je, Turpin – 4 et des angoisses et des d. – 5 me demouray – 5 vile de Viene, et le roy qui estoit fort a. – 6 s'en ala, lui et ses – Emprés il a. ung grant c. – 7 de son royaume – en l'eglise – 9 la force – d. les Sarrazins – 10 en aloe *manque* – si comme messire saint Pol l'a. et saint C. le pape lui avoient grant piece devant donnee – 12 a avenir – 13 ev. de Paris fussent obeÿssans a l'eglise et abbaye de monseigneur saint Denis, et que les roys ne fussent point c. – 15 ordené ne *manque* – 16 Emprés – 18 tote *manque* – 19 l'eglise, et il franchissoit tous les serfs qui donroient voluntiers ces deniers. Adonc Ch. [ala] devant – 21 et lui pria et requist – a *manque* – 22 rendroient – cil *manque* – 23 (por amor Deu *manque*) et ceulx qui en E. estoient alez – 24 c. les S. pour l'amour de Nostre Seigneur – perdurable – 25 *Rubrique*: Comment Saint Denis s'apparut a Charle – que Charlemaigne – 26 ceste oroyson, avint que monseigneur saint D. s'apparut a lui – 26 en son d. et lui dist quant il l'eut esveillé – 27 a Dieu N. S. – 28 pour c. les mescreans – 29 qui y sont mort – morront pour son nom et pour sa foy deffendre – 30 qui v. rendront et donneront – 32 plus griefs p. – Au matin Charlemaigne conta a ses gens ce qu'il avait veu et oÿ, lesquelz rendirent de b. c. ces deniers, et celui qui v. les rendoit – 35 tout treu – 36 le c. du roy – avint – 37 ceste – estoit appellee – adonc – 38 'France' premier – de tout treu sur toutes autres gens – 39 doivent estre les g. de F. seigneurs – 40 dessus – Emprés ce, s'en ala Charlemaigne a – 41 Ais la Chappelle qui est vers Le Liege – les baings en celle ville – 49 tous temps – 42 et trempez d'eaue froide – Puis ap. molt – 43 de nostre dame – devant faicte en celle ville – 44 convient a une h. e. – 45 paindre la vieille loy en sa salle et la n., et fist paindre son palais – 46 fait faire devant celle chappelle – 47 m. de poinctures – Et i – toutes les – 48 et entre autres painctures qu'il y fist faire, il y fist paindre les .vii. ars par engin merveilleux

VARIANTES D
1 *Rubrique manque* – 3 je, Turpins – p. et des angoisses et – 11 apostles et mes sires sains C. li apostoiles li a. d. d. – 12 et avenir estoient – et fussent *manque* – 14 de l'eglise saint D – ne fussent – 16 dona il – 20 donoient volentiers – 25 La premiere [nuit] aprés ce que li rois se fu partis de Saint-Denise et que il ot fait ceste proiere que je dite voz ai, li aparut sains D. – 27 ai proié a Dieu N. S. et il le m'a otroié que tuit – 30 qui de boen cuer et v. – 31 deniers et qui les donront – 32 pechiés

plus g. – veu et oï – 33 si d. adont tuit de b. c. et v. les d. – 35 de toz servages – 37 terre *manque* – 38 France, si com je voz ai autre fois dit – 43 avoit devant – 46 fait faire d'encoste – 47 autres batailles – 48 faites et vencus (*sic*)

XXXI
VARIANTES C
1 *Rubrique manque. Le scribe de C a mis un titre non à la tête mais à la fin de chaque chapitre traitant des sept arts* – 3 fist p. Charlemaigne en son palais l'art de g. – est aussi comme mere – 5 car elle – 6 *Rubrique*: Le premier art

VARIANTES D
1 *Rubrique manque* – 3 fist li rois p. – 5 car ele – 6 (et *manque*) par

XXXII
VARIANTES C
1 *Rubrique manque* – 3 droictement – 4 paisiblement et b. parler, et tous ceulx qui scevent cest art – 5 de parler b. et actremper – *Rubrique*: Le second art

VARIANTES D
1 *Rubrique manque* – 4 si que

XXXIII
VARIANTES C
1 *Rubrique manque* – 2 et cel art enseigne – 4 en parolles – *Rubrique*: Le tiers art

VARIANTES D
1 *Rubrique manque*

XXXIV
VARIANTES C
1 *Rubrique manque* – 2 emprés paindre – sa sale – 3 qui entend cel art du tout sçait bien – 5 mur, (il savra bien *manque*) combien il y avra [de pierres] ou combien de goutes il y avra en un grant hanap, ou combien d'ommes il peut avoir – 7 *Rubrique*: Le quart art

179 Variantes

VARIANTES D
1 *Rubrique manque* – 2 aprés paindre – 3 set et *manque* – 4 bien set se – tor a un h. m. – 6 g. d'ewe il avra – grant hanap

XXXV
VARIANTES C
1 *Rubrique manque* – 2 Cel art aprant ung homme a bien chanter – 3 cest art – honnourees et servies – 5 et t. plus chieres – 6 car li – 7 ceulx qui ne chantent – il chantent en la m. d'un asne – 8 ilz ne scevent – 9 n'est pas chant selon la droicte musique – Et David chanta par cel art – 10 le pseaume en son instrument – et tous instrumens – 11 et bien sachez que cest art fu premier trové par – 12 *Rubrique*: Le quint

VARIANTES D
1 *Rubrique manque* – 5 car li – 9 chans selonc musique se

XXXVI
VARIANTES C
1 *Rubrique manque* – 2 et cel art est – 3 car cel art enseigne – l'espace – 4 valees – qui sçait bien cel art – 6 il y puet – et de large – 7 le chemin d'une – 8 les compasseurs des t. – 9 (et *manque*) les v. (et *manque*) les p. (et *manque*) les b. 10 cy devant par cest art – *Rubrique*: Le sixziesme art

VARIANTES D
1 *Rubrique manque* – 3 l[es] espaces – 5 ou un bois ou une cité – 7 il i puet

XXXVII
VARIANTES C
1 *Rubrique manque* – 2 en sa sale – 3 et par – on voit – 4 sont passees et qui sont a venir – soit mal – 5 quelque païs que – qui entant cel art p. – 6 sçait bien – ce qu'il lui en est a avenir – 8 des h. h. – 9 Et celui qui sçait bien cel art – 10 c. en ung champ – 12 leur apparut – la nativité – 13 ars qui furent painctes ou palais de l'empereur Charlemaigne, tenoit – 14 servoit. Atant vous souffise ores avoir dit de ce, et parachevons nostre hystoire et disons comment l'empereur Charlemaigne, qui tant fist de vaillances, de biens et de prouesces en son temps dont il sera a jamais parlé, et a bon droit, car oncques nul roy, ne Julius César, ne Alixandre dont il est si grant renomee ne le valurent, car Charlemaigne fut droit

crestien, et a son povoir il exaulsa la loy crestienne comme celui qui en souffrit maintes grans poines, car ilz estoient maints Sarrazins et mescreans qui oncques n'amerent Dieu ne ne crurent ne ne servirent. Or escoutez la fin de Charlemaigne.

VARIANTES D
1 *Rubrique manque* – 3 car par – 5 quel lieu que – 6 que il lui est a avenir – 11 Et par ... Jhesu Crist *manque* – 13 ars qui furent paintes en la sale le roi – en sa main *manque* – 14 eles servoient

XXXVIII
VARIANTES C
1 *Rubrique*: De la division (*sic*) de Turpin arcevesque – 2 je, Turpin, estoie a sejor a V. – mort du puissant empereur – fut en ceste maniere d. – 3 autier ou je l. – 4 si m'avint si comme Dieu le voulut que je fuz r. si comme en esperit, et vy passer par devant – 5 une rote de ch. n. – 7 et vy bien qu'ilz s'en a. – 8 tous passez – je en vy venir ung emprés eulx qui aloit plus lantement que nul d'eulx et sembloit fort estre ung de ces Mores de Morteigne ou d'Ethyope, et suivoit les autres le p. p. Je me tiray vers lui et – 9 ilz aloient – en alons – 10 dist il – Ais la Chappelle a l'empereur Ch. – et voulons emporter son ame – 11 Et je lui dis – 12 tu t'en r. – 13 ton chemin. Et celui chevalier s'en ala et je demouray. Mais ne d. g. qu'ilz ne venissent, car avant que j'eusse paracheve ce seaume, ces chevaliers revindrent par devant moy si comme ils estoient passez devant – 15 je demanday – parlé devant – 16 ilz avoient fait – il me – J., dist il, de G., a mis – 17 pierres et de fusts des ch. que Ch. avoit fondees et edifiees – 18 car plus pesoient ses biensfait que ses maulx – 19 ce, saint Jaques nous – l'a mise et donee entre les m. du – 20 lui eut – En ceste maniere entendit et sceut que – 21 Ch. mon bon seigneur – en *manque* – 22 ame en paradis – amour duquel – 23 edifiees p. e. – prié Ch. – 24 se partist – Vienne, quant nous fusmes venuz d'Espaigne – fist savoir – 25 messagier – devant moy – je lui promis aussi que – 26 devant lui – ung messagier – 27 lui souvint de moy, la – 28 et lui souvint de la p. – 29 ch. qu'il avoit nourry, que, avant qu' – si tost comme il verroit – 30 me mandast par ung messagier – Emprés – environ .xv. – 31 sceut par ung messagier – 32 des lors qu'il se partyt – jusques au – et qu'il – 33 a ceulx – 35 .xii. onces d'or – autant de b. (d'or *manque*) – 36 povres donner – et qu'il – 37 et lire le psaultier – pour la rançon des ames, et sceuz encores par ce message mesmes qu'il estoit trespassé ce jour – 38 c'est assavoir le quint – 40 Jhesu Crist *manque* – (que ... vie *manque*) et qu'il avoit esté

enterré honnourablement – 41 la ch. ronde Nostre Dame – 42 la b. V. *manque* – il avoit faicte en son temps a Ais – 43 sceuz encores – signes qui signifoient sa mort – avant qu'il mourust – Ce fut que – 44 furent obscurs et de n. c. par sept jours entiers devant sa mort – li nons ... sa mort (l. 46) *déplacé; Voir plus bas, l. 48, var.* – 46 entre sa sale et sa ch. cheut devant sa mort tout par soy – 48 faire a Maiance sur le Rin – avoit mis a le faire plus de .vii. ans et estoit tel qu'il sembloit durer tousjours si estoit fait par grant engin, et brusla de lui mesmes en .iii. heures de jour qu'il n'y demoura onques busche fors seulement ce qui estoit en l'eaue courant, et son nom, 'Charlemaigne le Prince,' qui estoit escript dedans sa chappelle en une des mesieres du mur en hault s'effaça de lui mesmes devant sa mort – 50 jor qu'il chevauchait en une grant compaignie, avint que le jour – 51 que a pou pres que – veoit – et que – 52 lui vint – par devant – a s. justement, et de la paeur qu'il en eut, il cheut de son cheval, et ceulx qui chevauchoient avec lui qui n'estoient gueres moings esbahyz que lui le releverent et le firent remonter a quelque pointe. Et je croi qu'il soit – 55 martirs que j'ay devant ditz en la compaignie desquelz il avoit souffert – 57 celui qui – 58 en soi – royaume – joye perdurable sans fin – 59 delivré et osté des mains du dyable si comme fut Ch., et il – 60 priere de saincte eglise qu'il avra ediffiee

VARIANTES D
1 *Rubrique manque* – 2 Je Turpins, archevesques de Rains, estoie a Viane la ou je sejornoie. La me fu sa mors ensi demonstree come je voz dirai. Je estoie – 8 tuit passé – d'E. come fu vis – 12 revinges encore – 13 ta besoigne et ta voie – que je oi d. mon p. *manque* – 22 por la – 23 Je li avoie proié, si com voz avés oï, le jor – 28 si c. li gentilx chevaliers a un sergant – 30 en mains de .xv. – 32 des lors que – 33 a cels – 35 .xii. m. onces d'or – d'or *manque* – 37 sautiers lire – redemption – 42 bone eureuse V. – 43 avendroient – devant sa m. ... furent *manque* – 53 a s., et li rois – 55 Si croi je ... en Espaigne *manque* – 60 des mains – del saint

XXXIX
VARIANTES C
1 *Rubrique*: De la priere du conte Rolant – 2 ay devant contees – 3 en l' – Nostre Seigneur J. C. – 4 au conte R. – avant qu' – Espaigne. Il avint que le conte R. estoit ung jour o – 5 des C. – 6 et avoit tenu le siege devant celle ville entor .vii. moys – Illec lui vint – 7 messagier batant qui lui – avoient assigié Ch. – 8 enserré en une tour vers Varmayse, si qu'il ne leur povoit eschapper. Et ces troys roys avoient avec eulx – 11 secourir

182 Le Turpin français

hastivement et le d. des mains des m. Lors fut le conte molt dolant de son oncle qu'il amoit de grant amour, et commença a penser lequel il feroit devant – 13 par quoy il avoit tant souffert grans travailz, ou il iroit delivrer son oncle qu'il amoit sur toutes choses ou – 17 cité pour la mectre a la foy c. et au c. de N. S. – 21 Troys jours et troys nuyts fut le gentil conte sans boyre et sans mengier entendu a Dieu prier, et fist ceste oroison a Nostre Seigneur Jhesu Crist, et dist – 23 Mer Rouge en – 24 par my (la mer *manque*) – et t. dedans – 25 sa vertu – en la R. M. *manque* – 26 les desers – 27 a ton peuple – 29 beau *manque* – (tu *manque*) destruy ceste cité par ta grant puissance main – 30 et debrise *manque* – que les paians qui sont dedans se fient plus en lor orgueil que en toy, affin qu'ilz te c. estre – 32 Dieu et les plus fort – 33 le conte R. – 35 S. qui furent trouvez dedans tous o. – 36 Lors le conte eut g. j. du miracle – 37 lui mostra – Emprés – a la tantost avec son ost – 38 Charlemaine *manque* – assigé – dedans la tour d'Antioche terre – 40 des Sarrazins

XXXIX
VARIANTES D
1 *Rubrique manque* – 2 Mais ainçois que je plus de lui voz die, voz voudrai je dire entre les autres choses une aventure qui avint R. au tans que il vivoit, que je voz avoie obliee a dire. Mais puis m'en membre, il le covint (*sc.* covient) raconter a l'onor de J. C. Ce est un merveillous essample que je voz dirai ja qui avint – 4 R. le boen chevalier – 6 la esté – Lors li v. – 7 qui li – roi de Wandeles – 8 enserré en une t. vers la c. de G. si que il ne s'en p. i. – 10 et de Grifons (et de W. *manque*) – li venist – 11 des mains – 13 oncle, le quel il feroit ançois – 14 avoit souffert – et *manque* – 16 Or, oez ... a priser *manque* – 25 sa vertu – 26 les desers – 28 et qui ... desfendoient *manque* – 30 que *manque* – 31 dedens est. Fai les conoistre toi estre Dieu – 34 ichosast – 37 mostré – o totes ses oz *manque* – 38 la tor – 40 des mains a ses a.

XL
VARIANTES C
1 *Rubrique*: De la mort de Turpin, l'arcevesque de Rains – 2 Emprés – mort du fort roy Ch. – 4 il sejournoit – 6 avoit souffertes – (se *manque*) mourut – 7 sans doubte – 8 et fut enterré en une e. pres de la c. oultre le R. – 9 Mais depuis avint que les prestres de Blaives alerent – 10 et firent tant qu'ilz trouverent – corps et l'amenerent en ung riche sarqueux – revestu – 11 en chair et – 12 et le emporterent – eg. de ça le R. qui estoit d., et l'enterrerent dedans la cité en une eg. – 14 encore *manque* – et ores

tient la c. de v. es cieulx qu'il – 15 travail – 16 qui r. m. en E. pour la foy de Nostre Seigneur Jhesu Crist – 17 leur desserte – royaume – la g. perdurable – 18 Nonobstant que Ch. et T. ne furent octis en Espaigne avec – 20 martires, si ne – mye departiz pour ce – des martires – 21 se sentirent – des d. et des p. – 23 Ainsi comme l'a. – 27 des angoisses et des passions, nous serons compaignons de – 33 Et ces jours qu' – de cest siecle *manque* – 34 devoit – faire par toutes sainctes eglises – service comme de ceulx de Dieu – 36 depuis ce temps en ça – 37 la foy c. et pour le nom de Jhesu Crist

XL

VARIANTES D

1 *Rubrique manque* – 3 Ch., le boen roi – 6 avoit soufertes – 8 d'encoste – 10 beneoit saint cors – 13 tout entor le – 13 cité, si l'ensevelirent en – 16 par la – 17 par lor d. – 21 il s. totes les dolors des plaies et des bleceures et – 23 Sachiés que li – 25 Rolant ... faire vilenie *manque*

XLI

VARIANTES C

1 *Rubrique*: De ce que avint en la terre de Galice – 4 emprés la mort du glorieux princes Charlemaigne. L'ystoire dit que la terre de Galice et d'E. fut ung lonc temps emprés la mort de l'empereur Ch. en b. p. a la l. c. – 8 Cordes, qui regnoit en ce temps, s'esleva – 9 avoit ostee – predecesseurs cy devant – 10 conquerroit et si la mectroit – 11 Adonc ala celui Sarrazin assembler – et s'en entra a force en la terre que je vous ay nommee, et se print a la destruire et la degaster ça et la, et ala tant – 12 a la – 13 Jaques, que Charlemaigne avoit fondee et ediffiee, et la roba et la degasta toute si qu'il n'y laissa oncques ne c. d'or – 15 vestement, ne nulle chose qu'il trouvast – Les S. mesmes logerent leurs chevaulx dedans et firent toutes leurs ordures – 17 du glorieux apoustre. Mais la droicte vengence de Dieu ne fut pas loing d'eulx, ains s'en vint par eulx et convint a plusieurs gecter ce qu'ilz mengeoient – 19 Les a. avugloient – 20 par l'eglise et par la cité tous avuglez – 20 Et qui plus y a – 21 s'en vint par l'a. – 22 a apeler *manque* – 23 Dieu des martirs – 26 renonceray Mahommet mon – nul jour *manque* – 27 pour le rançonner ne – 28 le grant – donnes en mon ventre senté et en mes – 29 tout ce que j'ay cy pris – Quinze j. emprés – 32 tollu, il fut guery et tous ses gens – Adonc il se partit de – 33 lui promist l'aumaçour – n'y viendroit pour – 35 que aussi J. estoit – 36 toute la terre d'Espaigne degastant jusques a une ville – 37 molt riche ch. – R. molt richement aournee de riches croiz d'argent et

de riches pailes d'or – 39 celle ville, si la roba et degasta toute, et l'eglise aussi – 40 Et si come il se fut logié o ses gens en celle ville, si avint que ung de ses haulx barons qui estoit en sa c. – 42 de monseigneur s. R. – riches colonnes (molt beles *manque*) – 43 argent qui soustenoient l'eglise, lequel par envie et par convoitise fist apporter un grant coign de fer et le mist sus ces colonnes tout entalanté d'abatre toute la chappelle. Adonc se print a frapper d'un gros mail sus le coign pour abatre et pour despecier les colonnes et pour destruire la chappelle. Et si comme il estoit molt entendu a ce faire, si avint par le droit jugement de Dieu qu'il fut mué en pierre – 47 de telle – cote qu'il avoit lors vesteue il estoit – 52 vit celle merveille – 53 Moult est le Dieu des C. puissant, qui a telz serviteurs et telx hommes qui, comme ilz soient trespassez et mors de ce monde, si prennent ilz bien justice de ceulx qui mal leur font et s'en vengent moult fierement, si qu'ilz ostent a l'un la veue – 56 des yeux – 57 une *manque* – Mais J. est moult plus gracieux que n'est celui Romain, car il ot pitié de moy et me rendit ma veue – 59 Fuyons nous an tous – ceste contree – mal demourer a sejour – 60 Adonc – l'a. tout confus et ses osts – oncques puis de moult grant piece que nul osast – 61 terre de monseigneur saint Jaques pour y forfaire. Or sachent tous ceulx qui sont que ceulx qui mal y feront – 63 perdurablement – qui g. et d. l'eglise de saint Jaques de la m. des S. – 65 Dieu en paradis.

VARIANTES D

1 *Rubrique manque* – 3 Cy vous convient ... mort Ch. *manque* – 6 Adont li a. de C. dist et devisa que – 10 metroit – 13 la ch. i d. – 19 covenoit – les ielx – 21 la veue – d'un provoire (de celle e. *manque*) – 22 en aie – 23 Li D. Marie! Li Dieus Jaques! – 24 Li D. de t. les C. *manque* – 26 renoie – 27 por preer *manque* – 28 en mon ... en mes – 29 tot ce – 30 emprés ce que ... et tollu *manque* – 32 mon s. *manque* – 35 et J. ensi – 36 dessi qu'a – a non – 40 degasta – 43 une coignie – 45 il l'embatoit entre – 46 isnelement *manque* – 47 de S. – 48 lors vestue – Et encor ... grant puour *manque* – 52 vit cele aventure – 54 justicent il – 55 li voelent – 58 car il me – rendre moi [mon] h. Por ce te di je que Jaques vaut meux que Romains ne face – 59 fo[r]s de ceste contree – car il i fait plus m. s. que je ne poroie dire – 61 piece si hardis qu' – por mal f. en la terre mon signor s. J. – 62 Et bien qui savoir – qui mal i v. faire – 63 qui la g. et d. – 64 des mains

APPENDICE:

LA FIN DE LA CHRONIQUE

D'APRÈS LES MANUSCRITS D E F F1 H

Avant-propos

A partir du moment où, à Vienne, Charlemagne et Turpin se disent adieu, le récit que nous offrent les MSS D E F F1 H s'écarte de celui du Turpin. Nous sommes, en effet, en présence 'du rédacteur de' de notre MS *3. Rappelons dès l'abord que le MS G n'est plus en question ici, son texte s'étant brusquement interrompu au moment où Tierri abandonne Roland mourant sur le champ de Roncevaux. Rappelons aussi que, à partir du chapitre XIV, l. 69, les MSS E F F1 H offrent, d'après leur modèle *3, le texte non pas du Turpin I mais de celui de Johannes, et que le MS D, issu lui aussi de *3, présente pour cette partie de la Chronique un texte composite fait d'un mélange de Johannes et du Turpin I. Dans cette fin de la chronique, où le rédacteur a puisé sa matière ailleurs que chez Johannes, le scribe de D reproduit bien la rédaction *3, mais toujours en combinant ce texte avec celui du Turpin I. J'imprime ci-dessous un texte de la rédaction basé sur la copie la moins déformée, celui du MS E, tel que j'ai pu le dégager du fouillis de matières et de leçons offertes par les MSS D E F F1 H, et, pour qu'en abordant ce récit le lecteur soit un peu éclairé sur la structure et la qualité particulières que le rédacteur et les copistes y ont imposées, j'en présente comme préambule un résumé avec commentaires.

Les désastres de Roncevaux subi et vengé, les héros morts ensevelis à Blaye, à Belin, à Bordeaux et aux Alyscamps d'Arles, Charlemagne, Turpin et les survivants de la grande armée chrétienne s'en retournent à Vienne. Turpin, affaibli par ses blessures, se décide à y rester. L'Empereur reprendra le chemin de Paris. Suivant toujours Johannes, qui transpose ici (texte latin l. 1539) un passage placé plus loin par le Pseudo-Turpin (ll. 1686–90), nos MSS D E etc. racontent la promesse mutuelle par laquelle Charlemagne et Turpin s'engagent à prendre les

188 Appendice: La fin de la Chronique

dispositions nécessaires pour que la mort du premier d'entre eux soit annoncée au survivant.

1 C'est la scène des adieux, scène fort émotionnelle ajoutée par notre rédacteur à Johannes (LXVIII, 22). Charles et Turpin se promettent que celui d'entre eux qui sentira le premier l'approche de la mort, chargera un messager d'annoncer l'événement au survivant. En pleurs et en prières, que les scribes de F F1 H ont alourdis à plaisir, Charles et Turpin prennent congé l'un de l'autre. C'est, pire que dans le Turpin 'pur,' le ton du mélodrame populaire.

2 Cf. Johanes LXIX, 1–4. Charles réunit à Paris un grand concile et en conduit les membres, archevêques, évêques, abbés et *le remenant de ses barons*, à St-Denis. Le roi s'y achemine à pied et en haillons. A genoux devant le maître-autel, et devant la châsse de saint Denis, dans des termes qui expriment la volonté poussée à outrance de peindre Charlemagne pieux et soumis, et de rehausser la gloire et la prééminence de saint Denis, patron de la France, l'Empereur remercie de leur aide dans ses campagnes saint Jacques, certes, mais surtout saint Denis, l'évangélisateur de la Gaule, *nostre avoez vers Dieu qui nous cria ... et qui a la gent françoise avez esté pleges vers Nostre Seignor de lor sauvement.*

3 Ensuite le roi prie saint Denis de 'se souvenir' de l'âme de Roland et de tous ceux qui *reçurent martyre* à Roncevaux et ailleurs dans la lutte contre les Sarrasins. *Por les armes de ceuls*, dit-il, *vous rent la signorie de France et de vous la tenrai des ore en avant*. Et les rois qui succéderont à Charles, payeront à saint Denis une redevance de quatre deniers d'or. Le roi, déposant sa couronne sur l'autel, insiste: *Sire sainz Denis, a vous deguerpiz toute terriene anor, ci me despueil de toute la terrianne honor de France; des ore en avant, en aiez la seignorie.*

Ces mots éveillent l'écho de ceux d'un document connu. Ils correspondent en effet aux termes que nous trouvons dans la fausse charte de St-Denis, imprimée par M. Meredith-Jones dans son édition du Turpin (pp. 348–9: Supplementa. II. *La fausse charte de Saint-Denis*). Dans sa discussion des rapports entre les privilèges que Charlemagne aurait accordés à St-Denis selon la fausse charte, censément promulguée en 813, et ceux dont l'exposé constitue le chapitre XXX du Turpin, M. Meredith-Jones (323–33) a mis hors de doute le fait que la fausse charte est postérieure au Turpin, et que les droits qu'elle prétend concédés par Charlemagne à l'abbaye, ne sont que la réplique de ceux inventés par le Pseudo-Turpin.[1]

Voici quelques leçons où, contre le Turpin latin et contre Johannes, le texte de nos MSS D E F F1 H s'accorde avec celui de la fausse charte.

(a) Le Turpin latin, 1540: coadunato episcoporum et principum concilio...

Johannes LXIX, 1: Adonc assembla un concile d'evesques et de hauz homes

La fausse charte, p 348, l. 10[2]: evocatis nostris archiepiscopis, episcopis, abbatibus, ducibus, comitibus, principibus ac regni nostri proceribus in generali concilio...

MS E[3]: (Charles) la tint ... i. grant concile de ses arcevesques et de ses evesques et de ses abbez et du remenant de ses barons et des haus homes de sa terre...

(b) Le Turpin latin, 1542–4: omnem Franciam ecclesiae eius (*sc. sancti Dionysii*) in praedio dedit sicut beatus Paulus apostolus et Clemens papa beato dionysio [in] apostolatu antea illam praebuerat.

Johannes reproduit fidèlement le texte latin, LXIX, 4–7.

La fausse charte, 34 ss.: ego Karolus, Francorum rex, deposito de capite meo regni diademate et sanctorum martyrum (*sc. Dionysii, Rustici et Eleutherii*) altari superposito, talia cunctis qui aderant audientibus dixi: Sanctissime domine Dionysii, hiis regni Franciae regiis insigniis et ornamentis libenter *me spolio*, ut deinceps *eius regale* habeas...

MS E: Adonc mist li rois K. la corone dou regne seur l'autel et dist: 'Sire sainz Denis, ci vous deguerpiz toute terrienne anor. Ci *me despuel* de toute la terrienne honor de France; des ore en avant en aiez *la signorie*...'

On notera non seulement les correspondances verbales entre E et la fausse charte, mais aussi le fait que dans E comme dans la fausse charte, et à la différence des textes turpiniens, le récit est rédigé à la première personne.

(c) Le Turpin latin, 1544 ss.: Et praecepit ut omnes Franciae reges et episcopi, praesentes et futuri, pastori eiusdem ecclesiae essent obedientes in Christo. Nec reges sine eius consilio essent coronati, nec episcopi ordinati, nec apud Romam recepti essent aut dampnati.

Johannes se conforme strictement au texte latin.

La fausse charte, 29 ss.: *Prohibemus* insuper, ne successores *nostri* Franciae reges alibi in ecclesia saepe fati domini Dionysii sint coronati nec archiepiscopi et episcopi confirmati aut ad sacram beati Petri sedem recepti et damnati *absque assensu* et consilio abbatis.

MS E: Ci *commant ge* et *establis* que nuns arcevesques de France, ne nus evesque, ne puisse estre sacrez *sanz l'assenz* de *vostre* pastor, et que nuns, ne apostres ne autres, ne le puisse ordener sanz *son assen*.

(d) Le Turpin latin, 1550: quatouor nummos; Johannes LXIX, 12: .iiii. deniers; La fausse charte, 39: quatuor modo aureos ... bizancios; MS E: .iiii. deniers d'or.

Le rédacteur de *³, bien entendu, s'est vu obligé de raccorder les données de la fausse charte avec celles du chapitre xxx de la chronique turpinienne, de donner surtout la place due à saint Jacques dans la vénération de Charlemagne; mais on voit par les accords que je viens de présenter entre son texte et celui de la fausse charte, que c'est celle-ci qui lui a servi pour mettre l'abbé de St-Denis à la tête du royaume et de l'église de France. Voir aussi le rôle donné à saint Denis dans le No. 9 ci-dessous.

4 C'est, chez Johannes (ch. LXX), parfaitement d'accord avec le Turpin latin, la vision de saint Denis qui apparaît à Charlemagne *en son dormant*. Dans le texte *³, comme dans le faux, les faits racontés sont à peu près les mêmes, mais cette fois présentés avec une sobriété plus conforme à l'histoire véridique, et plus plausible; toute vision, tout miracle, est exclu.

5 *Quant Charle ot ensi esploitié*, nous dit Johannes très simplement (ch. LXX, 16–17), toujours d'après son modèle latin, *il s'en ala vers Le Liege droit a Es la Chapele*. Ici notre rédacteur s'en donne à cœur joie sous la pression de sa très vive émotion. *Aprés dist li rois tout en audience, 'Sire sainz Denis, a vous preing je congié ... En France vous lais, et vous en soyez garde aprés Damedieu...'* Avec tout le peuple, l'Empereur s'agenouille, lève en haut son visage, fait son oraison. La prière finie, il se lève, se signe *et dist: 'France tu soies beneoite et cil qui en toi habitent! ... Tu soies noble! ... Tu soies beneurouse!...'* Pleurant 'durement,' entouré du peuple en pleurs, il sort de l'église et, convoyé par tout son barnage, il se met en route vers Aix la Chapelle.

Ici, le scribe de D se détourne de son modèle *³ pour remonter un peu en arrière et puiser dans son modèle du Turpin I le récit de l'apparition devant Charlemagne de saint Denis. Deux sources, deux récits différents; malgré la contradiction, le scribe de D profite avec délectation de la richesse des matières qu'il trouve à sa disposition.

6 Ayant conduit Charles à Aix, le rédacteur s'éloigne encore de Johannes. Une fois arrivé dans sa capitale, le roi, nous dit-il, ne la quitta plus. Il y fit construire son palais *lez le moustier* pour qu'il pût assister à la messe *chascun jour*. Au moutier, il fit peindre toute l'histoire de Roncevaux et, dans son palais, les autres batailles livrées contre *la gent mescreant*. Il vécut ainsi quatre ans à Aix très saintement. Rien ici de la représentation des sept arts exécutée dans son palais (Johannes LXXI–LXXV). Le scribe de D pourtant n'a pas voulu omettre cette jolie pièce qui figurait dans sa documentation. Il la transcrit tout entière d'après son modèle A du Turpin I.

7 Après cette période de calme et de repos quasi monastiques, la santé du roi empira et *grant signe avindrent contre sa mort*. C'est le thème de Johannes LXXVI, mais il y a dans notre rédaction des variantes de détail. Le porche

s'effondra non pas *un jour d'Acension* mais *un jour de Rouvoison*. Ce fut le pont de *Warmaise*, non pas le pont de *Mayence*, qui *chaï et fondi*. Enfin, notre rédacteur s'efforce, comme s'il en est besoin, d'atteindre un plus grand réalisme: le porche s'écroula, mais *il n'avoit nului dedenz*, et F F1 H d'ajouter: *il faisait mout biau tans*, preuve qu'ils ne mentaient point. Nous ayant ainsi rassurés, F F1 H continuent en ajoutant un signe: *Assez de manieres d'oisiaus et de bestes furent nés en ceste terre o plus de membres qu'il ne soloient ne ne devoient.*

8 Le dernier signe, la flamme de feu qui fit cabrer le cheval de Charlemagne et jeter l'Empereur à terre, eut pour conséquence que le roi ne monta plus à cheval et qu'il devint malade au point de reconnaître que sa mort était prochaine et qu'il était temps de faire son testament. Notre rédacteur se passe de transitions: *La se bleça li rois si que puis sor cheval ne monta. De Louis son fil fist son oir ... si se confessa et departi ses tresors.* Suit le partage de ses trésors – d'après Einhard.[4] Le testament de Charlemagne, qui suit chez Einhard la description des signes annonciateurs de la mort imminente du roi, est exposé tout au long dans nos MSS D E; il manque dans nos MSS F F1 H.[5]

Les dispositions testamentaires décrites, le récit dans nos cinq manuscrits retrouve son unanimité: *Quant aprochié se vit de la mort, il appela un sien serjant...'* et lui dit de noter l'heure et le jour de son trépas et d'aller à Vienne l'annoncer à Turpin. Le passage correspond à Johannes LXXVI, 20-3 mais il est rédigé en des termes fort différents.

9 Peu après, le roi meurt. Johannes, suivant le texte latin, entame ici le récit de la vision par laquelle Turpin est miraculeusement informé de la mort et du salut du roi, dont la nouvelle, à la fois triste et joyeuse, est confirmée par le messager royal (Johannes LXXVII). Notre rédacteur nous dit bien que le roi mourut, mais il ajoute ici les précisions chronologiques qui ne se trouvent chez Johannes que plus loin (LXXVIII, 5-11). Il raconte ensuite la vision de Turpin. C'est assurément le récit turpinien, mais le style en est transformé, le rédacteur ajoutant des détails très vraisemblablement par lui inventés, et d'un réalisme fort pittoresque.[6] Chose plus grave, il s'est permis de fausser les données du texte du Turpin: *...quant nous chalengions* – c'est le maître diable qui raconte les faits à Turpin – *l'arme de K., la vindrent dui home sanz testes, Jaques de Galice et Denis de France* qui enlevèrent le roi aux envoyés de Satan. *Issi*, nous lisons chez Johannes (LXXVIII, 11), *trespassa K., des poines d'enfer delivrés par monsignor saint Jaque et par sa deserte*. Et notre rédacteur d'insister: *par la merite de ses biens, par l'aie des saintz que il avoit servis*. On se trouve, avec notre rédacteur, à genoux et en action de grâce devant l'autel de saint Denis.[7]

192 Appendice: La fin de la Chronique

10 Le messager royal arrive à Vienne; l'annonce de la mort du roi communiquée à Turpin par la vision est confirmée, et notre rédacteur, se débrouillant mal dans la diversité encombrante de ses sources, de nous répéter: *Enfoïz fu li rois a Aix la Chapele en l'eglise qu'il avoit fondee.*

A partir de cet enterrement, qu'on dirait définitif, notre MS E passe à l'histoire de Louis le Pieux: *Loeïs ses filz fist tenir a son pooir le testament son pere.* Le scribe de D par contre, reconnaissant avec une parfaite franchise le fait qu'il se répète, copie ici tout au long le récit du Turpin I au sujet de la promesse mutuelle faite entre Charlemagne et Turpin au moment de leur séparation à Vienne. Il fond le texte de sa source *3 avec celui du Turpin I ainsi: (...*en l'eglise qu'il avoit fondee). Je, Turpins, archevesques de Rains, doi rendre graces a Dieu qui par tel miracle me demonstra la mort de Charlemaine mon boen signor, et mon signor doi savoir grans grés qui si bien me tint covent, et qu'il sovient* (ie, 'sovint') *si bien de moi la ou il se morroit. Je li avoie proié si con voz avés oï, le jor devant que il partist de Viane qu'il me nonçast sa mort...* Ayant ainsi repris son modèle du Turpin I, il continue en copiant le reste du chapitre, relatant encore une fois, et malgré les contradictions entre les deux récits, les sept signes qui présagèrent la mort de Charlemagne (cf. ci-dessus, p 190, n. 7). C'est ce qui lui permit de nous dire à la fin avec le Turpin I que l'Empereur, enterré à Aix dans l'église qu'il avait fondée, fut, *si croi je*, porté aux cieux en la compagnie des anges (ch. XXXVIII, ll. 55–61).

Force lui est maintenant, dirait-on, de passer avec E à l'histoire de Louis le Pieux, et, en effet, le texte du modèle *3, il le retrouve à l'instant. *Loois li fils Charle fist tenir od tot son pooir le testament le roi son pere si com il ot devisé.* Pourtant sa copie du Turpin I était toujours là sur son pupitre et, encore une fois, il abandonne Louis pour retrouver *3 et l'histoire de Roland: *Mais ainçois que je plus de lui voz die, voz voudrai je dire entre les autres choses une aventure qui avint Rolant au tans que il vivoit que je vos avoie obliee a dire.* 'Une aventure de Rolant'; c'est le titre et le sujet du chapitre XXIX du Turpin I, le récit du miracle fait pour Roland à *Grenoble* que le scribe de D reproduit parfaitement d'après le Turpin I. Suit, tout à fait selon l'ordonnance et le texte du Turpin I, le chapitre sur la mort de Turpin et, ensuite, la description de la razzia de l'aumaçor de Cordres en Galice. Cela fait, et le Turpin terminé enfin, le scribe de D reprend l'histoire de Louis le Pieux interrompue: *Quant Looys li fils Ch. qui en Aquitaigne estoit ... entendi ... la mort son pere ... il en vint a Ais la Chapele ... Il fist tenir, si comme je voz ai devant dit, le testament son pere...*

Dans F F1 H, la note relative à l'enterrement de Charlemagne est suivie d'un explicit: *Ceste est la fins dou roy et de tous ces* (sc. *ses*) *fais* (*Ceste est la fins de la vie mon seignor l'empereur, cuius anima requiescat in pace. Amen.* H). On voit qu'ici comme ailleurs, le scribe de H insiste pour que ce soit Turpin qui écrive. Dans le même but, sans doute, il omet le chapitre sur la mort de Turpin et sur les circonstances de son enterrement. Ce chapitre, les MSS F et F1 nous le transmettent, mais leur texte n'est conforme à nul autre, que je sache. Le voici:

MS F1: *E aprés cel jour ne vesquit li arcevesques Torpins que .iii. ans et fu mors a Viane et emfoïs en l'abeie outre le Rosne; ce fu aperceu et seu tout vraiement en l'an de l'incarnacion (i. Nostre Seigneur F) .m.c. .lxxx. (.xx̊. .ıïi. et .xxx. F) quar il fu trouvez en son sarquil embasmés et en riche abit, et lettres furent trovees o lui qui disoient que ce estoit Torpins arcevesques de Rains.*[8]

Le texte qu'on va lire, on le comprendra peut-être déjà, nous montre le faux Turpin davantage faussé par des imitateurs et des exploiteurs, et l'on ne doutera guère que cette rédaction encore avilie n'ait été conçue et compilée à Saint-Denis. Il faut assurément en attribuer la matière, les inventions, le style et les préoccupations à cette officine de propagande intéressée où les moines, à travers le faux Turpin-archevêque, se réclamaient de l'autorité de Charlemagne pour fonder leurs prétentions à l'hégémonie ecclésiastique et politique en France.

NOTES À L'AVANT-PROPOS

1 Voir maintenant C. Van de Kief, 'Deux diplômes faux de Charlemagne pour St-Denis du XIIe siècle.' *Le Moyen Age* LXIV (1957) 401–36. M. van de Kieft conclut, come le fit Meredith-Jones en 1936, que la source de la fausse charte est le Turpin. Il la date 'après 1156' et, à titre d'hypothèse émet l'opinion que le faussaire était Eudes de Deuil.
2 Je cite la fausse charte d'après l'édition de Meredith-Jones et en me permettant de numéroter les lignes pour faciliter au lecteur les renvois.
3 Je cite le texte de la rédaction d'après le MS E que je prends pour base de mon édition.
4 Voir Louis Halphen, *Eginhard: Vie de Charlemagne* (Paris 1923). Les classiques de l'histoire de France au moyen âge. Pp 93 ss.
5 L'absence dans F F1 H de cette matière nous surprend. Faut-il penser que c'est un ajout attribuable au scribe de *4, source commune de D et de E, ou que c'est une omission dont serait responsable le scribe de *5, source commune de F F1 H?

Si nous relisons le texte à cet endroit, nous remarquons à la l. 169 la phrase par laquelle commence le passage décrivant le partage que fait Charlemagne de son trésor: *Et quant* (Et *manque.* Quant D) *il se vit amaladi...*, et, à la l. 204, la phrase qui introduit l'épisode suivant, l'envoi du messager royal à Vienne: *Quant aprochié se vit de la mort...* L'on ne peut pas s'empêcher de penser à un manuscrit où ces deux matières auraient constitué chacune un chapitre différent, le premier et le second commençant avec une initiale ornée. Dans ce cas, il ne serait pas surprenant qu'un copiste, celui de notre *5, ait sauté du premier *Quant* à l'autre, omettant ainsi le chapitre en question.

194 Appendice: La fin de la Chronique

6 En voici des exemples; j'imprime en italique les ajouts du rédacteur.
'Et en icele hore,' nous dit Turpin, 'avoie chantee la messe *en mon oratoire*.' En entendant la clameur de la route des diables qui passaient en l'air, '*je mis mon chief a une fenestre petite et les regardai*.' Lorsque la compagnie des 'malignes esperiz' revint, '*je remis mon chief a la fenestre et esgardai mont que il faisoient. Ils sembloient estre dolent et tristre*.' Et, en effet, le '*maistre* des deables' de lui expliquer que, la balance ayant penché en faveur de Charlemagne, saint Jacques et saint Denis '*nos ont aprés tant batu de la joie qu'il en orent que nos nos en repairons tristre et dolenz, que de nostre domage que de nostre mal*.' Enfin, lorsque Turpin est assuré de la mort et du salut du roi, il agit. '*Tantost apelai mes clers et fiz par toute la vile sonner les cloches et chanter messe des feelz Dieu et faire aumosnes et oroisons por s'ame et contai que bien estoie seurs de sa mort*.' Le bon archevêque, à en juger par les dires de notre rédacteur, se serait souvenu de sa lecture de Sénèque: 'In duas partes virtus dividitur, in contemplationem veri, et actionem.'

7 Cette version remaniée de notre Turpin est entrée dans la tradition historique de St-Denis. Nous la retrouvons dans le recueil intitulé *Vita et actus beati Dionysii*, composé vers 1233 à l'usage des moines de l'abbaye. La partie du recueil qui contient cet épisode remonte aux environs de 1224. Voir Charles J. Liebman, jr, *Etude sur la vie en prose de Saint Denis* (Genève, New York 1942), i, xiii, xxiv. La même version reparaît dans l'extrait du Turpin contenu dans le manuscrit de la Bibliothèque Nationale, nouveau fonds latin 1509, recueil de textes qui s'occupent de Saint-Denis et de son abbaye. Cf. Meredith-Jones, *Historia Karoli Magni* 16–17. M. Meredith-Jones donne pour cote de ce manuscrit BN 1509; la correction a été apportée par M. J.M. Wallace-Hadrill. C'est le MS D112 de M. de Mandach (376; à la p 366 il faut corriger une faute d'impression: pour D12 lire D112). La tradition dionysienne est reprise par Primat dans ses *Grandes Chroniques de France* (éd. Viard, III, 291). Primat, pourtant, ne nomme pas explicitement les deux saints; il emploie des allusions plus évocatrices: *uns Galiciens sans teste et uns François decolez*. C'est le style du Pseudo-Turpin lui-même: *Galecianus sine capite*.

8 Dans le chapitre XXIII du Codex Calixtinus, *Calixtus Papa de Invencione Corporis Beati Turpini Episcopi et Martiris*, nous lisons (éd. Mandach, 1787 ss.): *Cuius sanctissmum corpus nostris temporibus quidam ex nostris clericis ... adhuc integrum invenerunt*. 'Nostris temporibus'; 'quidam ex nostris clericis'; le sens doit être que, lorsque Calixte était archevêque de Vienne, c'est-à-dire avant 1119, date à laquelle il accéda au Saint-Siège, certains clercs de sa chancellerie trouvèrent dans l'église ruinée où reposait le corps saint de l'archevêque martyr, ses restes dans un état parfait de conservation; les clercs les transportèrent dans une autre église, le restaurant ainsi à la vénération publique. Ce passage a suscité chez les traducteurs et chez les scribes des réactions diverses. *Lonc tens aprés*, nous dit Johannes (LXVIII, 17), *ses cors ... fu trovez ...* En présence de *nostris temporibus ... nostris clericis*, il se serait trouvé dans un très réel embarras. En effet, dans la tradtion manuscrite de la traduction Johannes, ce chapitre ne comportait pas d'intitulé. Il manquait donc à la tête du chapitre le nom de Calixte auquel reporter l'adjectif possessif *nostris*. Cela est vrai aussi des autres traductions que je vais citer. Johannes aurait donc délibérément évité dans les deux cas la précision fâcheuse offerte par *nostris*, préférant le vague *lonc tens aprés* dans le premier cas et le verbe passif sans complément d'agent dans le second. Mais il n'a pas voulu que le récit de cette heureuse trouvaille passât sans garantie; il ajoute en effet au texte turpinien (LXXVIII, 19–21): *si con il fu tesmoigniez d'autre escripture et de plusors anciens clers*

195 Notes à l'avant-propos

qui certainement le sorent, par cui il est mis en escrit et en memoire. Dans le Turpin II, il est dit sans autre précision que le corps *fu trovez*; *nostris temporibus* fut habilement rendu par *au tans ui* (voir mon édition, note au ch. LXI, 5). Dans le Turpin inséré dans la *Chronique saintongeaise* nous lisons (éd. M. de Mandach, Appendice A, p 330, ll. 18 ss.): *Aprés ço, si fu l'iglise destruite. E soi clerc le sogrent, si alerent la ... si lo troverent ...* Avec *aprés ço*, le traducteur contourne lui aussi la difficulté offerte par *nostris temporibus*. Il rend *nostris clericis* par *soi clerc*, nous laissant dans l'embarras de décider à qui se rapporte l'adjectif possessif de la troisième personne. Il s'agit probablement des clercs qui, *aprés ço*, desservaient toujours le siège archiépiscopal de Vienne. Notre Turpin I reste, au sujet de la date, toujours vague: *aprés ce*. Quant aux découvreurs du corps saint, le traducteur a osé contredire Calixte ou bien l'auteur inconnu de ce chapitre tel qu'il le trouvait dans son modèle latin: *Aprés ce alerent clerc de Blaives en cele terre, si troverent ...* La traduction catalane nous surprend davantage (éd. Martín de Riquer, Apèndix, p 119, l. 9): *encara atrobaren ... e tragueren-lo d'allí* (on reconnaîtra dans la 3e pers. pl. des verbes une forme de l'impersonnel) *e per Calist, papa, fou translledat en Roma, e dins la ciutat sosterraron-lo en aquella esgleya on are és honrat.*

Retrouvant maintenant le passage de nos manuscrits F F1, nous n'en restons pas moins émerveillés devant ce millésime précis de 1180 de l'Incarnation. La découverte des lettres qui authentifient l'événement ne nous étonne pas autant. Fut-il jamais une copie HA du Codex Calixtinus portant cette date en rédigée un peu plus tard dans cette ère de l'Incarnation?

Texte de l'appendice

NOTE PRÉLIMINAIRE

En offrant ici au lecteur une édition de cette fin du Turpin I telle qu'elle paraît dans nos MSS D E F F₁ H, je prends pour base le texte de E. Le scribe de E était de médiocre qualité, mais c'est ce qui semble l'avoir empêché d'altérer consciemment son modèle. Sa copie pèche plutôt par quelques fautes d'incompréhension et par quelques négligences. Somme toute, il paraît avoir reproduit humblement et aussi fidèlement qu'il l'a pu son modèle. Ce modèle, nous l'avons déjà suffisamment fait remarquer, le scribe de D l'a combiné avec le texte du Turpin I. Il s'est permis aussi, on le verra par un examen rapide des variantes, d'apporter à ses modèles des modifications dans le langage ainsi que dans les détails rapportés. Nous avons suffisamment étudié dans 'Le classement des manuscrits,' *RHT* XI (1981) 349–53, les procédés du scribe de F et de F₁ pour comprendre dans quel état de dégradation le texte de *³ est sorti de ses mains. Le scribe de H, copiste intelligent et cultivé, s'est souvent permis d'employer son langage à lui plutôt que celui de son modèle. Parfois aussi il se montre indépendant par rapport aux faits qu'il était censé nous transmettre, en quoi il révèle sa profession cléricale. Il insiste, avec un dévouement particulier, pour faire parler Turpin à la première personne là où son modèle employait la troisième; voir les variantes aux lignes 205, 294. Il s'exprime en prêtre zélé dans les variantes aux lignes 242, 294. A la ligne 101, pieux envers Dieu, il se montre pieux aussi, comme Enéas, envers son pays. C'est donc le texte conservateur de E que je prends pour base de l'édition. La liberté avec laquelle les autres copistes de *³ ont traité leur modèle, ainsi que la richesse, ou la pauvreté, de leurs interventions personnelles, sont exposées tout au long dans la table des variantes. Le

197 Texte et variantes

scribe de D, amalgamant ses deux sources, *3 et son modèle A du Turpin I, en a fait une véritable mosaïque. Pour dégager son texte particulièrement intéressant dans l'ensemble de la tradition, j'en imprime les variantes dans la colonne à droite du texte de E, mettant en italique ses emprunts au Turpin I.

Le texte de E ne requiert que peu de retouches. Les leçons qui en sont rejetées sont imprimées en bas de la page. Quand la faute et la correction sont évidentes, la source de la bonne leçon n'est pas indiquée. Dans les autres cas, je donne après un crochet droit la ou les sources de la correction. J'ai imprimé en italique dans le texte les leçons corrigées de E. La table des variantes est rédigée à la fin.

MS E, F. 31A, ll. 17SS.

VARIANTES D

1 Aprés ce, venismes ensemble a
Vienne, et je, Turpins, arceves-
ques, remés, *agrevez* de coups et
4 de plaies que j'avoie receu
en Espaingne. Adonc proiai je
a Charlemaigne mon seignour
et requis par celle foiz que il
8 me devoit, et je a lui, que se
il avenoit *que il* trespassast
ainçois de moi, que il le me
feist savoir par tel qui l'
12 eust oï et veu, et l'ore et
le jor de son trespassement,
et je li mis en covenant
que se je trespassoie ainçois
16 de lui, je li feroie a / [b
savoir l'ore et le jor dou
mien par autretel forme. Ein-
sinc me promist mes sires,
20 et je lui, et nos entrebaisames.
*En plorant s'en parti mes
sire* et en plorant me proia

1 *Quant ce fut fait, nos nos
partimes d'Arle, si noz en venimes*
aprés ce tuit *ensemble a
Viane, et je Turpins qui molt me
doloie des paines et des angoisses
et des dolors que je avoie soffert
en E., demorrai en la vile* et
remés molt aggrevés – 3 des
cous et des p. – 5 en E. manque
– 11 a savoir – par celui qui – 17
del mien trespassement en – 19 le
me – 20 lors nos – 25 et des ames
a toz

Leçons de E rejetées
3 r. et grevez – 9 que se il
21 En p. ... sire *manque* – 29 seuz
de sa compaingne F F₁

198   Appendice: La fin de la Chronique

       que il me sovenist de l'
24 arme de Rollant son neveu
       et de touz ceuls qui en
       Reincevaus avoient receu
       martire et en Espaingne,
28 dont il s'en repairoit seuz
       et *descompaigniés*. En France
       s'en repaira mes sires a Paris
       et la tint en sa venue .i.
32 grant concile de ses arceves-
       ques et de ses evesques et de
       ses abbez et dou remanant
       de ses barons, et ala li rois,
36 et si baron o lui, a mon
       seignor saint Denis; nus
       piez et en langes s'en vint
       ou mostier devant le mestre
40 autel et devant le cors mon
       seignor saint Denis et dist
       oiant touz tieus paroles
       comme vos porrez oïr:
44 'Sire sainz Denis, qui en
       ceste nostre terre aportastes la
       loy Nostre Seignor Jhesu Crist,
       nostre foi, nostre creance, qui
48 en estes nostre avoëz vers Dieu
       qui nos cria, Sire, je sui
       venuz a vous / rendre   [31v°, a
       loenges et graces et mercis
52 des victoires que je ai aues
       par la volenté Nostre Seignor
       Jhesu Crist et par l'aide de
       mon seignor saint Jaque et
56 de vous, biaus sire sainz Denis,
       en Espaingne contre la gent
       mescreant, si en sui venuz
       rendre graces a Deu par
60 devant le cors de vous. Sire
       sainz Denis, qui a la gent

28 s'en *manque* – seuls et de sa com-
paignie – 30 se r. mes sire *li rois qui
auques estoit afoiblis, si s'en ala od
totes ses gens a Paris* –

35 barons,
et des haus homes de sa terre,
et quant li rois ot son barnage
asamblé, il s'en ala adont, et
si baron od lui de Paris a – 38
langes, et entra el m. et vint
devant le cors m. s. s. D. *si
rendi graces a Dieu qui le
avoit doné force de destruire
la gent sarrazine* et lors dist –
43 voz orrés – 45 nostre *manque*
48 vers Nostre Signor qui – 50 a
vos venus – 52 ai aues *mis après
Denis, l. 56* – 53 la v. de Dieu, N. S.
J. C. – 56 biaus *manque* –
57 encontre – 58 Chi en –
59 graces et mercis –

199   Texte et variantes

françoise devez estre pleges
vers Nostre Seignor de lor
64 sauvement qui sa foi tiennent
et sa creance, Sire, soviegne
vous de l'ame Rollant mon
neveu que j'ai lessié por la
68 foi Nostre Seignor Jhesu Crist
essaucier et acroistre, morir
en estranges païs, et de touz
icés vous soviengne qui avec
72 lui reçurent martire en
Reincevaus et de touz les autres
qui pour Dieu et por sa
foi essaucier sont ocis en autres
76 batailles. Sire, por les armes
de ceuls vous rent la coronne
de France, et de vous la tenra
des ore en avant *li sire qui*
80 *la gardera par quatre deniers
d'or rendans de son chevaige.*'
Adonc / mist li rois Charles   [b
la corone dou regne seur l'
84 autel et dist: 'Sire sainz
Denis, ci vous deguerpiz toute
terriene anor. Ci me despeul
de toute la terriane honor de
88 France. Des ore en avant,
en aiez la seignorie. Ci comant
ge et establis que nuns ar-
cevesques de France, ne nuns
92 evesques ne puisse estre sacrez
sanz l'assens de vostre pastor,
et que nuns, ne apostre ne
autres, ne le puisse ordener
96 sanz son assen. Ci establis
je et commant que tuit cil

66 mon boen neveu R. –

69 mort
70 en e. terres – 71 vous remembre
qui od lui – 74 pour D. sont finé
et – 77 d'aus – la signorie de –

81 donant
82 Ensi dona il (*suit le texte du Turpin
I, XXX, 10–23 ... il les franchi*) –

85 toute la – 87 de l'onor –

91 ne evesques ne rois ne
puisse – 93 sans le seu de
v. p., ce est de vostre abé, et
si voeil que –

79 avant. Li sire qui la gardera
sera rendanz a vous .iiii. deniers
d'or de son ch.   [D F₁ H

200 Appendice: La fin de la Chronique

  qui des ore en avant vos
  rendront .iiii. deniers de
100 chevaige soient quite en franc
  de touz autres servises.' Por cest
  afaire fu touz jorz *puis* la
  terre apelee 'Franche' qui devant
104 estoit apelee 'Galle'; et la genz
  fu puis apelee 'françoise.' Aprés
  dist li rois tout en audience:
  'Sire sainz Denis, a vous preing
108 je congié, de vous me depart.
  En France vous lais, et vous
  en soiez garde aprés Dame-
  dieu.' Il leva son visaige en
112 haut et esgarda vers lou
  ciel et s'agenoilla devant
  l'au / tel *et la baisa*, et [32r°, a
  touz li pueples *ploroit*. Quant
116 l'oroison ot finee, il se leva
  et se seigna et dist: 'France,
  tu soies beneoite et cil qui
  en toi habitent! Tu aies
120 seignorie sor toutes autres
  terres! Tu soies noble! Tu
  soies beneurouse.!' Adonc s'
  en issi li rois fors de l'
124 eglise, et ploroit durement
  et monta sor son cheval et
  s'en issi fors de la vile, et
  touz li barnaiges le convoioit.
128 Il s'en ala a Ais *la* chapele
  ou il demora puis, et fist
  faire l'eglise et son palais
  lez le mostier por oïr le servise
132 Dieu tout entierement chascun
  jour, et levoit chascune nuit

101 de tout autre service – Par
– 105 'fransoise.' Dont ala il
(suit le texte du Turpin I, xxx, 23–9
... les sains martirs) – 106
oiance – 108 m'en part et
France – 116 s'orison ot faite
– 118 de Dieu beneoite

125 soz
128 vers Ais la Ch.
  La premiere [nuit] aprés ce
que li rois fu partis de Saint
-Denises et que il ot faite ceste
proiere que je dite vos ai, li
aparut sains Denise (*suit le
texte du Turpin* I, xxx, *31–48.*

102 puis *manque* – 114 et la baisa
manque]D F F₁ – 115 ploroit
manque – 128 Ais sa Ch.

au matinet. Ou mostrier fist
poindre li rois molt richement
136 toute l'estoire de Reinchevaus,
et en son palais fist paindre
les autres batailles que il
avoit faites aillours contre la
140 gent mescreant. Einssi vesqui
puis illueques li rois molt sainte-
ment par .iiii. anz. Pres de sa
mort affebloia mont li rois,
144 et grant signe avindrent
contre sa mort dont grant
merveille avoient les genz en
la terre. Li porche que il

148 avoit / fait faire par le- [b
quel il aloit as matines, chaï
un jor de rouvoisons sou-
dainement, et n'avoit nului
152 dedenz. Ses nons qui estoit
escriz sor l'autel et peinz a
or musique, chaï. Li ponz
de Warmese qu'il avoit
156 fait faire, chaï et *fundi.*
Un jour, si comme li rois
passoit parmi la vile, et granz
genz o lui, une clarté de feu
160 mont grant vit passer en l'
air par devant lui. Ses
chevaus s'espoënta et cheï
souz lui si que li rois cheï
164 a destre et les regnes de
son cheval chaïrent a senses-

Adont s'en ala Charles li
rois a Ais vers Le Liege) –
134 a matines *et si fist
faire (suit le texte du Turpin I,
xxx, 48–54 ... et la novele)* –
et encore fist li rois molt
richement paindre au monstier
tote l'estoire de la bataille
de R., et en son palais *(suit
le texte du Turpin I, xxx, 54–9),*
par merveillous engien) –
*Ici D copie la
description de la représentation
des sept arts, d'après le texte
du Turpin I, ch.* XXXI–XXXVII. *Il
reprend le texte de E à la l. 140:*
Ensi vesqui –

148 faire entre son
palais et l'eglise par ou – 151
soudainement sans habiter –
153 et peinz *manque*

158 chevauçoit de fors la vile –
159 feu passa
en l'air devant – 163 sor lui –

149 chascun jor – 156 fundi un jour. Si

tre. La se bleça li rois si que
puis sor cheval ne monta. De
168 Loeis son fil fist son oir, car
plus n'en avoit *d'espouse*. Et
quant il se vit amaladi si
durement que sanz esperance
172 fu de respasser, si se con-
fessa et departi ses tresors,
son or et son argent et
sa vesselement, que aprés
176 sa mort ne fust contenz, en
tel maniere que .iii. parties
en fist. Les .ii. parties *fist*
deviser en .xxi. partie[s] si
180 que chascune partie fust
donnee a chascun arce-
vesque de son empire dont
/ il avoit /xxi. et il les   [32v°,a
184 donassent pour Dieu en
cele maniere que chascuns
arcevesques retenist a s'
eglise et as povres de s'ar
188 cheveschié la tierce part
de sa partie, et les autres
donast por faire aumosnes a
ses evesques. La tierce partie
192 que il retint commanda que
ele fust acreue de son fer et
de son metal et fust devisee
en .iiii. parties. Et l'une en fust
196 mise aveuc les .xxi. que je vous
ai dit devant que Charles avoit
faites, et l'autre fust regnable-
200 ment departie a ses menres
parens. La tierce fust donnee as
povres; la quarte a cels qui en
son palais l'avoient servi.

166 si li rois que il onques puis
ne monta sor cheval

170 amaladi se vit

172 molt se fist confés

175 por ce que il aprés –
176 n'en fust – En tel m. le
departi que – 179 si *manque* –
180 chascune d'eles – 183 dont il en
i avoit – 184 ensi que – 187 de sa
paroche – 189 et les deux donast –

190 a faire – 196 od les .xxi.
que il ot devant faites, l'
autre – 200 a ses parens marier –

169 d'espouse *manque*] D F F1 H
178 fist *manque*

203 Texte et variantes

204 Quant aprochié se vit de la mort, il apela un sien serjant et li dist que il notast l'ore et le jour que s'arme se
208 partiroit dou cors, et tantost enportast la novele a Turpin l'arcevesque qui encor vivoit. *Il morut* ou .lxxx. an de son
212 aage, de l'incarnation de .dccc. et .xiiii, et de son regne .xlvii, en la quinte kalende de fevrier. Et en icele ore que
216 mes sires li empereres trespassa, je, Tur/pins, arcevesque de   [b Reins, estoie a Vienne, et avoie chantee la messe en mon
220 oratoire, et estoie remés touz sous por mes psiaulmes dire en ma chapele, et avoie commencié une psiaulme
224 qui avoit nom 'Deux in adiutorium meum intende.' Lors oï passer par devant moi une route de malignes esperiz, et
228 fesoient molt grant noise. Je *mis* mon chief a une fenestre petite ai esgardé* que ce estoit. Lors vi que ce estoient deable,
232 et tant en i avoit que nuns n'en savoit le nombre. Il passoient molt en haste, mes je en choisi .i. tout deriere
236 mont grant et mont hisdous. Celui conjurai par le Creator et par la foi crestienne que il me deist ou il aloient.

204 vit a morir – 207 que il morroit et que s'arme – s'en istroit – 209 a Viane a T. – 211 .lxxxiiii. – 212 aage, et de son regne .xlvii. Che fu en l'an de l'i. .viii. c. ans et .xiiii. – 218 Vienne, *la ou je sejornoie. la me fu sa mors ensi demonstree come je vos dirai. Je estoie un jor en l' eglise devant un autel, et avoie chantee* –

223 commencies *mes orisons, si lisoie en un sautier* une p., cesti qui comence: 'Deus – 226 passer adont – 227 esperis *en guise de noirs chevaliers*
232 *et si en avoit tant que je ne le porroie dire* ne nus n'en savoit le n. *Si vi qu'il aloient vers Loheraine.* Il p. – 234 mais je les esgardai molt bien. *Quant il furent tuit passé,* je en – 236 hisdeus *qui les autres siewoit. Je le vi samblant a un de cels d'Etyope,* come fu vis – 239 aloient, et tantost que je lui demandai, il me respondi: Nos

211 Il morut *manque*
229 mis *manque*
*sc. *et esgardai; cf.* e esgardai, *l. 253 et* demandé, *l. 258*

240 'Nous alons,' dist il, 'a Ais, por
l'arme de Charle qui orendroit
est trespassez.' 'Or t'en va,'
dis li je, 'et par le conjure-
244 ment que je t'ai fait, te conjur
que tu reviengnes par moi
et conteras conment vos
avrez ouvré.' Cil s'en ala
248 suigant les autres, et je
pardi la psial/me que je   [33r°,a
avoie commencie. Ainçois que
finee l'eusse, oï les deables
252 repairier. Je remis mon chief
a la fenestre, e esgardai mont
que il faisoient. Il sembloient
estre dolent et tristre. Je
256 choisi celui qui devant
avoit parlé a moi et li

demandé comment il avoient
esploitié. 'Mauvaisement,' dist
260 il, 'quar quant assemblé
fumes, d'autre part vint
Mychiels li archanges o toute
sa legion, et quant nos cha-
264 lengions l'arme de Charlemagne,
la vindrent dui home sanz
testes, Jaques de Galice et

Denis de France, qui jeterent
268 en balances Charle, aveques
les biens qu'il avoit fait,
tantes eglises et tantes an-   [MS ā]
mones et tant d'aornemenz

242 est t. *Se volons s'arme porter
en enfer. Lors li di je*: Or va, et par –
244 fait, ce est *par Nostre
Signor Jhesu Crist, te conjur
je encore que tu revinges
encore par moi quant tu
avras faite ta besoigne et
ta voie, et me contes coment
tu avras ovré* – 248 soentre
les –
250 que je eusse le sautier pardut
(*lire* pardit *ou* parlut), *ne demorra
gaires puis qu'il revindrent
devant moi tot autresi com il
estoient devant passé.*
Quant je oï les deables re-
pairir, je remis – 253 et molt
esgardai – 254 [Il faisoient]
samblant d'estre – 256 qui re-
sambloit un home d'Ethiopie qui
– 257 a moi parlé *et a qui je avoie
parlé. Lors parlai je au diable
et li demandai que il avoit
fait et coment il* – 259
esploitié entr'els. Et il respondi
tantost et dist: 'Mauvaisement
avons esploitié, car – 262 M. li a.,
cil qui tant nos gueroie, od – 264 *del
roi* C. – 268
od les – 269 avoit fais, *il mistrent* (sic)
od lui tans mairiens d'eglises,
et tans ornemens, et tant de
pierres et tant de fus de
chapeles que Ch. li rois avoit
edifijes et faites, que plus pe-
serent si bien que si mesfait,

240 a Ais *manque* FF1

272 d'eglises, que li mal n'i
porent monteploier, et nos
ont aprés tant batu de la
joie qu'il en orent que
276 nos nos en repairons tristre
et dolenz, que de nostre
domaige, que de nostre mal.'
Je, Turpins, fui si faitement
280 seurs de *l'arme* mon seignor
qu'ele fu portee en paradis
par les mains / des anges   [b
Dieu por la merite de ses
284 biens, par l'aïe des sainz que
il avoit servis. Tantost apelai
mes clers et fiz par toute la
vile sonner, et chanter
288 messes des feelz Dieu, et faire
aumosnes et oroisons *por*
s'ame, et contai que bien
estoie seurs de sa mort. Et
292 .x. jorz aprés sa mort me
vint uns mesaiges que il
m'envoia qui tout me conta.
Enfoïz fu li rois a Ais la
296 Chapele *en l'eglise* que il
avoit fondee.

si que li mal ne porent monte-
ploier, *et por ce si nos a tolue
[s'ame] saint Michiels li archangeles,
si l'a donee es mains au
soverain Roi,* et nos ont tant
batus aprés – 278 mal.
*Quant li deables ot ce
dit, si s'en ala.* Ensi je,
Turpins, fu si faitement seurs,
*et cel jor meisme entendi je
que Ch. estoit mors et que li
angele en avoient portee
s'ame por la proiere mon
signor saint Jaque, por la
qui amor il avoit pluisors
eglises edifijes.* Quant je soi
de l'arme mon signor que
ele fu portee en paradys par
lé main des angeles Dieu,
et que ce estoit par les
merites de ses biens que il
fais avoit, et par l'aïe des
sains que il servis avoit, molt
en fu[i] liés. Tantost – 287
soner les cloches – 288 les
messes – et aumosnes faire – 291
Aprés ce .x. jors – 293 li messages
– 294 conta de mon signor le
voir coment il morut et les
devises que il faites avoit, si
en oi grant pitié. Enfoïs –

280 de la mort; *la correction semble
s'imposer par ce qui suit* – 289
par – 296 en l'eglise *manque*

Après *fondee*, l. 297, D continue comme suit: Je, Turpins, achevesques de
Rains, doi rendre graces a Dieu qui par tel miracle me demonstra la mort
de Charlemaine mon boen signor, et mon signor doi savoir grans grés qui
si bien me tint covent et que il sovient (*sc.* sovint) si bien de moi la ou il se

206 Appendice: La fin de la Chronique

morroit. Je li avoie proié, si com voz avés oï (*voir ci-dessus ll. 5–18*) le jor devant que il partist de Viane ...

Ici D retrouve le texte du Turpin I, XXXVIII, l. 27 qu'il copie jusqu'à la ligne 74, après quoi il transcrit, tout comme le scribe de E, l'histoire de Louis le Pieux:

Looïs, li fils Charle, fist tenir od tot son pooir le testament le roi son pere si com il ot devisé. Mais ançois que je plus de lui voz die, voz voudrai je dire *entre les autres choses une aventure qui avint Rolant* au tans qu'il vivoit que je voz avoie obliee a dire. Mais puis m'en membre il, le (*sic*) covint (*sc.* covient) raconter a l'onor de Jhesu Crist. Ce est *un merveillous essample* que je voz dirai ja *qui avint Rolant* le boen chevalier *ançois qu'il alast en Espaigne.*

Le scribe passe ainsi à la matière du Turpin I, XXXIX. Il copie tout entier ce chapitre et les deux suivants, XL et XLI. Il reprend ensuite l'histoire de Louis le Pieux.

VARIANTES F F₁ H

1 nos en v. a V. F, nous en retornames a V. F1, nos en partimes et venismes tressi qu'a V. H – 2 T., agravez des p. e des travals que j'aveie soffert, ne poi avant aler, anceis remés. Idonc H, arcevesque *manque* F, a. de Rains F1 – 3 i remés F F1 – grevez F – 4 des p. et des c. F, de mes p. et des c. F1 – 5 proiai m. s. K. F F1, Idonc pria (*sic*) l'empereor H – 7 r. et conjurai en Deu (par ... a lui *manque*) que H, requis que F1 – 8 et que je li devoie F F1 – 10 moy, feist le moy s. (a ssavoir F1) F F1H – 11 par ceulz qui esté i avroient (i av. esté et qui savroient F1, qui a son trespassement av. esté H) F F1H – 13 (et *manque*) le jour et l'eure F F1 – 14 li oy en c. F F1, oi li (*sic*) roi en c. H – 15 avant de li F – 16 a *manque* F – 17 le mien li feroie s. (a s. F1) F F1, je li f. le mien a s. H – 18 en autre tel F F1 H – Ainsint nous entrepramesimes F, A. n. entreplevissimes F1, Einsinc ... entrebaisasmes *manque* H – 21 Adont se departi (s'em parti F1) mesires li rois plourant de moi, que por moi que pour ceus (pl. pour moy et por ceuls F1) qu'il avoit laissiés en ses batailles mors (et mors F1) et ocis dont il s'en repairoit (se departoit F1) s. et d. En celui departement me requist mes sires em plourant que (r. mout mes s. li rois que F1) je priasse pour l'ame de R. son n. et pour touz ses compaignons qui avec li avoient esté ocis en Rencevaus (son n. qui en sa compaingnie avoit esté o. en R. F1). Issi s'en ala li rois et je remés. Li rois revint (en vint F1) a Paris em France F F1, Issi departismes en plorant, et me requist mis sires que jo priasse por l'alme R. son n. e por ses compaignons qu'il aveit lessié morz et ocis por la fei de Deu en estranges regions. Li empereres s'en ala a P. en F H – 31 en sa v. *manque* F F1, tint assez tost emprés H – .i. *manque* F F1 –

33 (et de ses abbez *manque*) et de ses barons ce poi (ce poi *manque* H) qui remés li estoient F F1 H – 35 et ala (en ala F1) li rois (empereres H) o els de P. a s. D. F F1 H – 37 Denis nus piez et en l. (landes F1) et entra ou (Il entra el H) F F1 H – 39 m. seint Denis H – m., et s'estut (la s'e F) devant (par devant F1) l'autel et F F1 H – 41 si dist F1 – 42 oiant touz *manque* F F1 H – 43 voz orrés F F1, come je, Torpins oï recorder H – 45 nostre *manque* F1 – 46 la foy et la loy F1, la fei de J. C. N. S. H – 47 et nostre cr. F F1 – Sire qui F F1 H – 48 nostre a. en (en *manque* H) estes F1 H – vers celui qui F F1 H – 50 a vous venus F F1, venuz a tei H – rendre g. et l. (et mercis *manque*) F F1, r. g. et merciz H – 52 je par la v. de N. S. J. C. ... et de vous ai eu en E F F1, que je par la vostre aie ai eues contre g. m. H – 58 Ci en H – 59 g. et mercis F H, r. mercis F1 – a Dieu *manque* F F1 – 60 de vous a Dieu mon creator H – Sire, qui au regne de France iestes drois (purs H) avoez envers N. S. (vers le celestiel rei H) (de lor s. ... creance *manque*) F F1 H – 65 Sire *manque* F F1 H – si vous weille souvenir de F – 67 je ai laissiet dolans et tristres (je d. e t. ai leissié H) F F1 H – 68 foi de Dieu ess. ocis en estrange region (estranges regions F1) F F1 H – 70 region. Sire, sovienge vos de tuz cels qui H – 71 vous remembre qui F F1 – auvesques vous F, od lui H – 72 en R. *manque* H – 73 toz cels qui H – 74 Dieu sont finés es autres b. (autres diverses b. F1) F F1, qui por la fei de D. ess. sont ocis en diverses b. H – 76 por la redemption (remission H) de leur ames F F1 H – 77 la seignorie de F F1 H – 78 la tendrai des ore mais en avant par mi quatre d. rendans de mon chev. F – 82 Donc osta li reis la corone de son chef et la mist sor H – 83 corone d'or sor F1 – 84 et puis dist F1 – Sire sains Denis, je vous rent issi (ici endroit F1, ci vous rent je H) toute terriene honour (toutes terriennes honours F1) F F1 H – 86 me depostis de F – 87 de toute terriene honour et de l'onnour de France F, me d. je des honours de F. F1, me d. de l'enor de F. H – 88 et des F1 H – 89 aies F F1 – Ci (Et puis F1) establis je que (que *manque* H) des ore en avant, arc. ne ev. de F. (ev. ne arc. H) F F1 H – 92 ne puissent estre fais F F1 – 93 le sens F F1 – 94 et que nus a. ne autres, sans l'assentement (le sens F1) de votre maison ne le puisse (puissent F1) ordener ne sacrer F F1, et que nuns ... assen *manque* H – 96 Ausi est. F – 97 et commant *manque* F F1 H – 100 quite et *manque* F F1, et franc *manque* H – 101 tout autre services F, tout autre service F1 – servises, sanz la defense del regne H – et par (et *manque* Par F1) cel establissement fu puis F F1 H – 104 la gent apelee 'franceise' et la terre 'France' qui devant esteit ap. 'G.' H, la terre apelee 'France' et la gent 'françoise' F F1 – 105 Emprés F1 H – 106 dist K. F F1 – en oiant F F1 – sainz Denis *manque* F F1 – 107 pre H – 108 congié et me part de France

208 Appendice: La fin de la Chronique

(de F. me part H) et la vous lais F F1 H − 109 et vous ... Damedieu *manque* F F1, et bien vos en covienge solonc Deu H − 111 leva ses ieulz F F1 H − 112 et esgarda *manque* F − si regarda F1 − vers *manque* F1 H − 113 ciel et commença a plourer et (et *manque* F1) puis s'ag. et baisa (si b. F1) l'a. et tuit cil qui le veoient plouroient (et touz li peuples qui la estoit em plouroit F1) F F1, puis s'ag. et se seigna et tot li p. p. H − 115 E quant H − 116 s'orison F F1 H − eut faite F − il se s. et se l. F1, il (se s. et se *manque*) leva et dist H − 117 F., a Dieu vous (te F1) commant. Tu (et tu F1) aies seignorie et privileges (privilege e s. H) sor toutes autres terres (t. les t. H). Tu (et tu F1) soies beneoite (beneurose H) et tuit cil qui en toi h. F F1 H − 122 Lors en F F1 − 123 li rois *manque* F F1 H − hors de F F1 − 124 et touz li peuples plouroit qui le connoissoit (le veoit F1) et qui le convoioit (et qui le c. *manque* F1) F F1, et toz li p. en plorant le convea H − 128 Puis s'en F, Adont s'en F1, Donc s'en H − 129 puis tant comme il vesqui F F1 H − et fist son palais faire (l'eglise et *manque*) F1 − 131 de joste (le m. *manque*) F H, de jouste le m. F1 − 132 Dieu *manque* F F1 − tout (tout *manque* F) enterinement F H − 133 jor; come s'il fust moines levoit a matines H, et levoit ... matinet *manque* F F1 − 134 Le moustier F − fist li rois (fist K. H) p. tout entierement l'est. de (l'est. de *manque* H) la bataille de R. F F1 H − 137 (et *manque*) En H − 139 faites contre les (les *manque* F1) Sarrazins en (et es F1) autres lieus F F1, fetes en a. l. H − 140 v. li rois puis F F1 − 141 li rois iloeques H − 142 ans, et venoit chascune nuit a matines (et leva chascun jour as m. F1) comme c'il fust moynes F F1 − sa fin F H, la fin F1 − 143 afoybli F − 144 et contre sa m. av. g. s. H − 144 li avint ainçois qu'il morut (moreust F1) contre (encontre F1) son trespassement F F1 − 145 granz mervoilles estoient en la terre F F1, g. m. orent en la terre cil qui les virent H − 147 Car li porches entre son palais et le moustier par ou F F1, porches de son palés par ont il alot au mostier qui tot noveals ert fez H − 149 chaï sodement une nuit de H − 150 s. et faisoit (et si f. F1) mout biau tans F F1 H − 152 qui fais estoit sor F, qui estoit fais par deseur F1 − 153 et peinz *manque* F F1 H − 154 chaï sor (par desus F1) l'autel (sor l'a. *manque* H) et depeça F F1 H − et depeça touz li pons de W. qu'il avoit f. f. (chaï et f. *manque*) F1 − 156 et fundi *manque* F, chaï et depeça H − Assez de (Et mout de F1) manieres d'oisiaus et de bestes (de b. et d'o. F1) furent nés en cele terre o plus de membres qu'il ne soloient (ne soloient *manque* F1) ne devoient F F1, Assez monstres de bestes od plus m. qu'il ne d. ou od meins par nature nasquirent cel an en la terre H − 157 Un jor avint que li rois aloit esbanoiant (esbanier H) fors (hors F1) de la vile o grant gent F F1 H − 159 et une grant flame de l'air et de feu [passa] par devant lui F, Dont une flame de feu passa en l'air p. d. lui F1 (et *manque*) une g. f. de f. passa

p. d. lui en l'air H – 161 Et ses F F1 H – 163 par desouz lui F1 – s'espoënta et *manque* H – chaï forz a destre et ses regnes qu'il teneit chaïrent a senestre. Unques puis cel jor ne monta sor cheval ne puis ne leva de son lit. Ainceis fist son testament et son heir de Loeis son fiz; plus n'en aveit d'espose quar li autre esteient ja tuit mort H – li rois cheï et se bleça mout durement (cheï en tele maniere que d. se bleça F1) si que omques puis sains (haitiez F1) ne fu. Ses chevaus cheï a terre par devers destre (cheï a d. F1) et les regnes qu'il tenoit chaïrent a senestre. Omques puis cel jour li rois ne monta sor cheval ne puis ne leva (ne n'issi F1) de son lit, ainçois departi le suen (tout le sien avoir F1) et fist son oir de Loeys son fill quar plus n'en avoit d'espeuse F F1 – 169 Et quant ... l'avoient servi (*l. 203*) *manque* F F1 H – 204 se vit mesires de morir F F1 – Quant mis sires li reis vit que sa fins li esteit proceine H – 205 il li (lors li H) sovint de la couvenance qu' il avoit a moi faite, et apela a soi .i. serjant F F1 H – 207 jour de son trespassement F F1 H – 208 tantost *manque* F1 – 209 alast a l'ost et certefiast (alast et le c. F1) Torpin l'arcevesque de Rains qui encore estoit a Viane F F1, venist a mei a Viane e m'en certifiast H – 211 Mors fu li rois (li bons r. H) en la septime kalende de fevrier (jenvier F1), et (et fu H) embasmés et ensepeliz ou moustier d'Ais (Ais a F1) la Chapele, (ensepeliz en l'iglise Nostre Dame Seinte Marie mult richement qu'il aveit fondee H) F F1 H – 215 Et *manque* F F1 H – A cele F F1 – 216 li rois K. tr. F, li rois tr. F H – 218 R. avoie la messe oïe en .i. mien oratoire a Viane et estoie aprés la messe remés touz seus (emprés la m. esteie r. sols H) en l'oratoyre pour dire mes psiaumes, et disoie ceste psiaume qui commence (ainsint se c. F1, si se c. H) F F1 H – 225 intende, Domine H – Lors (Dont H) oï m. e. passer F F1 H – 227 et f. m. g. n. *manque* F F1 H – 229 mis hors F1 – mon visaige F F1, mon vis H – 230 petite *manque* F F1 H – et les regardai F – que ce estoit *manque* F F1 H – 231 et vi que mout en i venoit F, et vi que m. en i avoit F1 H – 233 Le deesrain qui plus maistre me sambla araisonnai, et conjurai quel part (et covint que il me deissent ou F1) il aloient F F1, e celui qui p. m. me s. mis a reison e li demandai e le conjurai que il deist verité ou il alouent H – 240 Ais la (a la F1) Chapele F F1 H – 241 de l'empereor K. H – 242 trespassee H – Je, Torpins, lor dis (Et je li redis H): 'Je te conjur (c. par la trinité qui Deus est H) que au repairier revignies par moy et mi diras (si me dirés F1) que (ce que vous F1) fait avrez (coment avras espleitié H) F F1 H – 247 Lors s'em parti (Cil s'em p. de mei H) et je qui remés estoie repris mon siaume a dire F F1 H – 250 A paines l'oy finee (aveie je f. H) quant il repairierent (il r. *manque* F) F F1 H – 253 je (Je – F1) le vi venant faisant (et f. F1) chiere morne et embrons (embronchie F1) et enclins comme cil qui descomfist estoient F F1, Je les oï e revinc a la fenestre come devant e vi que tuit feseient leid semblant come gent desconfite H – 255 Erranment demandai celui qui primes avoit a moi parlé, comment fait avoient et ouvré F F1, A celui d. qui primes aveit p. a mei, comment il aveient espleitié H – 259 Il respondi: 'Malement (Trop malement' F1) F F1, Il me r.: 'Mauveisement' H – quar quant la fumes venus (nous f. la v. F1, nous f. v. la H), M. et si angle (M. li angres Jhesu Crist e si angre H) qui la (ja i F1, ja H) estoient (est. venu H) demanderent que nous querions, et quant ses biens et ses maus li furent pesez (m. eumes p. F1), doi vassaus s. t. (querions, e por nient venions mes por ce que tort ne nos voleit fere, pesasmes les biens et les mals que K. aveit fet. Dui v. s. t. H) F F1 H – 266 de G. *manque* F F1 H – de F. *manque* F F1 H – J. et D aporterent tant des (de F1) biens (J. et D. se mistrent de la lor partie es balances tanz biens H) que il lor avoit fet que valoir (v. ne monteplier H) n'i peusmes ne mal faire (ne riens mesfaire F1), et encores nous ont tant batus que touz honteusement partis en sommes et nous en alons honteus (trestouz h. F1, peusmes, anceis nous en reperrons hontos et desconfit, e encor nos ont il bien batu H) F F1 H – 279 Si faitement je, Torpins, sui (fu H) seurs dou sauvement le roi K. mon signour (m. s. le roi K. F1, m. s. l'empereor K. H). Aprés apelai (Aprés ce je a. F1, Emprés a. H) F F1 H – 286 e fis fere par la vile les obseques de mon seignor e sonner par totes les iglises e certefia (*sic*) le poeple de la mort mon seignor l'empereor et de son sauvement H – 287 la cité soner et faire le service plenierement de (pour F1) monseigneur, et lor contai que seurs (touz seurs F1) estoie de son trespassement et de son sauvement F F1 – 291 Aprés (Emprés H) ce F F1 H – 292 .xi. jours F F1 – 293 vint la novele par le serjant a qui li rois l'avoit commandet (c. l'avoit F1) F F1, vint li m. a cui mis sires li reis l'a. c. H – 294 qui le me dit, et me dit l'eure (qui tout me dist et l'eure F1) et le jour de la mort le roi si comme je le savoie et avoie fet savoir par la cité de Viane. Ceste est la fins dou roy et de touz ces (*sc.* ses) fais F F1, e mei certifia de l'ore et del jor del trespassement mon seignor ausi comme je le saveie, et je le certefiai de son sauvement dont la sovereine joie deveit estre. Ceste est la fins de la vie mon seignor l'empereor K. Cuius anima requiescat in pace. Amen. H

    F, F1 ont ici le chapitre supplémentaire suivant, que j'ai cité et commenté ci-dessus, p 193 et n8: Aprés (E aprés F1) ce jour, ne vesqui li arcevesques Torpins que troiz ans, et fu mors a Viane et emfoïz en l'abeie outre le Rosne. Ce fu aperceu et seu vraiement (tout v. F1). En l'an de l'incarnacion Nostre Seigneur (N. S. *manque* F1) .x̅x̅. .iiii. et .xxx. (m. .c. .lxxx. F1) quar il fu trouvez en son sarquil enbasmez et en riche abit, et letres furent trovees o lui qui disoient que ce estoit Torpins, arcevesques de Rains.

GLOSSAIRE

TABLE DES NOMS PROPRES

Glossaire

Le glossaire comprend tous les mots et toutes les formes qui pourraient présenter quelque difficulté aux non-spécialistes. Dans bien des cas, je n'ai pas trouvé nécessaire de relever tous les exemples. Les infinitifs qui ne se rencontrent pas dans le texte sont mis entre crochets; la forme en est parfois arbitraire.

aaise, *n.*, XVII, 55, *var.* C, *aise. Voir aussi* aise
aaise, *adj.*, XVII, 55, *var.* E D, *à son aise*
[aaisier] *mettre à son aise; p.p.* aaisiés, XIV, 29, *var.* C, *mis à son aise*
aberc XVIII, 41, *haubert*
abevrastes XIV, 50 var. E, *prét.* 5 de abevrer, *donner à boire à. Cf. var.* D beuvaistes.
acheson XV, 12, *occasion, motif*
acomparagee XXIII, 22, *p.p.* d'acomparagier, *comparer*
acoustumé XI, 21, *var.* C, *usuel*; acostumees XXII, 63, *var.* D, *habituées*
actremper XXXII, 5, *var.* C, *attremper, régler, modérer*
admonnestement XLI, 7, *conseil*
affermez XXI, 17 *conclu, arrêté*
[affetier], *préparer, arranger, disposer; pré. 3* affeta XXV, 57; *6* affetierent, XXVI, 2; *impf. indic. 6* affetoient XXVI, 4
aidanz VIII, 43, XXI, 29, *secourables, efficaces, forts*
aïde VIII, 8, *secours financier*
aïe *App.* 284, *aide*
aigre XX, 9 *vif, ardent*
ainz X, 6, XIV, 37, XXII, 57, XXIII, 19, *plutôt*
aïree IV, 66, *var.* C, *marge, bord*
aise XXI, 11, *var.* D, *mettre en aise de, mettre à même de*

aloe XXX, 10, *alleu (fonds de terre possédé en pleine propriété, exempt de droits féodaux)*
aloës XXV, 58, XXVI, 4, *aloès*
aloigna XXV, 74, *prét. 3 d'aloignier, v. intr., allonger, devenir plus long*
amirant XVII, 4, XX, 41, XXI, 6, *émir*
andui XVII, 31, XXI, 67, *tous les deux*
[amplir], *accomplir; prés. indic.* 5 amplisez XIV, 89; *prés. subj. 3* amplist XIV, 53; *p.p.* aamplie XXII, 64
ançoisors XLI, 9, *ancêtres*
angarde XVII, 9, *var.* E D, *poste d'observation*
angoisseux XXXIX, 18, *angoissé*
angres XIV, 87, *anges*
anor *App.*, 86. *Voir* honor.
[aorer], *adorer; prés. indic. 1* aor XVII, 188; *4* aorons XIII, 29, orons XIII, 32; *6* aorent XVII, 92; *p.p.* aoree XVII, 92; *prét. 3* aora XVII, 93
apelee XIX, 47, *nommée, désignée;* qui est apelee XXXVI, 2, XXXVII, 2, *qui se définit*
apent XXVIII, 22, *var.* E D, *prés. indic. 3 d'apendre, appartenir, dépendre*
apert XIV, 82, *prés. indic. 3 d'aparoir, être clair*
apetisie XIX, 26, *forme fém. dialectale du p.p. d'apetisier, diminuer*
apostoile XIX, 21, 29, 48, 56, *apôtre;* XXX, 11, *pape*
apostolic XIX, 29, 32, 48, 51, 55, *var.* C, *apostolique*
apostre XIX, 25, 49, 52, XXX, 11, *apôtre*
appareiller VIII, 48, *préparer, équiper, fournir, pourvoir;* IX, 42, *dresser; impf. indic. 3* apareillot XXI, 19; *p.p. fém.* appareillie XII, 14
appointerent XXVI, 2, *var.* C, *prét. 6 d'appointier, ajuster, accommoder. Cf.* gouvernez.
aprismerent XXI, 44, *prét. 6 d'aprismier (soi), s'approcher*
aquiter II, 30, *délivrer*
araisonnai *App.* 233, *var.* F F$_1$, *prét. 1 d'araisonner, s'adresser à*
arcal IV, 70, *laiton*
aree XVII, 126, *var.* E, *terre labourée, sol, terreau. Le scribe, homme d'église, pensait peut-être à Genesis 2:9: de humo; il écrivit par la suite:* et dou limon de la terre le poison. *Cf.* Genesis 2:7: de limo terrae.
arme *App.* 24, 76, *âme*
armetique XXXIV, 1, 2, *arithmétique. Même forme chez Mouskés,* Chronique rimée, 9762
arraba, *adj.* IV, 58, *arabe*
arriere, ça en arriere XXXVI, 10, *autrefois, en temps jadis;* arrieres XXIV, 16: mettre arieres, *ne pas tenir compte de, oublier*

ars XXI, 49, arse XIII, 12, *p.p.* d'ardoir, *brûler*
assembler XIV, 65, 66, *engager le combat*
[asenbler (soi)], *s'assembler, prét.* 6 X, 14; *prés. indic.* 6 IV, 29, *se rencontrent;* XIV, 67 *se rassemblèrent; p.p.* assemblé *App.* 260, *rassemblés*
assens *App.* 93, 95, *consentement*
[asseoir], *prét. 3* III, 2, asist, *assiégea; p.p.* asis XXXIX, 8 *assiégé;* assist V, 5, XXVIII, 6, *institua, nomma; pré.* 6 assistrent XIV, 69, *affrontèrent; p.p.* assise IV, 69, *posée*
asseur XX, 15, *rassuré, à l'aise*
assez XXVIII, 13, *beaucoup*
[assoudre, *absoudre; prés. indic.* 6 assolent XIV, 15; *impf. indic. 1* assoloie XI, 25; *pré. 3* assost XI, 21
atainst XVII, 34, *prét. 3* d'ataindre, *atteindre, frapper*
atochement XVII, 131, *contact*
[atochier], *toucher, manier; prés. indic. 3* atoche XXII, 71; *p.p. fém.* atochie XVII, 128; noient a., *intacte, sans tache*
[atorner], *prét. 3* V, 7, *garnit, pourvut;* XXVI, 1, *prépara, disposa, arrangea; impf. indic.* 6 atornoient XXIV, 7
aucuns, *adj.* IV, 65, XXI, 57, XXII, 73 *quelque; pron.* XVII, 59 *quelqu'un*
aumaçor IX, 9, XVIII, 5, *commandant*
auques *adv.,* XX, 6, XXX, 5, *un peu*
ausi XIV, 54, XVII, 78, XVIII, 15, *ainsi, de même;* ausi com ... ausint XVII, 121, *ainsi que ... de même*
ausinc IX, 29, *aussi;* ausinc com ... ausi XIV, 54, *ainsi que ... de même*
ausint XV, 11, 13, 17, XVII, 105, *ainsi;* ausint ... comme XXV, 36, *autant ... que*
auteus XX, 12, *tels*
autre VIII, 41, l'autre jor aprés, *le lendemain*
autretanz XXXVIII, 35, *autant*
autretel *App.* 18, *pareille*
avenans XX, 3, *agréable, avenant;* XX, 5, *bien proportionné*
aventure XVII, 24, XXXVII, 5, *événement, conjoncture*
avesprer, *n.* XVII, 42 *la tombeé de la nuit*
avienge XXXVII, 5, *prés. subj. 3* d'avenir
avironnee XXII, 53, 57, *entourée*
avoez *App.* 48, *avoué*
avoir, *v.; fut. 2* avras XXXVIII, 12; *3* avra XXII, 55, XXXIV, 5; *cond. 3* avroit XIX, 18, XXV, 72; *prét. 1* oi XIII, 11, XIV, 49; *3* ot II, 2; *6* orent XIV, 3; *p.p.* aües *App.* 52
avoltire XXIV, 20, *adultère*

baillie XXII, 68, *possession*
barnaiges *App.* 127, *l'ensemble des barons*
barboeres XVIII, 16, *masques*
bataille XIV, 64, XXI, 43, *corps d'armée*
batant XXXIX, 6, *var.* C, *gérondif, en se hâtant, à toute vitesse*
beneuree VIII, 57, XXII, 66, *bien heureuse*, XIV, 28, *heureux, contents*
beneurtez VIII, 54, *bien-être, bonheur*
bericle XXII, 52, *béryl*
besoignes XV, 21, *affaires*
biem XVIII, 11, *graphie pour* bien
bienfet XIV, 61, *bienfait, don offert pour obtenir une faveur, action méritoire*; les droites œuvres *et le bienfet constituent un couple synonymique*
boisdie XXI, 14, *var.* D E, *astuce*
boisines, XI, 63, *trompettes*

car XXXVIII, 18, *var.* C, *que (employé comme correlatif de* tant. *Cf.* que, *employé comme équivalent de* car
ceus XVI, 22, XXIV, 11, *cieux*; cels XVII, 76, XXV, 13, XL, 17; ciels XVII, 93; cieux XXV, 8
chainsil XXVIII, 3, *toile fine de lin*
chaitif XXV, 45, *malheureux*
chalengions *App.* 263, *impf. indic. 4 de* chalengier, *réclamer*
char XVII, 151, XXIV, 33, 37, *chair*
chartre XIV, 51, XVII, 21, *prison*
chasteaus de fust IX, 43, *châteaux de bois (tours roulantes couvertes qui servaient à protéger des troupes assaillant les remparts d'une ville assiégée)*; firent chastel de lor cors meismes XVIII, 25, *var.* D, *fermèrent leurs rangs (voir Reid, éd. de* Horn, *2:161, note aux vv. 3446–9; voir aussi* cors *ci-dessous)*
cheïr IV, 72, cheoir IV, 75, choir XXV, 25, *tomber*; *prét. 3* chaï XVII, 39; 6 chaïrent III, 11, XVII, 31; *impf. indic. 3* cheoit IV, 62
cheitiveison III, 28, *captivité*
chense XXVIII, 24, *var.* D, *forme dialectable de* cense, *cens, redevance*
chevaige *App.* 81, *impôt payé par chaque chef de famille serf au suzerain*
chief XIV, 91, *chef*; XVII, 55, XVIII, 32, XX, 26, *tête*; XI, 9 *(par métonymie) la personne*
chiere, *visage*; a qui il moustroit chiere XX, 15, *var.* C, *qu'il regardait d'un air courroucé. Peut-être le scribe a-t-il omis* fiere *par une espèce de haplographie*: a qui il moustroit [fiere] chiere, *ou ...* chiere [fiere]; faisant chiere morne *App.* 253, *var.* F F$_1$, *ayant l'air déconfit*

217 Glossaire

choisi App. 235, prét. 1 de choisir, apercevoir; App. 256, distinguer, reconnaître
[choser] XXXIX, 34, var. D, intervenir, prendre part
clergie XL, 27, science
cloches XVII, 82, prés. indic. 2 de clochier, boîter. Cf. var. E: clœsches.
clostrent XVIII, 33, prét. 6 de clore, boucher
coigniees XXI, 47, cognées
coing XLI, 43, coin
colombes XLI, 42, colonnes, piliers
coment que XXI, 64, var. E D, bien que
[commander], recommander; prés. indic. 1 commant XXIV, 7, prét. 3 XXIII, 29
compains XXV, 38, compagnon, confrère (compains des François traduit omnium comes Gallorum 1394)
compasseurs XXXVI, 8, var. C, arpenteurs, géomètres
conduit VI, 8, prét. 3 de conduire
confés XXI, 63, XXIV, 13, pénitent; se fesoient c. XXIII, 37, se confessaient
conquise n. fém. XXI, 1 var. C, conquête
contenz App. 176, dispute, contestation, querelle
contrester XVIII, 60 var. C, s'opposer
convertirent XI, 62, var. E, semble être une leçon erronée pour couvrirent
corneor XXV, 12, sonneur du cor
cors¹ IV, 29, cours
cors² XVIII, 25, var. D E, (firent chatel de lor cors meismes, d'eux-mêmes. Pour la périphrase nominale cors précédé d'un adj. poss., voir Stefanini, La voix pronominale, pp 331–51, et cf. XXXIII, 34 var. D, où son cors est employé au lieu du pron. pers. réfléchie se: qu'il (Roland) garnesist son cors de foi.
coste, côté; de coste VIII, 24, IX, 46, à côté de, le long de, près de
costume, coutume; par c. XIV, 27, XXX, 33, d'une manière habituelle (cf. les textes latins: ex more pascimus 587, ex more dabant 1563)
cote¹ XVII, 14, coudée
cote² XLI, 47, tunique
couillon XV, 9, var. C, testicule, chose de peu de valeur; employé ici comme particule de négation
couleur XX, 1, var C, De la couleur du roy Ch., apparence. D'après le chapitre dont cette rubrique constitue l'entête, le sens de couleur comporte l'aspect physique et le caractère de l'Empereur, bref: sa personne
couronneur XXV, 12, var. C, corneur, sonneur de cor
covanterent XXVIII, 33, var. E, prét. 6 de covanter, s'engager
covenances XVIII, 57, conventions

covenant IX, 29, XVIII, 49, XXVIII, 34, *engagement, obligation;* X, 6, XIII, 42, XVII, 173, *accord*
covenanchierent XXVIII, 34, var. D, *prét. 6 de* covenanchier, *s'engager*
[covenir], *convenir* V, 8, XVIII, 123, XLI, 3; *prés. indic. 3* covint XXX, 44; *être à propos* XXXIX, 2; *falloir* XXVI, 7, XLI, 19
covent XIV, 62, XXI, 16, *accord*
creance XIII, 35, XXIV, 52, *croyance*
[cremir], *craindre; prés. indic. 1* crien XIV, 58; *impf. indic. 4* cremoient III, 4
coverture XXI, 11, var. D, par c., *par dissimulation*
crestienté XIX, 60, *le monde divin.* Cf. siecle *ibidem*; li jugement de crestienté ou jugement del siecel *traduit* indicia aut divina aut humana (1018); XIX, 61, *la chrétienté*
cria App. 49, *prét. 3 de* crier, *créer*
crierres XIII, 20, XVII, 77, *créateur*
croire III, 27; *prés. indic. 4* creons XIII, 32, XVII, 77; 5 creez XIII, 33; *prét. 3* crut XXI, 24
croiz (de l'espee) XXII, 52 *croix (la figure formée par la lame et la poignée d'une part et la garde de l'autre)*
cuens XI, 27, *comte*
[cuidier], *penser, prés. indic. 1* cuit XXIII, 19; *impf. indic. 3* cuidot IX, 32; *prét. 3* cuida XVII, 38
cuir XL, 11, *peau, chair*

darrain, darrien, adj. XVII, 151, XXIV, 37, App., 231, var. F F$_1$, *dernier;* n. darrain, derreain, derroien, *fin;* au derreain IV, 38, au darrain XII, 5, au derroien XIV, 21, as darriens VII, 27, *à la fin, en dernier lieu, finalement*
darz XXI, 47, XXV, 67, *dards*
[deduire (soi)], *s'amuser, prés. indic. 3* se deduit XXIII, 20
deffalloient XIX, 26 *impf. indic. de* defaillir, *venir à manquer*
deffensables XI, 16, var. C, *capables de se défendre*
deffiance XVII, 60, *défi*
deguerpiz App. 85, *prés. indic. 1 de* deguerpir, *abandonner*
de joste XVIII, 56, *près de*
delivrement III, 29, *librement*
delivres IV, 64, *libre, délivré (de ses péchés);* delivres et haitiez, *sain et sauf, bien portant de corps et d'esprit*
demener XIV, 45, *traiter;* demenee II, 22, *gouvernée;* demenees IV, 46, *soumises;* ledement demene XIV, 32, *âprement maltraitée*
demenoys adv. IX, 23, var. C, conduyrent jusque a demenoys la cité, *tout près, à proximité.* Cf. Ron Holden, note aux vv. 1995, 8474.

demora XL, 3, *tarda*

departir XXIV, 26, *partir*; *réfl.* se departirent, XXX, 1, *se séparèrent; séparer* XIII, 6, XXXIII, 3; *repartir, partager* App. 173, 200

depecier *v. intr.* IV, 61, *App. 154, var.* F F₁ H, *tomber en morceaux; s'écrouler* App. 156, *var.* F₁ H; *tr.* mettre en morceaux, déchirer, *p.p.* VII, 31, XXV, 89

deproier IV, 64, *supplier*

derechief XV, 15, XXIII, 9; de rechief VI, 7, XIII, 52, XVII, 144 *encore une fois, de nouveau, derechef*

derreain. *Voir* darrain.

derroien. *Voir* darrain.

des III, 29, XVII, 146, XVIII, 35 *depuis*

desci que XVIII, 36; des ci, XX, 25, XXI, 4, 41; de ci XXII, 39, XXXVIII, 32 de si, XL, 36; de ci que XXVIII, 4 *prép., jusque*; de ci que *conj.*, XXI, 29, *jusqu'à ce que*

descompaigniés App. 29, *privé de ses compagnons*

desevré XL, 20 *séparé, privé*

desfroiés XXV, 67, *var.* D, *p.p.* de desfroier, *érailler*

desfroissez XXV, 67, *p.p.* de desfroissier, *meurtrir, briser*

despostis (me) App. 86, *var.* F, F₁, H, *prés. indic. 1 de* despostir (soi), *se dépouiller*

desque I, 9, *conj., jusqu'à ce que*; II, 38, III, 23, IX, 9, XVII, 43, 146, XIX, 66, *adv., jusque*

desroy X, 17, *var.* C, *désordre*; a desroy, *en désarroi*

desserte XL, 17, *mérite*

dessevrez XXII, 65, *p.p.* de dessevrer, *séparer, couper*; desevré XL, 20

destraignoit XXIII, 24, *var.* D, *impf. indic. de* destraindre, *tourmenter*

destroit, *lieu resserré, circonstance gênante*; a destroit XXXIX, 19, *gêné, embarrassé*; angoisseux et a destroit *constitue un couple synonymique*; IV, 28, es destroiz d'Espaigne, *au détroit de Gibraltar.* Voir la note de M. Monfrin, *Etudes de langue et de littérature du moyen âge offertes à Félix Lecoy*, 465, n. 36

desvé XVIII, 21, *hors d'eux-mêmes, fous*

deus XXV, 68, *lamentation (exprimant le deuil)*

deveure XXI, 41, *var.* D (*var.* E. devore), *prés. indic. 3 de* devorer, *saisir à belles dents, déchirer*

[deviser], *diviser* XVIII, 12, XXXIX, 23; *séparer, distinguer* XVIII, 12, XXXI, 6, XXXIII, 2; *décider* II, 6, XIV, 62, XVII, 43, 45, 47, XVIII, 8, XXI, 24; *établir* XIX, 7, 22; *prescrire, faire faire* XXVIII, 18; *raconter, s'entretenir de, décrire* XX, 1, 53, XXVII, 1; *déclarer* XLI, 6, *var.* D (dist et devisa *présente un couple synonymique*); *donner en partage, distribuer* XIX, 35; devisés App. 294, *var.* D, *partagés*

devore. *Voir* deveure.
division XXXVIII, 1, *var.* C, *vision*
[doloir (soi)], *s'affliger*; *p.pr.* dolanz XXII, 37, dolent XXV, 45; *fut. 1* doudré XXII, 72, doudrai XXV, 49; *impf. indic. 1* doloie XXX, 4; *3* doloit XL, 5
donc¹ *adv. alors, puis*, XVIII, 35, XIX, 2, XXIII, 36, XXVIII, 3, XXX, 36, 37; des donc XXXVIII, 32, *dès lors*
donc², *confondu avec* dont, *pron. rel.*, XI, 49, XXII, 51; *d'où*, XVII, 174, XXVI, 12 (*leçon rejetée de A*)
dont¹, *pron. rel.* desquelles XVII, 51; *au moyen desquels* XXXV, 4; *de quoi* XIV, 53; *sens partitif, des parties de laquelle* XX, 50
dont², *confondu avec* donc, *adv. alors, par suite*, XXI, 11, XXVI, 13, XXIX, 14; *même sens mais affaibli au point de n'être plus qu'une simple particule de liaison avec la phrase précédente* (*cf.* si) XXIII, 11
dotance XL, 7, sanz dotance, *sans possibilité de doute*
dotoit XVII, 6, 62 *impf. indic. de* doter, *craindre*; *prét. 3* dota XXII, 72, XXIII, 28
dragmes XXVIII, 21, *var.* E, drames *var.* D, *drachmes*
droiturierement XIX, 62, *selon le droit*
droituriers XX, 27, XXV, 37, *qui agit selon le droit, juste*
duel XXV, 50, 59, *deuil*
durement XXIII, 34, *amèrement*; *à toute vitesse* XXV, 9; *fort* XVIII, 18, XXV, 25; *gravement App.* 163, *var.* H, 171

einsinc. *Voir* ensint.
eloigna VII, 13, *prét. 3 de* eloigner, *employé absolument, s'éloigner*
els XX, 13, XXIII, 39, *yeux*; elz XXIV, 39; oill XXIV, 39; ielz XX, 12; ielx XLI, 19; euz XXIV, 38, XXXVIII, 52, XLI, 55; esgardoit a els overz XX, 13, *regardait fixement, dévisageait* (*c'est la traduction littérale de* apertis oculis respiciebat, 1038); elz XXIV, 43, *œil*
embatoit XLI, 45, *impf. indic. 3 de* embatre, *enfoncer*
embronchie *App.* 253, *var.* F₁, *p.p.* d'embronchier, *baisser* (*la tête d'un air déconfit*), *penaude*
embrons *App.* 253, *var.* F, *penaude*
en¹ XX, 31, l'en XXI, 52, *et passim, formes d'on, l'on*
en² XX, 29, *an*
encheïssent XXI, 57, *impf. subj. 6* d'encheoir, *tomber*
enclost XVII, 21, *prét. 3* d'enclore, *enfermer*
ençois XVI, 22, XXII, 46, *plutôt*; ençois que XXIII, 6, XXXVIII, 29, *avant que*; ençois de XXXVIII, 25, *avant*; *de préférence* XXXIX, 13
encore XVI, 20, encor XXI, 64, *bien que*

enderrenier, a l'e. XII, 5, *var. C, en dernier, finalement*
endroit, *prép.*; endroit ore de tierce XIV, 3, *à neuf heures juste*
enfantosmez XXII, 57, *visité par des fantômes, envoûté, ensorcelé*
enfés XIII, 16, *enfant*
enging XXXVIII, 49, *industrie*; engins IX, 44, *machines*; les enginz des paroles XXXIII, 4, *les qualités propres des mots*; engin XVIII, 35, *astuce, truc ingénieux*
engrés XXV, 34, *var. E D, acharné*
enors XI, 15, *fiefs*; enor XI, 60, *honneur*
empaint XVII, 186, *var. E, prét. 3* d'empaindre, *autre forme d'*empoindre, enpoindre, *q.v.*
[enpoindre], *percer*; *prét. 3* enpoinst XVII, 186, *var. D*
enprés XI, 43, emprés XVII, 23, *après*; emprés ce que XLI, 30, *après que*
enquerre XXV, 80, *s'enquérir, s'informer*
enqui XXVIII, 4, *var. E, là. Voir Albert Henry*, Chrestomathie, IIe partie, *p 43, note au No. 69, v. 52.*
enseigne XIII, 54, ensaigne, XV, 10, *symbole, insigne*; XVIII, 39, *drapeau*
[ensepulchrer], *mettre au tombeau*; *p.p.* XVII, 75, *var. C,* ensepulchré (*T.-L. ne donne que la forme* ensepulcrir, III: 1, 526; *cf. F.E.W.* XI, 485b, ensepulcrer)
ensevre XVI, 15, *suivre*; *prés. indic. 6* ensevent XIV, 19; *impf. subj. 6* ensevissent XXIII, 7
ensi XVII, 217, 193, *ainsi*; ensi com XX, 41, *comment*
ensint VIII, 21, XVII, 35; ensinc XIII, 2; einsinc *App.* 18, *ainsi*
ensus XIV, 47, *à l'écart, loin*
entachez XI, 27, *var. C, doué de bonnes qualités. Cf.* taches.
entendu XLI, 43, *var. C, attentif*
entendant, faire entendant, XXI, 16, 24, *var. C, faire savoir, dire*
[entendre], *comprendre*; *prés. indic. 1* entent XVII – 162
enterras VII, 20, *forme du fut. 2 d'* entrer
entre XVII, 178, *ensemble, à la fois. Cf. l'anglais* between:
   Jack Spratt could eat no fat,
   His wife could eat no lean
   And so *between* them both
   They licked the platter clean.
entreplevissimes *App.* 18, *var. F, prét. 4* d'entreplevir (soi), *s'engager*
entor XLI, 17, *autour de*; XXIV, 33, *alentour de*; XL, 13, *var. D,* tot entor le Rosne, *tout près du Rhône*
envers XXV, 23, 71, *étendu face à terre*
erranment XVII, 60, *aussitôt*

222 Glossaire

ers XI, 11, *hoirs*
es XVII, 126, *abeilles*
esbanier *App.* 157, *var.* H, *se divertir*; *gérondif* esbanoiant *ibid.*, *var.* F F₁
escaille XVII, 99, *var.* E, *coque. Voir aussi* tez
escharnissemens XXIV, 6, *var.* E, *injures*
eschars XXIV, 6, *var.* D, *injures*
eschieles XVIII, 13, *corps d'armée*; eschele XVIII, 15, 16. escheles XXVI, 11, *échelles, claies*
escripre XX, 53, *écrivain, scribe*
ese XVII, 55, *aise*
[esgarder], *regarder*; *impér. sing.* XVII, 166, esgarde
esgart XVII, 161, *regard*
esjoïr (soi), *se réjouir*; *prés. indic.* 6 s'esjoïssent XXV, 54; *prét.* 3 s'esjoï XIII, 14
esleecier (soi), esleecir (soi), XXVIII, 11, *var.* E D, *se réjouir*
esloigna VII, 13, *prét.* 3 *de* esloignier, *s'éloigner*
espandue XXIV, 47, *répandue*
espars XXII, 34, *p.p.* d'espardre, *dispersés*
esploité *App.* 259, *p.p.* d'esploitier, *se tirer d'affaire*
espoëntable XIV, 47, *épouvantable*
[espoenter (soi)], *s'épouvanter*; *prét.* 3 s'espoënta, *App.* 62; *p.p.* espoantez XXII, 56
espriz XXV, 59, *var.* E D, *p.p.* d'esprendre, *allumer*
essamples VII, 1, XXXVIII, 57, XXXIX, 3 *exemple, événement à portée morale*
essaucier XIX, 38, XXII, 63, XXX, 19, *exalter, élever en dignité*; *prés. indic.* 4 essauçons XVII, 72 *p.p.* essauciez XXV, 47, XXXV, 5
essaucierres XXV, 39, *glorificateur*
estachee XVIII, 39, *var.* C, *p.p.* d'estachier, *attacher*
estant *p. prés.* d'ester, *être debout*; en estant IV, 70, XX, 25, *debout*
estor XXIV, 6, *var.* D, *mêlée*
estora V, 10, *prét.* 3 d'estorer, *instaurer, fonder*
estranges XV, 19, *appartenant à autrui*
estre; *fut.* 3 ert XIV, 45; 5 seroiz XIV, 91; *impf. indic.* 3 ert IV, 4
estrif XXIV, 6, *var.* E, *mêlée*
estuet XXV, 74, *var.* D, s'estuet, *var.* E, s'estut, *s'arrêta; forme du prét.* 3 d'ester (soi)
euz XXXVIII, 52, *yeux. Voir* els.
eve XX, 20, XXIII, 27, XXIV, 5, *eau* IX, 49, X, 22, XXXVIII, 58, *fleuve*

faitement *App.* 279, *en effet*
fameillous, fameilleus XXV, 77, *var.* E D, *affamé*
fauldroit XX, 53, XXII, 55, *cond. 3 de* faillir, *manquer, faire défaut*
feeus XXIV, 48, XXV, 5, XL, 34, *adj. fidèles; n.* XXV, 5, messe des feeus Deu, *la Missa Fidelium*
fendre *intr.* XXII, 75, *se fendre;* XXIII, 10, *se fendiller*
fere XXXVII, 6, *faire; prés. indic. 1* faz I, 24; *p.p.* fet I, 25; *faire s'emploie parfois comme substitut d'un autre verbe dans le second terme d'une comparaison:* XX, 54, ne feroyent a retraire, *ne fauldroient a r.*
fez XVII, 180, XX, 40, *faits, actes*
fiance XVII, 30, XVIII, 42, XXII, 17, *confiance, foi.*
ficha III, 21, *enfonça,* XLI, 43, *fit glisser, inséra*
fier XX, 3, *redoutable*
fin, en male fin XV, 16, *phrase adverbiale, misérablement;* en nule fin XVII, 133, *en aucune façon*
finé *App.* 71, *var.* D, *p.p. de* finer, *finir; cond. 3* fineroit XXV, 72
foille X, 11, *feuillage*
fondi IV, 40, XXXVIII, 49, fundi *App.* 156, *prét. 3 de* fondre, *s'écrouler*
foons XVII, 152, *faons*
forbie XXII, 49, *fourbie, nettoyée et polie*
foule XXI, 39, *var.* C, a grant foule, *avec grande violence*
fourrage XXV, 10, *var.* C, come s'ilz revenissent de f., *comme s'ils revenaient de fourrager, d'une razzia*
froissi XXV, 67, *var.* C, *p.p. de* froissir, *meurtrir, broyer.*
fuerre XXII, 47, *fourreau*
fust XVII, 96, XXVI, 8, *bois;* IX, 44, XXXVIII, 17, 48, *bois de charpente;* chasteaus de fust. *Voir* chasteaus.

ga. *Voir* ja.
gelines XX, 18, *poules*
gentes XVII, 103, *sections de la jante d'une roue*
[gesir], *gésir, être couché, se trouver; prés. indic. 3* gist IV, 21, XL, 14; *6* gesent VIII, 9; *impf. indic. 3* jesoit XXIII, 28, XXV, 23; gesoit XXIII, 33, XXV, 23; *6* gesoient XXV, 61; *prét. 3* jut XXII, 21, *s'étendit; 6* geurent XVIII, 30; *p. prés.* gisant XXV, 63; *p.p.* jeu VII, 19; geurent illec ce jour XVIII, 30, *se logèrent, passèrent là la journee; réfl., impf. indic.,* se gesoient XV, 4
geter XXIV, 10, *jeter;* XVII, 50 *var.* D, il le getoit sovent de pierres, *il l'assailloit...*
gouvernez XXVI, 1, *var.* C, *ajustés, accommodés. Cf.* appointerent.
graindres XIX, 52, *plus grand,* XXII, 21, *le plus grand*

gué XX, 34, *guet*
guenchierent XXI, 40, *var.* E D, g. sor aulx, *se retournèrent contre eux*
guerredont XXI, 61, *prés. subj. 3 de* guerredoner, *récompenser*

habunder XXXIII, 4, *abonder*
haitiez IV, 65, *joyeux, sain. Voir aussi* delivres; sains et haitiez XVII, 191, *sain de corps et d'esprit*
hante VIII, 55, X, 12, XXV, 29, *lance*
harz XXV, 65, *lien d'osier tordu*
henap XXXIV, 6, *vase à boire*
herberges VIII, 24, *logis*
herbegiez VII, 5, *p.p. de* herbergier (soi), *se loger; prét. 3* se herberga XIV, 96
hes XXIV, 16, *prés. indic. 2 de* haïr
honor *App.* 87, *fief*
hurta XXII, 19, *var.* C, hurta son cheval. *éperonna son cheval*

icés *App.* 71, *ceux*
ielz XX, 12, *yeux. Cf.* els
illec XVIII, 30, XXVIII, 23, XXIX, 7, *là*
ilueques XXI, 11, *var.* D, *sur-le-champ;* ilueques manois, *aussitôt. Voir aussi* manois
ire XX, 15, *var* E D, *colère*
isnelement IV, 62, 64, XIII, 50, *vite, sans délai, promptement*
isneus XVII, 55, *agile, frais et dispos;* isneaus XXV, 85, *rapides*
issi XIV, 34, *ainsi*
issir XXXIX, 8, *sortir; prés. indic. 6* issent XV, 20; *prét. 3* issi V, 10, X, 6; essi XVII, 9, oissi XXIV, 61; 6 issirent IX, 22; oissirent XXI, 35; *impf. subj. 3* issist XII, 10; *p.p.* issuz VII, 21. *Voir* oissir
iveus XVII, 90, *égaux, de même nature*

ja XXI, 70, *jadis;* XXII, 8, XXIX, 6, *déjà;* ga XIII, 39, *jamais*
joïse VIII, 56, juise XIV, 45, XVII, 148, jouise XIV, 59, *jugement dernier*
jornee XI, 63 *trajet qu'on peut parcourir en un jour*
joste, de joste XVIII, 56, *près de*
jugierres XX, 27, *juge*
juig XXV, 6, *juin*
jus III, 11, *par terre*
justisent XLI, 54, *prés. indic. 3 de* justisier, *rendre la justice à, juger*

la ou II, 14, XXXVIII, 2, 29, *quand, en ce moment où*
[laborer] XVII, 118, *trouver une difficulté, avoir de la peine*
lait XL, 32, *laid*
larges XX, 26, *généreux*
larrecin XIII, 8, *larcin*; en l., *furtivement*
lealment XIX, 62, *selon la loi*
legierement XVII, 130, 158, 159, XX, 23, *facilement*
lerré XXII, 13, *fut. 1 de* laier, laisser; *cond. 3* leroit XXIX, 13, lerroit XXXIX, 14
lesoie XXXVIII, 3, *impf. indic. 1 de* lire
lesserent IV, 51, *prét. 6 de* leissier, *laisser;* lessier a, *omettre de*
leu¹ VIII, 7, 12, XIII, 6, XVII, 172, XIX, 45, XXIII, 13, XXXVII, 5, *lieu. Voir aussi* liu
leu² VII, 26, *loups*
leue IX, 16, XI, 64, XIII, 4, XXI, 52, XXIII, 14, XXXVI, 6, 8; liues XII, 8, XVIII, 11, XXVIII, 22, XXXVI, 3; lieues XVIII, 25, *lieue. Voir aussin* loee
leva IV, 42, *App.* 163, *var.* H, XVII, 171, *se leva*
liés *App.* 285, *var.* D, *joyeux*
liu VII, 20, *lieu; voir aussi* leu¹
loé XIII, 46, loez II, 38, *p.p. de* loer, *louer*
loee XXI, 52, *var.* D, *lieue*
loenge XXII, 60, *mérite, honneur*
[louenger] XXIV, 1, *var.* C, *louer*

maesté XVII, 92, *majesté*
mairiens *App.* 268, *var.* D, *Au sing.* mairien, *fr. mod.* merrain, *signifie* bois de construction; *au pl., il faut peut-être comprendre* matériaux, *peut-être* poutres (*c.f. F.E.W.* VI: 1, 486b)
male adj. XV, 16, *mauvaise*, en male fin, *pour mal finir*
maloiet, li XIV, 48, *p.p. de* maleïr, *employé comme subst., les maudits*
mananz XVII, 84, XXI, 6, *part. prés. de* manoir, *habiter, demeurer*
mangoniaus IX, 43, *mangonneaux*
maniere XIV, 11, *sorte, espèce*; XXXV, 7, *manière d'agir*; XXXV, 7, la maniere des voiz, *l'art du chant* (*cf. le latin:* vocum modulos et gradus, *1596*)
manois XXI, 16, *var.* D, *tout de suite, aussitôt. Voir* ilueques.
marine XVIII, 57, *le rivage de la mer*
masieres, XXXVIII, 45, *var.* C, une des masieres du mur, *un des cloisons du mur. Cf.* mesiere
maus, *n.* XLI, 20, *mal*
me XVII, 34, XXXVIII, 50, *forme dialectale de* mi

medi IV, 71, *forme dial. de* midi
meismes XXIX, 7, *prét. 4 de* mettre
melz XII, 11, XIII, 36, XXIV, 27, *mieux*
membra XXXVIII, 27, *prét. 3 de* membrer, *impers., il lui souvint*
menerres XXV, 39, *meneur, chef*
menues, les menues genz XXI, 23, *les hommes de troupe*
merveillement XX, 9, *merveilleusement* (*cf. F.E.W.* VI: 2, 144b)
mes II, 7, IV, 41, XXII, 54, *désormais;* toz jorz mes, *toujours, à perpétuité; jamais* XXII, 57
meschance XXV, 33, *malchance*
mesiere XXXVIII, 45, *paroi. Cf. le texte latin* pariete *1710, et cf. aussi* masieres
meserres XIII, 30, *prés. indic. 2 de* meserrer, *s'égarer, être dans l'erreur*
mesnee XXXIX, 25, *maison, train, suite*
message IX, 22, *message;* mesage IX, 24, XIII, 26, XIV, 25, XXXVIII, 25, 26, 31, *messager*
mestier XXIII, 19, *besoin*
mesure, a mesure XXII, 51, *en justes proportions*
meudre XVII, 174, *meilleur*
mez XXIV, 16, *prés. indic. 2 de* metre; mez arrieres, *ne tiens aucun compte de, écartes*
mont *App.* 143, *beaucoup;* 253 *bien*
monteploier *App.* 273, *prévaloir*
mostier XXX, 7, *monastère, abbaye*
moutons IX, 43, *béliers* (*servant à battre des murailles en brêche*)
[mucier (soi)], *se cacher, prét. 6* se mucerent, XXI, 50, *var.* C, *se cachèrent*
[muer], *changer; prét. 3* mua IX, 19, *p.p.* muez XLI, 46, mué 60
muir XVII, 188, XXV, 44, *prés. indic. 1 de* morir, *mourir*
mut (se) XXV, 74, *prét. 3 de* movoir (soi), *se mouvoir*

nequedent IX, 50, XVII, 110, XXI, 64, *néanmoins*
nis XIV, 87, *même; dans une phrase négative, pas même,* neïs, XXI, 54
noient *n.* XVII, 116, *rien; adv.* XVII, 128, *nullement*
noir XXV, 45, *sombre*
noise XI, 63, *bruit;* XXVI, 14, *var.* E, *plainte bruyante, lamentation*
none XVII, 40, *la neuvième heure* (*3 h. de l'après-midi*)
norri XX, 42, *prét. 3 de* norrir, *élever;* norri *n.* XXXVIII, 29, *familier* (*jeune vassal entretenu dans la maison de son seigneur*)
nouveau XVI, 4, *var.* C, *nouveau venu, récemment venu*
nuns *App.* 91, 232, *nul*
nus XI, 59, XIV, 78, XV, 9, XXI, 66, 69, *nul, personne*

o x, 4, *avec*, o tot xi, 46, *avec*
ocierre i, 5, ix, 38; ocirre iii, 13, xxii, 26, *tuer*; à xxi, 44, *le p.p.* ocise
  pourrait ne faire que répéter vaincue *dans un couple synonymique; voir la note;
  fut. 1* ocierré xxii, 13
oee xx, 18, *oie*
oevre iv, 67, ovre xxii, 56, *oeuvre*
oïr xx, 41, *entendre; fut. 5* orrés *App.* 43, *var.* d; *6* orront xiv, 47; *prét. 1* oï
  xxv, 6; *pré. 3* oï viii, 15, xxiii, 15; *6* oïrent vii, 24; *p.p.* oï vii, 23; *p. prés.*
  oiant *App.* 42; *impf. subj. 6* oïssent xviii, 34, xxiii, 6; *impér.* oez xxxix, 16
oissir xii, 11, *sortir. Voir* issir
onques xvii, 135, xxii, 49, *jamais;* unques, omques, *App.* 163, *var.* h
ont *App.* 147, *var.* h, *où*
or musique *App.* 154, *mosaïque dorée*
ordener *App.* 95, *sacrer; p.p.* xxx, 15
ordes xxiv, 41, *var.* c, *sales*
orendroit *App.* 241, *en ce moment même*
orer iv, 63, *prier, adorer (forme avec* deproier *un couple synonymique)*
[organer] xxxv, 6, *chanter avec l'accompagnement d'un orgue, chanter*
orle iv, 66, l'orle de la mer, *le rivage de la mer*
[otroier], *accorder; impér.* otroiez iii, 9; *p.p. fém.* otroiee viii, 21, otroie xiii,
  48
ovree iv, 67, *p.p. de* ovrer, *travaillée, façonnée;* ouvré *App.* 247, *agi, opéré*

pailes v, 7, xli, 38, *tentures de soie*
parçoniers xxviii, 32, *partageants, portionnaires,* xxxviii, 55; *cohéritier*
pardi *App.* 249, *prét. 1 de* pardire, *achever de dire*
pardoint xxi, 63, *prés. subj. 3 de* pardonner
parler *trans.* xvii, 187, *var.* d, *adresser*
parmenable xxv, 13, *éternel*
parmenablement xvii, 177, *éternellement*
parmenanz xvii, 89 *part. prés. de* parmenoir, *durer sans fin, subsister*
par mi *App.* 78, *var.* f, *moyennant*
parmy ce que xviii, 48, *var.* c, *pourvu que, à condition que*
paroche *App.* 183, *var.* d, *paroisse (ici, juridiction d'un archevêque)*
parz xxxi, 6, *parties du discours*
passet xviii, 24, *var.* d, *petit pas;* le petit p., *au petit pas*
paume xvii, 15, xx, 10, 11, 13, 16, *paume, largeur de la main plate*
pautures xxviii, 27, *var.* e, *aliments, nourriture*
peçoier xxii, 46, *intrans., se briser en éclats;* xxii, 74, *trans., mettre en pièces*
peises xxxviii, 17, *les plateaux de la balance*

228 Glossaire

perilleux XXII, 25, *var.* c, p. cheval, *cheval redoutable*
pert XIII, 36, *prés. indic. 3 de* paroir, *v. impers., il est évident*
pes VIII, 54, *paix*
piece, *laps de temps*; grant piece VIII, 5, XIII, 16, XLI, 7, 61 *longtemps*
piez XXV, 64, *pieux*
pitié XXXIX, 18, *piété*
piz XXIV, 40, XXV, 24, *poitrine*
[plaier¹], blesser; *p.p.* plaiez XVII, 64, plaié XXV, 66
plaier² XXV, 30, *autre forme de* ploier¹, *plier, fléchir*
plaig XIII, 12, *prés. indic. 1 de* plaindre
planté XVIII, 41, *var.* c, *posé, installé*
pleges *App.* 62, *garant*
plenté XIV, 83, *profusion*
plenteive IV, 6, VIII, 13, *riche*
ploier¹ XXII, 43, *plier*
[ploier]² *forme graphique de* plaier, *blesser*; *p.p.* ploiez XXII, 69. *Cf.* plaier
plusor XXII, 58, XXIV, 4, *nombreux*
poi XVII, 184, *peu*
point XVII, 186, *graphie pour* poinst, *prét. 3 de* poindre, *percer. Cf.* semont
pois XVIII, 60, *var.* D, sor son pois, *contre sa volonté*
[pooir], *v.* pouvoir; *prés indic. 1* puis XVII, 64, XX, 51; *3* puet XVII, 86, 135, 143, XXIV, 43, 44; peut XLI, 48; *4* poons XVII, 72; *5* poez XXIII, 21; *6* peuent XIX, 60; *fut. 5* porroiz XIV, 90; *cond. 1* porroie XXXVIII, 6; *3* porroit XIV, 78, XVII, 112; *impf. indic. 3* poeit III, 23, XI, 63, XXII, 69, XXV, 27; pooit XXXIX, 8; *6* pooient XVIII, 22, XXVI, 4; poeient XXVI, 7; *prét. 1* poi XIII, 23; *3* pot III, 3; pout IV, 38, puet XVII, 59, 134, XXII, 43, 46; put XVII, 135; *6* porent XI, 16; *prés. subj. 6* puissent XXIV, 55; *impér. sing.* puisses XXV, 46; *impf. subj. 3* peust XI, 59; *6* poïssent XVIII, 32
poissanz XIV, 93, *possible* (*voir la note*)
porz XI, 3, XII, 1, XXI, 24, XXII, 8, *cols* (*pyrénéens*)
pou XIV, 23, *peu*
poün XX, 19, *paon*
preer¹ XLI, 27, *piller*
[preer]², *prier*; *prés. indic. 1* pree, *App.* 107, *var.* H
premerains XII, 2, XIV, 75, XIX, 53, *le premier, c.s.pl.* premerain X, 15, *les premiers*
prendre III, 3; *prét. 4* pristrent XVIII, 25; *prés. indic. 1* preing *App.* 107; *impf. subj. 6* preissent XXI, 10
prez VIII, 7, uns biaus prez, *un pré beau et large. Pour le sens du pluriel ici, voir* A. Henry, *éd.* Buevon de Conmarchis, *note au v.* 2534

probre. *Voir* provoire. *Le mot* probre *est pris dans* C. *Il est écrit en abrégé au f. 196 v°a, l. 7. La même forme se trouve au f. 183 r°a, l. 5 et au f. 189 v°b, l. 7*
proie XXV, 10, *pillage*
proier XXIV, 45, *prier*
proiere XXIV, 60, *prière*
propriïtez XVII, 91, *individualité, particularité*
provoire VII, 7, XIV, 13, XIX, 6, XXI, 71, prêtre; XLI, 21, probre
puis[1] III, 24, XLI, 1, 60, *après*; XLI, 6, *depuis*; puis que XXXVIII, 13, *après que*
puis[2] XXI, 75, *var.* C, *puits, abîme*
puour XLI, 52, *puanteur*
purs *App.* 60, *var.* H, *vrai*

quant XIX, 51, XXI, 66, *var.* D, *car, vu que*
quant que XLI, 16, *tout ce que*
quanz XXII, 62, XXXIV, 6, *combien*; quantes XXXIV, 5
que XII, 15, XIII, 30, XIV, 92, XV, 22, XVII, 56, 83, 134, 137, 145, XIX, 36, 56, 58, XXI, 74, *car*; que ... que, *App.* 21, *var.* F F₁ *App.* 277, *tant ... que*
querre VIII, 4, *chercher*; *prés. indic.* 6 quierent VIII, 2; *prét* 3 quist VII, 27; *impf. indic.* 4 querions *App.* 259, *var.* F F₁ H, 6 queroient IX, 23
queus, li queus XXXVII, 10, *lequel*

rachetierres XXIV, 36, *rédempteur*
rai XVII, 103, *rais, rayons*
rains XX, 6, *taille, ceinture*
rapaisa XI, 14, *prét.* 3 *de* rapaisier, *réconcilier*
rasaziement XXV, 36, *réfection*
rechief. *Voir* derechief
recuillent XIII, 58, *var.* C, *prés. ind.* 3 *de* reculer, *reculent*
regehis XXIV, 13, 28, *prés. indic.* 1 *de* regehir, *avouer*
regnablement *App.* 198, *raisonnablement*
regnes *App.* 163, *var.* H, *rênes*
reison, mettre a reison *App.* 231, *var.* H, *s'adresser à*
relenquisse XIII, 40, *prés. subj.* 1 *de* relenquir, *abandonner*
relessas XXIV, 22, *prét.* 2 *de* relaissier, *relâcher, acquitter*
remanant, V, 9, *App.* 34, *reste, surplus*
[remanoir], [remaindre], *demeurer, rester*; *prés. indic.* 1 remaig XIII, 47, XXV, 53; *fut.* 2 remaindras XIII, 38; *prét.* 3 remest V, 9, XXII, 75; 6 remestrent VIII, 29, *p.p.* remés VIII, 38
remplissoient, XXV, 70, *var.* D, *impf. indic.* 6 *de* remplir, *intrans. être plein*
rent XXIV, 13, *var.* D, *prés. indic.* 1 *de* rendre (soi), *se reconnaître*

reont XXII, 16, *rond*
reortes XXII, 5, *liens d'osier tordu*
repairier III, 26; *prét. 6* reperierent XV, 6, *retourner*
repentanz XXI, 64, *pénitents*
repondre IX, 17, *cacher*; *p.p.* repoz XV, 7, XXI, 37, XXII, 4
represure XVI, 13, *blâme*; *sanz represure, irrépréhensible*
requierre II, 32, *demander*; *fut. 1* requerré III, 36; *prét. 3* requist XX, 49, *rechercha, visita en pèlerinage*; *p.p.* requis XXX, 27
resariement XXV, 36, *var. C, rassasiement, réfection. Pour le r intervocalique cf.* seriesmes, *aussi dans C, var.* XXV, 6 *pour* seziesmes
respasser *App.* 172, *se remettre*
retort XVII, 49, *recourbé, p.p. de* retordre
retraire XX, 54, *raconter, dire*
reule V, 6, *règle*
rien XVIII, 61, *chose*
rieulez XXVIII, 7, *var. E, réguliers*
role XL, 25, *rôle, rouleau, dépôt*; role en science *traduit* rotulus scientiae *1801*
ros XXII, 16, *roux*, un ros cheval, *un cheval bai, alezan*
rote XXXVIII, 6, *troupe*; route *App.* 227
rouortes XXV, 64, *var. C, forme de* reortes, *q.v.*
Rouvoisons *App.* 150, *Rogations*
rova XIX, 36, *prét. 3 de* rover, *demander*
rovelent XX, 2, *rougeaud*
ruiles XXXV, 9, *lignes*

[sachier], *tirer*; *prét. 3* sacha, XXII, 11, *var. E D*
saietes *v.* seietes
sains XXV, 48, *saints*
sarqueu III, 20, XL, 10, *sarcophage, cercueil*
sault XLI, 52, *prés. 3 de* saillir, *sortir, se dégager*
saus XIII, 62, *var. C, sauvé, assuré du salut*
sauvement *App.* 64, *salut*
savoir; *prés indic. 3* set II, 21; *6* sevent XXXII, 4; *prét. 1* soi XXV, 7, XXXVIII, 31; *3* sot XV, 5; sceut XVII, 8; *6* sorent XXXVI, 7; *fut. 3* savra XXXIV, 4; *impér. 2* saches XXX, 27; *5* sachoiz XIV, 52, 88; sachiez XV, 20, XXXV, 8; *p.p.* seue XXXV, 10
se *conj.* XIII, 42, XVII, 152, XIX, 25, 59, XXI, 74, *si*
seelans XXIII, 24, *var. E D, part. prés. de* seeler, *avoir soif*
seesla IV, 60, *prét. 3 de* seesler, seeler, *sceller*

seiete XVII, 7, XXV, 67, *flèche*; saietes XXI, 47
seignier XXIV, 40, *faire le signe de la croix sur*
semblances XVIII, 20, *aspects*
semont XVIII, 30, *prét. 3 de* semondre, *convoquer; c'est une forme graphique de* semonst. *Cf.* point
seoir XIV, 21, *être assis; prés. indic. 3* siet IV, 11; *6* sieent XIV, 28; *impf. indic. 6* seoient XIV, 22; *prét. 3* sist IX, 41, *siégea; impf. subj. 3* seïst XIX, 37; *p. prés.* seant XIV, 5
serf XI, 9, sers XXX, 19, *serfs;* ser de chief XI, 9, *serfs de leur personne*
sergent IV, 21, XIV, 34, serjant *App.* 205, *serviteur*
servages XIX, 20, *redevances et services dus au seigneur;* servage XXX, 38, *ensemble des obligations serviles*
servise XXVIII, 24, *service, redevance;* XXXV, 5, *offices divins*
seuz *App.* 28, *seul;* souz *App.* 221
sevelir XXIV, 9, *infin. à force passive, être enseveli; p.p.* seveliz XXXVIII, 41
si[1] *passim, ainsi; souent affaibli en simple particule de liaison avec la phrase précédente;* IX, 24, 25, IX, 29, *de la même façon;* XIV, 80, *tellement*
si[2] XXV, 73, *ses*
siecle XV, 19, XL, 33, *le monde ici-bas;* XIX, 60, *le monde séculier*
sodement *App.* 149, *var.* H, *soudainement*
soe II, 19, XXII, 42, *sienne;* soen XVI, 12, XXXVIII, 27, *sien*
soef XVII, 11, *adv., doucement, tranquillement*
soentre *App.* 248, *var.* D, *à la suite de*
soloit IV, 15, 24, soloient *App.* 156, *var.* F, souloient XLI, 50, *impf. indic. 3 et 6 de* soloir, *avoir coutume de; il* soloit *avoir, il y avait autrefois;* en souloient conter, *contaient autrefois;* qu'il ne soloient, *que de coutume, que d'ordinaire*
sor IX, 19, XVII, 179, *sur*
sorz VIII, 19, *sorts (cf.* sort 'destin'), *prétendu moyen de connaître l'avenir à l'aide de dés qu'on jetait (F.E.W.,* XII, *119b),* gita ses sorz, *jeta ses dés*
souz. *Voir* seuz.
soz, *sous;* de soz XVII, 39, XXII, 40, *sous;* XXII, 41, *là-bas*
subsequutifs XXVIII, 29, *var.* C, *consécutifs*
suen VII, 8, soen *ibid., sien*
[suivre; *cf.* enseivre], *suivre; prét. 3* sivi IX, 37, XXIII, 31; suivi X, 4; sevi XXII, 26; *6* sivierent XVIII, 24; *impf. indic. 3* sevoit XXXVIII, 9; *p.pr.* suigant *App.* 248; *p.p.* sui VIII, 5
surrection XVII, 139, 140, *résurrection*

taches XXIII, 27, *var.* C, *qualités. Cf.* entachez
[taire (soi)], *se taire; prét. 3* se tout, XXIII, 30, *var.* E, se teut, *ibid., var.* D

tant *adv.* XXI, 22, *tout*; tant solement, *tout seul, exclusivement*
tempoire XLI, 6, *laps de temps*, un lonc t., *longtemps*
temprez XXX, 42, *p.p.* de temprer, *tempérer*
[tencier], *lutter*; *prét. 3* tença XIV, 85
tençon VIII, 54, *dispute, querelle*
[tenir], *prés. indic. 1* tieng XXIV, 41; *fut. 3* tendra XXII, 54; tenra *App.* 18; *cond. 3* tendroit XVIII, 51, *prét. 6* tindrent XIX, 4
textes XLI, 39, *les livres des Evangiles reliés et recouverts de plaques d'or. Voir la note*
tez XVII, 99, *coque. Voir aussi* escaille
teus XLI, 53, *tels*; tieus *App.* 42, *telles*
timbres XVIII, 17, *tambours*
tochiee XXII, 76, *p.p.* de tochier, *toucher*; *imparf. subj. 3* tochast XXXIX, 34
[toldre], *enlever*; *prés. indic. 6* tolent XLI, 55; *p.p.* tolu XII, 8, 17, XLI, 9, 31
torel VII, 25, *taureaux*
tot XXV, 28, *tout*; del tot XVIII, 37, XXXIV, 4 *complètement. Voir aussi* tout
tout XVII, 97 *et ss., var.* E *et parfois* D, *quand même*
traïner XXV, 85, *traîner*
[trere], *tirer*; *prét. 3* trest VIII, 38, XVII, 33, XXV, 88
tres XXV, 56, *tentes*
tres que XII, 7, *jusque*
tresperça XVII, 163, 165, *transperça, pénétra*
trespasse XIV, 86, *prés. indic. 3* de trespasser, *surpasser*
tretoz XIV, 40 trestoz XVI, 17, *tous sans exception*; XVII, 13, *tous*
treu III, 15, XXI, 11, *tribut*
treves. *Voir* trives
trives XIII, 2, 66, XVII, 42, *trêve*; treves XIII, 1
tromper XIV, 74, *var* C, *sonner de la trompe*
trop XXXIX, 20, *beaucoup*
truies IX, 43, *catapultes, machines de guerre qui lançaient de grosses pierres*
tuens II, 37, *tien*

unques. *Voir* onques

vaintre XVIII, 37, *vaincre*; *fut. 6* vaintront XIII, 45; *cond. 3* vaintroit X, 7; *p.p.* vaincu XXI, 68, vaincut *ibid*
valoir *App.* 273, *var.* F F₁ H, *avoir la force nécessaire*; *dans la variante* H, valoir ne monteplier (*q.v.*) *constitue un couple synonymique*
veinqueresse VIII, 55, *victorieuse*

venchier XXIV, 51, *vengier*; *p.p.* venché XXII, 66; *impf. subj.* venchassent XXIII, 8

vengeresse VIII, 55, *forme dialectale de* veinqueresse, *vainqueur* (Voir la note à VIII, 55)

[venir], *impér. sing.* vieng XIII, 38; *fut. 3* vendra IV, 73; *cond. 3* vendroit XVI, 6; *prét. 1* vig XXIV, 3; *4* venismes App. 1; *6* vindrent XXIV, 49; *impf. subj. 6* venissent XXIII, 5; *conjugué parfois avec* avoir, avoit venu XVI, 3, XVII, 2

vencheor VIII, 56, *vainqueur*

veoir IX, 19, *voir*; *prét. 2* veïs, II, 28; *impf. indic. 3* veoit II, 7

verm XVII, 125, *ver*

vertu XIX, 63, XXII, 25, *puissance*; XXIII, 10 *force, vigueur*; XXXIX, 25 var. C, D, *armée*

vertueux XX, 7, *fort, puissant*

vesqui App. 140, *prét. 3 de* vivre

vesselemente App. 175, *vaisselle*

viandes XXVIII, 27, XXXVIII, 36, *aliments*

viez XXX, 45, *vieille*

vis^1 *n.* VII, 22 (*le*) *vivant*; *adj.* VII, 26, XXI, 48, vifs XXV, 63, *vivant*

vis^2 IV, 70, XXV, 29, App. 229 var. H, *visage*

vis^3 XXIV, 36, *prés. indic. 2 de* vivre

vis^4 XXXVIII, 8, *var.* D, *avis*: si come fu vis, *à ce qu'il parut*

vius XXIV, 41, *viles*

[vivefier] XVII, 141, *reprendre vie*

voideront IV, 75, *fut. 6 de* vuidier, voidier, *évacuer, abandonner*

voie V, 14, XIII, 6, XXII, 7, *chemin*; XXI, 20, XXXVIII, 13, *voyage*; XXXVI, 7, *routes, parcours, distances* (*cf. le texte latin 1627-8*: et miliaria et vias de urbe ad urbem); les droites voies XIV, 56, *les voies du salut.* Cf. XVI, 15

voir XVII, 80, *adv. vrai*; voirs, *adj.* III, 8, XXIV, 12, XXV, 80; *n.* vérité, XXV, 84, XXXIII, 3; de voir VII, 20, XV, 20, *certainement*; pour voir XLI, 51, *véridiquement*

[voloir], *vouloir*; *prés. indic. 1* vuel XI, 30, 37; vell XXIV, 42; *2* ves XXIV, 29; *3* veut XXXVII, 6; velt IX, 27; *6* volent XXIV, 17, XLI, 55; *prés. subj. 3* voille XXIV, 18; weille App. 65, var. F; *prét. 3* vout X, 5, XIV, 36, XVII, 112, XXI, 57; volt XXI, 60; vost XVII, 117; vot XXIII, 15; *6* voldrent III, 12, 26; *cond. 3* voldroit XX, 39; *p.pr.* voillant XI, 17

voutoirs XVII, 126, *vautours*

vueves XXV, 36, *veuves*

ymages IV, 55, XIII, 34, *idoles*

Table des noms propres

Abraham XVII, 93
Absalon, *fils de David, à qui Roland fut comparable de beauté,* XXV 32; *dont David pleura la mort* 51
Abule (*Abula*). *Abla* IV, 20, xviii, 7
Accentine (*Accintina*). *Guadix el Viejo* IV, 21
Acension, le jour de l'. *Le jour de l'Ascension où arriva un miracle, présage de la mort de Ch.* XXXVIII, 47
Adam. *Le premier homme* XVII, 108, 120
Adavie (*Adania*). *Alhama, ville maudite et abandonnée par Ch.* IV, 55
Afinorc (*Aphinorgium regem Maioricae*) IX, 7
Agaibe (*Agabia*). *Zerbi* IV, 26
Agolanz, uns paiens rois d'Aufrique, *envahit et reconquiert l'Espaigne* VI, 4 ss.; *première campagne menée contre lui* VIII, ss.; *renforcé, va à Agen, ensuite à Saintes* X; *de là à Pampelune* XI, 3 ss.; *pourparlers avec Ch.* XII, XIII; *première bataille* XIII, 48; *discussion avec Ch. au sujet de la foi; en voyant les pauvres maltraités par Ch., Agolant refuse le baptême; nouvelle bataille et mort d'Agolant* XIV
Aitropes de Saintes (*Eutropii sanctonensis*). *Saint Eutrope, évêque de Saintes* XXVII, 8
Aix (*Axa*). *Dax* V, 14
Aiz (*Aquisgranum*). *Aix-la-Chapelle* V, 11; *Ch. s'y rend après les solennités de Saint-Denis, il y construit les bains, enrichit la Chapelle-Notre-Dame, et fait peindre dans son palais des représentations de ses batailles livrées en Espagne et des sept arts* XXX, 41 ss.; *Turpin voit une bande de chevaliers noirs qui y vont emporter en enfer l'âme de Ch.* XXXVIII, 10 ss.
Alagalete (*opidum fortissimum Algaieti*). *Alegón,* IV, 18 (*voir ci-dessus la note à* IV, 17 *et cf. Jacques Horrent, Le Moyen Age* LXXXI (1975) 43.
Alcores (*Alcoroz*). *Alcoraz* IV, 27

Alequede (*Maqueda*). Maqueda IV, 7
Aleschans. *Les Alyscamps, l'un des cimetières où certains héros morts à Roncevaux furent enterrés* XXVII, 4; *les Bourguignons y viennent enterrer leurs morts* XXIX, 7; *les noms des héros qui y furent enterrés* 9 ss.
Alevaire (*tellus Alavarum*). Álava IV, 33
Alier (*Ailis regem Maroc*) IX, 7
Alixandre. *Alexandre le Grand* XXI, 68
Alixandre. *Alexandrie* IX, 5. *Voir aussi* Barrabel
Almake, Aloveque IV, 27, 28. *Ces deux noms correspondent à Almaria, Monequa.* Almaria, *c'est Almería, et* Monequa, *tout près, est Almuñecar (voir la note)*
Almandaluz (*tellus Alandaluf*). Andalucía, *une partie de* tote la terre d'Espaigne *conquise par Ch.* IV, 31; Andalus, *terre donnée aux Allemands après la conquête finale de l'Espagne* XVIII, 56
Altemore (*Altamora*). Alcantara? Alzamora? Zamora? IV, 10
Amorriens. *Amorrhéens* XXXIX, 27
Andalus. *Voir* Almandaluz
Anile (*Aavilla*). Avilla IV, 8
Antoines. *Marc Antoine* XXI, 66, 68
Aquense. *Voir* Maximins
Aquitain, la cité d', *située entre Limoges, Bourges et Poitiers, fondée par César Auguste* XI, 38 ss.
Aquitaine II, 10. *Pays situé aux alentours de la cité d'Aquitain, et nommé ainsi par Auguste. Voir aussi* Engelier
Arabite (*Arabit*). *Nom donné aux troupes sarrasines d'élite de Bizerta* IV, 25
Araines (*Aurenas*). Orense IV, 4
Arestans, roi de Bretagne XI, 34, XII, 3; Arestes, *livre l'assaut contre Agolant* XIV, 71; *enterré à Belin* XXVIII, 12
Arle. Arles XXVII, 3. *Voir aussi* Trophins. *Les noms des héros enterrés dans le cimetière d*'Arle *qu'en apele* Aleschans XXIX, 1, 7; *Ch. y fait des donations* XXIX, 13
Arrabe, Gerafin le roi d'A. (*regem Arabum*). Arabie IX, 5
Arragon (*terram Aragonis*). Aragon, *donné aux Poitevins après la conquête de l'Espagne* XVIII, 56
Ars (*Arcus*). Los Arcos IV, 13. *Voir* Urence
Ates (*Ato*) XI, 56; Hate, *enterré dans les Alyscans* XXIX, 10
Auberi de Borgoigne XI, 55; *enterré dans les Alyscans* XXIX, 9
Auca (*Auca; voir* A. Hämel, Uberlieferung und Bedeutung, *p 39, et mon chapitre sur le classement des manuscrits,* RHT XI [1981] 362, No. 17). Oca IV, 12
Aucale (*Auchala*). Alcalá de Herares IV, 5

Aufricans (*Affricanos*). *Les Africains, contingent dans l'armée d'Agolant à Agen* IX, 4

Augustus Cesar. *Auguste; fonda la cité d'Aquitain* XI, 40

Aurele (*opidum fortissimum Aureliae*) IV, 17. *Peut-être Oreja; voir Meredith-Jones,* Historia, *p 280*

Austorage (*Austurga*). *Astorga* IV, 11

Avice (*Avitum regem Bugiae*) IX, 6; *tué à Saintes* X, 24

Baasche (*tellus Basclorum*). *Le pays basque* IV, 34

Babiloine, l'amirant de. *L'émir de Babylone, Le Vieux Caire, capital de l'empire fatimique* XVII, 4; *il avait envoyé Marsile et Baligant de Perse en Espagne* XXI, 6

Badaie (*Badaioth*). *Badajoz* IV, 9

Baione (*Baiona*). *Bayonne (en France, Basses-Pyrénées)* IV, 14; *B. une cité de Bascle* VII, 4

Baiviere. *Bavarie; conquise par Ch.* II, 3. *Voir aussi* Naimes.

Baligans, *frère de Marsile* XXI, 6; *lance les deux attaques contre l'arrière-garde française* XXI, 35; *après la mort de Marsile, il s'enfuit hors de la terre* XXII, 31

Barbarie (*Barbaria*). *Barbarie* IV, 26, var. D IX, 7. *Voir aussi* Femur

Barbastre (*Barbastra*). *Barbastro* IV, 15

Barbegale (*opidum fortissimum Barbagalli*). *Berbegal* IV, 17

Barcione (*Barquinona*). *Barcelone* IV, 16

Barrabel, le roi d'Alixandre (*Burrabellum, regem Alexandriae*) IX, 5

Bascle (*Basclam*). *Pays des Basques* II, 10; *Donné aux Bretons après la conquête de l'Espagne* XVIII, 53

Baudoin, le frère Rollant XI, 46; *survit au désastre de Roncevaux* XXI, 50, XXII, 33; *trouve Roland mourant, lui cherche en vain de l'eau et s'en va, monté sur le cheval de Roland* XXIII, 26 ss.; *arrive au Val Carlos et annonce à Ch. la mort de Roland* XXV, 19.

Becie (*Baecia*). *Baeza* IV, 19; *Belse* XVIII, 7

Begues (*Bego*) XI, 55; *enterré à St-Seurin de Bordeaux* XXVIII, 16

Belin. *Lieu d'enterrement d'Olivier et d'autres héros* XXVIII, 11

Belse (*Baecia*). *Voir* Becie

Berart de Nubles (*Berardus de Nublis*) XI, 55; *enterré dans les Alyscans* XXIX, 11

Berengiers XI, 56; *enterré dans les Alyscans* XXIX, 11

Bertain. *Berthe, mère de Roland, soeur de Ch.* XI, 28

Besaire (*Besertum*). *Bizerta* IV, 24

Betroisse (*Petroissa*). *El Pedroso* IV, 19

Table des noms propres

Biscaire (*tellus Biscaiorum*). *Vizcaia* IV, 33
Biterne (*urbem Bitterensium*). *Béziers* V, 12
Blaives. *Blaye* XI, 27; *Blaive* XXI, 27; *Roland y est enterré* XXVIII, 1, 4 ss.; *des clercs de B. trouvent à Vienne le corps de Turpin* XL, 9
Bogie (*Bugiae*). *Bougie* IX, 6. *Voir aussi* Avice
Boorges. *Bourges* XI, 39, 41. *Voir aussi* Lamberz
Bordele. *Bordeaux* XI, 44; *voir aussi* Gaifiers; *Bordeaus, les landes de* XI, 61; *Bordeals, où certains des héros morts à Roncevaux furent enterrés* XXVII, 4. *Voir aussi* Severin
Borgaignons, les. *Les Bourguignons, qui rejoignent Ch. à Arles* XXIX, 4
Borgoigne. *Bourgogne; conquise par Ch.* II, 3. *Voir aussi* Sanses *et* Auberi
Brachaire, la plus caude (*lire* haute) cité (*Brachara metropolis*). *Braga siège métropolitain de la Galice* IV, 4, var. D
Braimant, *roi sarrasin, vaincu et tué par le jeune Ch.* XX, 43
Bretaigne. *Bretagne; conquise par Ch.* II, 3. *Voir aussi* Arestans
Burge (*Bugia*). *Bougie* IV, 26

Caleteaus (*Kalathaus*). *Calatayud* IV, 13
Caletrane (*Kalatrava*). *Calatrava* IV, 9
Canale (*Canalias*). *Canales* IV, 6
Capre (*Capparra*). *Ventas de Caparra* IV, 11; *ville maudite et abandonnée par Ch.* IV, 55
Carcese (*Karcesa*). *Carteya* IV, 11. *Voir le Turpin de Johannes, éd. Walpole, p 188, note à* X, 12
Carmone (*opidum fortissimum Carbunae*). *Cardona* IV, 17
Carrion (*Karrionus*). *Carrion de los Condes* IV, 12
Cartage (*Kartago*). *Carteya* IV, 24. *Mais voir M. Jacques Horrent, Le Moyen Age* LXXXI (1975) 45
Castele (*terram Castellanorum*). *Castille, donnée après la conquête de l'Espagne aux Français* XVIII, 54
Ceia (*flumen quod dicitur Ceia*). *La Ceia* VIII, 7
Cesaire. *Voir* Sarragoce
Chanz, la terre de (*terra quae dicitur De Campis*). *Tierra de Campos, sur la rive de la Cea, où eut lieu une bataille contre Agolanz et le premier miracle des lances feuillues* VIII, 6
Charles. *Charlemagne, empereur de Rome et roi de France* I, 9, XXI, 2; *ramène les Galiciens à la foi chrétienne* I, 9; *saint Jaques lui apparaît en une vision* II, 7 ss.; *prend Pampelune à l'aide de Dieu et de saint Jaques* III; *ses conquêtes en Galice et en Espagne* IV; *fait des prouesses dans la première bataille contre Agolant* VIII, 36 ss.; *va contre Agolant à Agen* IX; *à Saintes: bataille de*

238 Table des noms propres

Taillebourg et prise de Saintes X; *rassemble sa grande armée* XI; *retrouve Agolant à Pampelune* XII; *bataille indécise* XIII; *apprend d'Agolant qu'il faut honorer les pauvres* XIV; *l'emporte définitivement sur Agolant et le tue* XIV, 60 ss.; *victoire sur Fourré et conquête de Monjardin et de Navarre* XVI; *va contre Fernagu à Nájera* XVII; *victoire sur Ebraïn de Séville et l'aumaçor de Cordres dans la bataille des masques à Cordoue* XVIII; *distribue les provinces d'Espagne conquises aux alliés qui constituent son armée* XVIII, 51 ss.; *tient un grand concile à Saint-Jacques-de-Compostelle* XIX; *son portrait* XX; *jeunesse et exploits chez Galaffre, couronné empereur de Rome, va au Saint-Sépulchre et en rapporte des reliques* 39 ss.; *après la conquête d'Espagne, s'installe à Pampelune* XXI, 4; *envoie Ganelon à Marsile et à Baligant* 9; *confie l'arrière-garde à Roland* 25; *entend le son du cor dans la* Val Charlun XXIII, 11; *trouve le premier le corps de Roland; sa lamentation* XXV, 22 ss.; *poursuit les Sarrasins et, favorisé d'un miracle, les anéantit à Saragosse* 71 ss.; *honore St-Romain-de-Blaye* XXVIII, 6 ss. 18 ss.; *et l'église d'Arles* XXIX, 13; *se sépare de Turpin à Vienne et va a Paris* XXX, 5; *met toute la France sous la tutelle de Saint-Denis* 9 ss.; *saint Denis lui apparaît en une vision* 25 ss.; *va à Aix-la-Chapelle, y construit les bains, y enrichit la Chapelle-Notre-Dame, et orne son palais d'une représentation des sept arts* 40 ss.; *sa mort annoncée à Turpin dans une vision* XXXVIII; *il est enterré dans la Chapelle-Sainte-Marie à Aix* 41; *signes miraculeux qui firent prévoir sa mort* 42 ss.; *assiégé dans Worms et libéré par Roland* XXXIX, 6 ss.; *obtient le salut malgré qu'il ne fût pas mort à Roncevaux* XL, 18; *signification de son nom* 29; *ce qui avint en Galice après sa mort* XLI

Charles li Chauz. *Charles le Chauve* IV, 49
Charles Martels. *Charles Martel* IV, 49
Chastellains (*tellus Castellanorum*). *Les Castillans* IV, 32
Ciseret XXII, 40. *Voir* Sizere
Citez IV, 19, *représente* urbs, *rattaché dans le latin en apposition à* Ubeda. *Voir la note*
Climenz, sainz C. li apostoiles (*Clemens papa*). *Saint Clément, pape* XXX, 11
Clodoveus. *Clovis II, fils de Dagobert Ier* IV, 48
Compostele. *Saint-Jacques-de-Compostelle, qui donc ert petite* IV, 4, *honoré par Charlemagne*, XIX; *consacré par saint Jacques, le premier martyr* XIX, 50
Constantin. *Voir* Costanz
Cordres (*Corduba*). *Cordoue* IV, 20; *scène de la bataille contre Ebraïns de Sebile et l'aumaçor de* C. XVIII. *L'aumaçor* (*q.v., Glossaire*) *de* C., *rejoint Agolant à Agen* IX, 9; *échappe après la bataille de Pampelune* XIV, 81; *anéantit les Chrétiens qui retournèrent de nuit au champ de bataille pour spolier les*

cadavres XV; *défait à Cordres, se convertit et se soumet à Ch.* XVIII; *après la mort de Ch. envahit et ravage la Galice, maté enfin par l'intervention divine* XLI

Corimbre (*Colimbria*). Coimbra IV, 3

Costanz, *li prevoz de Romme* XI, 52; Costentins XII, 5; Constantin de Romme, *livre l'assaut contre Agolant* XIV, 73; *envoyé de pair avec Hoël de Nantes contre Fernagu qui le fait prisonnier* XVII, 19; *porté par mer à Rome pour être enterré* XXIX, 12

Costentins. *Voir* Costanz

Cotande (*Hora Quotantae*). Cutanda IV, 18

Crine (*Crunia*). La Coruña IV, 4

Dagobert. *Dagobert Ier* IV, 49

Daires, *roi et conquérant perse* XXI, 66, 68

Danois (*Dacis*). Les Danois XVIII, 58

David, *roi d'Israël* XXV, 50; *Chanta selon l'art de musique les psaumes* XXXV, 10

Denise (*Denia*). Denia IV, 20, XVIII, 7

Denise, *l'iglise mon seignor saint D.*, *l'abbaye de Saint-Denis; Ch. met toute la France sous sa tutelle* XXX, 9 ss.; *ordonne une redevance de quatre deniers par an payable à S.-D.*

Denise, Saint. Saint Denis. *Ch. prie devant son corps pour le salut de ceux qui payeraient à l'abbaye la redevance de quatre deniers par an et pour le salut des héros morts en Espagne* XXX, 20; *saint D. apparaît à Ch. en une vision et lui dit que sa prière est exaucée* 25 ss.; *ceux qui paient les deniers sont affranchis et nommés 'francs de saint D.'* 34 ss.

Duine (*Dumia*). Dumia IV, 3

Durendart, *l'épée de Roland* XXII, 44; *signification du nom, ibid.*

Ebraïn (*Ebrahim regem Sibiliae*) IX, 8; *échappe après la bataille de Pampelune* XIV, 81; *défait et tué à la bataille de Cordoue* XVIII

Ebrun. L'Ebre XXV, 76

Ecyope (*quendam Ethiopi consimilem*). Ethiopie XXXVIII, 8. *Cf.* Ethiopiens

Elve (*Elna*). Elne (en France, Pyrénées Orientales) IV, 16

Emerite (*Emerita*). Mérida IV, 10

Engelier, dux d'Aquitaine XI, 36 ss. *de race gasconne, né dans la cité d'Aquitain.* XI, 43; XII, 4; *enterré à St-Seurin de Bordeaux* XXVIII, 15

Engleterre. Angleterre; *conquise par Ch.* II, 2

Engolesme. Angoulême XI, 41

240 Table des noms propres

Enice (*Evicia*). *Ibiza, île du groupe baléare* IV, 27
Ephesum. *Ephèse* XIX, 31, 34; *le siège épiscopal d'E., l'un des trois les plus grands du monde* XIX, 40; *Ephesus, troisième en dignité des sièges apostoliques, où saint Jean prêcha son évangile et dont il consacra la chapelle*
Eschalone (*Escalona*) IV, 18. *L'une des trois Escalonas en Espagne, en toute probabilité celle qui se trouve au nord-ouest de Tolède*
Espaigne. *Espagne* II, 1 *et passim*
Estoile, L' (*Stella*). *Estella* IV, 13
Estormiz (*Esturmitus*) XI, 56; *enterré dans les Alyscans* XXIX, 10
Estout de Langres, filz le conte Hodon XI, 33; *compagnon de* Salemont XI, 45; XII, 3; Estort le conte de L., *livre l'assaut contre Agolant* XIV, 70; *enterré dans les Alyscans* XXIX, 8
Ethiopiens (*Aetiopes*). *Ethiopiens, contingent dans l'armée d'Agolant à Agen* IX, 4. *Cf.* Ecyope

Fagon, saint. *Saint Fagon* VIII, 9
Femur (*Fatimum regem Barbariae*) IX, 6
Fernaguz, *de la lignée de Goliath, envoyé de Syrie contre Ch. en Espagne par l'émir de Babylone. Se bat en duel avec les champions français à Nájera, ensuite contre Roland avec qui il entame une longue discussion sur les articles de la foi chrétienne; enfin Roland le tue* XVII
Flamens (*Flandris*). *Les Flamands* XVIII, 57
Forré, un prince de Navarre XVI, 4 ss.
France II, 9; *donnée en tutelle à Saint-Denis* XXX, 9; *ce nom remplace celui de* Galle 38; *les genz de France seigneurs de tous les autres gens* 39
Frementaire (*Formenteria*). *Formentera, l'une des îles beléares* IV, 27
Frise, la mer de, *point de départ du chemin d'étoiles* II, 8; *voir aussi* Gondebues Frisons XXXIX, 10
Frontins de Pierregort. *Saint Front, évêque de Périgueux* XXVII, 7

Gaibe (*Agabibae*). Zerbi. X, 24, XI, 6. *Voir aussi* Hospin *et* Agaibe
Gaifiers, roi de Bordeaux XI, 44; *enterré à St-Seurin de Bordeaux* XXVIII, 14
Galaffres. *Emir de Toledo, chez qui Ch. fut élevé dans sa jeunesse et qui le fit chevalier et pour qui le jeune Ch. vainquit et tua Braimant* XX, 41 ss.
Galetravee (*Kalagurria*. Calahorra IV, 12
Galice. Galice *en Espagne, évangélisée par saint Jacques* I, 2; *le corps de saint J. y est rapporté* I, 6, *et se repose dans un lieu inconnu* II, 11; *saint Jacques exhorte Ch. à y aller combattre les Sarrasins* II, 29; *les villes que Ch. y conquit* IV, 3 ss.; *terrain trop âpre pour que les Français veuillent s'y*

établir XVIII, 58; *le siège épiscopal de G., l'un des trois plus grands du monde* XIX, 39; *enlevée enfin aux mains des Sarrasins* XIX, 63; *envahie et devastée par l'aumaçor de Cordres* XLI

Galle. *Gaule, désormais France* XXX, 37

Ganelon. *Voir* Guenes

Garanne (*Garonam*). *La Garonne* IX, 46, 49

Garins. *Voir* Guerins

Garmaise, la contree de (*in arce quadam horis Warmaciae urbis*). *Worms* XXXIX, 9. *Cf.* Tiescheterre

Gascoigne II, 10, V, 13, IX, 10, XIII, 9

Gasdalefrige (*Godelfaiar*). *Guadalajara* IV, 5

Gautier de Termes XI, 54; *enterré à St-Seurin de Bordeaux* XXVIII, 16

Gavint (*Tharuf*). *Tarifa* IV, 30

Gelier (*Gelerus*) XI, 45; *enterré à St-Seurin de Bordeaux* XXVIII, 15

Gelin (*Gelinus*) XI, 45; *enterré à St-Seurin de Bordeaux* XXVIII, 15

Genne (*Olivier était* comes gebennensis). *Genevois* XI, 32, XXI, 27. *Voir mon éd. de Johannes, note à* XXIII, 7, *p 198, et* M. de Mandach, Chronique dite Saintongeaise, *p 103.*

Gerafin (*Texephinum regem Arrabum*). *Techoufin* IX, 5

Geronde (*Gerunda*). *Gerona* IV, 16

Gesir (*Gesir*). *Algeciras* IV, 30

Gibaltarie (*Gibaltaria*). *Gibraltar* IV, 28

Gienne (*urbem gasconicam Agenni*). *Agen* IX, 1; Genne, *pris par Agolant* IX, 10; Giene IX, 16; *Agolant échappe par nuit en passant la Garonne* IX, 44

Gieus. *Juifs* XXII, 62

Goborre (*Goharran*). *Oran* IV, 27

Godine (*Godiana*). *Guadiana (le fleuve)* IV, 10

Goliath. *Le géant philistin, ancêtre de Fernagu* XVII, 4

Gondebues, le rois de Frise XI, 46; Gondelboeues XII, 4; Gondrebues, *livre l'assaut contre Agolant* XIV, 72; *enterré à Belin* XXVIII, 11

Graine. *Voir* Granande

Granande (*Granada*). *Granada* IV, 20, Graine XVIII, 7

Grenobles (*apud urbem Gratianopolim*). *Grenoble? Voir ma note,* An Anonymous Old French Translation, p 125, Ch. LX, XXXIX, 6

Greus. *Les Grecs* XVIII, 55

Guenes, qui puis fist la traïson XI, 56; Ganelon: *sa trahison* XXI; *repasse le Port de Cize avec Ch.* XXI, 35; *conseille à Ch. de ne pas répondre au son du cor de Roland* XXIII, 16; *jugé et mis à mort* XXV, 80 ss.

Guerins (*Garinus*) de Loherraine XI, 54; Garins, li dux de L., *enterré à Belin* XXVIII, 13

Guillin (*Guielmus*) XI, 54; Guielin (*Guielinus*), *enterré à St-Seurin de Bordeaux* XXVIII, 16

Guinar (*Guinardus*) XI, 56; *enterré dans les Alyscans* XXIX, 10

Hate. *Voir* Ates.
Heliseus. *Le prophète Elisée* XVII, 157
Helyas. *Le prophète Elie* XVII, 157
Hernauz de Beaulande XI, 48; *passe le premier le port de Cize* XII, 2; *livre l'assaut contre Agolant* XIV, 69, *le tue* 74; *enterré dans les Alyscans* XXIX, 9
Herodes II, 20. *Hérode Agrippa, roi des Juifs, fit mourir l'apôtre saint Jacques*
Hispalide (*Yspalida*). *Hispalis? (ancien nom de Séville)*, IV, 18
Hodon (*comitis Odonis*). *Etude, père d'Estout de Langres* XI, 33
Hoiaus, li cuens de Nantes XI, 47; *Hoël de Nantes, envoyé de pair avec Costentin de Rome contre Fernagu qui le fait prisonnier* XVII, 20; *porté à Nantes pour y être enterré* XXVIII, 17
Hospin (*Ospinum regem Agabibae*) IX, 6; *tué à Saintes* X, 24
Hyratude IV, 4. *Il faut décomposer ce mot en* Hyra *et* Tude. Hyra (*Yria*), *c'est Yrie, aujourd'hui El Padron (voir* Perron), Tude (*Tuda*), *c'est Tuy. Voir la note à* IV, 4.

Israël, les filz Israël XXXIX, 24, 27

Jaque, la cité mon seignor saint J., *Santiago* XLI, 12
Jaque, monseignor saint. *Saint-Jacques-de-Compostelle; la chapelle fondée par Ch.* V, 5; *Ch. y promulgue ses décrets pour l'ordonnance de l'église d'Espagne* XIX; *Turpin y consacre la chapelle et l'autel* XIX, 13; *dévastée par l'aumaçor de Cordres qui ensuite fait restitution de tout ce qu'il y avait enlevé* XLI, 12 ss.
Jaques, saint. *Saint Jacques le Majeur; porte l'Evangile en Galice; rentré à Jérusalem, il est martyrisé sous Hérode; son corps rapporté en Galice* I, 2 ss.; *apparaît en vision à Ch.* II, 15; *par sa prière, les murs de Pampelune s'écroulent,* III, 8; *de même ceux de Luiserne* IV, 39; *Ch. va jusqu'à son tombeau* III, 19; *Ch. fonde la chapelle saint J. en Espagne* V, 5; *à Aix-la-Chapelle* 11; *à Béziers* 12; *à Toulouse* 13; *à Paris (Saint-Jacques de la Boucherie)* 15; *il fut le premier martyr, et l'apôtre deuxième en dignité après saint Pierre* XIX, 51; *la Galice enfin enlevée aux Sarrasins par sa prière* XIX, 64; *et l'Espagne* XXI, 3; *le jour de sa fête, Ch. portait la couronne royale* XX, 31; *à Aix il arrache l'âme de Ch. aux envoyés du diable* XXXVIII, 16 ss.; *l'aumaçor de Cordres implore au Dieu de saint J. et à saint J. lui-même pardon de ses méfaits en Galice* XLI, 23 ss.; *il se montre plus miséricordieux que saint Romain* 56 ss.

Jaque, la voie saint J. v, 14, xii, 8, xiii, 6, xiv, 95
Jaque (*Iacqua*). *Jaca* iv, 14
Jerusalem xl, 37
Jherico. *Jéricho* xxxix, 28
Johan, saint. *Saint Jean, l'évangéliste. porta la foi en Orient à Ephèse* xix, 30; *fils de Zébédée* xix, 36; *consacra le siège apostolique d'Ephèse* xix, 56.
Joieuse. *L'épée de Charlemagne* viii, 39
Jonatas, *fils de Saül, à qui Roland fut semblable par sa mort malheureuse* xxv, 33; *dont David pleura la mort* 50
Judas. *Judas Iscariote, le larron qui trahy Nostre Seigneur* xxiii, 23
Judas Machabeu. *Judas Macchabée, à qui Roland fut comparable de prouesse* xxv, 31

Karlege (*Berlanga*). *Berlanga* iv, 7

Lamberz, li prince de Boorges xi, 51; *enterré à St-Seurin de Bordeaux* xxviii, 15
Lamege (*Lamego*). *Lamego* iv, 3
Lede (*Lerida*). *Lérida* iv, 16
Legio (*Legio*). *León* iv, 12
Liege, Le xxx, 41
Limoges xi, 39, 41. *Voir aussi* Marteaus.
Loheraine. *Lorraine; conquise par Ch.* ii, 3; *voir aussi* Guerins; *Turpin voit en vision une bande de chevaliers noirs qui vont vers la L.* xxxviii, 7
Lohiers (*forme corrompue de Clotaires*). *Clotaire II* iv, 49
Lombardie (*Ytaliam*). *Italie; conquise par Ch.* ii, 3, 9; viii, 42
Luge (*Lugo*). *Lugo* iv, 3
Luiserne (*Lucerna*). *Villaverde de Lucerna?* iv, 10. *Voir le Turpin de Johannes, éd. Walpole, p 187, note à x, 12; prise miraculeusement et ensuite maudite et abandonnée par Ch.* iv, 37 ss.

Madret (*Madrita*). *Madrid* iv, 7
Mahomet iv, 59, 64, li mesages Dieu xiii, 26, 28, 40, xvii, 187
Maiance. *Mayence, où s'écroula le pont construit par Ch., présage de sa mort* xxxviii, 48
Maioire (*Maioricae*). *Majorque*, ix, 8. *Voir aussi* Afinore.
Maiorge (*Maioricas insula*). *Majorque* iv, 25, *var.* D
Mans, le. *Le Mans* xi, 27, xxi, 26
Marie, la Chapelle-Notre-Dame-Sainte-Marie *à Aix, fondée par Ch. et enrichie par lui* xxx, 43 ss.; *Ch. y est enseveli* xxxviii, 41

Marie, Ma Dame Sainte (*civitas sanctae Mariae*) IV, 4, *var.* D. *Autre nom de Braga; cf. le Turpin II, éd. Walpole, s.v.* Vracarie (ie, Brachaire): Vracarie qui mestre citez est de Nostre Dame.

Marie. *Notre Dame sainte Marie, mère du Christ; Ch. fonde une chapelle en son nom à Aix* V, 10; XVII, 75, 117, 119, 121, 124; *la Virge noient atochie* 127, 131, 132, 136, 184; *l'aumaçor de Cordres implore au Dieu de Marie pardon de ses méfaits en Galice* XLI, 24

Marie Magdalaine, *Sainte Marie-Madelaine, identifiée avec la femme pécheresse qui lava les pieds de Jésus* XXIV, 20

Marroc (*Maroc*). *Maroc* IX, 7. *Voir aussi* Alier.

Marsiles, *installé à Saragosse* XXI, 6; *trame avec Ganelon le complot de la trahison* 11 ss.; *lance les deux attaques contre l'arrière-garde française* XXI, 35 ss.; *tué par Roland* XXII, 13 ss.; *dans une vision, Turpin apprend que son âme a été portée en enfer* XXV, 11, 18

Marteaus de Limoges. *Saint Martial, évêque de Limoges* XXVII, 8

Martin. *L'aumaçor de Cordres implore au Dieu de saint M. pardon de ses méfaits en Galice* XLI, 24

Medinacelin, qui ert haute cité (*Medinacelim, id est urbs excelsa*), *Medinaceli* IV, 7

Medoine (*Midonia*). *Mondoñedo* IV, 4

Maximins d'Aquense (*Maximini Aquensis*). *Saint Maximin, évêque d'Aix en Provence* XXVII, 5

Meimon (*Maimonem regem Mequae*) IX, 8

Melorde (*Meloida*). *Melita, ville située sur l'île de Zerbi* IV, 27

Meque (*Mequae*). *La Mecque* IX, 8. *Voir aussi* Meimon.

Micheus li anges. *Saint Michel archange, emporte l'âme de Roland au ciel* XXV, 11, *y emporte aussi l'âme d'autres Chrétiens* 15

Miles d'Angliers (*Milo de Angleris*). *Conduit l'armée de Ch. contre Agolant* VI, 8, VIII, 1, 4; *dénommé le père de Roland, il meurt martyr dans la première bataille* VIII, 35; *Milon d'Angles* (*Milonis de Angleris*), *dont Roland est le fils* XI, 28

Miracle (*Miracula*). *Milagro* IV, 13

Moabitains (*Moabitas*). *Les Almoravides, contingent dans l'armée d'Agolant à Agen* IX, 4

Montjardin (*Montem Garzini*). *Monjardin, où eut lieu la bataille contre Fourré; miracle de ceux qui moururent sans aller à la bataille* XVI

Monmartre (*Montem Martirum*). *Montmartre* V, 16

Morlans (*Morlanum*). *Morlaas (Basses Pyrénées)* XXIX, 5

Mors (*tellus Maurorum*). *Les Maures* IV, 32, IX, 3

Nadres. *Voir* Nares.
Naimmes, li dux de Baiviere XI, 48; *enterré dans les Alyscans* XXIX, 11
Nantes. *Le corps de Hoël y fut porté pour être enterré* XXVIII, 18. *Voir aussi* Hoiaus.
Nares (*Nageras*). *Nájera* IV, 12; Nadres XVII, 2, 8, *scène de la rencontre des Chrétiens avec Fernagu*; Nazre (*terram Nagerae*), *la terre de Nájera, donnée aux Grecs et aux Apuliens après la conquête de l'Espagne* XVIII, 54
Navarre II, 11; (*tellus Navarorum*), *Navarre* IV, 33; les déserts de N. VII, 30; *la terre de N. donnée aux Bretons après la conquête de l'Espagne* XVIII, 53
Nerbone. *Voir* Pous.
Ninive XXIV, 21
Noël, *l'une des quatre fêtes où Ch. portait la couronne royale* XX, 30

Oche (*Osqua*). *Huesca* IV, 15
Ogier de Danemarche, *célébré dans les chansons de geste* XI, 49; XII, 5; *O. le Denois, livre l'assaut contre Agolant* XIV, 72; *envoyé le premier contre Fernagu qui le fait prisonnier* XVII, 10; *libéré* XVII, 193; *enterré à Belin* XXVIII, 12
Oliviers, *comte de* Genne, *fils du comte Renier* XI, 30, XXI, 27; *trouvé mort et torturé a Roncevaux* XXV, 63; XL, 19; *signification de son nom* XL, 27
Onetum (*Ovetum*). *Oviedo* IV, 12
Orniz (*Orniz*). *La Hornija, province de Valladolid* XLI, 37
Osme (*Osma*). *Osma* IV, 8
Osteval (*Hostevalle*). *Ostabat* XXIX, 4
Otovien de Rome. *Octavien Auguste* XXI, 69

Palake (*tellus Palargorum*). *Semble être un territoire peuplé par des Musulmans dans l'Espagne du nord* IV, 34
Palence (*Palencia*). *Palencia* IV, 10
Panpelune (*Pampilonia*). *Pamplona* IV, 14; *assiégée par Ch. et prise miraculeusement* III, 1 ss.; *Agolant s'y retire de Saintes* XI, 3; *arrivée de la grande armée devant P.* XII, 3; *ch. s'y installe avec son armée après la conquête de l'Espagne* XXI, 4
Paris V, 16; *Ch. y va de Vienne* XXX, 6
Pasque, *l'une des quatre fêtes où Ch. portait la couronne royale* XX, 30
Pentecoste, *l'une des quatre fêtes où Ch. portait la couronne royale* XX, 30
Pepins. *Pépin d'Herstal* IV, 49
Pere, saint. *Voir* Pierres, saint.
Perron, Le (*Petronum*). *El Padron* III, 21. *L'ancienne Iria Flavia, où se trouvait le 'perron' sur lequel fut déposé le corps de saint Jacques, miraculeuse-*

246 Table des noms propres

ment porté par mer de Jérusalem jusque-là; c'est l'endroit qui marque la limite occidentale de cette première croisade de Ch. en Espagne.
Perse (*Perside*). *Perse* XXI, 7
Persiens (*Persas*). *Les Perses, contingent dans l'armée d'Agolant à Agen* IX, 5
Pharaon XXXIX, 25
Pierregort, *Voir* Frontins.
Pierres, saint, le prince des apostres, *consacra le siège apostolique de Rome* XIX, 49, *le plus grand de tous les apôtres* XIX, 52; saint Pere l'apostre, *renia trois fois Jésus* XXIV, 22; l'aumaçor de Cordres *implore au Dieu de* saint Perron *pardon de ses méfaits en Galice* XLI, 24
Pinabel, *défend Ganelon contre Tierri* XXV, 82
Poitiers XI, 39, 41
Pont de l'Arche (*ad Pontem Argae*). *Puente la Reina* XIV, 95. *Voir aussi* Rune.
Portigal (*tellus Portogallorum*). *Portugal* IV, 31; *donné aux Flamands et aux Danois après la conquête de l'Espagne* XVIII, 57
Pous, sainz Pous li apostres, *saint Paul* XXX, 10
Pous de Narbone. *Saint Paul. évêque de Narbonne* XXVII, 6
Primitis, saint. *Saint Primitif* VIII, 10
Puillois. *Les Apuliens* XVIII, 55, *plusieurs d'entre eux, morts à Roncevaux, portés pour leur enterrement à Rome* XXIX, 12

Quarante. *La Charente* X, 10

Renauz d'Aubespin XI, 53; *envoyé contre Fernagu qui le fait prisonnier* XVII, 18; *enterré à St-Seurin de Bordeaux* XXVIII, 15
Rencesvaus XI, 44; *épisodes du grand désastre et de la mort de Roland* XXI, 28-XXIV; *Ch. y ramène le gros de l'armée; jugement et mort de Ganelon* XXV
Renier, le conte, *père de Roland* XI, 32
Roge Mer. *La Mer Rouge* XXXIX, 25
Rollanz, *neveu de Ch., comte du Mans, seigneur de Blaye, fils de Milon d'Angles et de Bertain* XI, 26; *frère de Baudoin* 46; *envoyé contre Fernagu* XVII, 26 ss.; *défend contre F. les articles de la foi chrétienne* 61 ss.; *tue F.* 177 ss.; *Ch. lui confie l'arrière-garde française* XXI, 26; *survit au désastre de Roncevaux* 50; *sonne du cor, rassemble les survivants français, poursuit et tue Marsile; blessé, il s'en revient à Roncevaux au pied du mont de Cize, fait ses adieux à Durendal qu'il essaie en vain de briser* XXII; *sonne encore du cor pour ramener Ch.; le cor se fend* XXIII; *sa prière en mourant, sa mort en martyr et sa montée aux cieux* XXIV; *saint Michel emporte son âme au ciel* XXV, 12; *Ch. découvre le premier son corps* XXV, 23; *enterré à Blaye dans la chapelle St-Romain*

XXVIII; *favorisé d'un miracle à Grenoble* XXXIX; XL, 19; *signification de son nom* XL, 25

Rollant, un autre, XI, 29. *Voir ma note dans le Turpin de Johannes* XXIII, 4, p 197

Romain. *Les héros romains tombés à Roncevaux et portés à Rome pour leur enterrement* XXIX, 12

Romain, saint.¹ *Roland enterré dans la chapelle St-R. à Blaye* XXVIII, 5 ss.

Romain, saint.² *Sa chapelle à* Orniz *dévastée par l'aumaçor de Cordres, mais miraculeusement protégee de la destruction totale* XLI, 37 ss.; *il se montre plus implacable que saint Jacques* 56 ss.

Romery. *Un chevalier dont l'aumône fut retenue à tort* VII, 6

Romme. *Rome* XI, 53, *voir* Costanz; *siège de saint Pierre, l'un des trois plus grands du monde* XIX, 39; *siège apostolique le plus grand de tous* XIX, 48; *Ch. refuse à Rome le droit de sanctionner le couronnement des rois ou le sacre des évêques français* XXX, 15; *les sénateurs de Rome firent la géographie de leur pays selon l'art de la géométrie* XXXVI, 7, *et firent des prédictions selon l'art de l'astronomie* XXXVII, 7

Rosne. *Le Rhône* XL, 8, 13

Rothes (*Rozas*). *Rosas* IV, 16

Rune XII, 7. *Autre nom de l'Arga, Pampelune*

Saine (*Sequanam fluvium*). *La Seine* V, 16

Sainte Eulele (*Sancta Eulalia*). *Santa Olalla* IV, 7 var. D

Saintes, *où eut lieu le deuxième miracle des lances feuillues* X, 2; XI, 41. *Voir aussi* Aitropes.

Salancadis (Salam Cadis). *Nom donné à la statue de Mahomet à Cadix* IV, 57

Salemanque (*Salamanqua*). *Salamanca* IV, 8

Salemont, compagnon d'Estouz (*Salomon, socius Estulti*) XI, 45; *enterré dans les Alyscans* XXIX, 8

Sanses, li dux de Borgoigne XI, 52; *enterré dans les Alyscans* XXIX, 8

Sanson. *Samson, à qui Roland était semblable de force* XXV, 31

Sarragoce qui est apelee Cesaire (*Sarragocia quae dicitur Caesaraugusta*). *Saragossa* IV, 14; *Cesaire, où sont installés Marsile et Baligant* XXI, 5; *Cesaire, où Ch. rattrape et anéantit les Sarrasins* XXV, 76

Sarrazinesme XXI, 16, var. C. *Pays des Sarrasins*

Sarrazins. *Sarrasins* II, 5 *et passim*; *la terre des S.* IV, 31; *Dans le texte latin* HA, *nous lisons ici* tellus Serranorum (149); *les autres manuscrits donnent* t. Sarracenorum; *contingent dans l'armée d'Agolant à Agen* IX, 3. *Voir* Jacques Horrent, Le Moyen Age, LXXXI (1975) 47–50.

248 Table des noms propres

Sative (*Sativa*). *Játiva* IV, 20, XVIII, 7
Saturnis de Tolose. *Saint Saturnin, évêque de Toulouse* XXVII, 7
Saül, *roi d'Israël, à qui Roland fut semblable par sa mort malheureuse* XXV, 32; *dont David pleura la mort* 50
Sebile (*Sibilia*). *Séville* IV, 20, IX, 8, XVIII, 4, 6. *Voir aussi* Ebraïn
Segoive (*Segovia*). *Segovia* IV, 8
Segonce (*Seguncia*). *Siguenza* IV, 8
Seon. *Sehon, le roi des Amorrhéens* XXXIV, 26
Septe (*Septa*). *Ceuta* IV, 28
Sepulnege (*Sepuuulega*). *Sepúlveda* IV, 9
Sesnes. *Saxons* XXXIX, 9
Severin, la chapelle saint. *St-Seurin de Bordeaux; le cor de Roland y fut apporté de Blaye* XXVIII, 10; *les noms des héros qui y furent enterrés* XXVIII, 14 ss.
Sire. *Syrie* XVII, 3
Sizere, les porz de (*Portus Cisereos*). *Le Port de Cize* XI, 3; *Ciseret, le mont de* XXII, 40
Sorges, Saint Johan de (*sanctum Iohannem Sorduae*). *Saint-Jean-de-Sorde* V, 14
Symon. *Simon, dans la maison de qui une femme lava les pieds de Jésus* XXIV, 22

Tailleborc (*Talaburgus*). *Taillebourg, lieu où les lances fleurirent miraculeusement* X, 9
Talemake (*Thalamanca*). *Talamanca* IV, 5
Taleriere (*Talavera*). *Talavera* IV, 6
Talevere (*Talavera*). *Talavera* IV, 9
Tarracione (*Terraciona*). *Tarazona* IV, 15
Tarragoce (*Terragona*). *Tarragona* IV, 16
Termes. *Termes-en-Termenés* (Bédier, Légendes épiques I, 390–1). *Voir* Gautier.
Tierriz[1] XI, 56; *survit au désastre de Roncevaux* XXI, 50, XXII, 33; *trouve Roland mourant et l'exhorte à se confesser* XXIII, 33; *témoin des derniers moments de Roland* XXIV, 33 ss.; *se bat avec Pinabel dans le duel judiciaire et le tue* XXV, 83, 84
Tierri.[2] *L'un des héros enterré dans les Alyscans (il ne peut guère être identifié avec Tierriz,[1] qui échappa au désastre de Roncevaux)* XXIX, 10
Tiescheterre (*Theutonica*). *Allemagne; conquise par Ch.* II, 2, 9; *Ch. assiégé dans une tor en T.* XXXIX, 39. *Cf.* Garmaise.
Tiois (*Theutonicis*). *Les Allemands* XVIII, 57
Tolete (*Toleta*). *Toledo* IV, 9; *Ch., enfant, y apprit la langue sarrasine* XIII, 15; XX, 42, 43

Tolose (*Tolosam*). *Toulouse* v, 13. *Voir aussi* Saturnis XXIX, 5
Toroquins (*Torquatus*). *Saint Torquat, disciple de saint Jacques* IV, 21
Torpins, arcevesques de Rains. *Nommé à la 1ère pers.: bénit et absout les chevaliers de l'ost* XI, 20; *se nomme le premier parmi les hauz homes de la grande armée* 24; *consacre la chapelle et l'autel de St-Jacques-de-Compostelle* XIX, 13; *la mort de Roland lui est révélée dans une vision* XXV, 3 ss.; *il en fait le rapport à* ch. 14 ss.; *la mort de Ch. lui est révélée dans une vision* XXXVIII, 1 ss.; *il est assuré du salut de Ch.* XXXVIII, 55 ss.

Nommé à la 3ᵉ pers.: rebaptise les Chrétiens renégats après la première conquête de l'Espagne III, 26; *repasse le port de Cize avec* Ch. XXI, 34; *l'avision Turpin de la mort Ch.* XXXVIII, *rubrique; il est mort à Vienne* XL, 1 ss.; *il obtient le salut malgré qu'il ne fût pas mort à Roncevaux* 19 ss.; *signification de son nom* 31
Tortose (*Tortosa*). *Tortosa* IV, 17
Trophins d'Arle, *Saint Trophin, évêsque d'Arles* XXVII, 6
Trugel (*Turgel*). *Trujillo* IV, 9
Tudele (*tutela*). *Tudela* IV, 13
Turs (*tellus Pardorum*). *Turcs* IV, 32. *Voir dans mon éd. du Turpin II, 'Index of Proper Names,' la note s.v.* Turs, *p 156;* (Pardos), *les Turcs, contingent dans l'armée d'Agolant à Agen* IX, 4; *les Turs composent l'armée de Fernagu* XVII, 5. *Cf. Jacques Horrent,* Le Moyen Age LXXXI (1975) 50.

Ubede (*Ubeda*). *Líbeda* IV, 19, XVIII, 7
Ulme (*Ulmas*). *Olmos? Olmedo?* IV, 6
Urence qui est apelee Ars (*Urancia quae dicitur Arcus*). *Los Arcos* IV, 12 (*voir Meredith-Jones,* Historia, *p 276*).
Urgele (*Urgellum*). *Urgel* IV, 16
Urriane (*Hora Burrianae*). *Burriana* IV, 18
Uzede (*Uzeda*). *Uceda* IV, 6

Val Charlun, la (*Valle Karoli*). *Le Val Carlos, qui descend de Roncevaux à St-Jean-Pied-de-Port* XXIII, 13; *Turpin y voit la vision qui lui annonce la mort de Roland* XXV, 4
Valence (*Valencia*). *Valencia* IV, 20
Valvert (*Valle Viridi*). *Val Verde* IV, 11. *Voir le Turpin de Johannes, éd. Walpole, p 188, note à* X, 12.
Ventose (*Ventosa quae dicitur Karcesa*). *Castro de la Ventosa* IV, 10. *Voir le Turpin de Johannes, éd. Walpole, p 188, note à* X, 12; *maudite et abandonnée par Ch.* IV, 55
Viane. *Vienne (Isère). Ch. et Turpin s'y retirent, et Turpin, souffrant, y*

reste XXX; *la morte de Ch. lui est annoncée dans une vision* XXXVIII; *avant de se séparer à V., Ch. et Turpin se promettent de faire annoncer au survivant la mort de celui qui mourra le premier* XXXVIII, 23 ss.; *Turpin y est mort* XL
Visine (*Visunia*). *Viseu* IV, 3

Wandres. *Vandales* XXXIX, 10
Wimaranes (*Vimarana*). *Guimaraes* IV, 4, var. D

Yre (*Yriam*). *Iria Flavia, aujourd'hui Padrón, soumise par Ch. à l'évêque de Compostelle* XIX, 10
Ysidoire. *Saint Isidore* V, 6
Yvoires (*Yvorius*) XI, 56; *enterré dans les Alyscans* XXIX, 10

Zebedee, *père de saint Jacques* II, 18, *de saint Jacques et de saint Jean* XIX, 36

Toronto Medieval Texts and Translations

General Editor: Brian Merrilees

1 *The Argentaye Tract* edited by Alan Manning
2 *The Court of Sapience* edited by E. Ruth Harvey
3 *Le Turpin français, dit le Turpin I* édité par Ronald N. Walpole

www.ingramcontent.com/pod-product-compliance
Lightning Source LLC
Chambersburg PA
CBHW071152070526
44584CB00019B/2764